全国高等院校资产评估专业统编教材

不动产评估

（第三版）

主　编　唐旭君

副主编　应尚军　刘德运　王诤诤

中国财经出版传媒集团

中国财政经济出版社

·北京·

图书在版编目（CIP）数据

不动产评估 / 唐旭君主编. -- 3 版. -- 北京：中国财政经济出版社, 2025.6. -- ISBN 978-7-5223-3791-3

Ⅰ. F293.3

中国国家版本馆 CIP 数据核字第 2025LD7270 号

| 责任编辑：胡　博 | 责任校对：徐艳丽 |
| 封面设计：陈宇琰 | 责任印制：史大鹏 |

不动产评估（第三版）
BUDONGCHAN PINGGU（DISANBAN）

中国财政经济出版社 出版

URL：http://www.cfeph.cn
E-mail：cfeph@cfeph.cn

（版权所有　翻印必究）

社址：北京市海淀区阜成路甲 28 号　邮政编码：100142
营销中心电话：010-88191522
天猫网店：中国财政经济出版社旗舰店
网址：https://zgczjjcbs.tmall.com
涿州汇美亿浓印刷有限公司印刷　各地新华书店经销
成品尺寸：185mm×260mm　16 开　19.5 印张　425 000 字
2025 年 6 月第 1 版　2025 年 6 月河北第 1 次印刷
定价：58.00 元
ISBN 978-7-5223-3791-3
（图书出现印装问题，本社负责调换，电话：010-88190548）
本社图书质量投诉电话：010-88190744
打击盗版举报热线：010-88191661　QQ：2242791300

第三版前言

与本书上一版出版时相比,资产评估行业与资产评估人才培养状况发生了非常明显的变化。资产评估业务呈现多样化趋势,不良资产评估、金融资产评估、数字资产评估等业务蓬勃发展,其中前两类评估中包含大量与不动产相关的评估业务。资产评估人才培养也继续呈现高规格化趋势,截至2024年全国共有92所高校招收资产评估专业硕士研究生,其数量超过了开设本科专业的高校,反映了对资产评估高水平人才较高的社会需求。

在我国城市更新、不动产市场波动和不动产金融化的背景下,不动产评估业务需求不断增长。其一,城市更新涉及存量不动产的再开发,带来了存量不动产评估方面的需求与挑战。其二,不动产市场波动致使不少头部房地产公司破产或重组,带来了对大宗不动产交易和不良不动产资产的评估需求。其三,不动产金融化主要体现为公募REITs在近五年的蓬勃发展。2021年6月,中国内地公开募集基础设施证券投资基金(REITs)正式在沪深交易所上市,并在两三年后由证监会、国家发展改革委分别发布通知确认其正式迈入常态化发行的新阶段。2024年沪深交易所REITs的IPO发行金额超过了上市A股。

为了适应不动产评估的新变化,对《不动产评估》教材进行调整非常必要。此外,也需要对上一版当中的编写不足之处予以修正和完善。本版教材的主要改动如下。

一是调整了教材章节的构成。

在教材章节构成方面,本书划分为三个部分:不动产价值评估基础、基本类型对象不动产价值评估和拓展类型对象不动产价值评估。基本思路是为顺应不动产评估的新变化,增加对非传统的拓展类型对象不动产价值评估的讨论,如第九章"不动产信托投资基金评估"。基于篇幅的控制,去掉了原有第八章"不动产评估报告"。

二是根据不动产评估新需求对新型对象评估进行探索性讨论。

在本书第三部分——拓展类型对象不动产价值评估中,尝试讨论城市更新下的不动产评估和不动产信托投资基金的投资价值评估两个较新的评估问题。城市更新涉及存量闲置商品房的用途转变、工商业土地盘活再利用、低效用地基础配套设施升级,以及城市老旧片区更新改造、绿色生态再造工程等。在这些活动中通常评估师可能需要出具对改造前后不动产价值的判断意见，业务类型复杂。本教材的重点仍然放在城市更新中的拆迁征收问题上，但对于评估师在城市更新中发挥的咨询师角色进行了一定讨论。不动产信托投资基金（REITs）的投资价值评估有别于REITs底层不动产资产的评估，严格来说属于金融资产评估的范畴，但与不动产评估密切相关。本书结合国内外和各投行等金融机构的做法对此进行了一定讨论。需要指出的是，这两部分的讨论内容并不完全成熟，欢迎读者提出意见和建议。

三是调整了部分章节的内容，并替换了新案例。

本版对所有章节进行了内容的调整和更新，其中部分章节调整较大：第三章"不动产评估规范与法规"对最新房地产和土地相关法规进行了跟踪；第四章"建筑物价值评估"对方法讲解思路和内容进行了较大调整。同时，对于每章中配套的案例，进行了更新或调整，新案例包括第五章的案例二上海张江某产业园写字楼评估案例、第八章某新村城区拆除重建项目征收价值评估案例和第九章中金厦门安居REITs投资价值评估案例，另对第六章的基准地价修正法案例基于评估时点的调整进行了较大程度的改写。

值得注意的是，本书与市面上大多数同类教材在内容体系上有明显差异，从不动产评估的对象和目的出发进行内容组织，而非依据评估方法编排。强调对不动产评估对象的理解是做好不动产评估的基础。在每一种对象房地产的评估中，首先系统介绍这类房地产的特点、分类，其次分析其价值影响因素，再次就其评估对象、思路和方法进行详细讨论，最后给出这类房地产的评估案例。因此，本书具有实践指导性强并紧跟不动产评估最新需求的特点，特别推荐给资产评估专业本科及专硕的学生，作为在学习了资产评估基本原理之后对不动产评估的深入学习之用。

本书由上海对外经贸大学精品校本教材建设项目资助出版，感谢上海对外经贸大学及金融管理学院对本书出版的大力支持。本书作为中国资产评估协会牵头编写的资评专业系列教材之一，由上海对外经贸大学、山东财经大学、上海师范大学、南京财经大学和内蒙古财经大学五所高校合作编写。感谢参与编写的刘德运、王诤诤、李志刚、赵海林、王雄等教授；感谢上海对外经贸大学资产评估系应尚军、嵇尚州、龚国光和林洁等教授对本书编写付出的辛劳和做出的贡献，以及张鑫淑、温皓程两位研究生同学在本版案例改写中的参与；感谢上海立信资产评估有限公司为本书编写提供的支持。

由于编者理论水平和实际工作经验有限，书中可能存在问题或争议，敬请广大同行和读者批评指正。

唐旭君
2025年3月于上海

第二版前言

近年来，我国资产评估行业有了加速繁荣的趋势，我们也在资产评估人才培养中，发现并感受到这种变化。各种非传统资产评估公司对资产评估人才的需求增加，咨询类的评估业务大量出现。高校的评估专业也得到了跨越式的发展，截至2017年底，我国开设资产评估本科专业的高校达到65所，开设资产评估专硕的高校达到58所。资产评估人才的培养规格越来越高，社会对高学历资产评估人才的需求也越来越大。

不动产评估作为资产评估的业务类型之一，其重要性不言而喻。2017年9月，人力资源和社会保障部印发《关于公布国家职业资格目录的通知》，公布了重新认定的国家职业资格目录。按照国务院要求，在分批清理减少职业资格及征求有关部门意见的基础上，列入职业资格目录清单共151项，其中专业技术人员职业资格58项。而与资产评估相关的职业资格也由六项减少为两项，分别是"资产评估师"（水平评价类）和"房地产估价师"（准入类），房地产估价作为资产评估范畴中唯一单列的职业资格也可见其重要性。

在过去的几年时间里，不动产评估的外部环境和内部要求都发生了较大改变。全面出台房产税的呼声、房地产基金的发展等都对不动产评估产生了新的需求。而2014年2月1日起实施的国家标准《房地产估价基本术语标准（GB/T 50899—2013）》和2015年12月1日起实施的《房地产估价规范（GB/T 50291—2015）》，对房地产评估的指导思想、具体方法和术语要求做出了较为详细的修改和规定。因此，对《不动产评估》教材的再版非常必要。此外，上一版当中编写不足之处，也希望在再版过程中予以修正和完善。本教材再版的主要改动如下：

其一，调整了教材章节的构成及顺序。

教材章节构成方面，首先，将"在建工程价值评估"单独作为一章，主要因为在建工程与已建成的房地产在评估思路和方法上还是有很大区别；其次，暂时去掉了"企业价值评估中的不动产评估"一章，主要因为这个问题还是属于企业价值评估中讨论的范畴，同时该问题的认识并不太成熟，属于业界讨论的内容，不适合放在教材中；再次，"不动产评估相关法规"改为"不动产评估规范与法规"，增加了对三个最新的行业规范《房地产估价基本术语标准（GB/T 50899—2013）》《房地产估价规范（GB/T 50291—2015）》和《资产评估执业准则——不动产（中评协〔2017〕38 号）》的介绍；最后，将"不动产评估制度"一章去掉，其中"中国不动产评估制度"的内容缩写和更新后放在第一章绪论中。

教材章节顺序方面，调整为按照"建筑物价值→房地合一价值→土地价值"的顺序。把建筑物价值评估放在前面，主要考虑对建筑物的了解是房地产评估的基础；而把土地价值评估放在最后，主要考虑土地价值评估主要采用一些衍生方法，从方法掌握的角度放在最后比较合适。

其二，大幅度调整了部分章节的内容。

第二章"房地产评估方法"只介绍了三大资产评估基本方法在房地产评估中的运用思路，会在后面章节中对其运用做详细展开，同时衍生方法也放在后面的特定对象房地产评估中进行详细讨论；第四章"房地合一价值评估"新加入了工业房地产的评估，在住宅房地产评估中加入了批量评估的思路与内容，对商业、办公等房地产评估的内容进行了更深入的分析；第五章"土地价值评估"的内容有很大的增加，除了基准地价修正法之外，详细分析了假设开发费法、市场法、路线价法在土地价值评估中的运用；此外，对于每章中配套的案例，进行了更新、补充或调整，如补充了批量住宅房地产评估等案例。

其三，根据行业最新规范对教材中所采用的术语进行了调整。

根据《房地产估价基本术语标准（GB/T 50899—2013）》和《资产评估执业准则——不动产（中评协〔2017〕38 号）》对不动产评估术语进行规范和调整。大部分采用前一文件中的术语标准；成本法中涉及术语在两个文件中的差异较大，本书以研究者的角度选择后面文件中的术语。建议教师在教学中注意就两种术语的差异向学生予以说明。

本书与市面上大多数同类教材在内容体系上有明显差异，本书从不动产评估的对象和目的出发进行内容的组织，而非根据评估方法。在每一种对象房地产的评估中，首先系统介绍这类房地产的特点、分类；其次分析其价值影响因素；再次就其评估对象、思路和方法进行详细讨论；最后给出这类房地产的评估案例。强调对不动产评估对象的理解是做好不动产评估的基础。因此，特别推荐给资产评估专业及专硕的学生，在学习了资产评估基本原理之后对不动产评估的深入学习之用。

本书由上海对外经贸大学课程思政教育教学改革建设项目资助出版，感谢上海对外经贸大学及金融管理学院对本书出版的大力支持。感谢山东财经大学刘德运教授、张志红教授、内蒙古财经大学王雄教授对本书再版提出的宝贵意见；感谢上海对外经贸大学应尚军教授在本书第一版中的辛勤努力，对于本书特色形成做出的贡献；感谢上海对外经贸大学资产评估专业嵇尚州、龚国光和林洁教授参与本书的再版工作；感谢上海立信资产评估有限公司为本书编写提供的支持。

由于编者理论水平和实际工作经验有限，书中可能存在问题和争议，敬请广大同行和读者批评指正。

唐旭君

2018年2月于上海

第一版前言

随着我国市场经济的不断发展,与不动产评估有关的经济活动也日益繁盛。这些经济活动很多都与不动产产权交易有关,譬如资产转让中的房屋建筑物转让、土地使用权转让及其他不动产的转让;企业兼并、企业资产出售、企业清算中的不动产交易;企业联营、股份经营、中外合资合作等经济活动中的不动产出资行为以及其他经济活动中出现的涉案不动产拍卖、不动产征收征用行为。也有些经济活动与不动产产权交易无关,但要以不动产评估的结果作为经济决策的依据或参考,譬如银行不动产抵押贷款、不动产典当、不动产租赁、不动产财产保全、不动产财产保险、不动产征税等经济活动。以上两类经济活动中涉及的不动产评估业务近年来得到空前的扩张,需要大量的不动产评估专门人才。

不动产评估作为资产评估业务类型之一,在我国有多种执业资格认证,分别是中国资产评估协会承担的注册资产评估师执业资格认证、中国房地产估价师与房地产经纪人学会承担的房地产估价师执业资格认证、中国土地估价师协会承担的土地估价师执业资格认证。通过考试、培训、认证,为我国培育了一批批具有不动产评估执业资格的专门人才。但是,市场经济的发展及全球经济一体化使资产评估的环境和条件发生了重大改变,新形式下的资产评估业务需要经过系统训练的资产评估复合型人才,他们不能仅仅依靠职业教育、考试培训、执业认证的方式来培育,还应该通过高等教育的方式来培育。

2005年,我国高等院校中出现了第一批资产评估本科专业,至今已有15所高校设置了资产评估本科专业。因为专业设置时间不长,在高校还未形成一整套与本科教学相适应的资产评估教材体系。之后中国资产评估协会在甘肃兰州主持召开资产评估本科专业建设研讨会,确定了资产评估本科专业应当包含的专业课程,它们是:资产评估基础、企业价值评估、不动产评估、无形资产评估、机电设备评估,共5门课程。这5门课程由资产评估本科专业所在高校重新编写教材,其中不动产评估教材由上海对外贸易学院牵头编写,南京财经大学、内蒙古财经学院、山东经济学院参与编写。

本书共分十章,其中第一章由嵇尚洲编写,第二章由曲延英、赵海林编写,第三章由唐旭君编写,第四章由龚国光编写,第五章由刘德运编写,第六章由王雄编写，第七章由应尚军编写，第八章由林洁编写，第九章由张志红编写，第十章由李志刚编写。全书由应尚军任主编，唐旭君、刘德运、李志刚、赵海林任副主编。在本书的编写过程中，得到了中国资产评估协会、上海资产评估协会、中国财政经济出版社的大力支持，全国资产评估教育研究会胡晓明秘书长、上海对外贸易学院金融管理学院的领导给予了热情的帮助，俞明轩、冯春雷两位教授为本书的大纲审定和审稿付出了辛勤的劳动，上海大华资产评估公司潘向阳副总经理为教材的编写提供了可贵的建议。在此对所有为本书的编写提供过帮助的人表示衷心的感谢！

由于编者理论水平和实际工作经验有限，书中错误在所难免，敬请广大同行和读者批评指正。

编者
2010年7月于上海

目录

第一部分 不动产价值评估基础

第一章 绪论 （3）
- 本章学习目的 （3）
- 第一节 不动产与不动产市场 （3）
- 第二节 不动产价值 （13）
- 第三节 不动产评估 （17）
- 本章小结 （29）
- 思考题 （30）

第二章 不动产评估基本方法 （31）
- 本章学习目的 （31）
- 第一节 市场法 （31）
- 第二节 收益法 （40）
- 第三节 成本法 （47）
- 本章小结 （59）
- 思考题 （59）

第三章 不动产评估规范与法规 （61）
- 本章学习目的 （61）
- 第一节 不动产评估规范 （61）
- 第二节 土地管理相关法律法规 （63）
- 第三节 房地产管理相关法律法规 （70）
- 本章小结 （77）
- 思考题 （77）

第二部分 基本类型对象不动产价值评估

第四章 建筑物价值评估 （81）
- 本章学习目的 （81）
- 第一节 建筑物评估基础 （81）

第二节　建筑物价值的影响因素 ·· （97）
　　第三节　建筑物价值评估方法选择 ·· （99）
　　第四节　成本法的建筑物评估 ··· （101）
　　第五节　评估案例 ··· （116）
　　本章小结 ··· （126）
　　思考题 ·· （126）

第五章　房地产合一价值评估 ··· （127）
　　本章学习目的 ·· （127）
　　第一节　住宅房地产价值评估 ··· （127）
　　第二节　商业房地产价值评估 ··· （140）
　　第三节　商务办公房地产价值评估 ··· （149）
　　第四节　工业房地产价值评估 ··· （154）
　　第五节　评估案例 ··· （158）
　　本章小结 ··· （176）
　　思考题 ·· （177）

第六章　土地价值评估 ··· （178）
　　本章学习目的 ·· （178）
　　第一节　土地价值评估概述 ·· （178）
　　第二节　假设开发法的土地价值评估 ·· （181）
　　第三节　市场法的土地价值评估 ·· （186）
　　第四节　基准地价修正法的土地价值评估 ·· （191）
　　第五节　路线价法的土地价值评估 ··· （201）
　　第六节　评估案例 ··· （205）
　　本章小结 ··· （212）
　　思考题 ·· （212）

第三部分　拓展类型对象不动产价值评估

第七章　在建工程价值评估 ·· （215）
　　本章学习目的 ·· （215）
　　第一节　在建工程价值及其影响因素 ·· （215）
　　第二节　在建工程价值评估方法 ·· （217）
　　第三节　在建工程价值评估难点 ·· （220）
　　第四节　评估案例 ··· （221）
　　本章小结 ··· （233）
　　思考题 ·· （234）

第八章　城市更新与房屋征收评估 ……………………………………………（235）
- 本章学习目的 ………………………………………………………………（235）
- 第一节　城市更新中的征收拆迁 …………………………………………（235）
- 第二节　房屋的征收补偿 …………………………………………………（242）
- 第三节　房屋的征收评估 …………………………………………………（246）
- 第四节　评估案例 …………………………………………………………（253）
- 本章小结 ……………………………………………………………………（265）
- 思考题 ………………………………………………………………………（265）

第九章　不动产信托投资基金评估 …………………………………………（266）
- 本章学习目的 ………………………………………………………………（266）
- 第一节　公募基础设施证券投资基金评估概述 …………………………（266）
- 第二节　营运现金流折现法 ………………………………………………（271）
- 第三节　净资产价值法 ……………………………………………………（276）
- 第四节　评估案例 …………………………………………………………（279）
- 本章小结 ……………………………………………………………………（291）
- 思考题 ………………………………………………………………………（291）

参考文献 ………………………………………………………………………（292）

第一部分

不动产价值评估基础

第一章 绪论

本章学习目的
1. 了解不动产市场的基本分析方法。
2. 了解我国不动产评估的发展历史。
3. 掌握不动产、不动产市场、不动产价值及其评估的概念。
4. 掌握不动产市场的发展及构成。
5. 掌握不动产价值的特点和影响因素。
6. 深入掌握不动产评估的目的、原则和程序。

第一节 不动产与不动产市场

一、不动产

（一）不动产的概念

2016年出台的《资产评估法》明确了资产评估包括对不动产、动产、无形资产、企业价值、资产损失或者其他经济权益等各类评估对象进行评估。在2008年7月1日国家批准施行的《资产评估准则——不动产》中，不动产是指土地、建筑物及其他附着于土地上的定着物，包括物质实体及其相关权益。从民法学的角度分析，不动产是指不能移动或者如果移动就会改变性质、损害其价值的有形财产，包括土地及其定着物，如建筑物及土地上生长的植物等。我们综合各方关于不动产的解释，将不动产（Immovable Property）界定为不能移动或者如果移动就会改变性质、损害其价值的有形财产，包括土地、建筑物及其他附着于土地上的定着物，包括物质实体及其相关权益等[①]。因不动产对人们生活影响重大，且具有耐久性、稀缺性、不可隐匿性和不可移动性等特点，故许多国家的法律对其有特殊规定。

现在，国际上并不是单纯地把是否能移动或者移动是否造成价值的贬损作为界定动产与不动产的唯一标准，而是综合考虑物的价值大小、物权变动的法定要件等因素。例如飞机、船只等，国际上通行将其界定为不动产，因为其价值较大，办理物权变动时要

---

① 根据 Wikipedia 中的定义和中国资产评估协会 2007 年 11 月 28 日颁布的《资产评估准则——不动产》综合而成。

到行政机关进行登记等。

各国对动产与不动产的界定不同。在大陆法系下，不动产包括土地、建筑、继承税，以及土地上衍生出的道路、光线、游艇、渔场等权益，但不包括建筑用材、生长植物等。其他法律体系将不动产阐述为任何土地、建筑物或部分建筑物，包括任何土地，任何建筑物或者部分建筑物，附着在上面的机器、设备、装修装饰等，以及有关土地、建筑物或部分建筑物（不管是否包含附着在上面的机器、设备、装修装饰）的权利[1]。

本书主要围绕不动产中的主要部分——房地产展开叙述和讨论，不涉及土地上的其他附着物，如矿山、道路、桥梁等。因此，本书所述的建筑物一般指房屋建筑。

（二）不动产的存在形态

不动产主要呈现三种形态。

1. 土地，又可以分为无建筑物的土地和有建筑物的土地。无建筑物的土地通常被称为空地。有建筑物的土地又可以分为建筑物已建造完成的土地和建筑物尚未建造完成的土地。

2. 建筑物，指建造于土地之上的建筑物实体，不包括承载它的土地。可以分为已建造完成的建筑物和尚未建造完成的建筑物，还可以分为新建筑物和旧建筑物。

3. 房地综合体，即把土地与建于其上的建筑物看成一个整体。可以分为土地与已建造完成的建筑物的综合体和土地与尚未建造完成的建筑物的综合体。最典型的一种土地与已建造完成的建筑物的综合体是现房。土地与尚未建造完成的建筑物的综合体通常被称为在建工程。

虽然我国目前采取的大多是房地一体的方式，但在评估时，可以依据不同的评估目的及权利主体的要求，把土地和建筑物进行分离，分别确定不同权利主体的权益。

（三）不动产的权益

随着经济发展，不动产附带的权益越来越多，在社会财富中比重越来越大。不动产权益包括所有权、使用权、租赁权、抵押权等。其中地产权益包括土地所有权、建设用地使用权、宅基地使用权、土地承包经营权、地役权、抵押权和租赁权等；房产权益包括所有权、使用权、抵押权和租赁权等。房地产权利的完整程度、权利期限直接影响房地产价值。

（四）不动产的特征

不动产作为一种特殊资产，既可以用于生产经营，扩大主营业务收入，也可以用于投资，获得保值增值的益处。不动产与其他资产和投资品相比具有如下特点。

1. 地理位置的不可移动性。不动产具有不可移动性，在不动产交易中，流动的不是土地和房屋实体，而是其相关的权益（或权利）。不可移动性是不动产与其他资产最大的区别，因此地理位置对不动产质量、功能和价格的影响比其他资产更为显著。

---

[1] 根据 Britannica online encyclopedia 和 Wikipedia 的相关界定改编。

2. 社会经济地位可变性。与地理位置的不可移动性相对应的是不动产的社会经济位置的可变性。不动产的地理位置虽然是固定不变的，但其社会经济位置却是可变的，经济位置的改变可使不动产的价格发生很大的变化。在现实中，谋求社会经济位置改变通常是不动产开发的重要诱因。

3. 个别性，也称异质性，是指由于土地状况、建筑材料、建筑类型、房屋新旧程度、施工技术、邻里环境等因素的差别而使不动产具有各自不同的特色。可以说，市场中不存在完全相同的不动产，这种非标准化的商品特征，是导致不动产市场不完整的一个重要因素，也减弱了不同不动产价格的可比性，这是不动产评估比一般资产评估更显纷繁复杂的重要原因之一。

4. 功能多样性。土地和房屋就其本身的性质来说，可以有多种不同的功能，而相同功能用途的利用方式也可以不尽相同，如一块土地用于盖房，既可以盖平房，也可以盖多层建筑或盖高层楼房；同样对于房屋而言，也具有功能的多样性，不过其功能的多样性在一定程度上受到土地位置的限制。不动产的功能的多样性引发了开发竞争，有利于资源的优化配置，体现了不动产评估的最佳使用原则。

5. 耐久性。在正常使用下，土地可以反复使用，一般建筑物也不易损坏，使用期限相对较长。我国土地使用权期限一般以年标记，各种结构的房屋使用年限也有相应的法定要求，一般期限都在20年以上。因此不动产市场经常存在新旧同时存在并相互竞争的局面，增大了确定不动产价格的难度。

6. 相关性。不动产的价格往往受周围环境的影响，其价格呈现出很大的相关性。一般情况下，坐落于旧宅区中的新住宅，在其他条件相同时，其价格往往低于新宅区的不动产。不动产的这种相关性，使相同区域的不动产价格具有一定的可比性。

7. 合并及可分性。土地及房屋可在一定的条件下进行合并或分割，实现功能的扩大或改变，因而在价格上呈现较大的变化。如较小的两块相邻地合并后可提高其利用程度，导致地价上升，而闹市区中将较大的商铺分隔，可以提高利用率，增加租金收入。

8. 投资消费的双重性。不动产既可用于居住、生活等消费活动，又可成为投资的工具。随着人口的增加，不动产需求总在不断地增长，而土地总量却是固定的，因此从宏观来看，不动产的价格会不断上升，使它具有保值、增值的功能，是现代社会防止通货膨胀及货币贬值的重要工具。由于现实中难以区分不动产的投资性和消费性，人们购买不动产也往往两者兼有，从而也增加了评估的难度。

（五）不动产的类型

不动产按照使用目的可以分为以下类型。

1. 居住不动产。居住不动产是指供家庭或个人居住使用的不动产及定着物，可分为住宅和集体宿舍两类。住宅是指供家庭居住使用的不动产，可分为普通住宅、高档公寓和别墅。集体宿舍可分为单身职工宿舍、学生宿舍等。

2. 办公不动产。办公不动产是指供公司或个人办公活动使用的不动产及定着物，包括各类写字楼、办公楼。

3. 商业不动产。广义的商业不动产是指具有购物、餐饮、娱乐功能的不动产及定着物，包括商业店铺、百货商场、购物中心、超级市场、批发市场、酒楼、美食城、餐馆、游乐场、娱乐城、康乐中心、俱乐部、夜总会、影剧院等。

4. 酒店及旅游不动产。酒店及旅游不动产是指供旅客住宿使用的不动产及定着物，包括宾馆、酒店、度假村、旅店、招待所等。

5. 工业不动产。工业不动产是指供工业生产使用或直接为工业生产服务的不动产及定着物，包括厂房、仓库等。工业不动产按照用途，又可分为主要生产厂房及定着物、辅助生产厂房及定着物、动力用厂房及定着物、储存用房屋及定着物、运输用房屋及定着物、办公用房及定着物、其他工业不动产（如水泵房、污水处理站等）。

6. 农业不动产。农业不动产是指供农业生产使用或直接为农业生产服务的不动产及定着物，包括农地、农场、林场、牧场、果园、种子库、拖拉机站、饲养牲畜用房等。

7. 特殊用途不动产。特殊用途不动产包括车站、机场、码头、医院、学校、博物馆、教堂、寺庙、墓地等。

8. 综合不动产。综合不动产是指具有上述两种以上（含两种）用途的不动产及定着物。

二、不动产市场

（一）概念

不动产市场就是不动产进行交易活动的地方或场所，包括土地的出让（批租）、转让、抵押、开发，房产的买卖、租赁、转让、互换、抵押、信托，以及一些与不动产有关的开发、建筑、修缮、装饰等劳务活动。

（二）不动产市场结构

不动产市场由一级市场（即土地市场）、二级市场（即新建商品房市场）、三级市场（即存量商品房市场）组成。

一级市场，是由国土部门掌握，通过协议，采取招标或拍卖的方式，将土地使用权转让给具有开发资格的不动产开发商。

二级市场，是指不动产开发商在获得土地使用权后，在土地上兴建物业，然后将该物业销售给广大的业主。

三级市场，是指业主在开发商处购买物业后，拥有该物业的所有权（以不动产证为依据），然后将该物业的所有权转让给受让方。

（三）不动产市场的发展状况

国际不动产市场的发展始于19世纪以前，工业革命使得全球劳动生产力大幅度提升，工业化浪潮带动新的城市不断出现和城市规模不断扩大，城市中心开始出现CBD（中央商务区），不动产价格的上涨使得很多不动产不得不改变用途，工业用地让位于办公和商业用地，不动产市场开始出现。美国不动产市场是伴随着铁路大开发而形成的，为了鼓励商人建设铁路，政府将铁路沿线的土地一并交给铁路开发商进行土地开发。随着铁路的陆续投入运营，铁路沿线出现了大量的城镇。工业化浪潮进一步推动了城市的发展，城市开始进行整体规划。1908年，不动产行业协会、不动产经纪人协会相继成立，越来越多的金融机构参与不动产的开发和经营。20世纪20年代，信托公司、抵押公司开始在不动产融资中扮演重要角色；商业银行、人寿保险的投资组合中25%—50%的投资投向不动产市场[①]。

中国不动产市场萌芽于住宅供给严重短缺的20世纪70年代末80年代初，随着土地使用权和房屋的商品化，不动产市场开始在中国诞生。中国经济转型以来，对土地资源配置方式进行市场化改革，尽管土地使用权已经市场化了，但是由于政府替代市场模式和土地供给双轨制的存在，市场经济体制并没有真正建立，各类市场主体平等使用生产要素的环境并没有真正形成，市场如何在国家宏观调控下对资源配置起基础性作用的问题一直没有得到很好的解决。

第一阶段：理论突破与试点起步阶段（1978—1991年）

在此期间进行土地使用制度改革，住房供给制则进行公房出售、提租试点改革。1980—1985年进行的三三制公房出售改革，即个人、单位和国家各支付房价的1/3，由于单位和国家的补贴量大而于1985年被取消。1984年广东、重庆开始征收土地使用费。1987年11月26日，深圳市政府首次公开招标出让住房用地。1990年，中国土地正式实行有偿使用的协议出让、划拨双轨制，初步建立起政府土地市场体制。住房供给制则先进行公房以标准价出售后实行经济适用房和安居工程建设的改革。1990年上海市房改方案出台，开始建立住房公积金制度。1991年开始，国务院先后批复了24个省市的房改总体方案。

第二阶段：非理性炒作与调整推进阶段（1992—1998年）

1992年房改全面启动，住房公积金制度全面推行。1993年"安居工程"开始启动。1992年后，不动产业急剧快速增长，月投资最高增幅曾高达146.9%。不动产市场在局部地区一度呈现混乱局面，在个别地区出现较为明显的不动产泡沫。1993年底宏观经济调控后，不动产业投资增长率普遍大幅回落。不动产市场在经历一段时间的低迷之后开始复苏。

第三阶段：商品房地产市场快速发展阶段（1999—2007年）

随着住房制度改革的不断深化和居民收入水平的提高，住房成为新的消费热点。1998年6月，国务院颁布《关于进一步深化城镇住房制度改革加快住宅建设的通知》，明确提出停止住房实物分配，实行住房分配货币化的新政策。全面实行住房商品化改革，城市建设事业单位完全转变为市场化主体——开发商。1999年以后，随着住房实物分配制度的取消和按揭政策的实施，不动产投资进入平稳快速发展时期，不动产业成为经济的支柱产业之一。

2002年以来，房屋价格持续上扬，大部分城市房屋销售价格上涨明显。国家出台了多项针对不动产行业的调控政策。2002年5月国土资源部颁布《招标拍卖挂牌出让

---

① 根据《现代不动产（第五版）》第34—56页部分内容改编。

土地使用权规定》，规定自2002年7月1日起经营性用地必须招标拍卖挂牌出让；2003年6月国土资源部颁布《协议出让国有土地使用权规定》，规定自2003年8月1日起经营性用地不得协议出让，同一地块有两个或者两个以上意向用地者的其他用地不得协议出让。2004年国家开始对房地产市场密集出台调控政策，将2004年10月一年期贷款基准利率5.58%提高至2007年12月的7.47%，三年多上调8次，累计上调1.89个百分点。从国务院的调控政策分析，2004年国务院办公厅发布《关于深入开展土地市场治理整顿严格土地管理的紧急通知》，随之人大常委会颁布了《中华人民共和国土地管理法》修正案，继而国务院出台《国务院关于深化改革严格土地管理的决定》，进一步从土地管理角度调控房地产市场。2005年初，国务院办公厅给各省、自治区、直辖市下发了一份关于控制房价的电报，提出了八条建议，史称"国八条"，并在年中向各省区市派出工作组检查落实情况。2006年，国务院办公厅出台《关于调整住房供应结构稳定住房价格的意见》（国办发〔2006〕37号），随后建设部联合其他5部委下发《关于规范房地产市场外资准入和管理的意见》，国务院办公厅发布《关于建立国家土地督察制度有关问题的通知》（国办发〔2006〕50号），国土资源部制定的《招标拍卖挂牌出让国有土地使用权规范》和《协议出让国有土地使用权规范》正式施行，进一步加大对房地产市场的调控力度。2007年9月，中国人民银行、中国银监会联合下发《关于加强商业房地产信贷管理的通知》（银发〔2007〕359号），10月国土资源部公布了《招标拍卖挂牌出让国有建设用地使用权规定》（国土资源部令第39号），12月国土资源部、财政部和央行联合颁布《土地储备管理办法》。尽管政府出台了一系列调控政策，房地产价格仍然持续上涨，2003—2007年，全国70个大中城市房屋销售价格同比增长分别达到5.1%、10.8%、6.5%、5.3%、7.6%。房地产价格持续上涨的主要原因是货币流动性增加和城市化率提高。在2002年以前我国连续下调利率，为2003年开始的房价上升埋下伏笔。2003年我国外贸出口开始大幅增长，导致外汇占款不断增加，引起货币流动性快速增加。2003年我国城市化率也开始加速提升，从40%增加到2007年的44%。这些因素都导致对住房的需求增加，形成房价的不断攀升。

第四阶段：次贷危机后房价波动及严厉调控阶段（2008—2022年）

2008年为应对美国次贷危机引起的全球金融危机，国家出台了4万亿元的投资计划，9—11月金融机构存贷款利率连续四次下调，第四次直接下调了1.08个百分点，与此同时准备金率连续四次下调，整体降幅达到2个百分点。2008年10月，出台一系列新政支持房地产，包括契税税率下调，暂免征收印花税，暂免征收土地增值税，普通自住房和改善型普通自住房贷款利率给予优惠，下调个人住房公积金贷款利率等。政府的货币和财政政策改善了宏观经济状况，推动房地产价格快速上涨。

随着2009年房地产价格的大幅上升，从4月开始国务院连续出台政策调控房价，包括提高第二套房首付款比例和贷款利率，进一步加强房地产市场调控，收紧契税优惠政策。国务院颁布"国四条"，明确提出加强房地产市场调控，抑制投资投机性住房。2010年国务院出台"国十一条"，严格二套房贷款管理，首付比例不得低于40%，加强房地产贷款窗口指导；存贷款利率上调，规范公积金住房贷款政策。2011年是房地产严控年，各项调控政策陆续出台，多个城市实施"限购"。年初就出台"国八条"，三次上调存贷款利率，两次上调准备金率，年底受房地产交易大幅萎缩状况影响，货币政策开始转向。但从2015年开始，在调控中稳定下来的房地产市场又开始了新一轮的快速上涨，2016年的销售额攀升了35%。2016年，已经取消限购的大多数二线城市又重启限购，调控政策加码，力图保持房地产市场平稳发展。但此后房地产销售连续6年保持高位。

第五阶段：进入存量房时代及理性发展阶段（2022年以来）

这一阶段始于2020年"三道红线"（重点房地产企业资金监测和融资管理规则）的实施。这些规定以及一系列其他政策限制，旨在为过热的市场降温。但是叠加新冠疫情、全球经济和政治的不确定性，我国房地产销售量随后明显下降。一些头部民营房地产企业开始出现倒闭，政府采用多种手段保交房，维护社会稳定。同时，采取了多样化的积极房地产刺激政策，包括取消限购、认房认贷、置换补贴等政策。当然这也是多年来量价持续上涨的必然结果，2023年全国总体套户比已经达到1.07①，房地产将进入存量时代。

（四）不动产市场分析方法

不动产市场是不动产权益的交易市场，这种权益是排他的，可以是所有权（包括占有权、使用权、收益权和处置权），也可以是部分所有权。不动产的不可移动性和受制于区域的特征，决定了不动产市场是一个区域性市场。不动产建设周期长，导致供给缺乏弹性，进而存在自身的周期性规律，并有消费品和投资品双重特征，存在消费市场和资产市场两个层面。

不动产市场作为整个市场体系的重要组成部分，对其进行研究必然要从宏观经济、区域经济以及周边环境等三个方面展开。

1. 宏观经济环境分析。对宏观经济环境的分析包含三个方面，即宏观经济指标分析、宏观经济政策分析和宏观经济发展趋势分析。

（1）宏观经济指标分析。宏观经济指标包含宏观经济总量指标和景气指标。总量指标包含国民生产总值、利率、汇率、通货膨胀率等指标。

①国内生产总值（GDP）。国内生产总值是指在一定时期内（一个季度或一年），一个国家或地区的经济中所生产出的全部最终产品和劳务的价值，常被公认为衡量国家经济状况的最佳指标。它不但可以反映一个国家的经济表现，而且可以反映一国的国力与财富。国内生产总值包括消费、资本形成、净出口额等。房地产投资是资本形成的重要组成，通过对国内生产总值的分解可以判断不动产总体的市场状况。图1-1对我国1978—2022年的GDP构成进行分解，可以明显看到，包括不动产投资在内的资本形成总额在GDP中占有较大的比重并不断增长。我国房地产行业已经成为国家支柱性产业，GDP增长率与不动产市场直接相关。

②利率。不动产的开发和建设需要大量的资金，而资金主要来源于银行贷款和资本市场，因此作为资金成本的贷款利率的变化对不动产开发商有重大影响，同时开发商大部分也是依赖银行按揭进行投资的，银行贷款利率的变化必然导致开发商的资产负债水

---

① 任泽平. 中国住房存量测算报告：2024 [R]. 泽平宏观，2024-7.

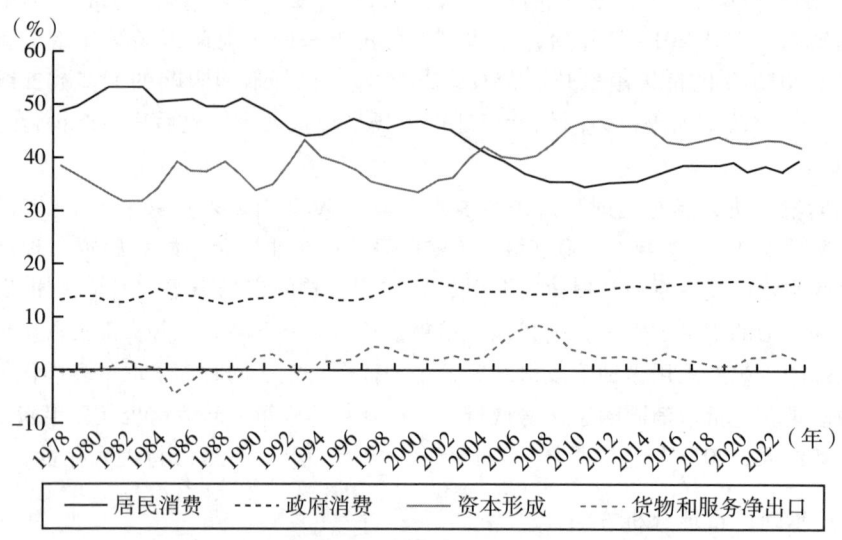

图 1-1 中国 GDP 构成情况

资料来源:《中国统计年鉴》。

平发生变化。从不动产的投资价值看,市场利率水平的变化会导致不动产投资价值发生急剧变化。如在美国,2000年以来利率持续下降是支持美国房地产市场持续繁荣的重要影响因素。从2000年下半年开始,美国进入减息周期,美联储连续13次降低利率,截至2003年6月,联邦基金利率水平降为1%,达到了46年以来的最低水平。按揭贷款利率也随着宽松性货币政策的实施而持续下降,其中1年可调息按揭贷款利率从2001年末的7.0%下调到2003年的3.8%。低利率环境下的美国房地产市场炙手可热,房价直线上升。但自2004年6月之后,美联储的低利率政策开始发生逆转。截至2006年8月,经过连续17次调高利率,联邦基金利率从1%提高到5.25%,房屋借贷成本大幅增加,对房地产市场起了一定的降温作用,美国房地产市场的繁荣开始出现逆转。与2005年同期相比,2006年9月新建房价格下降了9.7%,这是1970年以来的最大降幅。同时,随着美国房价出现下跌,住房按揭的违约风险也随之增加,最终酿成全球性的金融危机。

③汇率。汇率就是一国货币在国际市场上的交换比价,因此汇率的变化直接影响着国际资本流动和国内的不动产价格水平。从资本流动的角度看,中国人民币升值后,大量的外资通过各种渠道进入中国,投资不动产市场,不动产价格持续上升。从国内的资产价格水平分析,人民币升值导致资产价格重估,形成投资股市和不动产市场的财富效应,吸引更多资金投入不动产市场,推高不动产价格。在日本,日元升值幅度最大的1985—1990年也是股市和房地产市场上涨幅度最大的时期。

④通货膨胀率。通货膨胀率反映了当前货币贬值情况,同时反映了宏观经济是否处于过热阶段。与通货膨胀率直接对应的是国家的货币政策,在通货膨胀率高企的情形下,国家一般会采用紧缩的货币政策,导致不动产市场的资金紧张,引起不动产价格波动。在通货膨胀的情形下,人们有可能为了规避通胀风险而购入不动产,从而引起不动

产价格的上升。

⑤宏观经济景气指标。宏观经济景气指标包括工业生产指数、固定资产投资、财政收入、工业企业利润、金融机构各项贷款、货币供应量、居民消费价格指数、社会消费品零售总额等。这些指标直接反映着当前宏观经济是否处于良性的发展态势，而不动产行业属于周期性行业，与宏观经济的变化息息相关。

（2）宏观经济政策。从宏观经济政策的角度分析，宽松的货币政策有利于不动产行业的发展，但易导致资产价格泡沫；紧缩的货币政策限制了不动产市场的发展，但适当的紧缩政策有利于整个市场的稳定。由于政府投资中有一部分不动产投资，因此积极的财政政策有利于不动产市场的发展，而紧缩的财政政策必然造成不利的影响。

在宏观经济政策中与不动产市场直接相关的是对行业的调控政策，如对政府投资不动产规模的限制、对银行不动产抵押贷款的限制等都直接影响不动产市场的发展。

（3）宏观经济发展趋势。宏观经济发展趋势直接影响不动产市场的发展，宏观经济保持稳定的增长，将为不动产市场的发展提供良好的支撑，而宏观经济陷入衰退必然导致不动产市场的下滑。

2. 区域经济分析。不动产市场供求关系的背后是城市经济与城市空间的关系，因此可以从区域的经济发展、区域社会环境、区域城市发展三个角度来展开分析。

（1）区域的经济发展。在区域的经济发展中我们需要关注区域经济发展趋势，区域的产业结构以及区域居民就业及收入状况。

①区域经济发展趋势。中国的经济发展呈现出非均衡的特点，一方面是城乡差距越来越大，另一方面是东西部之间、沿海与内陆之间经济发展的节奏不一致。2016年东部沿海城市人均GDP已超过15 000美元，深圳和苏州已超过20 000美元，还继续以较快的速度增长，而中西部城市人均GDP在8 000美元以下，差距明显[①]。东部地区正在从改革初期的粗放式的发展模式向集约式发展模式迈进，中西部地区仍然停留在粗放式发展阶段。东部地区居民消费正处于升级换代阶段，中西部地区还停留在沿海城市升级前的消费状态。不动产市场区域性分化越来越明显。

②产业结构。一个地区的产业结构主要从第一、二、三产业的分布来看。中部地区产业的总体发展还处在较低水平，尤其是第三产业比重偏低，使得产业结构升级速度缓慢，按照钱纳里[②]的划分标准，总体水平仍处于工业化中期第一阶段。东部的第一产业通过发展小城镇、转移农业劳动力、扩大农业经营规模，提高了农业劳动生产率，加速了农村工业化的进程，第一产业增长率在GDP中处于一种平缓下降的状态；第二产业的工业基础雄厚，交通运输业比较发达，经营管理水平较高，产业经济效益好，工业产值在GDP中的比重逐年平稳增长；在工业化强劲势头的推动下，信息服务、金融保险、贸易和航运等第三产业发展稳定，其在GDP中的比重稳定，整体呈现出工业化中期第

---

① 数据来自"人民网"中国城市人均GDP排名。
② [美]霍利斯·B.钱纳里，等.工业化和经济增长的比较研究[M].吴奇，王松宝，译.上海：上海人民出版社，1987.

二阶段的典型特征①。由于东部地区工业发达，第三产业稳步发展，因此其不动产市场，尤其是商业不动产市场、居住不动产市场和办公不动产市场发展迅速，而中部地区还停留在工业不动产的大规模规划建设阶段。

③居民就业状况及收入。区域居民就业状况是指该区域内就业人口在各产业之比例及区域就业机会之多寡，收入情况指高、中、低收入的分布情形及其变动情形。东部地区居民就业逐渐从向第二产业集中转为向第三产业转移。在第三产业中，金融服务业、物流服务、信息服务等就业比例越来越大，第三产业就业人员的平均收入普遍高于第二产业。由于居民收入状况的变化，对购置不动产的需求以及对不动产周边环境的要求也在不断变化，带动了整个区域不动产市场的变化。

（2）区域社会环境。

①人口增长与组成及家庭结构。区域内人口增加，形成大量劳动力资源，必然促进本地区产业的发展，人口的增加和产业的发展，都对空间产生了强大的需求，即增加了对不动产的需求。人口组成包含性别、婚姻状态及年龄层，区域人口结构的差异会导致对不动产的需求和功能要求的不同。现在东部地区逐渐呈现家庭规模缩小的趋势，两口和三口之家成为主要的构成，这种趋势必然加大对不动产的需求。

②教育文化，是指区域的教育状况和居民的平均教育文化水平。教育文化水平会影响人民的生活方式和消费观，从而影响区域不动产的消费偏好和需求。

（3）区域城市发展。

①城市人口集聚能力对不动产市场的影响。城市处于成长阶段时，通过规模效应为进行社会再生产的各生产要素提供外部经济，为相关产业的发展创造繁殖空间，具有较短时间产生大量就业增量的能力，形成了所谓的城市就业人口的集聚。产业的发展、人口的增加，都对空间产生了强大的需求，即增加了对不动产的需求。因此，在供求关系图中，它通过使区域（长期）不动产市场中总需求曲线向右移动而影响市场。

②政府的行政导向。行政导向的影响指的是在既定的不动产市场外部环境下，作为不动产市场主体之一的政府的倾向性行政行为导致区域市场波动。地方政府主要通过税费征收、中短期土地供应控制、公建市政配套投入等工具对区域市场施加影响。其调控政策也可分为扩张性的和紧缩性的。扩张性的政策通过降低房地产税费、增加土地供应、加大基础设施投资、引导舆论导向等措施对不动产市场的发展给予鼓励，紧缩性的政策通过上述几项措施对市场进行抑制。在目前中央政府对下级政府政绩的考核仍以GDP为中心的框架下，各地方政府在自身权限下，在制定房地产政策方面仍将以扩张性的政策为主，但随着房价涨速与居民收入增速不匹配等社会矛盾的日益激化，中央政府已经直接制定多项政策对地方房地产市场进行干预。最终的房地产政策由地方政府、中央政府以及市场本身规律的博弈结果决定。在地价相对较低、房产品质仍有较大提升空间的地区，地方政府往往会采取扩张性的政策，反之，则采用紧缩性政策。

3. 周边环境分析。要了解某一区域不动产市场，必然需要对区域内与不动产相关的环境状况、基础设施、交通运输、消费者偏好等情况进行调研。

---

① 郑仁泉，刘莉. 我国中、东部地区间产业结构差异及其协作对策 [J]. 价格月刊，2008（6）：32–34.

（1）生活环境与公共设施调查。区域内居民的生活环境是否生态环保，公共设施是否齐全，关系到区域内居民是否愿意长期在此安家乐业、购置不动产，也关系到区域外的居民和流动人口是否移居到此地长期居住，从而影响对本地不动产的需求。

（2）交通运输分析。交通运输包括区域与外部联系的交通干线，如铁路与公路，也包括水路和航空运输的枢纽——港口和机场等分布状况，还包括区域内主要道路之走向分布与交通状况。

（3）不动产市场发展。主要看区域内不动产开发商数量，近年来推出的不动产数量和价格，以及不同个案的形态、规模以及销售状况等，通过历史数据分析未来不动产市场的发展趋势。

（4）消费者偏好。通过样本调查了解消费者对不动产的功能、单位规模、空间区隔、地理位置等的偏好。

第二节　不动产价值

一、不动产价值的概念

由于土地资源的特殊性，土地永续存在且价值不会随着使用而逐渐消耗磨损，土地的价值是地租的资本化。同时土地上的定着物（房屋及各类其他物品）具有一般商品特性，随时间的延续而逐渐磨损。因此，不动产价值体现为土地价值与土地定着物价值的综合。不动产由于其不可移动的特性，使用权和所有权可以分离，其价值形态可表现为市场价值、使用价值、投资价值、处置价值、清偿价值、保险价值等多个方面。

我们一般所指的不动产价值是市场价值，美国评估协会对不动产市场价值做如下定义：市场价值是不动产产权的特定利益，在下列所有条件下产生的最可能价值。

1. 在特定日期完成出售。
2. 被评估的不动产权益，在公开市场存在。
3. 购买方或出售方有充分信息进行判断，而且谨慎地行动。
4. 价格不受非正常压力的影响。
5. 购买方和出售方具有正常交易动机。
6. 购买方和出售方都是从自我利益最大化角度出发。
7. 有充分努力的销售，并允许在合理的时间内等待出售。
8. 以现金或以相当的财务安排支付价款。
9. 价格不受任何人所提供的特殊贷款或销售折让的影响。

波兰在《资产管理法》（1997年8月生效）中定义了市场价值和非市场价值。该法律中的定义为：市场价值是在以下条件下自由市场上的预期价格。

1. 协议双方各自独立，行为不受强制，有意达成协议。

2. 已在市场上经历了必要的资产展示期,且有足够的时间协商协议中的条件。

二、不动产价值的特征

不动产价值与一般商品既有共同之处,也有其自身的特点,主要表现在以下方面。

1. 土地价值不由生产成本决定。一般商品是劳动产品,其价值反映耗费的社会必要劳动时间,从长期(或总体)来看,其价值是由耗费的社会必要劳动时间决定的。但是土地价值不一定含有社会必要劳动时间因素,土地价值本质上不是劳动价值的货币表现,而是地租的资本化。

2. 不动产的保值性与增值性。不动产的保值性与增值性集中体现在土地上,土地具有永续性,其本身不存在折旧,并且随着城市的发展,其价格将会持续上升,尤其是城市中心的土地。

3. 不动产价值的个别性。这一价格特征是由不动产的不可移动性、数量固定性、个别性等决定的。

4. 不动产价值的多因素制约性。不动产价值受某一区域经济发展状况、人口、劳动生产率、土地的稀缺性等多种因素的影响。

5. 不动产价值表现形式的多样性。不动产价值一般既可以表现为交换价值,也可以表现为使用价值。这两种不同形式的价值又可以相互转化,如知道某一不动产的租金水平(使用价值),可以估算出其一年的净收益,再将净收益以一个适当的折现率折现为评估时的价值(体现交换价值)。不动产价值所具有的这一双重表现形式的特征,是收益法成立的前提,而它们之间相互转换的方法,就是收益法的基本思想。

6. 不动产价值与物权的密切相关性。不动产的自然地理位置不可移动,可以移动的只是该不动产的所有权、使用权及其他收益,因此不动产价值实质上是这些无形权益的价值。同一宗不动产,转移的权益不同,其价值也会不同。因此,不动产评估必须全面掌握不动产的权利状态。

三、不动产价值的种类

从对象角度区分不动产价值。

1. 土地价值。土地价值包括两部分:地租和土地开发成本与利润。地租来源于土地利用所产生的超额利润;土地开发成本与利润来自对土地的投资。其中,土地开发成本包括征地、拆迁、安置费用、补偿费(土地收益补偿和土地投资补偿)和土地实际开发费用。

2. 建筑物价值。建筑物自身的价值,不包含该建筑物占用范围内的土地的价值。

3. 房地价值。

(1)房地出售价值。房地出售价值主要包括成本与利润两大部分,具体如图1-2所示。

(2)房地出租价值。房地出租的价值主要由以下部分组成。

①地租：占用一定面积的土地而交纳的土地使用费。
②折旧费：因使用而转移到租金中的部分。
③维修费：保证正常使用或延长使用时间而对房屋进行维修的合理费用。
④管理费：主要是管理人员工资及其他管理费用的支付。
⑤利息：占有和使用房屋资金的补偿。
⑥利润：主要是由维修和管理等创造性的劳动而带来的利润。
⑦保险费：为安全起见而对房屋等财产支付的保险费用。
⑧税金：按税法规定而必须交纳的税金。

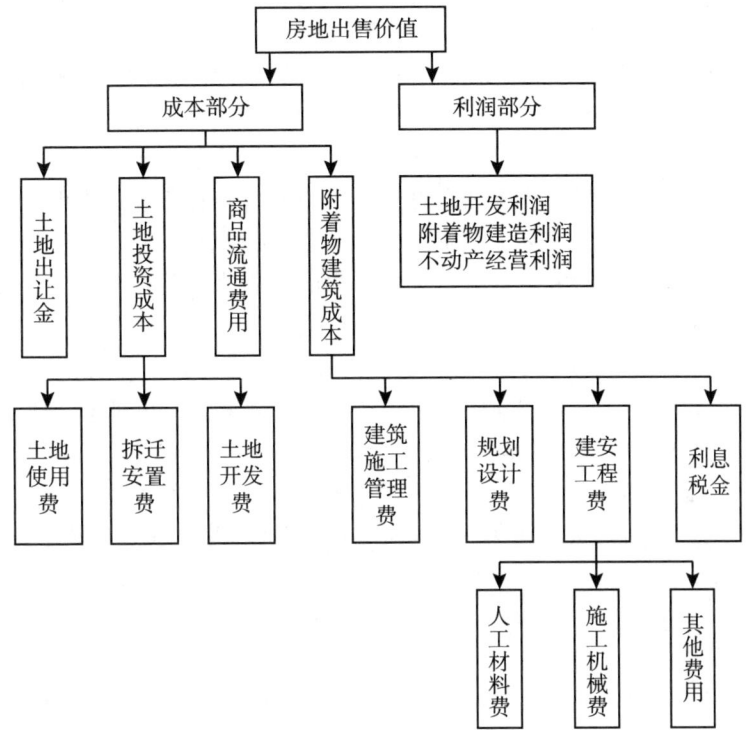

图1-2　不动产出售价值的分解

四、不动产价值的影响因素

由于不动产商品所涉及的领域广、产品周期长、产业链长、政策性明显等，因此不动产价值的形成受各种因素的影响或制约，影响因素多而复杂。不动产评估的一个重要问题是评估人员如何合理地分析和把握各种不同的影响因素，并分析其对不动产价值影响的性质和程度，正确评估。

（一）宏观角度

不动产价值受政策、经济、社会、人口等多个方面因素的影响，这些因素被称为宏观因素。

1. 政策影响。政府的货币政策、土地制度、住房制度、不动产价格政策、税收政策、城市规划与土地利用规划、土地使用权出让方式等都对不动产价格产生了重要影响。货币政策直接决定了货币流动性的变化，较强的货币流动性会使人们加大对不动产的投资，引起不动产价值上升；而较弱的货币流动性则使人们减少对不动产的投资，引起不动产价值下降。土地政策直接影响土地供应量的变化，而土地供应量影响着土地价格，土地价格是不动产的重要成本，因而影响着不动产的价值。住房制度、不动产价格政策、税收政策与土地政策直接影响着不动产的开发成本从而导致不动产价值变化。而城市规划与土地利用规划以及土地使用权出让方式等对土地的开发用途和开发方式等进行限制，决定了未来的不动产基本类型，从而影响不动产价值。

2. 经济影响。国家或地区的整体经济发展状况、财政收支与金融状况、居民收入与消费水平、物价与利率水平、进出口及汇率波动、储蓄与投资水平等对不动产价格产生重要影响。国家或地区的整体经济发展状况良好会导致居民购置不动产的意愿上升，导致不动产价值上升。而财政收支和金融状况影响了当前的货币流动性，从而影响了不动产价值。居民收入与消费水平决定了人们对不动产的需求，物价和利率水平直接影响不动产的各项成本，从而影响其价值。进出口和汇率波动决定了本国货币相对外币是贬值还是升值，影响着本国不动产以外币标示的价值的上升和下降。

3. 社会影响，包括国家的政治稳定状况、社会治安状况、房地产投机状况和城市化水平等。社会越稳定，国家或地区的不动产价值就越稳定，相对于其他地区，不动产的价值就越高；而房地产投机状况和城市化水平也和不动产价值紧密相关。

4. 人口影响，包括人口数量、人口素质、家庭人口规模等。

5. 心理影响，包括消费者购买和出售心态、欣赏趣味、消费时尚、攀比心理、风水与价值观念等。

（二）微观角度

1. 区位因素。不动产价值受交通区位条件、基础设施等多方面因素影响，这些因素被称为区位因素。（1）商业服务业发展状况，包括地区的商业、服务业繁华发达水平，城市的功能定位、规模，往来的人流等。在同一个城市存在由于历史、规划等原因而造成的区域功能和商业发达程度的巨大差异，在已经形成良好人文氛围、商业较为发达的地区，不动产价值较高。（2）交通条件，包括道路发达程度、公路便捷程度、对外交通便利程度等。交通便利程度决定了人们的出行成本，决定了物资到达和信息传递的快捷程度，从而影响到该区域是否可以吸引人流和商业机构，从而影响不动产价值。（3）基本设施，包括供电、供气、电信、给排水，以及学校、医院、银行、邮局等。基本设施是区域人群生活便利的保证，决定了人们居住和工作生活的满意程度，对不动产价值产生重大影响。（4）环境条件，指区域内的环境条件，包括空气质量、水环境质量、噪声程度等。随着人们对健康问题愈加关注，环境条件成为影响不动产价值的重要因素。（5）区域政策。区域内对购买住房的补贴、税费政策，对房地产开发商的税费政策，以及土地出让方式的调整等，都会影响不动产价值。

2. 实物因素，包括不动产位置、面积、形状、地形地质与地貌、建筑物外观、式样、朝向、结构、布局、楼高、楼层、设备配置、装潢、新旧、临街状况、建筑容积率、覆盖率、利用类型等。这些因素与人们对不动产的消费心理结合在一起，如中国人喜欢房间朝阳，而西方人则没有这样的心理；有的消费者喜欢新建建筑，而有些消费者喜欢老房子。其他还包括物业管理因素，如小区内公用设施配套状况、物业管理水平等。

3. 权益因素。不动产权益是不动产中无形的、不可触摸的部分，是从不动产中衍生出来的权利、利益和收益，如不动产的所有权、使用权、抵押权、租赁权、地役权等，有时还包括不动产的额外利益或收益。比如，不动产的外表面可以出售或出租给广告公司做广告，从而获得收益。

第三节 不动产评估

在国外，不动产管理是企业经营管理活动中的重要环节，主要包括不动产选址、不动产投资、不动产取得方式、不动产处置、不动产证券化等，不动产管理的各项活动均离不开不动产评估。

一、不动产评估的概念

在《资产评估准则——不动产》中，不动产评估是指对不动产的价值进行分析、估算并发表专业意见的行为和过程，包括单独的不动产评估和企业价值评估中的不动产评估。我们总结王家庭（2004）、俞明轩（2004）、柴强（2003）以及徐海成等（2003）、汪海粟（2003）等关于不动产的定义，将不动产评估定义为：不动产专业评估人员，根据待估不动产的评估目的，遵循不动产的评估原则和程序，在充分了解和掌握待估不动产的基本情况、不动产市场资料和深入分析不动产价格影响因素的基础上，选择科学而合适的评估方法，并结合评估人员的经验，对不动产在一定产权状态和一定时点下的价值所做出的推测和判断。根据不动产的概念可知，不动产评估包括地产的评估、房产的评估、房地综合体的评估以及房地及其他定着物综合体的评估。

二、不动产评估的目的

房地产估价的核心内容是为了特定目的，对特定房地产在特定时间的特定价值进行分析、测算和判断。在一个估价项目中，估价目的、估价对象、价值时点和价值类型之间有着内在联系，其中估价目的是龙头。不动产业在当今经济社会中占有极其重要的位置，如何客观真实地反映这一巨大财富的价值将涉及多方的经济利益。因此，不动产评估必须科学地推测和判断不动产的价值。进行不动产评估的目的主要表现在以下方面。

1. 各类不动产交易的需要。由于不动产是一种较为特殊的商品，不动产交易市场是一种不完全的市场。一般的不动产交易当事人，对不动产市场不一定熟悉，对不动产交易的价格不一定能把握得准确，这就需要不动产评估这种中介服务为他们提供较为客观的参考数据。不动产开发商在准备进行一项不动产项目开发之前，都应该先对当地的不动产市场的供需状况、房屋租售情况、人文素质、商业交通以及规划限制等多种因素做综合考虑，进行项目可行性研究，以确保自己能得到期望的投资回报。对开发商而言，也需要进行不动产评估来确定开发成本、租售价格等多项数据，为做出正确的投资决策提供参考依据。

2. 不动产类金融产品交易、投资分析的需要。目前我国不动产类的金融产品包括房地产信托、CMBS、类REITs、持有型不动产ABS（私募REITs）、公募REITs等。可见我国不动产类金融产品类型非常丰富，但是其实质还是不动产的交易，底层资产是特定的不动产项目或项目组合，因此在其发行、运营管理、退出市场过程中均存在交易价格确定及信息披露等需求，必须进行不动产价值评估。例如，公募REITs上市时必须委托专业评估公司出具底层资产评估报告并作为发行说明书的附件，每年年报时必须对其底层资产价值进行重新评估。不动产金融产品的投资人，需要对其拟投资的产品的底层资产价值进行评估，进而对不动产金融产品的投资价值进行评估。

3. 银行确定不动产抵押贷款额度的需要。以不动产进行抵押贷款是银行贷款的重要方式，在不能还清贷款时，银行可以依法拍卖抵押物，并有权从拍卖额中优先受偿。在抵押贷款中，以不动产为抵押标的物的现象比较普遍，银行为了确定抵押贷款的额度，需要对不动产进行评估。银行根据评估结论，可以大致掌握作为抵押标的物的不动产的拍卖价格，从而确定抵押贷款的额度。

4. 企业财务报告的需要。大多数企业都有不动产作为其资产，而现在的会计准则允许对不动产运用公允价值入账，特别是投资性房地产。在以房地产的公允价值入账时需要经过不动产评估，以评估价入账，保障会计报表的真实性和公允性。

5. 不动产作价入股、合资合作的需要。随着我国改革开放的进一步深化，以房地产作为固定资产投资的现象也越来越多，比如由中方提供厂房、土地，由外方提供设备、技术，合资成立企业等。这时就需要对不动产进行评估，确定双方投入资金的比例。

6. 为征地、拆迁补偿提供依据的需要。在国家征用集体土地，以及因为公共工程、开发项目等需要进行拆迁时，法律规定应对征用、拆迁范围内需要拆除的居民住宅、企事业单位房屋等地上建筑物或构筑物进行补偿，而对这些不动产补偿的金额必须通过不动产评估来确定，既维护了被拆迁人的合法权益，也可以保证征用、拆迁工作的顺利进行。

7. 国家征收税费的需要。在我国税法的规定中，有一些不动产税费是以不动产的价值为计税依据的，比如房产税、契税等。国家为了确定计税的依据，需要对作为课税对象的不动产进行评估。

8. 仲裁、诉讼中确定不动产价值的需要。在仲裁、诉讼的案件中，与不动产有关的纠纷比较普遍，有时需要进行不动产评估来确定不动产的价值。比如夫妻双方离婚进行财产分割,他们有一套产权房,属于夫妻共同财产。在一般情况下,只能是一方保留房屋的产权,并根据评估的结果以货币或其他方式贴补另一方。为了保证仲裁、诉讼等处理结果的科学性、严肃性,需要以科学的不动产评估结论作为依据。

9. 不动产拍卖、典当、保险、注册资本验资的需要。在确定不动产拍卖底价、典当金额、保险金额以及不动产注册资金的额度时,需要科学、合理的不动产评估结果作为参考依据。

10. 满足不动产管理工作的需要。随着中国经济体制改革的进一步深入,特别是中国加入 WTO 以后,不动产市场的持续发展,对不动产的管理不能仅停留在有多少建筑面积的房屋、有多少面积的土地、分类状况如何等,要进一步了解这些不动产的价值是多少、在一段时期内是增值还是贬值等,这时候就需要对房地产进行评估。

三、不动产评估的原则

不动产价格的形成是许多因素相互作用、相互影响的综合结果,而这些因素又处于经常变动之中。因而,不动产评估必须遵循这些变动规律,这些规律就是不动产评估的原则。

根据《房地产估价规范》对不动产评估的基本要求,综合国内外各种评估理论,结合我国当前不动产业的实际情况,我国不动产评估应遵循的基本原则主要有:独立、客观、公正,合法,价值时点,替代,最高最佳利用。

1. 独立、客观、公正原则,是指评估人在进行评估时,必须坚持公平、公正的原则,严格按照规定的规范、程序和方法,客观地判断不动产的价值。

2. 合法原则。不动产评估是对不动产价值的一种推测和判断,其中必然带有评估人员一定的主观意志,因此必须减少这种主观性。行之有效的措施就是制定相应的法律法规。这些基本法规有《土地管理法》、《城市规划法》、《城镇国有土地使用权出让和转让暂行条例》等。评估人员不仅要熟悉这些法规,而且要做到依法评估。

3. 价值时点原则,即要求估价结果是在根据估价目的确定的某一特定时间的价值或价格的原则。估价结果具有较强的时效性,因为房地产市场的价格水平随时在发生变化,同一估价对象在不同时点会有不同的市场价格。因此,价值时点代表了估价对应的房地产市场状况。在房地产估价时要注意,估价结果是估价对象在价值时点的价格,不能将该结果作为估价对象在其他时点的价格来使用。在实际估价中,价值时点通常是现在,但具体的日期有时很重要,如以财务报告为目的的评估,价值时点要定在财务报告日,土地出让价格评估的价值时点是土地出让日。如果没有特定要求,一般将房地产估价的实地勘察期间或估价作业期间内的某个时间定为价值时点。

4. 替代原则。基于经济学中的替代原理的替代原则,是不动产评估的三个主要评估方法(市场法、成本法和收益法)的基础。

5. 最高最佳利用原则,是基于经济学中的利润最大化原理,按照不动产的使用能给所有人带来最优的长期经济效益的方式进行评估的原则。因此,在进行不动产评估时,对于合法前提下的最佳使用,就不应该受现实的使用状况所限制,而应对在何种情况下才能最有效使用做出正确的判断。比如，市区中的荒地，其最佳使用方式可能是住宅用地，所以就不能用荒地的评估法来评估这块土地的价格。

不动产评估原则是不动产评估概念的逻辑延伸，它使不动产评估具体化，进一步减少了不动产评估人员的主观性因素，降低了不动产评估的风险，使不动产的评估更具客观性。因此，不动产评估原则是不动产评估的重要组成部分。

四、不动产评估的程序

不动产评估是一项很复杂的技术经济活动，要高质、高效地评估出房地产的价格或价值，评估人员就必须制定一套科学严谨的工作程序；遵循科学严谨的评估程序，既可降低评估成本，避免不必要的开销，又可保证评估的质量。根据《资产评估准则——不动产》中关于评估程序和方法的规定，结合不动产评估实践经验，不动产评估程序可以分为七个阶段①（见图1-3）：受理估价委托、编制估价作业方案、收集估价所需资料、实地查勘估价对象、综合分析和估算、撰写并审核评估报告、交付评估报告书及收取评估服务费。

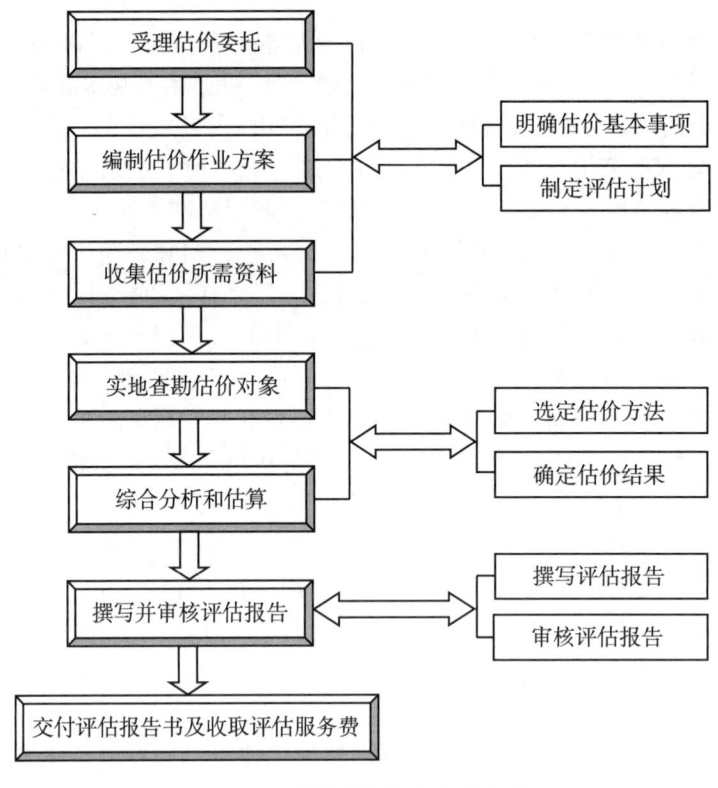

图1-3 不动产评估的七步程序

---

① 在《房地产估价规范》（GBT 50291—2015）中，房地产估价工作按程序分为十个步骤，均包含在七个阶段中。

第一阶段：受理估价委托

1. 评估申请。进行不动产价格评估时，当事人应向有关的专业评估机构提出书面申请，并填写评估委托书。

2. 业务受理。不动产价格评估机构在收到评估委托人的申请书和有关证明及资料后，要在一个有限的时间内（如3天）做出是否受理此项业务的决策并通知申请人。评估者在做出接受委托的决策前要对委托人和评估标的物的基本情况进行初步了解，来界定有关评估的一些重要问题。这些问题主要包括评估目的、评估对象、评估的作业日期等。

第二阶段：编制估价作业方案

制定不动产价格评估作业计划是为了使评估工作有条不紊，按时、高效完成。计划一经确定，一般要按计划逐段进行评估工作。在规模较大的评估项目中，制定计划对评估作业的成败与质量有着极为重要的作用。制定评估作业计划可大体包括以下几项内容。

1. 确定评估作业的具体因素。对于评估作业来说，仅仅指明某块土地或某幢房屋是无法开展评估工作的。为了更好地完成委托的业务，必须对影响价值的具体因素进一步确认。

（1）确定评估对象的品质特征及产权状态。

（2）确定评估范围。不动产的内容复杂，影响价格的因素众多，一般在评估对象得到确认以后，还必须确定评估的范围。不动产评估范围包括以下方面。

① 土地评估。土地评估有两种情况：一是空地评估；二是地块上有建筑物，但视为空地进行评估。在地上建筑物预定拆迁的情况下，往往采用这种方式。

② 建筑物评估。在土地与建筑物成为一体的状况下，仅就地上的建筑物进行评估。

③ 合并评估。对土地和地上建筑物共同评估或对其中一部分评估。

（3）确定价值时点。价值时点是对评估对象的不动产决定其评估额的基准日期。由于不动产价格是随时间等因素的变化而不断变动着的，因此只有价值时点确定以后，估出的价格才有意义，评估时间的详细程度取决于所要评估的房地产的价格类型和市场变动程度。一般说来，买卖价格、租赁价格比抵押价格和课税价格所要求的时点详细，通常至少要指明月，有时要到日。价值时点一般定为委托评估的当日或现场调查的当日。当然，为求取过去某个特定时期的价格（如有关诉讼案件的房地产价格），也可以将过去的某一特定时间作为价值时点。

2. 初选评估方法和人员。明确了评估作业的具体因素后，应初步选出适合该评估对象不动产的评估方法。初选评估方法的目的，是使后面的资料收集与整理和实地查勘有的放矢，避免不必要的重复劳动。根据评估对象的目的、时点、日期及初选的评估方法可判断委托任务的轻重缓急、难易程度，从而确定投入多少人力参加此项评估任务。明确评估人员的选定和工作安排，以及评估人员各自分工负责的工作范围，有利于参与人员协同动作、相互配合，提高工作效率。

3. 评估作业的工作进度安排。评估作业的时间性和实务性都很强，必须注意时效。整个评估工作的时间可以从接受委托之日起到交付评估报告止。一般委托人对评估完成的日期都有较高的要求，并在签订委托合同时作为重要条款写进合同。能否在约定时间内圆满地完成评估任务，不仅关系到评估方的经济利益，而且对评估方的信誉有着举足轻重的影响。因此，要通过评估作业计划，针对评估作业流程，按程序规定好相应的时间进度和时限，使操作的每个步骤既科学有序，又省时省力。

4. 评估作业计划中还可对费用安排、评估作业备忘录的编制等有关事项做出明确规定。制定评估作业计划的方法可以采用网络计划技术，以便选择最优方案，并在计划执行过程中进行有效的控制与监督。

第三阶段：收集估价所需资料

资料的收集与整理是评估者在计划指导下充分占有和利用信息资源的阶段，也是为准确评估寻找依据、为现场查勘进行准备的阶段。资料收集的深度和广度很大程度上取决于在计划阶段初选的评估方法，一般应围绕评估方法所赖以计算的资料数据进行收集。如对用于出租的写字楼拟选用收益法来评估其价格，则需收集可供出租的面积、出租率或空置率、租金水平、分摊折旧、负担利息、运营管理费、税收等方面的资料。如某块土地拟选用假设开发法来评估其价格，需收集规定用途、容积率、覆盖率、建筑高度等方面的资料。

资料收集除了来源于评估委托人提供的必要资料和实地查勘所得资料外，评估人员还可以从评估机构建立的资料存储系统中提取有关资料，或到政府有关主管部门去查询，或向其他当事者、咨询公司询问。

第四阶段：实地查勘估价对象

现场查勘是指不动产评估人员亲临现场对评估对象的有关内容进行实地考察，以便对待估不动产的实体构造、权利状态、环境条件等具体内容进行充分了解和客观确认。在现场查勘阶段，评估委托人应负领勘之责，派员领勘。

第五阶段：综合分析和估算

1. 资料综合分析。资料综合分析的目的是确定不动产估算的基本数据，基本数据准确与否对估算的最终结果有直接影响。如果资料综合分析不能如实反映房屋建筑的各类技术数据，甚至发生失误，则会影响到价格评估的正确性，致使当事人蒙受不应有的损失，也会影响到评估者的声誉。

资料综合分析的重点是：（1）检查资料是否为评估所必需的资料，即注意该资料是否与房地产的种类、委托评估的目的与条件相符；（2）不动产权的归属是决定评估不动产的价格的重要因素，一定要准确。

2. 价格形成分析。不动产价格的形成，一方面是基于它的实体因素，另一方面是基于它的影响因素。不动产价格的实体因素可以通过确认来把握，而影响因素则要通过有经验的评估人员加以分析，以便把握各因素对价格的影响程度。不动产价格的诸多影响因素可以划分为区位因素和个别因素两大类。

3. 评估方法的选择和价格估算。

（1）选择评估方法。在计划中初选的评估方法在这个阶段可以得到最后的确认并用于计算。尽管不动产评估方法比较多，但最基本的方法还是成本法、市场法和收益法三种。在进行房地产评估时，原则上应并用三种方法。因为三种方法各有利弊，仅靠一种方法不易达到正常价格。有些房地产不适用上述三种方法，可根据具体情况加以选择。

（2）价格估算。选定评估方法后，可开始对不动产进行测算，具体测算方法本书其他章节有专门论述。应该注意的是，在进行房地产评估测算时，如有当地政府规定的测算标准，应认真采用，如"土地分等定级标准"、"房屋新旧程度评定标准"、"房屋耐用年限"、"房屋代议书标准"等。

（3）价格调整。资料的限制和不动产价格的复杂性，使三种方法估出的价格难以一致，因此需要进行价格调整。在进行价格调整之前，首先，要对资料的运用等加以检验复核，其主要内容是：资料的选择及运用是否得当；各项不动产评估原则的应用是否得当；一般性因素分析及区域分析、个别分析是否适当；单位与总价的关联是否适当。其次，要对三种评估方法估算出的价格进行综合，综合的方法有三种：①简单算术平均。②加权算术平均，即赋予每个价格不同的权重，然后再综合出一个价格。通常对评估该不动产适用可靠的评估方法所算出的结果，赋予较大的权重，反之则赋予较小的权重。③以一种评估方法计算出的结果为主，其他评估方法计算出的结果只供参考。最后，评估人员要根据自己的经验、影响价格诸多因素的分析以及市场行情，对综合测算出的结果再做调整，以最后综合评估决定评估额。在实际工作中，最后决定的评估额，可能以计算出的价格为主，也可能以评估人员的其他判断为主，而计算结果只作为参考。

第六阶段：撰写并审核评估报告

经评估测算出对象不动产的评估额后，应将评估成果写成评估报告书。评估报告书是记述评估成果的文件，它把评估过程中有关的数据、办法、要点及最后的结果以正式的书面形式反映出来。评估报告书的形式有自由式与定型式两种。定型式评估报告书，是固定格式、固定内容，评估人员必须按照规定的形式填写，不得改动或填减。自由式评估报告书根据评估报告人的要求自由设定内容，篇幅长短不限，一般在咨询类评估中使用。

房地产估价机构按房地产估价相关要求和内部审核制度，对自己的已撰写完成而尚未向估价委托人出具的估价报告的内容和形式等进行内部审查核定，并应形成审核记录，记载审核的意见、结论、日期和人员及其签名。

第七阶段：交付评估报告书及收取评估服务费

完成评估报告书后，要将评估报告书交付给委托评估者，并可就某些问题做口头说明，至此完成了对委托评估者的评估服务。然后按照有关规定和收费标准向委托评估者收取评估服务费。

最后，收集、整理在估价活动中获得和形成的文字、图表、声像等形式的资料，对其中具有保存价值的资料进行分类并保存。

五、我国不动产评估的发展与现状

（一）不动产评估发展历史

我国的不动产评估开始于20世纪80年代末，是伴随着土地使用制度的改革和房屋的商品化而逐步发展起来的，随着经济的迅速发展和房地产经营、交易活动的增加，不动产评估中介服务的范围更加广泛。它涉及不动产的买卖、租赁、交换、抵押、课税、入股、保险、征用或拆迁补偿、分割析产、司法诉讼，还涉及企业的合资、合作、租赁经营、承包经营、股份制改造、产权交易、合并、兼并、分设、破产清算、结业清算、清产核资，以及不动产的投资决策、管理和会计成本分析等。不动产评估的服务对象包括：政府有关部门（如税务、财政、公安、房地产管理、国土资源管理等）、法院、检察院、金融机构、保险机构、各类企业、社会公众。不动产评估中介服务已成为不动产开发经营活动中不可缺少的基础性工作。不动产评估发展的基本历程如下。

20世纪80年代中期，开始尝试建立房地产价格评估制度。

1986年，《土地管理法》颁布。

1988年，开始实行房地产评估从业人员持证上岗制度。

1989年，人事部批准成立国有资产管理局中国资产评估中心。

1991年，国务院发布《国有资产评估管理办法》（国务院令第91号）。

1992年，建立了房地产估价师执业资格制度。

1993年，原国家土地管理局制定了《土地估价师资格考试暂行办法》。

1993年，原国家土地管理局出台了《土地估价机构管理暂行规定》，将土地评估机构分为A级和B级两种。

1993年12月，中国资产评估协会正式成立。

1994年7月5日，《城市房地产管理法》公布，其中第33条规定：国家实行房地产价格评估制度。

1994年9月，成立全国性的房地产评估师专业团体——中国房地产评估师学会。

1995年3月，中国资产评估协会加入国际评估标准委员会。

1995年3月，《房地产评估师执业资格制度暂行规定》颁布。

1995年，实施了全国统一的房地产估价师执业资格考试。

1999年2月12日，《房地产评估规范》颁布，并于1999年6月1日起实施，第一次建立了行业评估的统一标准。

2000年底，房地产评估机构根据有关文件要求，完成了脱钩改制，走向了社会。

2005年12月，《资产评估法》被正式列入十届全国人大常委会的补充立法计划，并于2006年6月成立了由全国人大财经委牵头，财政部、国资委、住房和城乡建设部（原建设部，下同）、国土资源部、商务部和保监会等六部门参与的资产评估法起草组，正式启动了资产评估立法程序；2008年，在全国人大财经委的推动下，十一届全国人大常委会继续把《资产评估法》列入立法规划；十二届全国人大常委会分别于2013年和2015年对《资产评估法》进行了二次审议和三次审议；2016年6月27日，十二届全国人大常委会第二十一次会议审议了资产评估法草案四审稿，于7月2日审议通过了《资产评估法》。

2007年11月，中国资产评估协会发布《资产评估准则——不动产》（中评协〔2007〕189号），对资产评估师从事不动产评估业务进行规范。

2013年6月，建设部发布《房地产估价基本术语标准》（GB/T 50899—2013），自

2014年2月1日起实施。

2015年4月8日,建设部颁布新版《房地产估价规范》,自2015年12月1日起实施,原《房地产估价规范》(GB/T 50291—1999)同时废止。

2017年9月,中国资产评估协会发布《资产评估执业准则——不动产》,自2017年10月1日起施行,《资产评估准则——不动产》同时废止。

(二) 我国不动产评估的现状

目前不动产评估在我国评估行业中占据了主体地位,截至2023年末,全国房地产估价机构及其分支机构共5 687家,其中一级估价机构1 089家;有房地产估价师7.9万人,其中7万人注册执业,预计从业人员达40余万人。房地产评估机构活跃在房地产转让、抵押贷款、房屋拆迁补偿、房地产损害赔偿以及税收、司法鉴定、公司上市、企业改制、资产重组、资产处置等各种业务之中。[①]

2017年9月,经国务院同意,人力资源社会保障部印发《关于公布国家职业资格目录的通知》,公布国家职业资格目录。国家职业资格目录中,专业技术人员职业资格59项,其中与资产评估相关的有两项:资产评估师和房地产估价师。这两项职业资格均可以从事房地产评估业务。涉及不动产评估管理的政府部门主要有三个,即财政部、住房和城乡建设部和国土资源部。虽然三个部门管理的评估体系的评估范围有差异,但都包括对不动产的评估。从这三个部门管理的不动产评估业务看,其评估范围基本相同,而且目的和方法基本一致,只是国土资源部管理的不动产评估基本侧重于土地的评估,较少涉及房产。这就造成财政部、住房和城乡建设部、国土资源部管辖下的评估机构、评估业务交叉。为了保护自己管辖权下的利益,各主管部门进行各种制度设计,阻止其他部门管辖的评估机构和评估人员进入本部门管辖范围。例如,凡是与财政相关的不动产业务,必须是财政部管辖下的注册资产评估机构和评估人员评估;住房和城乡建设部管辖的不动产业务,必须由住房和城乡建设部管理的房地产评估机构和评估人员评估等。这就导致对同一不动产项目的评估,其有效性只能针对本体系,超过本体系就必须重新进行评估。行业壁垒非常严重,影响了不动产评估的市场竞争,大大增加了交易成本。因此,对不动产评估监管权限和层次的界定已经到了必须用立法来规范的程度了[②]。

资产评估业作为新兴行业,尚存在许多有待完善与发展的地方,不动产评估是其中的一个分支,其评估对象的特殊性更给评估工作添加了难度。在进入21世纪的今天,我国不动产事业已发生了翻天覆地的变化,土地有偿使用、住宅货币化、商品化改革方案的相继成熟,极大地促进了不动产市场的建设与发展,市场对不动产评估的需求量大增,不动产评估正受到社会的重视与关注,原来鲜为人知的不动产评估业也逐渐"浮出水面",成为当前的热门行业。

---

① 程敏敏,宋梦美,刘朵. 2023年中国房地产估价行业发展报告[M]. 北京:社会科学文献出版社,2024.
② 张君卓. 评估立法与房地产评估的监管[J]. 中国房地产,2006 (12).

六、我国不动产评估制度

在 1993 年之前，中国房地产评估主要分散在政府主管部门、投资信托公司、学术研究机构、会计师事务所、审计师事务所，甚至在学术团体设立的咨询服务机构中进行，一般外商独资、合资和合作企业则委托仲量联行（房地产咨询机构）进行。自 1993 年开始，中国开始实行房地产评估师和土地评估师的专业资格认证和注册登记制度，规定只有具备一定条件，通过全国统一考试，取得执业资格证书并经过注册登记，才具有独立从事房地产评估或土地评估的资格。住房和城乡建设部、人力资源和社会保障部共同负责全国房地产估价师执业资格制度的政策制定、组织协调、考试、注册和监督管理工作。全国统一考试原则上每年举行一次，由人力资源和社会保障部负责审定考试科目、考试大纲和试题。

（一）关于房地产评估的规范

如前所述，自 20 世纪 80 年代中期以来，不动产评估的制度经历了不断地设立及修订的过程，目前已形成了基本属于标准和评估规范的制度组合。2013 年 6 月，住房和城乡建设部颁布《房地产估价基本术语标准》，对房地产评估中的主要术语进行了规范；2014 年 7 月，国土资源部发布了新修订的《城镇土地估价规程》（GB/T 18508—2014）；2015 年 4 月，住房和城乡建设部发布了重新修订的《房地产估价规范》（GB/T 50291—2015），1999 年的规范被废止。

此外，资产评估机构从事房地产评估业务需要遵循中国资产评估协会发布的《资产评估执业准则——不动产》（2017 年 9 月修订）的相关规定。

（二）关于房地产评估机构的制度

1997 年 1 月 9 日，建设部发布《关于房地产价格评估机构资格等级管理的若干规定》（建房〔1997〕12 号）。该规定对房地产价格评估机构的设立、资格等级分类、各级资格的营业范围、申请评定资格等级应提交的材料、资格等级升降及取消资格等做了详细规定。该规定将房地产价格评估机构分为一级、二级、三级，并规定资格等级实行动态管理，根据机构的发展情况进行等级调整，每两年评定一次，重新授予资格等级证书。2000 年 4 月 28 日，建设部发布《关于房地产价格评估机构脱钩改制的通知》（建住房〔2000〕96 号），要求凡从事房地产价格评估的中介服务机构，均要在人员、财务、职能、名称等方面与隶属或挂靠的政府部门彻底脱钩，改制为由注册房地产估价师出资的有限责任公司或合伙制性质的企业，参与市场竞争，不得承担房地产价格评估机构资质和人员资格等行政管理与行业管理的职能，以保证房地产价格评估机构独立、客观、公正执业和平等竞争。2004 年 6 月 14 日，国务院发布《国务院对确需保留的行政审批项目设定行政许可的决定》，决定将房地产评估机构资质核准列入 500 项行政许可的范围。2005 年 11 月 23 日，建设部发布《关于建设部机关直接实施的行政许可事项有关规定和内容的公告》，将房地产评估机构资质核准与房地产执业资格注册列入行政许可的事项。2013 年 10 月，住房和城乡建设部修订并重新颁布了《房地产估价机构管理办法》。

（三）关于房地产评估师的制度

1992 年 12 月 9 日，建设部向人事部发出《关于拟建立房地产估价师考试和注册制度的函》（建房〔1992〕884 号）。建立房地产估价师考试和注册制度，也是贯彻国务院《关于发展房地产业若干问题的通知》中指出的"要建立与房地产市场配套的服务体系，建立房地产价格评估机构，逐步形成规范、公开、有序的房地产市场"的一项重要措施。1993 年 1 月 15 日，建设部、人事部联合发出《关于认定"房地产估价师"有关问题的通知》（建房〔1993〕27 号）。该通知指出，为了加强房地产评估专业人员的资格管理，建立起规范的、符合国际惯例的房地产评估师制度，我国将正式建立房地产评估师注册和考试制度，并决定在《房地产估价师考试和注册办法》出台之前，在现有的房地产评估人员中，对已经具有丰富实践经验、精通评估理论、熟练掌握评估技巧的优秀专业人员，由建设部和人事部共同认定为"房地产估价师"，以代替现在从事房地产评估工作的经济师、工程师等称谓。同年 5 月 10 日，建设部、人事部联合发出《关于公布首批房地产估价师名单的通知》（建房〔1993〕338 号）。该通知指出，由两部门共同组成"房地产估价师认定工作领导小组"，自 1993 年 1 月开始首批房地产评估师专业资格的评审认定工作。经各地推荐，全国房地产评估师认定工作专家组评审认定，确认 130 名从事房地产评估工作的人员具备房地产估价师专业资格，另有 10 人作为全国房地产估价师认定工作专家组成员，由人事部、建设部直接认定，一并予以公布、发证、登记注册。

2021 年 10 月 15 日，住房和城乡建设部、自然资源部联合发布《关于印发〈房地产估价师执业资格制度暂行〉和〈房地产估价师执业资格考试实施办法〉的通知》（建房规〔2021〕3 号），建房〔1995〕147 号文件同时废止。《房地产估价师执业资格制度规定》指出：国家实行房地产评估人员执业资格认证和注册登记制度，凡从事房地产评估业务的单位，必须配备一定数量的房地产估价师。《房地产估价师执业资格考试实施办法》对考试时间、考试科目、报名条件等做了具体规定。

新的考试实施办法对报名条件进行了大幅度的放宽，不需要工作经验，对单位也没有要求。房地产估价师执业资格考试的报名条件如下：（1）拥护中国共产党领导和社会主义制度；（2）遵守中华人民共和国宪法、法律法规，具有良好的业务素质和道德品行；（3）具有高等院校专科以上学历。

1998 年 8 月 20 日，建设部发布《房地产估价师注册管理办法》（建设部令第 64 号），自 1998 年 9 月 1 日起施行。2001 年 7 月，建设部发布《关于修改〈房地产估价师注册管理办法〉的决定》。为了加强对房地产估价师的注册管理，完善房地产价格评估制度和房地产价格评估人员执业资格认证制度，提高房地产价格评估水平，该办法规定国家实行房地产估价师注册制度，并对房地产估价师初始注册、变更注册、续期注册、撤销注册、执业、权利与义务、法律责任等做了详细规定。2002 年 8 月 20 日，建设部发布《关于建立房地产企业及执（从）业人员信用档案系统的通知》（建住房函

〔2002〕192号），决定建立包括房地产价格评估机构和房地产估价师在内的房地产企业及执（从）业人员信用档案系统。房地产企业及执（从）业人员信用档案的内容包括基本情况、业绩及良好行为、不良行为等，以便为各级政府部门和社会公众监督房地产企业市场行为提供依据，为社会公众查询企业和个人信用信息提供服务，为社会公众投诉房地产领域违法违纪行为提供途径。

（四）关于房地产评估协会的制度

1994年7月4日，建设部对中国房地产估价师学会筹委会提出的《关于成立中国房地产估价师学会的申请报告》做出了《关于成立中国房地产估价师学会的批复》（建人〔1994〕425号），同意成立中国房地产估价师学会，并明确了该学会的主要任务：制定并执行房地产评估专业守则和评估标准；组织有关房地产评估业务的培训；组织有关房地产评估业务的学术活动；开展有关房地产评估业务的国际交流；协助政府进行注册房地产估价师的管理工作。同年7月5日，第八届全国人民代表大会常务委员会第八次会议通过了《城市房地产管理法》，自1995年1月1日起施行。该法第33条规定，国家实行房地产价格评估制度；第58条规定，国家实行房地产价格评估人员资格认证制度。1994年9月，中国房地产估价师学会成立，是隶属于建设部的全国性房地产评估行业自律组织，由从事房地产评估理论研究和实务工作的专业人员组成。

中国房地产估价师与房地产经纪人学会（China Institute of Real Estate Appraisers and Agents，CIREA，简称中房学）的前身是中国房地产估价师学会，2004年变更为现名。中国房地产估价师与房地产经纪人学会是由从事房地产评估或房地产经纪活动的专业人士、机构及有关单位自愿组成的全国性行业组织，也是在房地产评估、房地产经纪领域唯一的全国性行业组织，依法接受住房和城乡建设部的业务指导和民政部的监督管理。

学会主要业务范围如下：组织房地产评估与房地产经纪的理论、方法及其应用的研究和交流；拟订并推行房地产评估与房地产经纪执业标准、规则；协助行政主管部门组织实施全国房地产估价师、房地产经纪人执业资格考试；办理房地产经纪人执业资格注册；开展房地产评估与房地产经纪业务培训，对房地产估价师、房地产经纪人进行继续教育；建立房地产估价师和房地产评估机构、房地产经纪人和房地产经纪机构信用档案，开展房地产评估机构、房地产经纪机构资信评价；提供有关房地产评估与房地产经纪咨询和技术支持服务；编辑出版房地产评估与房地产经纪方面的刊物和著作，建立有关网站，开展行业宣传；代表中国房地产评估、经纪行业开展国际交往活动；反映会员的意见、建议和要求，支持会员依法执业，维护会员合法权益；办理法律法规规定和行政主管部门委托或授权的其他有关工作。

（五）关于协会会员的制度

中国房地产估价师与房地产经纪人学会（以下简称中房学）将学会会员分为个人会员和单位会员。个人会员分为执业会员和非执业会员；单位会员分为团体会员、理事单位会员、常务理事单位会员。会员拥有参加本会的活动、获得本会服务的优先权，以及优先或优惠获得本会编辑出版的刊物和著作等各项权利。

2007年11月27日，中房学提出了中国房地产估价师与房地产经纪人学会资深会员管理办法（试行）。资深会员（Fellow of China Institute of Real Estate Appraisers and Agents，FCIREA）是本会设立的高级个人会员称号，资深会员分为资深房地产估价师和资深房地产经纪人。资深房地产估价师的英文缩写为FCIREA（APP），资深房地产经纪人的英文缩写为FCIREA（AGT）。资深会员应当具备下列条件：(1) 遵守法律法规，模范遵守评估、经纪职业道德，维护评估、经纪行业声誉，无不良行为记录。(2) 取得评估师、经纪人执业资格十年以上的本会个人会员。(3) 在评估、经纪机构中担任主要职务且评估、经纪理论知识扎实、实践经验丰富；或者具有高级专业技术职务且评估、经纪学术水平高，学风品行好。(4) 在本会刊物或者社会公开出版物上至少发表两篇评估、经纪方面的文章，或者公开出版一部评估、经纪方面的著作。(5) 热爱评估、经纪事业，对行业发展有强烈的责任感，为行业发展做出过较大贡献，在行业内有较高声望，积极参加本会活动。

本 章 小 结

本章介绍了不动产、不动产市场、不动产价值的概念、特征、类型等基础知识，并对不动产评估的概念、目的、原则、程序等内容做了简要介绍。不动产是指不能移动或者如果移动就会改变性质、损害其价值的有形财产，它存在土地、建筑物、房地产综合体、房地及其他所有定着物的综合体等四种形态，与其他有形财产相比，它有地理位置的不可移动性、社会经济地位可变性、个别性等特征。不动产的类型按照使用目的可以分为居住不动产、商业不动产、办公不动产等10种。不动产市场就是不动产的交易活动，包括一级市场、二级市场、三级市场。中国不动产市场萌芽于住宅供给严重短缺的20世纪七八十年代之交，经历了近半个世纪的发展，但是各类市场主体平等使用生产要素的环境并没有真正形成，市场在国家宏观调控下对资源配置起基础性作用还处于摸索之中。不动产价值是土地价值与土地定着物价值的综合，它包括土地的价值、不动产出售价值、不动产出租价值等，这些价值都受到宏观和微观两方面因素的影响，而微观因素具体包括实物、区位和权益三个方面。不动产评估是指不动产专业评估人员对待估不动产的价值做出的推测和判断，评估目的主要有资产管理、产权交易、合资合作、抵押贷款、征地拆迁、征税、仲裁诉讼、不动产开发投资决策、拍卖、保险等。不动产评估的基本原则主要有独立、客观、公正原则，合法原则，价值时点原则，替代原则，最高最佳利用原则。评估程序可分为受理估价委托、编制估价作业方案、资料的收集与整理、实地查勘估价对象、综合分析和估算、撰写并审核评估报告、交付评估报告书七个阶段。

思 考 题

1. 不动产的基本概念是什么？存在的主要形态是什么？
2. 不动产的主要特征是什么？
3. 不动产的主要类型有哪些？
4. 不动产市场的基本概念是什么？不动产市场结构是什么？
5. 从国际不动产市场的发展分析我国不动产市场的特殊性。
6. 不动产价值的基本概念及基本特征是什么？
7. 不动产价格的种类有哪些？影响不动产价格的主要因素是什么？
8. 不动产评估的概念及基本原则是什么？
9. 不动产评估的程序是什么？
10. 简述我国不动产评估的发展历史。

第二章 不动产评估基本方法

本章学习目的
1. 理解市场法、收益法和成本法的概念以及理论基础。
2. 理解市场法、收益法和成本法的适用条件。
3. 熟悉市场法、收益法和成本法的操作程序。
4. 掌握市场法、收益法和成本法的具体应用。

第一节 市场法

一、市场法评估概述

(一) 市场法的基本含义

市场法又称买卖实例比较法、交易实例比较法、市场比较法、市场资料比较法、现行市价法等，是将评估对象与在价值时点的近期有过交易的类似不动产进行比较，并对这些类似不动产的成交价格做适当的修正，然后以此估算评估对象价值的方法。

运用市场法要求充分利用类似不动产成交价格信息，并以此为基础判断和估测被评估不动产的价值。运用已被市场检验了的结论来评估被评估不动产，显然是容易被交易不动产业务各当事人接受的。因此，市场法是不动产评估中最为直接、最具说服力的评估方法之一。

这里的类似不动产，是指在同一供需圈内，在用途、建筑结构、规划条件等方面与被评估不动产基本相似的不动产。调整因素包括交易时间、交易目的、产权、交易动机等。

市场法是根据替代原则，采用比较和类比的思路和方法判断不动产价值的评估技术规程。任何一个正常的投资者在购置不动产时，他所愿意支付的价格不会高于市场上具有相同用途的替代不动产的现行市价。

(二) 市场法的基本前提

市场法进行不动产评估需要满足两个最基本的前提条件：（1）有一个活跃的公开的不动产交易市场；（2）公开市场上要有可比的不动产及其交易活动。

公开市场是个充分的市场，市场上有自愿的买者和卖者，他们之间进行平等交易。这就排除了个别交易的偶然性，市场成交价值基本上可以反映市场行情。按市场行情估测被评估资产,评估结果会更贴近市场,更容易被不动产交易各方接受。

不动产及其交易的可比性是指选择的可比不动产及其交易活动在近期公开市场上已经发生过,且与被评估不动产相同或相似。这些已经完成交易的不动产就可以作为被评估不动产的参照物,其交易数据是进行比较分析的主要依据。

不动产及其交易可比性具体体现在以下几个方面:(1)参照不动产与评估对象在功能上具有可比性,包括用途、性能上的相同或相似;(2)参照不动产与评估对象面临的市场条件具有可比性,包括市场供求关系、竞争状况和交易条件等;(3)参照不动产成交时间与价值时点间隔时间不能过长,应在一个适度的时间范围内,同时,时间对不动产的影响是可以调整的。

(三) 市场法的适用条件

市场法的评估对象是具有交易性的不动产,如不动产开发用地、普通商品住宅、写字楼、商铺、标准厂房等,而很少发生交易的不动产,如特殊工业厂房、古建筑、教堂、庙宇等则难以进行评估。

运用市场法评估不动产价格应具备一些条件,主要有三个。

1. 有充分的市场交易资料。一般来说,交易有效实例至少三个。从理论上讲,交易实例多,客观性好,较能反映市场正常的交易价格。因此,收集的资料越充分,运用这一方法所得到的结论就越符合实际。

2. 交易实例与被估不动产之间应具有较大的可比性。不动产评估时除必须考虑用同样性质的不动产作比较外,还必须注意被估对象与交易实例在地段、环境、结构等方面的可比性,如果上述因素存在差异,要求对差异能够进行定量分析、调整修正。

3. 交易实例资料及其来源必须翔实可靠。必要时还应对比较实例本身的有效性、可靠性做出验证,排除不合理甚至是无效的市场交易资料,以保证不动产价格评估的准确性。为保证交易资料的可靠,必须对交易案例资料的数据信息进行充分的查实和核对,包括交易案例的交易情况、交易价格、权属和实体状况、是否有附加条件以及各种影响因素条件等。

(四) 市场法的估价步骤

根据"新规范",运用比较法估价,应按下列步骤进行:(1)搜集交易实例;(2)选取可比实例;(3)建立比较基础;(4)进行交易情况修正;(5)进行市场状况调整;(6)进行房地产状况调整;(7)计算比较价值。

在这七个步骤中,(1)、(2)属于收集和选取实例,(4)、(5)、(6)属于比较修正差异,是市场法操作中的重点,详述如下。

二、搜集、选取可比实例

(一) 搜集不动产交易实例须考虑的因素

1. 交易双方的基本情况和交易目的。

2. 交易实例不动产的状况，如坐落、用途、土地状况、建筑物状况、周围环境、景观等。

3. 成交日期。

4. 成交价格。成交价格包括不动产总价格、房屋总价格、土地总价、单价、单位面积租金等，以及价格类型、价格水平、货币种类。

5. 付款方式。付款方式包括一次付清、分期付款、抵押贷款、租金支付等，对各种方式的付款期限、利率、折扣等影响真实价格的因素，都要进行详细记录。

6. 交易情况，如交易税费的负担方式，有无隐价瞒价、急卖急买、人为哄抬、亲友间的交易等特殊交易情况。

为避免在搜集实例时遗漏重要的内容并保证所搜集的内容的规范化，一般将所搜集的资料制成统一的表格，以便建立交易案例库和评估时使用，同时避免遗漏重要事项的调查。交易实例应搜集的内容如表 2-1 所示。

表 2-1　　　　　　　　　　交易实例调查表

不动产用途		
名　称		
坐　落		
买卖双方		
成交日期		
成交价格及付款方式		
不动产状况说明	实物状况说明	
	权益情况说明	
	环境情况说明	
交易情况说明		
位置示意图		
调查人员		调查日期

（二）选取可比实例须满足的条件

1. 可比实例所处的地区应与评估对象所处的地区相同，或是在同一供求范围内的类似地区。

2. 可比实例的用途应与评估对象的用途相同。不动产用途主要分为居住、商业、办公、旅馆、工业、农业等。

3. 可比实例的建筑结构应与评估对象的建筑结构相同，一般分为钢结构、钢筋混凝土结构、砖混结构、砖木结构、简易结构。

4. 可比实例的交易类型应与评估对象的类型相同，主要有买卖价格、抵押价格、租赁价格、课税价格。

5. 可比实例的成交日期应与评估对象时点接近。时点相近指价格指数没有发生大的变化，在不动产市场相对稳定时，可以是一年甚至两年，但在市场剧烈变动时，一般选取半年甚至3个月内的交易案例。

6. 可比实例必须为正常交易或可修正为正常交易。正常交易，是指在公开、公平、平等、自愿的市场，即公开市场进行交易。

三、建立比较基础

选取可比实例后，应建立比较基础，对可比实例的成交价格进行标准化处理，统一标准化处理应包括统一财产范围、统一付款方式、统一融资条件、统一税费负担、统一计价单位并应符合下列规定。

1. 统一财产范围，应对可比实例与估价对象的财产范围进行对比，并消除因财产范围不同而造成的价格差异。

2. 统一付款方式，应将可比实例不是在成交日期或一次性付清方式下的价格，调整为在成交日期且一次性付清的价格。

3. 统一融资条件，应将可比实例在非常规融资条件下的价格，调整为在常规融资条件下的价格。

4. 统一税费负担，应将可比实例在交易税费非正常负担情况下的价格，调整为在交易税费正常负担情况下的价格。正常的成交价是指在买卖双方各自负担自己应缴纳的税费下的价格。而二手住房交易中常出现"到手价"，即卖方不负担任何税费的交易价格，需要对这种交易税费的非正常负担情况进行修正。

5. 统一计价单位，包括统一为总价或单价、楼面地价，统一币种和货币单位，统一面积或体积内涵及计量单位等。不同币种之间的换算以国务院金融主管部门公布的成交日期的市场汇率中间价计算。

四、比较修正差异

（一）可比因素的选择

可比因素包括交易情况因素、市场状况因素、房地产状况（区位因素和个别因素）。

1. 交易情况因素。不动产成交价格容易受交易中一些特殊因素的影响而使其偏离正常的市场价格。交易中的特殊因素须考虑下列几个方面。

（1）有利害关系人之间的交易。例如，父母、兄弟及姐妹之间的交易往往会低于市场价格。

（2）急于出售或急于购买的交易。急于出售时，成交价格往往低于正常水平，急于购买时，成交价格往往高于正常价格水平，对这些因素也应该进行修正。

（3）交易双方或某一方对市场行情缺乏了解的交易。由于信息的不对称，可能交易双方不能全面掌握交易信息，这种情况下，成交价格往往会发生偏差。

（4）交易双方或某一方有特别动机或偏好的交易。交易某一方对某种房产有特殊的偏好，购买房产时价格因素考虑较少，此时交易可能会偏离正常价格。

（5）特殊交易方式的交易，如拍卖、招标等。由于交易者易受到现场气氛、情绪的影响，成交价格会偏离正常的价格。

（6）交易税费非正常负担的交易。交易双方可能存在转移税费行为。如增值税、所得税，这些税费按照国家法律规定应由卖方承担，但实际交易时，可能会协商由买方缴纳，从而改变了成交价格。有时交易过程中也会出现为少缴税费，买卖双方故意压低合同价格，而使成交价偏低的情况。

（7）相邻不动产的合并交易。由于该相邻不动产与原有不动产合并后会增加原有不动产的效用，相邻不动产拥有者会因此抬高价格，迫使购买者以高于市场正常的价格购买，所以成交价格往往要高于该不动产单独存在时的正常价格。

（8）受债权债务关系影响的交易。这种交易的价格一般会偏低。

2. 市场状况因素（即交易日期因素）。交易实例的交易日期与待评估不动产的价值时点往往有一段时间差，在此期间不动产市场可以发生变化。例如，不动产市场的供需情况的改变，或者政府出台了新的政策，利率有了调整，出现了通货膨胀或通货紧缩，不动产价格因此出现了上升或下降。因此，要将可比实例在其成交日期时的价格调整为在价值时点时的价格，并将其作为评估对象的价格。

3. 房地产状况因素。

（1）区位因素。区位因素是土地所在地区的自然、社会、经济、行政等因素相结合所产生的地区特征，对于土地价格水平产生影响的因素。区位因素原则上应根据土地的具体用途，有针对性地选取，不得漏掉重要的因子。区位因素修正的内容应该包括但不限于：商业繁华度、对外交通便捷度、道路通达度、公交便捷度、基础设施配套、环境质量优劣度、产业集聚。

（2）实物因素。实物因素是指构成不动产的实物特征并影响其价格的因素。实物因素原则上也应根据房地产的对象（土地、建筑物）和房地产的具体用途（住宅、商业、商务办公、工业）有针对性地选取。实物因素调整的内容应该包括但不限于绿地覆盖率、产业集聚、规划限制、自然灾害状况、容积率、土地使用年限、宗地面积、宗地形状、临街状况、地质条件。

（3）权益因素。如前所述，附着于房地产之上的权益是有所差异的。权益因素应包括规划条件、土地使用期限、共有情况、用益物权设立情况、担保物权设立情况、租赁或占用情况、拖欠税费情况、查封等形式限制权利情况、权属清晰情况等。

（二）差异量化方法

1. 交易情况修正。针对非正常的交易情况，要将交易中由于个别因素所产生的价格偏差予以剔除，使其成为正常价格。但有些非正常交易，要测定其交易价格与正常价格发生偏差的程度，却相当困难。这种情况往往依靠评估人员对市场的了解以及丰富的评估经验来做出正确的判断，确定适当的修正率。交易情况修正的计算公式为：

交易情况修正后的正常价格 = 可比实例成交价 × 交易情况修正系数 = $P_{实例} \times \dfrac{100}{(\quad)}$

这表示以正常交易情况为基准，如果可比实例交易时的价格低于正常情况下的交易价格,则分母小于100,反之,则分母大于100。

2. 市场状况调整。不动产价格的变动率一般用房地价格指数来表示。利用价格指数进行市场状况调整的公式如下:

$$价值时点交易实例的价格 = 可比实例的价格 \times \frac{价值时点价格指数}{可比案例交易时价格指数}$$

$$= P_{实例} \times \frac{(\quad)}{(\quad)}$$

由于物价指数与房地价格指数变动幅度不一致,因此修正的可靠性必然受影响。目前我国已有几种不动产价格指数,如中房价格指数、国房指数、城市地价指数等。除此之外还有一些相关的价格指数,如物价指数、建材价格指数等,均可做参考物价。当然修正一定要使用交易案例所在区域的同种用途的不动产价格指数。

3. 区位因素修正。区位因素修正公式如下:

$$评估对象区域下的价格 = 可比实例成交价 \times 区位因素修正系数$$

$$= 可比实例成交价 \times \frac{100}{(\quad)}$$

以上公式中,评估对象的区位因素为100。

交易实例不动产与待评估不动产如果不是处于同一地区,应将交易实例不动产所处地区与待评估不动产所处地区的区位因素加以比较,找出由于区位因素的差别而引起的交易实例不动产与待估不动产的差异,对交易实例不动产价格进行修正。如果交易实例与待评估不动产处在同一地区,则不必进行此项修正。区位因素影响程度的确定在实务上比较困难,往往依赖于评估人员的经验与判断。在具体操作上,一般都把区位因素列成规范化表格,在具体评估一宗地时直接应用即可。修正比率的确定可采用直接或间接打分法。显然,如果待估对象所处的区域环境优于可比实例所处的区域环境,则必须对可比实例的价格向高的方向进行修正,反之,则必须向低的方向进行修正。

4. 实物因素调整。实物因素调整通用公式如下:

$$评估对象状况下的价格 = 可比实例成交价 \times 实物因素调整系数$$

$$= 可比实例成交价 \times \frac{100}{(\quad)}$$

以上公式中,评估对象的个别因素为100。

在市场比较法运用于土地评估时,还涉及两个特殊因素的修正:土地使用年期与容积率。这两个因素的修正有其特殊的处理方法,将在土地评估章节里做详细阐述。

(三) 价格调整修正

以参照物的成交价格为基础,参照不动产的交易情况、期日、区域及个别因素等差别,修正得出待估不动产价值时点的价格,价格调整基本计算公式为:

$$P_d = P_b \times A \times B \times C \times D$$

式中:P_d——待估土地的评估价格;

P_b——可比交易实例价格;

A——交易情况修正系数;

B——市场状况调整系数；
C——区位因素修正系数；
D——个别因素调整系数。

五、计算比较价值

（一）综合分析

进行交易情况修正、市场状况调整、区位状况调整、实物状况调整和权益状况调整时，应符合下列规定。

1. 对可比实例成交价格的单项调整幅度不应超过 20%，综合调整幅度不应超过 30%。
2. 经修正和调整后的各个可比实例价格中，最高价与最低价的比值不宜大于 1.2。
3. 当幅度或比值超出本条规定时，宜更换可比实例。
4. 当因估价对象或市场状况特殊，无更合适的可比实例替换时，应在估价报告中说明并陈述理由。

（二）求取比较价值

通过交易情况修正、市场状况调整、区位因素修正、个别因素调整，就把交易实例不动产的价格转化成了被估不动产价格，但由于用来比较参照的交易实例有多个（一般三个以上），通过修正后每个交易实例都得出了比较价值，而且可能都不同，最后需要综合求出一个价格作为被估不动产的评估价格。一般可用统计分析的方法，如平均数法、中位数法、众数法等，也可以某一交易实例修正后的价格为主，其他比较价值仅供参考。

平均数法又分为简单算术平均和加权算术平均；中位数法是把修正出的各个价格按从低到高或从高到低的顺序排列，当项数为奇数时，位于正中间位置的那个价格为不动产最终评估价格；当项数为偶数时，位于正中间位置的两个价格的简单算术平均数为不动产最终评估价格。众数法是一组数值中出现次数最多的数值为不动产最终评估价格。

运用中位数法。例如，如果比较价值结果为 8 600、8 650、8 800、8 860、9 950，其中位数价格为 8 800；如果比较价值结果为 8 600、8 650、8 800、9 950，其中位数价格为 (8 650 + 8 800)/2 = 8 725。

运用其他方法，如去掉一个最低价和最高价，将余下的价格简单算术平均。此外评估人员也可根据自身经验，以某一比较价值为主，参考其他比较价值最终确定一个价格。在实际评估中，最常用的是平均数法，其次是中位数法。

通过上述市场比较法的应用原则可知，市场比较法是根据同一供求范围内且成交日期与价值时点接近的类似不动产的成交价格来求取评估对象的客观合理价值。为此，首先要从现实的不动产市场中搜集大量交易实例，并针对具体的评估对象、价值时点和评估目的，从中选取一定数量的可比实例；然后将这些可比实例的成交价格修正为待估不动产的成交价格,这些"修正"即交易情况修正、市场状况调整、区位因素修正、个别因素调整;最后将这些经过了修正的价格采用平均数、中位数、众数等方法综合出一个价格,便得到评估对象的评估值。

【例2-1】某商业用房,面积为800平方米,现因企业联营需要进行评估,价值时点为2007年10月31日。评估人员在不动产交易市场上找到三个成交时间与价值时点接近的商业用房交易案例,具体情况如表2-2所示。

表2-2　　　　　　　　　　评估中选取的参照物

参照物	A	B	C
交易单价	8 200元/平方米	9 810元/平方米	9 118元/平方米
成交日期	2007年6月	2007年9月	2007年10月
区位条件	比评估资产好	比评估资产好	比评估资产好
交易情况	正常	高于市价5%	正常

被评估商业用房与参照物商业用房结构相似、新旧程度相近,故无须对功能因素和成新率因素进行调整。被评估商业用房所在区域的综合评分为100,三个参照物所在区位条件均比被评估商业用房所在区域好,综合评分分别为108、110和102。当时房地产价格月上涨率为4%,故参照物A的时间因素调整系数为$(1+4\%)^4=117\%$;参照物B的时间因素调整系数为$1+4\%=104\%$;参照物C因在价值时点当月交易,故无须调整。三个参照物成交价格调整过程如表2-3所示。

表2-3　　　　　　　　　　对照物成交价格因素修正

Z	A	B	C
交易单价	8 200元/平方米	9 810元/平方米	9 118元/平方米
时间因素修正	117/100	104/100	100/100
区位因素修正	100/108	100/110	100/102
交易情况修正	100/100	100/105	100/100
修正的价格	8 883元/平方米	8 833元/平方米	8 939元/平方米

被评估资产单价 =(8 883 + 8 833 + 8 939)/3 = 8 885(元/平方米)

被评估资产总价 = 8 885×800 = 7 108 000(元)

【例2-2】某城市内,有一宗800平方米的住宅用地需要评估,价值时点为2006年10月31日,先根据该地条件,选择了与之类似的四宗已成交案例。该城市地价指数在2005年1月为100,以后每月上涨均为1%,容积率修正系数如表2-4所示。

表2-4　　　　　　　　　　容积率修正系数

容积率	1	2	3	4	5
修正系数	1	1.8	2.1	2.3	2.4

四宗地块的比较条件如表2-5所示。表中，数字正值表示评估地优于比较地块的百分比；数字负值表示评估地劣于比较地块的百分比；值的大小表示需要修正的幅度。已知空地剩余使用年限为40年。请估算该住宅用地的单位地价和总地价。

表2-5　　　　　　　　　某城市四块宗地比较条件

项目		评估土地	比较案例A	比较案例B	比较案例C	比较案例D
用途		住宅	住宅	住宅	住宅	住宅
成交日期		评估日：2006年10月31日	2005年10月	2005年12月	2005年4月	2005年8月
成交价格			6 000元/平方米	6 500元/平方米	7 000元/平方米	5 500元/平方米
容积率		2	3	3	4	2
区域条件	位置	0	-2%	3%	0	-3%
	基础设施	0	-1%	-2%	2%	0
	交通	0	-2%	0	3%	0
个别条件	地势	0	-2%	1%	0	-2%
	形状	0	3%	0	0	1%
	其他	0	-3%	-3%	0	-2%

1. 确定地价指数（见表2-6）。

表2-6　　　　　　　　　　部分月份地价指数

	2005.1	2005.2	2005.3	2005.4	2005.8	2005.10	2005.12	2006.10
地价指数	100	101	102	103	107	109	111	121

2. 试算价格。进行日期修正、容积率修正、位置修正、基础设施修正、交通修正、地势修正、形状修正及其他修正。

$$P_A = 6\,000 \times \frac{121}{109} \times \frac{1.8}{2.1} \times \frac{100}{98} \times \frac{100}{99} \times \frac{100}{98} \times \frac{100}{98} \times \frac{100}{103} \times \frac{100}{97} = 6\,132.55\,（元/平方米）$$

$$P_B = 6\,500 \times \frac{121}{111} \times \frac{1.8}{2.1} \times \frac{100}{103} \times \frac{100}{98} \times \frac{100}{100} \times \frac{100}{101} \times \frac{100}{100} \times \frac{100}{97} = 6\,141.47\,（元/平方米）$$

$$P_C = 7\,000 \times \frac{121}{103} \times \frac{1.8}{2.3} \times \frac{100}{100} \times \frac{100}{102} \times \frac{100}{103} \times \frac{100}{100} \times \frac{100}{100} \times \frac{100}{100} = 6\,125.67\,（元/平方米）$$

$$P_D = 5\,500 \times \frac{121}{107} \times \frac{1.8}{1.8} \times \frac{100}{97} \times \frac{100}{100} \times \frac{100}{100} \times \frac{100}{98} \times \frac{100}{101} \times \frac{100}{98} = 6\,610.27\,（元/平方米）$$

3. 运用算术平均法确定待估地块价格。

单位地价 = (6 132.55 + 6 141.47 + 6 125.67 + 6 610.27)/4 = 6 252.49（元/平方米）

总地价 = 800 × 6 252.49 = 5 001 992（元）

第二节 收益法

一、收益法评估概述

（一）收益法的基本含义

收益法是在估算不动产未来若干年预期净收益的基础上，以一定的折现率，将评估对象未来净收益折现为价值时点收益总和的一种方法。

收益法的理论基础是效用价值论。该观点认为，资产的价值是由其效用决定的，而不是由创建的成本耗费决定的。而资产的效用则体现在资产为其拥有者带来的收益上。在风险报酬率既定的情况下，一项资产的未来收益越高，该资产的价值就越大。

收益法的基本公式如下：

$$V = \sum_{i=1}^{n} \frac{A_i}{(1+r)^i}$$

式中：V——待估不动产的收益价格；

A_i——第 i 年的不动产净收益，一般用净现金流来表示；

r——折现率；

n——待估不动产的收益年限。

以收益法求取的不动产价格通常称为收益价格。收益法的关键是准确估算待估不动产所产生的预期净收益、发生时间以及恰当的折现率。

（二）收益法的适用范围

收益法是以求取不动产净收益为前提条件的评估方法，因此，该方法适用于有收益或有潜在收益的不动产的评估，对于纯粹是消费型的或无明显市场经营收益的不动产，如机关办公楼、学校用房地产、公园、敬老院等公共福利或慈善用不动产，或对于以自用自住为目的的不动产（住宅），大多不适用。对于以收益为目的的不动产，如租赁房地产及商业、旅游、金融、酒店、工厂等不动产，收益法不失为有效的评估方法。

（三）收益法的估价步骤

根据"新规范"，运用收益法估价，应按下列步骤进行：（1）选用具体估价方法；（2）估计未来收益期或持有期；（3）测算未来净收益；（4）测算报酬率或资本化率、收益乘数；（5）计算收益价值。

二、收益估价具体方法选择

收益法估价时，应区分报酬资本化法和直接资本化法，并应优先选用报酬资本化法。报酬资本化法估价时,应区分全剩余寿命模式和持有加转售模式。当收益期较长,难以预测该期限内各年净收益时,宜选用持有加转售模式。

1. 报酬资本化法:全剩余寿命模式。选用全剩余寿命模式进行估价时,收益价值应按下式计算:

$$V = \sum_{i=1}^{n} \frac{A_i}{(1+Y)^i}$$

式中:V——收益价值(元,元/平方米);

A_i——未来第i年的净收益(元,元/平方米);

Y——报酬率(%);

n——收益期(年)。

2. 报酬资本化法:持有加转售模式。选用持有加转售模式进行估价时,收益价值应按下式计算:

$$V = \sum_{i=1}^{t} \frac{A_i}{(1+Y_i)^i} + \frac{V_t}{(1+Y_t)^t}$$

式中:V——收益价值(元,元/平方米);

A_i——期间净收益(元,元/平方米);

V_t——期末转售收益(元,元/平方米);

Y_t——期末报酬率(%);

Y_i——未来第i年报酬率(%);

T——持有期(年)。

3. 直接资本化法。选用直接资本化法进行估价时,收益价值按下式计算:

$$V = \frac{NOI}{R}$$

式中:V——收益价值(元,元/平方米);

NOI——未来第一年的净收益(元,元/平方米);

R——资本化率(%)。

三、不动产收益期的确定

(一)关于各类土地使用期限的规定

在我国,城市土地的所有权属于国家,农村和城市郊区的土地,除由法律规定属于国家所有的以外,属于农民集体所有。我国实行的是国有土地所有权与使用权相分离的制度,国有土地所有权不能进入房地产市场流转,能够进行流转的是国有土地使用权,换言之,只有国有土地使用权才可以出让、转让、出租或抵押。土地使用权的出让是指国家以土地所有者的身份,将土地使用权在一定年限内出让给土地使用者,并由土地使用者向国家支付土地使用权出让金的行为;而土地使用权的转让、出租或抵押,是指土地使用者将土地使用权再转移、出租或抵押的行为。这里提到土地的使用期限,主要是指国家对土地使用权出让的最高年限。根据《中华人民共和国城镇国有土地使用权出让和转让暂行条例》的规定,土地使用权出让的最高年限按照下列用途确定:(1)居住用地70年;(2)工业用地50年;(3)教育、科技、文化、卫生、体育用地50年;(4)商业、旅游、娱乐用地40年;(5)综合或者其他用地50年。

(二) 不动产收益期限的确定

不动产收益期限要根据具体的评估对象、评估对象的寿命以及评估时采用的假设条件等来确定。

1. 对于以单独的土地或单独的建筑物作为评估对象的,应分别根据土地使用权年限和建筑物经济寿命确定未来可获收益的期限。

2. 对于土地与建筑物合一成为评估对象的,如果建筑物的经济寿命不短于土地使用权年限,则根据土地使用权年限确定未来可获收益的期限。如果建筑物的寿命短于土地使用权年限,则一般可以采用以下两种方法来处理。

(1) 将房地产的收益年限分两段处理,第一段以建筑物的寿命为界测算房地产的评估价值;第二段将土地使用权年限超出建筑物经济寿命的时间,作为计算土地剩余使用权价值的年限,并把此价值加到第一段的房地产评估价值中。

(2) 将未来可获收益的期限设想为无限期,则在计算净收益时应扣除建筑物的折旧费和土地费用的摊销。

四、不动产未来净收益的预测

运用收益法时,首先要对不动产未来收益进行预测,包括对未来总收益、总费用的预测和净收益的计算。净收益等于总收益减去总费用后的收益,一般以年为单位。

(一) 总收益

不动产的总收益可分为实际收益和客观收益。

1. 实际收益,是指不动产在营运过程中实际得到的收益,它不能作为收益法评估不动产价格的依据。在不动产的实际经营状况下,存在两个方面的问题:一是该不动产可能不处于最佳使用状态;二是该不动产的实际收益中带有个人的经营能力和其他偶然的、个别的因素影响。因此,不同的经营者和不同的外部因素,会使相同的不动产产生各不相同的实际收益。若以这样的实际收益进行收益折现,其结果就会不切实际,从而丧失其合理性、客观性。例如,某商铺处于交通便利、客流众多的地段,但因经营不良而导致亏损,实际收益为负数,可是并不意味着该商铺的收益能力不好。

2. 客观收益,又称正常收益,是指排除了不动产实际收益中属于特殊的、偶然的要素后所能得到的一般正常收益,即在正常市场条件下的不动产,用于最佳使用方向上的总收益。只有客观收益才能作为评估的依据。

(二) 总费用

总费用是指取得该收益所必需的各项支出，即为创造总收益所必须投入的正常支出。在评估时总费用也应该是客观费用。客观费用并不一定是待估不动产为取得实际收益的实际支出，而是价值时点市场上同类不动产取得正常收益所必须支付的费用。在实际操作中，也可以通过从不动产实际费用中剔除不正常费用项目数额的方式求取不动产的正常费用。总费用包含的项目随待估不动产的状态不同而有区别。例如，土地租赁中的总费用包括土地税、管理费、维护费等，房地租赁中的总费用包括管理费、维修费、保险费、税金等。

(三) 净收益

净收益等于总收益减去总费用。上文提到，从总收益中减去的总费用，随待估不动产的状态不同而有区别。即使是同一种状态，比如房地租赁业务，其中的管理费、维修费、保险费、税金等是否要从总收益中扣除，也应该在分析租赁合同的基础上决定，关键看租赁合同规定这些费用具体由谁来负担。如果上述费用由出租方负担，则应将这些费用全部扣除；如果这些费用全部由承租方负担，则承租方负担部分就不应作为费用扣除。

对于折旧费、债务及利息支付、与经营无关的特殊成本等，一般在计算净收益时不作为费用扣除。我国房地产估价规范中已经明确规定折旧不属于费用，其主要依据是，现代财务理论无论计算净现金流量还是计算项目投资决策的净现值，都不把折旧费作为现金流出量。因此，在不动产未来有限年期正常收益的测算过程中，通常不把建筑物的折旧费和土地使用权的摊销费作为费用扣除。如果把不动产未来有限期的收益年限假设为无限年期，在测算不动产未来净收益的过程中，需要把建筑物的折旧费和土地使用权的摊销费作为正常费用项处理。在农用土地净收益的计算中，净收益等于农用土地平均年产值扣除种苗费、肥料费、人工费、畜工费、机工费、农药费、材料费、水利费、农舍费、农机（具）费、税费、投资利息等之后的余额。

在计算净收益时，可以根据净收益在过去、现在、未来的变动情况，以及评估对象的可获收益年限，确定未来的净收益流量。评估对象的未来净收益流量可能是每年固定不变的，也可能是每年按某个固定的数额（或比率）递增或递减，还可能是按其他方式变化。评估人员可以根据不动产未来净收益流量的具体类型选择适当方法进行预测。一般而言，不动产未来收益流的类型大致有以下几种：(1) 固定租金型；(2) 等差数列型；(3) 递增递减型；(4) 其他有规则的变化情形。

五、不动产报酬率或资本化率的确定

折现率（即报酬率）是决定评估价值的关键因素，这是因为评估价值对折现率非常敏感，折现率每个微小的变动，都会使评估价值发生显著改变。这就要求评估人员确定的折现率的精度相当高，评估人员必须具有较高的评估水平和丰富的经验。

(一) 报酬率或资本化率的含义与区别

根据《房地产估价基本术语标准》(GBT 50899—2014),报酬率是将估价对象未来各期的净收益转换为估价对象价值的折现率,即资产评估中的折现率。资本化率是房地产的年收益与其价格的百分比。从理论上讲,资本化率是不考虑未来收益增长的情况,将未来无限期收益折算为现值的比率。

(二) 报酬率或资本化率的估测方法

1. 市场提取法。评估人员搜集市场上近期交易的与被估不动产相同或相近的不动产的净收益、价格等资料,计算出它们各自的折现率。为了避免根据单个案例确定的折现率受偶然因素的干扰,可以选取多个案例的折现率取平均值。具体可以根据实际情况,采取简单算术平均值或加权算术平均值。这种方法要求市场发育比较充分、交易案例比较多。评估人员必须拥有充分的资料,并尽可能将与被估房地产情况接近的资料作为参照。例如,在市场上搜集到 5 个与待估不动产类似的交易实例,如表 2-7 所示。

表 2-7 净收益与售价交易实例

可比实例	净收益 (元/年·平方米)	交易价格 (元/平方米)	年金现值系数	使用期限(年)	折现率(%)
1	420	5 800	13.81	30	5.97
2	450	6 010	13.36	30	6.30
3	393	5 600	14.25	30	5.70
4	460	6 225	13.53	35	6.63
5	500	6 600	13.20	35	6.84
平均值					6.29

对于可比实例 1,使用年期为 30 年,当折现率为 6% 时,年金现值系数为 13.76,当折现率为 5% 时,年金现值系数为 15.37。运用内插法得:

$$r = 6\% - (6\% - 5\%) \times \frac{13.81 - 13.76}{15.37 - 13.76} = 5.97\%$$

同理可以得到由其他可比实例算出的折现率,最后以算术平均折现率作为待估不动产的折现率。

在不动产评估中,如果使用期限很长(40 年以上),则可以用资本化率(使用期限无限长)替代折现率。表 2-7 可以简易处理如表 2-8 所示。

表 2-8 净收益与售价交易实例

可比实例	净收益(元/年·平方米)	交易价格(元/平方米)	资本化率(%)
1	420	5 800	7.24
2	450	6 010	7.49

续表

可比实例	净收益（元/年·平方米）	交易价格（元/平方米）	资本化率（%）
3	393	5 600	7.02
4	460	6 225	7.39
5	500	6 600	7.58
平均值			7.34

2. 累加法，又叫安全利率加上风险调整值法。首先选择市场上无风险的资本投资的收益率作为安全利率，通常选择银行中长期利率作为安全利率；其次根据影响被估不动产的社会经济环境，估计投资风险程度，确定一个调整值，把它与安全利率相加。这种方法简便易行，对市场要求不高，应用比较广泛，但是风险调整值的确定通常需要通过调查得到可靠的经验数据。不同时期、不同城市、不同类型房地产的风险调整值均可能不同，需要根据具体评估对象进行确定。

3. 投资收益率排序插入法。评估人员搜集市场上各种投资的收益率资料，然后把各个项目投资按收益率大小顺序排队。评估人员估计被估不动产的投资风险范围，并将它插入其中，然后确定折现率的大小。

（三）报酬率或资本化率的分类

1. 土地报酬率。它是求取土地价格时所使用的折现率，此时的净收益是土地带来的净收益，这个净收益不应包括其他方面带来的净收益。

2. 建筑物报酬率。它是求取单纯建筑物价值时所使用的折现率，此时的净收益是建筑物本身所产生的净收益，不包括土地产生的净收益。

3. 综合报酬率。它是求取不动产总体价格时所使用的折现率，此时的净收益是整个不动产产生的净收益。

土地报酬率、建筑物报酬率、综合报酬率三者虽然有所不同，但又相互联系，存在以下关系：

$$r = \frac{r_L P_L + r_B P_B}{P_L + P_B}$$

式中：r——综合报酬率；

r_L——土地报酬率；

r_B——建筑物报酬率；

P_L——土地价值；

P_B——建筑物价值。

运用上述公式时需要确切知道土地价值和建筑物价值是多少，有时很难做到。但实际上只要知道土地价值占不动产总价值的比率，建筑物价值占不动产总价值的比率，就可以找出综合报酬率、建筑物报酬率、土地报酬率三者之间的关系。其公式如下：

$$r = r_L \times L + r_B \times B$$

式中：L——土地价值占不动产价值的比率；

B——建筑物价值占不动产价值的比率。

如果使用期限很长或假设很长,上述三种报酬率之间的关系就是三种资本化率之间的关系。

【例 2 - 3】某房地产建成于 2015 年 12 月 30 日,此后收益年限为 50 年;2017 年 12 月 30 日至 1999 年 12 月 30 日分别获得净收益 85 万元、90 万元、95 万元;预计 2020 年 12 月 30 日至 2002 年 12 月 30 日可分别获得净收益 95 万元、92 万元、94 万元,从 2023 年 12 月 30 日起每年可获得的净收益将稳定在 95 万元;购买该类房地产通常可得到银行 70% 的抵押贷款,抵押贷款的年利率为 6%,自有资本要求的收益率为 10%。试利用上述资料估算该房地产 2019 年 12 月 30 日的收益价格。

评估测算过程如下:

(1) 计算公式为 $V = \sum_{i=1}^{t} \frac{\alpha_i}{(1+r)^i} + \frac{\alpha}{r(1+r)^t}\left[1 - \frac{1}{(1+r)^{n-1}}\right]$。

(2) $\alpha_1 = 95$(万元),$\alpha_2 = 92$(万元),$\alpha_3 = 94$(万元),$\alpha_4 = 95$(万元)。

(3) $r = M \cdot r_M + (1-M) r_E = 70\% \times 6\% + (1-70\%) \times 10\% = 7.2\%$。

(4) $n = 50 - 4 = 46$(年)。

(5) $t = 3$(年)。

(6) 将上述数字代入公式计算:

$$V = \frac{95}{(1+7.2\%)} + \frac{92}{(1+7.2\%)^2} + \frac{94}{(1+7.2\%)^3} + \frac{95}{7.2\% \times (1+7.2\%)^3} \times \left[1 - \frac{1}{(1+7.2\%)^{46-3}}\right]$$

$= 1\ 262$(万元)

【例 2 - 4】5 年前,甲方出地、乙方出资合作建设一幢写字楼。甲方当时提供的土地面积为 1 000 m²,使用期限为 50 年。合作建设的写字楼建筑面积为 5 000 m²,建设期为 1 年。根据甲乙双方约定,建成后的写字楼建筑面积中 2 000 m² 归甲方所有,3 000 m² 由乙方使用 20 年,试用期满后无偿归甲方所有。

2 年前,甲方将其所有的 2 000 m² 与丙方签订了 16 年的租赁合同,合同约定租金每两年支付一次,支付时间为第 2 年末,支付标准为 1 000 元/m²,且合同期内租金不变。目前市场上类似写字楼的正常年租金为 500 元/m²,年租金递增率为 2%,运营费用率为 30%,出租率为 100%。现在,乙方有意收购甲方在该写字楼的全部权益,甲方也乐意出售。假设该类房地产的报酬率为 8%,请计算乙方收购甲方权益的合理价格。

评估测算过程如下:

甲方权益的合理价格包含两部分:一是甲方 2 000 m² 的收益价值,在价值时点之后 14 年内采用租约租金计算,在 14 年后的 31 年间(45 - 15 + 1)采用市场租金计算;二是乙方 3 000 m² 29 年(45 - 17 + 1)的收益价值。

(1) 甲方 2 000 m² 的收益价值 V_1。

合同约定租金 2 年一付,则折算后的报酬率 $= (1+8\%)^2 - 1 = 16.64\%$。

$$V_1 = \frac{1\ 000 \times (1-30\%) \times 100\% \times 2\ 000}{16.64\%} \times \left[1 - \frac{1}{(1+16.64\%)^7}\right]$$

$$+\frac{500\times(1+2\%)^{15-1}\times(1-30\%)\times100\%\times2\,000}{8\%-2\%}\times\frac{\left[1-\left(\frac{1+2\%}{1+8\%}\right)^{31}\right]}{(1+8\%)^{14}}$$

$$=5\,549\,005.66+4\,350\,013.62=9\,899\,019.28\,(元)$$

（2）乙方 3 000m² 29 年的收益价值 V_2。

年净收益 $=500\times(1-30\%)\times100\%\times3\,000=1\,050\,000$（元）

$$V_2=\frac{1\,050\,000}{8\%-2\%}\times\left[1-\left(\frac{1+2\%}{1+8\%}\right)^{45}\right]-\frac{1\,050\,000}{8\%-2\%}\times\left[1-\left(\frac{1+2\%}{1+8\%}\right)^{16}\right]=5\,675\,725.94\,(元)$$

（3）甲方权益的合理价格 $=V_1+V_2=15\,574\,745.22$（元）。

第三节　成本法

一、成本法评估概述

成本法是指求取估价对象在价值时点的重新购建价格（重置成本）和贬值（折旧），然后将重新购建价格减去贬值来求取估价对象价值的方法。成本法所得出的价值常称为成本价值，又称积算价格。

（一）成本法及其基本原理

成本法又称为重置成本法。重置成本是指在价值时点重新开发与待估不动产功能完全相同的全新不动产所耗费的成本，又分为两种情况：一是采用与评估对象相同的材料、建筑标准、设计、规格和技术等，以现时价格水平，重新购建与评估对象功能相同的全新资产所发生的费用，被称为复原重置成本（重建成本）；二是指采用新型材料、现代建筑标准、新型设计、规格和技术等，以现时价格水平，重新购建与评估对象功能相同的全新资产所发生的费用，被称为更新重置成本（重置成本）[①]。一般情况下，如果能够获得更新重置成本的话，首选的应该是更新重置成本，原因如下：复原重置成本基本上没有考虑技术进步、材料替代等因素的变化，只考虑了物价因素对成本的影响；更新重置成本既考虑了物价因素的影响，也考虑了技术进步、材料替代等因素的影响。

成本法是替代原则在评估方法中的体现，对于房地产合一价值评估来说，一个不动产买主所付出的价格，绝不会高于他购买一块空地，并在没有造成严重损失的延误工期的情况下，建造一座有同等功能的替代建筑物的总代价。因此，重置全价就是地上建筑物购买价格的上限。价格的确定遵循合理利润最大化原则，市场竞争将利润率限制在合

[①] 在《资产评估执业准则——不动产》中称其为"复原重置成本"与"更新重置成本"；而在《房地产估价规范》中称其为"重建成本"与"重置成本"。本书下文均采用前一种称法。

理的水平,当市场处于均衡状态时,建筑物价格就等于建筑成本(其中也包括机会成本、合理利润)。

成本法以成本累加作为评估的基本思路,但是在现实生活中,不动产的价格主要取决于其效用,并不完全取决于它的成本高低。成本高并不表明该不动产的价格高,即成本增加并不一定增加价格。换句话说,不考虑不动产的效用、市场供求等因素,利用成本法评估,会带来一定的偏差。因为不动产价格是由各种因素综合作用的结果,而非简单地取决于建造或获取不动产所耗费的成本。对于过度开发的不动产,利用成本法评估的价值,往往要在一定程度上超过其当前的市场价格。同样地,不动产市场是不完全市场,不完全竞争或信息不完备、不灵敏等因素可能导致市场售价超过评估价值。所以,成本法是有其局限性的,不能普遍地用于一般不动产价值评估,尤其是不宜直接利用成本法评估建筑物价值,再从不动产总价值中扣除建筑物价值,从而估算土地价值。

(二)成本法的适用范围

虽然成本法在不动产的评估中有诸多缺陷与不足,但是由于这种方法操作方便,可以为不动产投资者衡量投资效益提供参考,因此是我国目前不动产评估的主要方法之一。具体来说,成本法主要的适用范围如下。

1. 适合于市场交易数据资料缺乏,从而无法运用市场法或收益法的不动产评估。这类不动产有学校、庙宇、图书馆、医院、幼儿园、博物馆等。产生这种情况的原因有:不动产市场狭小,市场交易实例较少;新开发地区形成独立的地域环境,无法采用类似实例;不能准确把握不动产净收益及其折现率。

2. 适用于工业房地产的评估,这是由于工业房地产交易实例较少。

3. 适用于具有特殊建筑风格和装潢的不动产评估。由于这种不动产的特殊性,无法或很难在不动产市场上找到相应的比较理想的不动产交易实例作为评估参照物,因此,可以用成本法来评估此类特殊性不动产。

4. 适用于对比两种方案:一是购买土地来营造房屋;二是直接购买房屋。

5. 适用于一些特殊目的的不动产评估,如在不动产征税、法庭解决不动产权益纠纷、房屋保险价值等方面常常采用成本法来评估待估不动产。

此外,成本法还可以用来验证其他评估方法的评估结果。

二、不动产的价格构成

土地和房地合一房地产在价格构成方面存在一些差异,下面分别讨论。

(一)房地产的价格构成

根据《不动产评估规范》,房地合一房地产的价格可分为以下七项:

房地产价格 = 土地成本 + 建设成本 + 管理费用 + 销售费用 + 投资利息 + 销售税费 + 开发利润

各构成项目如图2-1所示。

```
                    ┌ 土地成本
                    │           ┌ 前期工程及专业费
                    │           │ 基础设施建设费
                    │  建设成本 ┤
新                  │           │ 建筑安装工程费
建                  │           └ 公共配套设施建设费
房                  │
地                  │
产  ─────────────── ┤  管理费用（主要指开办费和开发过程中管理人员工资等）
重                  │  销售费用
置                  │  投资利息
成                  │           ┌ 销售税金及附加（增值税、城市维护建设税、教育费附加）
本                  │  销售税费 ┤ 其他销售税费（卖方负担的印花税、交易手续费、产权转移
                    │           └ 登记费等）
                    └ 开发利润
```

图2-1 房地产的价格构成项目

1. 土地（取得）成本。土地成本和土地重置成本，是指在价值时点重新购置土地的必要支出，或重新开发土地的必要支出及应得利润。重新购置土地的必要支出应包括土地购置价款和相关税费。

土地取得成本的具体构成，因取得土地的途径不同而有所差异。国有土地使用权的获取方式主要有出让、划拨、转让。国有土地的出让和划拨是基于不同用途从地区政府获取待开发的土地[①]；国有土地的转让，是指从非政府主体处取得土地的使用权。

重新购置土地的必要支出一般由两个部分组成：土地购置款和购置土地的税费（最常见的是土地交易契税，税率通常为土地购置款的3%）。

2. 建设成本。建设成本是指在取得房地产开发用地后进行土地开发和房屋建设所需的直接及间接费用，在房地产开发中主要包括以下几项。

（1）前期工程及专业费。前期工程费主要包括市场调研、可行性研究、项目策划、工程勘察、环境影响评价、规划及建筑设计、建设工程招标和临时用房等房地产开发项目前期工作的必要支出；专业费主要包括工程监理费、竣工验收费等。

（2）基础设施建设费。基础设施建设费是指建设地块红线以内的"七通一平"等建设费用，如道路、给水、排水、电力、通信、燃气、热力等设施的建设费用。

（3）建筑安装工程费。建筑安装工程费包括建造商品房及附属工程所发生的土建工程费用、安装工程费用和装修装饰工程费用等。附属工程是指房屋周围的围墙、水池、建筑小品、绿化等。注意避免与基础设施建设费和公共配套设施建设费重复。

（4）公共配套设施建设费。公共配套设施建设费包括城市规划要求配套的教育（如幼儿园、小学）、医疗卫生（如社区医院）、文化体育（如文化活动中心）、社区服务（如居委会）、市政公用（如公共厕所）等非营业性设施的建设费用。

---

① 详见本书第十章。

3. 管理费用。管理费用是指房地产开发企业为管理和组织房地产开发经营活动的必要支出,包括房地产开发企业的人员工资及福利费、办公费、差旅费等。

4. 销售费用。销售费用也称为销售成本,是指预售未来开发完成的房地产或者销售已经开发完成的房地产的必要支出,包括广告费、销售资料制作费、样板房或样板间建设费、售楼处建设费、销售人员费用或者销售代理费等。为了便于投资利息的测算,销售费用应当区分为在销售之前发生的费用和与销售同时发生的费用。广告费、销售资料制作费、样板房或样板间建设费、售楼处建设费一般是在销售之前发生的,销售代理费一般是与销售同时发生的。

5. 投资利息。评估中的投资利息与会计中的财务费用不完全相同,投资利息是指在房地产开发完成或者实现销售之前发生的所有必要费用的应计利息,而不仅仅是借款的利息和手续费。因此,土地取得成本、建设成本、管理费用和销售费用,无论它们的来源是借贷资金还是自有资金,都应计算利息,因为借贷资金要支付贷款利息,自有资金要放弃可得的资金的机会成本。另外,从估价的角度来看,为了使评估价值公允,评估价值不应受不同房地产开发企业的自有资金比例、融资渠道、融资成本等的影响。

6. 销售税费。销售税费是指销售已经开发完成的房地产或者预售未来开发完成的房地产应由卖方(即房地产开发商)缴纳的税费,又可分为以下两类。

(1) 销售税费及附加,包括增值税、城市维护建设税和教育费附加等。

(2) 其他销售税费,包括应当由卖方负担的印花税、交易手续费、产权转移登记费等。

值得指出的是,这里的销售税费不包括应由买方缴纳的契税等税费以及应由卖方缴纳的土地增值税、企业所得税,这是因为,前者的评估价值是建立在买卖双方各自缴纳自己应缴纳的交易税费基础上的,而后者已包含在下面的开发利润中。

7. 开发利润。开发利润是指房地产开发企业的利润,而不是建筑承包商的利润。建筑承包商的利润已包含在建筑安装工程费等费用中。在公司金融核算中,利润有多种含义,这里指的是税前利润,即包含企业所得税的利润。现实中的开发利润是一种结果,是销售收入(售价)减去各项成本、费用或税金后的余额。而在成本法中,开发利润则是房地产开发商进行同类房地产开发所能获得的社会平均利润。

(二) 新开发土地的价格构成

新开发土地一般包括征用农地、填海造地、填湖造地、开山造地,以及在原有城镇中拆除旧建筑物开发的土地等。新开发土地的重置成本就是新开发土地的评估价值。运用成本法对新开发土地进行评估的计算公式为:

$$新开发土地价格 = 待开发土地成本 + 土地开发成本 + 管理费用 + 销售费用 + 投资利息 + 销售税费 + 开发利润 \left(+ 土地增值收益 \right)$$

管理费用、销售费用、投资利息、销售税费和开发利润这几项与房地产价格构成中的项目类似,不同的是,土地的开发者是土地一级开发商,与房地产开发商在一些费用支出方面有所区别。比如新开发的土地一般由当地政府组织销售,其销售行为相对简单,有时可以不单独测算。而其他三项费用的差别较大,分别介绍如下。

1. 待开发土地（取得）成本。土地取得费是为取得土地而向原土地使用者支付的费用，又分为两种情况：一是国家征用集体土地而支付给农村集体经济组织的费用，包括土地补偿费、地上附着物和青苗补偿费及安置补助费等；二是为取得已利用的城市土地而向原土地使用者支付的拆迁费用，这是对原城市土地使用者在土地上投资未收回部分的补偿。

2. 土地开发成本。一般来说，新开发土地的土地开发成本主要涉及基础设施配套费、公用事业建设配套费等。基础设施配套费一般以"七通一平"为标准计算，公用事业配套费主要指邮电、图书馆、学校、公园、绿地等设施的费用。小区开发配套费与公用事业配套费类似，各地根据用地情况确定合理项目标准。

3. 土地增值收益。土地增值收益主要是由土地的用途改变或土地功能变化而引起的。由于农地转变为建设用地，新用途的土地收益将远高于原用途土地，必然会带来土地增值收益。这种增值是土地所有权人允许改变土地用途带来的，应归整个社会拥有。土地增值收益采用经验值进行估计，一般在对开发区等用途转换的大片新开发土地估价时需要考虑。

三、成本法的基本公式与操作步骤

（一）房地产的成本法基本公式

应根据估价对象状况和土地市场状况，选择房地合估路径或房地分估路径，应优先选择房地合估路径。

当选择房地合估路径时，应把土地当作原材料，模拟房地产开发过程，测算房地产更新重置成本或复原重置成本。因此，成本法的基本公式为：

房地产价值＝房地产重置成本－建筑物贬值

当选择房地分估路径时，应把土地和建筑物分别作为独立物体，分别测算土地重置成本、建筑物更新重置成本或复原重置成本。因此，成本法的基本公式为：

房地产价值＝土地重置成本＋（建筑物重置成本－建筑物贬值）

（二）土地的成本法公式

新开发土地包括填海造地、开山造地、征收集体土地后进行"三通一平""五通一平"或"七通一平"的土地，征收国有土地房屋并进行基础设施改造和场地平整后的土地等。在这种情况下，土地成本为各开发成本之和，如新开发土地价格公式所示。

上述适用于新开发土地的基本公式，在具体情况下还会有具体形式，其中成片开发完成后的某宗熟地，如新开发区中某宗土地的估价公式为：

$$\text{新开发区某宗土地的单价} = \frac{\text{开发区土地总重置成本}}{\text{开发区可转让土地面积}} \times \text{区位、用途、容积率等因素的调整系数}$$

实际测算中通常分为以下三个步骤。

1. 利用新开发土地价格公式测算开发区全部土地的总价值。

2. 测算开发区可转让土地的平均价格。这是将第一步测算出的总价值除以可转让土地面积。

3. 测算开发区某宗土地的价格。这是将第二步测算出的平均价格，根据宗地的具体区位、用途、容积率等运用市场比较法进行调整。

对新开发区土地的分宗土地进行估价，成本法是一种有效的方法，因为新开发区在初期土地市场和房地产市场一般没有形成，没有土地收益。

（三）成本法估价的操作步骤

根据《房地产估价规范》(GB/50291—2015) 的规定，运用成本法进行房地产估价时，应按下列步骤进行：(1) 选择具体估价路径；(2) 测算重置成本（更新重置成本）或重建成本（复原重置成本）；(3) 测算折旧（贬值）；(4) 计算成本价值。

四、重置成本的确定

（一）土地（取得）成本

土地成本和土地重置成本，应为在价值时点重新购置土地的必要支出，或重新开发土地的必要支出及应得利润。重新购置土地的必要支出一般由两个部分组成：土地购置款和购置土地的税费（最常见的是土地交易契税，税率通常为土地购置款的3%）。

土地购置款应为在价值时点重新购置土地所需的金额，需要通过单独的土地评估求取（详见第五章）。

（二）建设成本

建设成本的构成最复杂，测算也最难，可采用单位比较法、分部分项法、工料测量法等方法。

1. 单位比较法。单位比较法是以建筑物为整体，以建筑物单位价格为比较基础，通过调查了解类似建筑物在价值时点的单位价格，并对其做适当的修正来估算建筑物重新购建价格的方法，又可分为单位面积法和单位体积法。另外，停车场的比较单位通常为每个车位，旅馆的比较单位通常为每个房间或床位。

实践中，评估机构会建立当地的建筑物基准重置成本表（见表2-9），根据建筑结构、建筑用途及形态、建筑档次等确定基准单位建造成本，再进行适当的调整来确定评估对象单位建造成本。这是一种最常用的、简便迅速的方法，但比较粗略。

表2-9　　　　　　　　　　　建筑物基准重置成本表

	钢结构	钢混结构	砖混结构	砖木结构	木结构
普通住宅					
高档公寓					
别墅					
……					

2. 分部分项法。分部分项法是把建筑物分解为各个分部工程或分项工程，通过建造之前的预决算书整理每个分部工程或分项工程的数量，调查各个分部工程或分项工程在价值时点的单位成本，将各个分部工程或分项工程的数量乘以相应的单位价格或单位成本后相加得到建筑物建筑安装工程费的方法。

3. 工料测量法。工料测量法又可称为预决算调整法，以评估对象原有预决算书为基础，利用预算书中的工程量，根据价值时点的各种工、料、费的数据，计算建筑物建造成本的方法。这种方法把建筑物还原为建筑材料、人工和设备，利用预算书核算重新建造该建筑所需要的建筑材料、人工时数、施工机械台班数，调查在价值时点相应的单价和人工费标准，将各种建筑材料、施工机械台班的数量及人工时数乘以相应的单价和人工费后相加，并计取相应的措施项目费、规费和税金等，从而得到建筑物建筑安装工程费。工料测量法的优点是详细、准确，但需要评估师具有基本的建筑预算知识。

在前两项成本之后的各项费用大多以基数乘以费率的思路求取。以下各项费用均以新规范推荐的房地合估路径为思路求取。关于房地分估路径中的费用求取详见第四章。

（三）管理费用

管理费用通常以土地取得成本或开发成本为基数。在房地合估思路下，管理费用通常可按土地取得成本与开发成本之和乘以管理费率来测算。管理费率在不同区域及不同用途和档次的房地产会有所区别。如以此基数计算的住宅房地产的管理费率通常在3%—4%区间。

（四）销售费用

销售费用通常按照开发完成后的房地产价值（销售收入）的一定比例来测算。销售费率在不同区域及不同用途和档次的房地产会有所区别。如以销售收入为基数计算的住宅房地产的销售费率通常在2%—3%区间。

（五）投资利息

计算投资利息需要把握以下方面。

1. 应计息项目。计息项目包括土地取得成本、建设成本、管理费用和销售费用。但销售税费和开发利润不应作为投资利息的计算基数。

2. 计息方式。计息方式有单利和复利两种。

3. 利率。一般采用价值时点的房地产开发贷款的平均利率。

4. 计息期。为确定计息期，首先要估算整个房地产开发项目的建设期。起点一般是取得房地产开发用地的日期，终点是房地产建设完成的日期。建设期的估算一般通过当地类似房地产的实际建设期来确定。土地取得成本一般假定发生在房地产开发用地取得之时，因此计息期为整个建设期。建设成本、管理费用一般同时发生，按年假设其投入的分布状况（例如可能项目中期的投入较大），一般假设其在每年的中点一次性投入，因此每年建设成本和管理费用投入的计息期起点为其投入时点，终点为建设期结束之日。销售费用因各地的预售政策不同，发生的时点也有所差异，应根据实际情况确定。

(六) 销售税费

销售税费应按照各类房地产的实际销售税费征收情况进行计算。增值税是开发企业进行房地产开发建设的主要税种，从2016年开始房地产行业全面实施"营改增"。但增值税需要根据进项税和销项税分别计算，目前评估界还未就其估计方式达成一致意见，需要评估师的摸索和合理估计。

(七) 开发利润

估算开发利润应掌握以下几点。

1. 为了与销售税费（不包括土地增值税、企业所得税）的口径一致，并得到相对客观合理的估值，开发利润也是未扣除土地增值税、企业所得税的，简称税前利润。

2. 开发利润是该类房地产开发项目在正常条件下房地产开发商所能获得的平均利润，而不是个别房地产开发商最终获得的实际利润，也不是房地产开发商期望获得的利润。

3. 开发利润通常按照一定基数乘以相应的利润率来估算。开发利润的计算基数和相应的利润率主要有下列几种。

第一种，计算基数为土地取得成本加建设成本，相应的利润率称为直接成本利润率，其公式为：

$$直接成本利润率 = \frac{开发利润}{土地取得成本 + 建设成本}$$

第二种，计算基数为土地取得成本、建设成本、管理费用和销售费用，相应的利润率称为投资利润率，其公式为：

$$投资利润率 = \frac{开发利润}{土地取得成本 + 建设成本 + 管理费用 + 销售费用}$$

第三种，计算基数为土地取得成本、建设成本、管理费用、销售费用和投资利息，相应的利润率称为成本利润率，其公式为：

$$成本利润率 = \frac{开发利润}{土地取得成本 + 建设成本 + 管理费用 + 销售费用 + 投资利息}$$

第四种，计算基数为销售收入，相应的利润率称为销售利润率，其公式为：

$$销售利润率 = \frac{开发利润}{开发完成后的房地产价值}$$

应在明确计算基数和相应开发利润率的基础上，以基数乘以开发建设类似房地产的相应开发利润率来确定开发利润。开发利润率是同一市场上类似房地产开发项目的平均利润率。

五、建筑物贬值的确定

成本法的评估过程中土地使用权不存在贬值的情况，只有建筑物才需要考虑贬值因素。

(一) 建筑物贬值的含义

建筑物通常从建设或取得时开始,会随着使用而发生效用的递减,这种效用的递减现象,称为建筑物贬值。与一般的资产贬值类似,造成建筑物贬值的主要原因包括物理因素、功能因素和经济因素三项,所引起的贬值分别称为实体性贬值、功能性贬值、经济性贬值[①]。

1. 实体性贬值(物质折旧)。实体性贬值是由于磨损和自然力等造成的价值损失,具体包括使用产生的磨损、随时间的自然老化(风吹、雨淋、日晒、侵蚀等自然作用引起的建筑物的老化)、自然外力造成的破坏(因风灾、水灾、地震等自然灾害而发生的损害)和人为造成的破坏。实体性贬值一般会随着建筑物自然年龄的增长而增加。

2. 功能性贬值(功能折旧)。功能性贬值是指由于技术进步、材料替代等原因引起的建筑功能不足或过剩造成的建筑物价值减损,包括功能不足贬值和功能过剩贬值。功能不足贬值是因建筑物中某些部件、设施设备、功能等缺乏或低于市场要求的标准造成的建筑物价值减损。它是由于需求、设计、工艺技术的改变造成的,通常表现为不完善(如电梯设置不足的办公楼)、不符合现代需求(如只有一个卫生间,厨房过时)等。功能过剩贬值是指因建筑物中某些部件、设施设备、功能等超过市场要求的标准而对房地产价值的贡献小于其成本所造成的建筑物价值减损,如层高超标的工业厂房、功率过大的空调系统等。

3. 经济性贬值(外部折旧)。建筑物的经济性贬值也称为区位或外在衰退,是由于不动产的外在因素导致效用和价值降低,从而造成经济损失。经济性贬值通常是由市场变化或政府行为导致不动产最佳用途改变引起的。从现象上看,建筑物出现经济性贬值,一般都伴随着利用率的下降,如商业用房的空房率增加、出租面积减少,工业用房大量闲置等。从其后果看,建筑物出现经济性贬值最终都会导致建筑物收益下降。

(二) 建筑物贬值的确定

本书认为,测算建筑物贬值应根据其发生的原因,按上述三类贬值分别计算后加总。旧建筑物一定存在实体性贬值,是否存在功能性贬值或经济性贬值需具体考量。

1. 实体性贬值的测算。计算实体性贬值的基本方法有使用年限法、实际观察法、修复费用法。

(1) 使用年限法(年龄—寿命法)。年限法假设建筑物的价值损耗是均匀的,即在耐用年限内每年的贬值额相等,则建筑物每年的贬值额为:

$$D = (C - S)\frac{t}{N} = C \times (1 - r)\frac{t}{N}$$

式中:D——建筑物实体性贬值额;

C——建筑物重置成本;

[①] 在《资产评估执业准则——不动产》中称其为实体性贬值、功能性贬值、经济性贬值,而在《房地产估价规范》中称其为物质折旧、功能折旧和外部折旧。本书下文均采用前一种称法。

S——建筑物净残值，即建筑物在经济寿命结束时的剩余价值扣除旧建筑物拆除、清理等处理费用后所剩余的价值；

t——建筑物有效年龄；

N——建筑物经济寿命；

r——建筑物残值率，即建筑物净残值与重新建造成本的比率。

建筑物有效年龄指根据价值时点的建筑物实际状况判断的建筑年龄，不一定等于建筑物实际年龄，应根据建筑物的施工、使用、维护和更新改造等状况，在建筑物实际年龄的基础上进行适当加减调整得出。建筑物经济寿命应自建筑物竣工时起计算，可在建筑物设计使用年限的基础上，根据建筑物的施工、使用、维护和更新改造等状况及周围环境、房地产市场状况等进行综合分析判断后确定。若非住宅建筑物经济寿命晚于土地使用期限结束，且出让合同等约定土地使用权期限届满后无偿收回土地使用权及地上建筑物，则测算建筑物折旧时，应将建筑物经济寿命替换为自建筑物竣工时起至土地使用权期限届满之日止的时间。各种建筑结构的耐用年限（经济寿命）和残值率一般如表2-10所示。

表2-10 各种建筑结构的耐用年限和残值率参考值

建筑结构类型	结构描述	耐用年限（年）			残值率
		生产用房	受腐蚀生产用房	非生产用房	
钢结构	承重部分为钢结构	70	50	80	
钢筋混凝土结构	全部或部分承重为钢筋混凝土结构。包括框架大板与框架轻板结构等	50	35	60	0
砖混结构一等	部分钢筋混凝土，主要是砖墙承重结构。外墙部分砖砌、水刷石、水泥抹面或涂料粉刷，有阳台，内外设备齐全的单元式住宅或非住宅房屋	40	30	50	2%
砖混结构二等	外墙是清水墙，无阳台，内部设备不全的非单元式住宅或其他房屋	40	30	50	2%
砖木结构一等	材料上等、标准较高的砖木（石料）结构。外部一般有装修，内部设备完善的庭院式或花园洋房等高级房屋	30	20	40	6%
砖木结构二等	结构正规，材料较好，外部一般无装修，室内有专用上下水道等设备的普通砖木结构房屋	30	20	40	4%
砖木结构三等	结构简单，材料较差，室内无专用上下水道等设备的低级砖木结构房屋	30	20	40	3%
简易结构	简易楼、平房、木板房、土草房等	10			0

（2）实际观察法。一般由评估人员依据建筑物不同成新率的评分标准（包括建筑物整体成新率评分标准和不同结构部分的成新率标准），对建筑物各结构部分进行打分，每个部分打分后再进行系数修正，最后汇总求得建筑物的成新率。其计算公式为：

$$成新率 = \frac{结构部分得分合计} \times J + \frac{装修部分得分合计} \times Z + \frac{安装及设备部分得分合计} \times A$$

式中：J——结构部分的评分修正系数；

Z——装修部分的评分修正系数；

A——安装及设备部分的评分修正系数。

评估人员在打分测定建筑物的成新率时，一般都是在参照国家颁布的《房屋完损等级评定标准》的基础上，通过填写"房屋建筑物成新率评定表"来确定成新率。

（3）修复费用法。修复费用法可分为可修复的和不可修复的两类。对贬值进行维修所增加的价值等于或超过维修成本的，则是可修复的实体性贬值。精明的房地产业主经常会做这种维修，以改善维修对象从而延缓实体贬值。不可修复的实体性贬值是指在价值时点，进行维修所增加的价值小于维修费用。有些不易观察到的实体构成如建筑物结构、地下室和天花板结构等，更可能遭受不可修复的实体性贬值。对于可修复的实体性贬值，估算其价值时点的修复成本作为贬值额。

实践中可综合运用三种方法来测算建筑物的实体性贬值，具体思路详见第三章。

2. 功能性贬值的测算。建筑物的功能性贬值包括功能不足贬值和功能过剩贬值。功能性贬值按照其造成的结果可分为两类：超额投资成本和超额运营成本。一般根据其造成的结果来估算贬值额。

（1）功能不足贬值。功能不足贬值依据在价值时点修复是否经济，分为可修复和不可修复两类。

可修复功能性贬值包括冷暖设备的不足、过时的浴室或厨房装置、太小的热水器、每个房间太少的电源插座、商业或工业建筑中悬置太低的管道、缺乏通风设备等。对以上这些问题的解决所增加的价值通常超过成本。对这些可修复功能性贬值，在一定条件下，可以将所预期的项目添置到现有建筑物上，与安装到新建筑物上所形成的修复成本差，作为在价值时点对功能性贬值的度量。例如，在现有建筑物上安装通风设备成本12 000元，在新建筑物上安装同样的设备成本9 000元，过多的修复成本是3 000元。

当改善条件的成本超过所增加的价值时，该贬值是不可修复功能性贬值，例如，过时的设计、较差的室内布置、无汽车房（无建筑空间）、仓库无足够的专用空间、商业建筑中无足够的临街面。这类贬值的估计比较困难，一般通过与同类但没有该项贬值的建筑物进行比较来估计。

（2）功能过剩贬值。功能过剩贬值一般是不可修复的。其造成的结果一般表现为超额投资成本。如果因为建造技术进步造成按照原技术建造建筑物的投资较多，其测算是直接扣除建造成本超出的部分；如果因为设备的功能过剩（如空调功率过大）造成投入过高，其测算是扣除恰当设备和高功能设备的成本之差。

需要注意的是，如果估算建筑物的重置成本时采用复原重置成本，一般应考虑功能过剩贬值；如果采用了更新重置成本，就不必再单独计算功能过剩贬值，因为更新重置成本已经是采用新建造技术或功率适当的设备的建筑物成本。

3. 经济性贬值的测算。经济性贬值的求取需要区分是暂时性的还是永久性的，如地震给旅游景区的酒店带来的经济性贬值是暂时性的，而住宅旁新增的快速干道带来的经济性贬值则是永久性的。根据收益损失的期限，利用收益损失的资本化来求取建筑物的经济性贬值。

【例 2-5】待估对象为一新开发土地，因无收益记录和市场参照物，只得用成本法进行评估，有关资料如下：土地取得费（含拆迁补偿、安置费和耕地占用税等）8 万元/亩，土地开发费（含管理费）1.5 亿元/平方公里，一年期贷款利率为 9%，超过一年期的贷款利率为 10%，土地开发周期为两年，第一年投资占总投资的 3/4，利润率为 10%，当地土地出让增值收益率为 10%。试估算该地产的市场价值（单价）。

待估对象是新开发土地。运用成本法对新开发土地进行评估的计算公式为：

新开发土地价值 = 土地取得费 + 土地开发费 + 利息 + 利润 + 税金 + 土地增值收益

下面逐项进行评估。

1. 土地取得费 = 8 万元/亩 = 120 元/平方米
2. 土地开发费 = 1.5 亿元/平方公里 = 150 元/平方米
3. 利息的计算。
   (1) 土地取得费利息 = $120 \times [(1+10\%)^2 - 1] = 25.2$（元/平方米）
   (2) 土地开发费利息 = $150 \times 3/4 \times [(1+10\%)^{1.5} - 1] + 150 \times 1/4 \times [(1+9\%)^{0.5} - 1]$
   = 18.94（元/平方米）
4. 开发利润 = $(120 + 150) \times 10\% = 27$（元/平方米）
5. 考虑土地增值收益的土地评估价值为：
   $(120 + 150 + 25.2 + 18.94 + 27) \times (1 + 10\%) = 375.25$（元/平方米）

【例 2-6】待估对象为某事业单位办公用楼，坐落在市中心，占地面积 700 平方米，建筑面积 1 800 平方米。建筑物始建于 1986 年 6 月，为钢筋混凝土框架结构。要求评估该宗房地产 2006 年 6 月的市场价值。

评估过程如下。

1. 该评估对象是旧有房地产。运用成本法对旧有房地产进行评估的公式为：

旧有房地产价格 = 土地重新开发成本 + 建筑物重新购建成本 − 建筑物损耗

这实际上就是采用房地合一的评估思路。由于待估对象为事业单位办公用楼，无直接收益，也很少有买卖实例，故建筑物拟采用成本法评估。

2. 估测土地使用权的价值。土地的评估可以采用市场法、成本法等。这里假定评估结果为每平方米 900 元，土地总价为 630 000 元。

3. 估测建筑物的重置成本。这里采用预决算调整法对待估对象的不包括土地价格的建筑物重置成本（含利润、税费等）进行测算。该建筑物每平方米重置成本为 1 000 元，建筑物重置成本总额为 1 800 000 元。

4. 测算建筑物的成新率。评估人员经过现场查看，认为该建筑物尚可使用 60 年，并查阅了国家有关部门对钢筋混凝土结构建筑物耐用年限的有关指导性规定或标准进行了简单验证，采用直线折旧法测算建筑物的成新率。假设残值率为 0，则：

成新率 = 剩余经济寿命/（建筑物有效年龄 + 剩余经济寿命）
= 60/(20 + 60)
= 0.75

因此，建筑物的成新率为 75%。

5. 分析、测算建筑物的功能性贬值。待估对象为一事业单位办公用楼，在产权变动后用于商业用途，而且待估房地产中的土地使用权的评估，也是按照商业用途和商业用地性质进行考虑。待估建筑物的内部格局在某些方面不宜直接用于商业用途，需要做内部格局的重新布置。估计建筑物内部格局重新布置的费用约每平方米 80 元，而全新布置的费用约每平方米 30 元，即每平方米的功能性贬值为 50 元，功能性贬值总额为 90 000 元。

6. 计算建筑物评估值。由于该建筑物不存在经济性贬值，故：

建筑物评估值 = 重置成本 × 成新率 − 功能性贬值
$$= 1\,800\,000 \times 75\% - 90\,000$$
$$= 1\,260\,000\,（元）$$

7. 计算房地产评估值。

房地产价值 = 土地使用权评估值 + 建筑物评估值
$$= 630\,000 + 1\,260\,000$$
$$= 1\,990\,000\,（元）$$

本 章 小 结

不动产评估的基本方法主要有三种，即市场法、成本法、收益法，这是不动产评估中最常用的评估方法。市场法又称市场比较法，是根据替代原理和不完全替代原则参照市场可比实例并进行一系列因素修正后得出待估不动产价值的方法，该评估价值是一种比较价值。收益法是利用一定的资本化率将不动产净收益进行资本化而得到不动产价值的一种评估方法。该方法评估的是收益的价值，它依据的理论基础是效用价值论和地租理论。成本法又称重置成本法，是根据不动产的重置成本扣除相关贬值后的余额确定不动产价值的一种评估方法。该方法测算的价值本质上是一种成本价值，其理论依据是生产费用理论和劳动价值理论。

思 考 题

1. 市场法的前提条件是什么？
2. 如何选择市场法评估时的参照物？
3. 不动产评估运用市场法时需要对哪些因素进行修正？如何修正？
4. 市场法中可比实例选择的依据是什么？在实践中应选择几个可比实例？
5. 收益法适用于哪些类型房地产的估价？收益法是否适用于不动产信托投资基金的评估？

6. 在收益法中,报酬资本化法和直接资本化法的区别是什么?
7. 土地使用年限与建筑物的经济寿命如何影响不动产的收益期?
8. 不动产的更新重置成本与复原重置成本有什么区别?
9. 什么是实体性贬值?求取实体性贬值有哪几种方法?
10. 建筑物的有效经过年数和实际经过年数的区别是什么?

第三章 不动产评估规范与法规

本章学习目的

1. 熟悉并理解我国目前的不动产评估的三大主要评估规范:《房地产估价基本术语标准》、《房地产估价规范》和《资产评估执业准则——不动产》。

2. 了解土地所有权制度、土地利用规划制度、土地登记制度等我国土地管理基本制度。

3. 了解房屋权属登记管理法律制度、房地产建设用地制度、房地产开发管理制度、房地产转让法律制度、房屋租赁管理法律制度、物业管理法律制度等我国房地产管理基本制度。

在市场经济条件下,不动产评估作为对不动产价值估测和评定的社会专业中介服务活动,只有严格遵守国家不动产管理相关法律法规,其评估结果才具有符合"公正、公平、客观"原则的社会公信力,不动产评估行业在市场经济建设中才能发挥咨询、管理、鉴证的作用。了解国家关于不动产管理相关法律法规,对于不动产评估利益相关各方评估价值、规范行为、明确责任、维护权益、规避风险、承担义务具有重要意义。

经过20多年的实践历程,我国已经建立了比较完善的不动产管理相关法律法规体系。这一体系以《物权法》、《土地管理法》、《城市房地产管理法》为核心,涉及不动产"归属、利用、保护"管理的一系列法律法规。下面从土地管理和房地产管理两个方面就其主要内容进行介绍。

第一节 不动产评估规范

不动产评估规范是为规范不动产评估行为,保护资产评估当事人合法权益和公共利益,制定的规范不动产评估活动的技术性要求。我国目前的不动产评估的规范主要由三个文件组成:住房城乡和建设部发布的国家标准《房地产估价基本术语标准》(GB/T 50899—2013)和《房地产估价规范》(GB/T 50291—2015),中评协印发的《资产评估执业准则——不动产》(中评协〔2017〕38号)。本书的编写主要遵循了前两个国家标准,因此标准的很多内容已经融入此教材中。下面仅对这些规范标准做一个大致的介绍。

一、房地产估价基本术语标准(GB/T 50899—2013)

"为了科学地统一和规范房地产估价基本术语及其定义,制定本标准。本标准适用于房地产估价活动及其管理、科研、教学和其他相关领域。"房地产评估在我国发展已有三四十年的时间，最初从西方引进，因此采用的术语在翻译过程中差异明显，不利于行业的规范和同行的交流。2013年首次以国家标准的形式公布了这一术语标准，对房地产评估中所涉及的各环节中的术语进行了统一和规范，具有里程碑的意义。

标准共分为七个部分：总则、通用术语、房地产价格和价值、房地产估价原则、房地产估价程序、房地产估价方法（包括市场法、收益法、成本法、假设开发法和其他估价方法）以及房地产估价报告。每个部分均以术语条目加解释的形式，把其中涉及的相关术语进行规范和说明。

二、房地产估价规范（GB/T 50291—2015）

在规范房地产估价术语标准的基础上，2015年4月，住房城乡和建设部发布了国家标准《房地产估价规范》（GB/T 50291—2015），自2015年12月1日正式实施，原《房地产估价规范》（GB/T 50291—1999）同时废止。新《房地产估价规范》的实施，为评估人员努力提高估价技术水平，全面贯彻新的发展理念，更好地为客户提供专业、科学、特色的估价服务产品指明了方向。

新《房地产估价规范》共分为总则、估价原则、估价程序、估价方法（包括市场法、收益法、成本法、假设开发法和其他估价方法）、不同估价目的下的估价、估价结果、估价报告以及估价职业道德共八个部分。修订的主要内容是：（1）调整了章节划分，删除了旧规范的第二章术语和附录A估价报告的规范格式；（2）增加了路线价法、标准价调整法、多元回归分析法、修复成本法、损失资本化法、价差法等方法；（3）增加了房地产损害赔偿估价、房地产投资基金物业估价、为财务报告服务的房地产估价等估价目的的估价；（4）细化和完善了估价原则、估价程序、估价方法、不同估价目的下的估价、估价结果、估价报告、估价职业道德等内容。新规范有如下特点。

第一，新规范是房地产评估行业效力最高的规范，同时又是估价行业的最低标准，要求全面做到，同时崇尚创新。作为国家标准，效力是最高的。估价标准不仅有国家标准，还有行业标准、企业标准。行为是否恰当，究竟应该怎么做，最终需要用国家标准来衡量。但它的要求也是最低的，是最起码应该达到的标准。在估价实践中，并不要求做到与《房地产估价规范》一模一样，将行为完全模板化、格式化，这不是制定规范的初衷与目的。要鼓励创新，鼓励估价师做得比《房地产估价规范》的要求还要好，还要严。比如对估价委托人提供的资料，目前只要求做审慎的检查，但是估价师可以去核实，将执业风险控制得更好。

第二，新规范的实施，更注重传统估价业务与创新型咨询业务协调发展。新规范中增加了房地产损害赔偿估价、房地产投资基金物业估价、为财务报告服务的房地产估价等。根据房地产估价行业发展的需要做了相应的调整。传统估价业务固有的市场竞争力不足，过多的劳务成本支出挤占了利润空间，因此房地产估价机构不断扩大估价业务范围和种类，向咨询业务转型已成必然趋势。估价机构可以从延伸现有估价业务、打造综合估价咨询、抓住政府购买服务和充分挖掘自我渠道等方面开拓咨询业务，将来的房地产估价行业发展更加注重传统的估价业务与创新型的咨询类估价业务协调发展。

第三，新规范引入批量估价的概念，正视大数据的重要性，有利于进一步推进行业资源共享，追求共同发展。新规范增加了批量估价的概念。批量估价是指采用共同的数据，利用相同的方法，并经过统计检验，对大量房地产在给定日期的价值进行评估。新规范在"房地产抵押估价"、"房地产税收估价"等部分，允许采用批量估价方法。提起批量估价，必然离不开互联网和大数据。房地产估价行业与大数据有着天然的联系，大数据的发展必将对房地产估价行业造成冲击。迎接大数据，利用好大数据，将是房地产估价机构突破传统行业瓶颈、创造新盈利模式的必由之路。近些年，全国房地产估价行业掀起了一股共享大数据、联合发展的热潮，如近几年兴起的"中房评"、"中估联行"等，都是由全国各地优秀的房地产估价咨询机构组成，通过联盟成员机构之间资源共享、优势互补、联动协作、集约发展等合作形式，打造全国房地产估价顾问领域具备最强实力和最高水平的综合服务平台，从而为更多的客户提供更为专业化、全国化、信息化、便利化的优质的估价、咨询、顾问服务。

三、资产评估执业准则——不动产（中评协〔2017〕38号）

在财政部指导下，中国资产评估协会根据《资产评估基本准则》，对《资产评估准则——不动产》进行了修订，制定了《资产评估执业准则——不动产》，自2017年10月1日起施行。可见，《资产评估执业准则——不动产》是中国资产评估准则体系中的一部分。从内容上看，其规定更具有原则性，不像《房地产估价规范》那样具体。《资产评估执业准则——不动产》由总则、基本遵循、操作要求、评估方法、企业价值评估中的不动产评估、披露要求和附则七个部分组成。

企业价值评估中的不动产评估是准则的一大特色，体现了资产评估准则体系中的部分特点。《资产评估准则——不动产》将不动产评估分为单独的不动产评估和企业价值评估中的不动产评估。单独的不动产评估是指处于独立使用状态下的不动产价值评估；企业价值评估中的不动产评估是指与企业其他资产处于共同使用状态下的不动产价值评估。企业中的不动产通常在存货、投资性房地产、固定资产、在建工程以及无形资产中核算，其中，在无形资产中核算的不动产一般是土地使用权。按照此核算方式，企业中的不动产也相应地分为五类：存货类不动产、投资性房地产、固定资产类不动产、在建不动产和土地使用权。在这五类不动产中，只有投资性房地产具有独立的获利能力。企业价值评估中的不动产评估，在价值影响因素、评估假设、评估方法等方面具有一定的特点。

第二节 土地管理相关法律法规

土地管理法是国家运用法律和行政的手段对土地财产制度和土地资源的合理保护、利用所进行的管理活动予以规范的各种法律规范的总称。涉及不动产评估的土地管理制度主要分为土地所有权制度、土地利用规划、土地权属登记制度、房地产建设用地制度等。

一、土地所有权制度

土地所有权是土地所有者依法对其土地占有、使用、收益和处分的权利。《土地管理法》规定，我国实行土地的社会主义公有制，即全民所有制和劳动群众集体所有制。因此，我国的土地所有权分为国有土地所有权和农村集体土地所有权。

（一）国有土地所有权

国有土地所有权是指国家占有、使用、收益和处分属于全民所有的土地的权利。根据《土地管理法》第九条的规定，城市市区的土地属于国家所有，农村和城市郊区的土地也可能因法律规定而属于国家所有。《土地管理法》第二条规定：国家为了公共利益的需要，可以依法对土地实行征收或者征用并给予补偿。

（二）集体土地所有权

在我国，集体土地所有权是农业集体经济组织依法占有、使用、收益和处分其土地的权利。《土地管理法》第九条规定：农村和城市郊区的土地，除由法律规定属于国家所有的以外，属于农民集体所有；宅基地和自留地、自留山，属于农民集体所有。第十一条规定：农民集体所有的土地依法属于村农民集体所有的，由村集体经济组织或者村民委员会经营、管理；已经分别属于村内两个以上农村集体经济组织的农民集体所有的，由村内各该农村集体经济组织或者村民小组经营、管理；已经属于乡（镇）农民集体所有的，由乡（镇）农村集体经济组织经营、管理。

任何单位和个人不得侵占、买卖或者以其他形式非法转让土地。土地使用权可以依法转让。

二、土地利用规划

土地利用规划是一定区域内依据国民经济和社会发展规划、国土整治和资源环境保护的要求、土地供给能力以及各项建设对土地的需求进行的战略性规划。《土地管理法》第十五条要求各级人民政府必须依据国民经济和社会发展规划、国土整治和资源环境保护的要求、土地供给能力以及各项建设对土地的需求，组织编制土地利用总体规划。土地利用总体规划的规划期限由国务院规定。

1.编制。下级土地利用总体规划应当依据上一级土地利用总体规划编制。土地利用总体规划一经批准，必须严格执行。地方各级人民政府编制的土地利用总体规划中的建设用地总量不得超过上一级土地利用总体规划确定的控制指标，耕地保有量不得低于上一级土地利用总体规划确定的控制指标。省、自治区、直辖市人民政府编制的土地利用总体规划，应当确保本行政区域内耕地总量不减少。县级土地利用总体规划应当划分土地利用区，明确土地用途。乡（镇）土地利用总体规划应当划分土地利用区，根据土地使用条件，确定每一块土地的用途，并予以公告。

2. 审批。土地利用总体规划实行分级审批。省、自治区、直辖市的土地利用总体规划，报国务院批准。省、自治区人民政府所在地的市、人口在100万人以上的城市以及国务院指定的城市的土地利用总体规划，经省、自治区人民政府审查同意后，报国务院批准。土地利用总体规划可以由省级人民政府授权的设区的市、自治州人民政府批准。

3. 建设用地。城市建设用地规模应当符合国家规定的标准，充分利用现有建设用地，不占或者尽量少占农用地。城市总体规划、村庄和集镇规划中建设用地规模不得超过土地利用总体规划确定的城市和村庄、集镇建设用地规模。在城市规划区内、村庄和集镇规划区内，城市和村庄、集镇建设用地应当符合城市规划、村庄和集镇规划。

4. 江河、湖泊综合治理和开发利用规划，应当与土地利用总体规划相衔接。在江河、湖泊、水库的管理和保护范围以及蓄洪滞洪区内，土地利用应当符合江河、湖泊综合治理和开发利用规划，符合河道、湖泊行洪、蓄洪和输水的要求。

5. 各级人民政府应当加强土地利用计划管理，实行建设用地总量控制。土地利用年度计划，根据国民经济和社会发展计划、国家产业政策、土地利用总体规划以及建设用地和土地利用的实际状况编制。土地利用年度计划的编制审批程序与土地利用总体规划的编制审批程序相同，一经审批下达，必须严格执行。省、自治区、直辖市人民政府应当将土地利用年度计划的执行情况列为国民经济和社会发展计划执行情况的内容，向同级人民代表大会报告。

6. 经批准的土地利用总体规划的修改，须经原批准机关批准；未经批准，不得改变土地利用总体规划确定的土地用途。经国务院批准的大型能源、交通水利等基础设施建设用地，需要改变土地利用总体规划的，根据国务院的批准文件修改土地利用总体规划。经省、自治区、直辖市人民政府批准的能源、交通、水利等基础设施建设用地，需要改变土地利用总体规划的，属于省级人民政府土地利用总体规划批准权限内的，根据省级人民政府的批准文件修改土地利用总体规划。

三、土地权属登记制度

土地登记是指将国有土地使用权、集体土地所有权、集体土地使用权和土地抵押权、地役权以及依照法律法规规定需要登记的其他土地权利记载于土地登记簿公示的行为。土地以宗地为单位进行登记。宗地是指土地权属界线封闭的地块或者空间。依法登记的权利受法律保护，任何单位和个人不得侵犯。土地登记簿是土地权利归属和内容的根据。《土地登记办法》（国土资源部令2008年第40号）第十八条规定，以下情况不予登记：土地权属有争议的；土地违法违规行为尚未处理或者正在处理的；未依法足额缴纳土地有偿使用费和其他税费的；申请登记的土地权利超过规定期限的；其他依法不予登记的。

(一) 土地登记类型

1. 土地总登记。土地总登记是指在一定时间内对辖区内全部土地或者特定区域内土地进行的全面登记。一是从未进行过土地登记的地区；二是原有登记需要全面更新的，如土地整理或国家法律、政策发生重大变化等需要对原已登记过的区域进行全面的重新登记。

2. 初始登记。初始登记是指土地总登记之外对设立的土地权利进行的登记。土地总登记之后，如果某宗地上新设了某种权利，要进行初始登记。

3. 变更登记。变更登记是指因土地权利人发生改变，或者因土地权利人姓名或者名称、地址和土地用途等内容发生变更而进行的登记。变更登记是以总登记或初始登记为基础，没有进行总登记或初始登记，不可能进行变更登记。变更登记的内容发生变化，包括权利人、地址、土地用途等发生变更都应该进行变更登记。

4. 注销登记。注销登记是指因土地权利的消灭等而进行的登记。注销土地登记适用于：集体所有的土地依法被全部征收的土地；国家组织移民后不再使用的原农民集体土地；因自然灾害等原因造成土地权利灭失的土地；县级以上人民政府依法收回国有土地使用权的国有土地；国有土地使用权出让或者租赁期限届满，未申请续期或续期申请未获批准的国有土地使用权注销登记；因债权实现解除抵押等而产生的抵押权注销登记，以及因地役权终止产生的地役权注销登记等。土地抵押期限届满，当事人未申请土地使用权抵押注销登记的，除设定抵押权的土地使用权期限届满外，国土资源行政主管部门不得直接注销土地使用权抵押登记。土地登记注销后，土地权利证书应当收回；确实无法收回的，应当在土地登记簿上注明，并经公告后废止。

5. 更正登记。更正登记一般是指已完成初始或变更土地登记的结果有误或有遗漏时，由权利人和利害关系人申请或由土地登记机关依职权更正原登记内容的土地登记。更正登记涉及土地权利归属的，应当对更正登记结果进行公告。更正也有错登和漏登的情况，如土地权利人姓名或名称错误、共有土地各共有权人权利比例错误或遗漏、土地权利登记错误、权利内容错误或遗漏等。

6. 异议登记。异议登记一般是指登记机关将事实上的权利人以及利害关系人对土地登记簿记载的权利所提出的异议记入登记簿的行为。异议登记并不是一种对错误登记的救济，但它可以及时或临时性地提供一种保护，并在被证明为正确有效的情况下与更正登记结合形成了保护真正权利人的制度体系。

7. 预告登记。预告登记主要是指为保全一项请求权而进行的不动产登记，该请求权所要达到的目的，是在将来发生不动产物权变动。预告登记是不动产登记的特殊类型，所登记的是将来发生不动产物权变动的请求权。预告登记的本质特征是使被登记的请求权具有物权的效力。

8. 查封登记。国土资源行政主管部门应当根据人民法院提供的查封裁定书和协助执行通知书，报经人民政府批准后将查封或者预查封的情况在土地登记簿上加以记载。对被人民法院依法查封、预查封的土地使用权，在查封、预查封期间，不得办理土地权利的变更登记或者土地抵押权、地役权登记。

(二) 土地登记程序

根据《土地登记规则》(〔1995〕国土〔法〕字第 184 号)，土地登记程序包括土地登记申请、地籍调查、权属审核、注册登记、颁发或更换权属证书。

1. 土地登记申请。土地登记应当由当事人共同申请，但有下列情形之一的，可以单方申请：土地总登记；国有土地使用权、集体土地所有权和使用权的初始登记；因继承或者遗赠取得土地权利的登记；因人民政府已经发生法律效力的土地权属争议处理决定而取得土地权利的登记；因人民法院、仲裁机构已经发生法律效力的法律文书而取得土地权利的登记；更正登记或者异议登记；名称、地址或者用途变更登记土地权利证书的补发或者换发；其他依照规定可以由当事人单方申请的情形。申请人申请土地登记，应当根据不同的登记事项提交下列材料：土地登记申请书；申请人身份证明材料；土地权属来源证明；地籍调查表、宗地图及宗地界址坐标；地上附着物权属证明；法律法规规定的完税或者减免税凭证；本办法规定的其他证明材料。

特殊情况下的申请方式和材料。两个以上土地使用权人共同使用一宗土地的，可以分别申请土地登记；未成年人的土地权利，应当由其监护人代为申请登记。申请办理未成年人土地登记的，除提交成年人进行土地登记所规定的材料外，还应当提交监护人身份证明材料。委托代理人申请土地登记的，除提交成年人进行土地登记所规定的材料外，还应当提交授权委托书和代理人身份证明。代理境外申请人申请土地登记的，授权委托书和被代理人身份证明应当经依法公证或者认证。

2. 地籍调查。为满足土地登记的要求，应依照法定程序，通过权属调查和地籍测量的方法，查清每一宗土地的位置、权属、界线、数量、用途和等级等基本情况，并以图、簿表示，为土地登记、核发证书提供依据。

3. 权属审核。对当事人提出的土地登记申请，国土资源行政主管部门应当根据下列情况分别作出处理：申请登记的土地不在本登记辖区的，应当当场作出不予受理的决定，并告知申请人向有管辖权的国土资源行政主管部门申请；申请材料存在可以当场更正的错误的，应当允许申请人当场更正；申请材料不齐全或者不符合法定形式的，应当当场或者在五日内一次告知申请人需要补正的全部内容；申请材料齐全、符合法定形式，或者申请人按照要求提交全部补正申请材料的，应当受理土地登记申请。国土资源行政主管部门受理土地登记申请后，认为必要的，可以就有关登记事项向申请人询问，也可以对申请登记的土地进行实地查看。

4. 注册登记。国土资源行政主管部门应当对受理的土地登记申请进行审查，并按照下列规定办理登记手续：根据对土地登记申请的审核结果，以宗地为单位填写土地登记簿；根据土地登记簿的相关内容，以权利人为单位填写土地归户卡；根据土地登记簿的相关内容，以宗地为单位填写土地权利证书。对共有一宗土地的，应当为两个以上土地权利人分别填写土地权利证书。

5. 颁发或更换权属证书。土地权利证书由国务院国土资源行政主管部门统一监制。土地权利证书包括国有土地使用证、集体土地所有证、集体土地使用证、土地他项权利证明书。国有建设用地使用权和国有农用地使用权在国有土地使用证上载明;集体建设用地使用权、宅基地使用权和集体农用地使用权在集体土地使用证上载明;土地抵押权和地役权可以在土地他项权利证明书上载明。

四、房地产建设用地制度

在我国现行的制度下,土地实行社会主义公有制,属于国家或农民集体所有。土地所有权分为国有土地所有权和集体土地所有权。国有土地和农民集体所有的土地,可以依法由单位或者个人使用。

(一)国有土地所有权使用制度

1. 国有土地所有权的取得方式。《城市房地产管理法》(2019年第三次修正)规定,国有土地所有权的取得方式主要有划拨、出让两种。另外,租赁作为出让方式的补充。

土地使用权划拨是指经县级以上人民政府依法批准,在土地使用者缴纳补偿、安置等费用后,将该幅土地交付其使用,或将土地使用权无偿交付给土地使用者使用的行为。通过划拨方式取得的土地使用权为划拨土地使用权。划拨土地使用权有两种基本形式:(1)经县级以上人民政府依法批准,在土地使用者缴纳补偿、安置等费用后,取得的国有土地使用权。(2)经县级以上人民政府依法批准后无偿取得的国有土地使用权。《城市房地产管理法》规定,下列建设用地的土地使用权,确属必需的,可以由县级以上人民政府依法批准划拨:国家机关用地;军事用地;国家重点扶持的能源、交通、水利等项目用地;公益事业用地;城市基础设施用地;法律、行政法规明确规定可以采用划拨方供地的其他建设项目用地。划拨土地使用权取得的程序为:用地单位提交用地申请;土地行政主管部门审查和报批;土地划拨;核发国有土地使用证。划拨土地使用权取得后须遵从以下事项:土地使用权人不得擅自改变土地用途;土地使用权人在行使权利时,如遇到社会公共利益需要,有义务服从人民政府收回土地使用权的决定;划拨土地使用权的转移必须遵守有关法律法规的规定。

土地使用权出让是指国家将国有土地使用权在一定年限内出让给土地使用者,由土地使用者向国家支付土地使用权出让金的行为。以出让方式获得的土地使用权为出让土地使用权。根据《城镇国有土地使用权出让和转让暂行条例》(2020修订),城镇国有土地使用权出让有协议、招标、拍卖三种方式,各种方式出让土地使用权的具体程序和步骤,由省、自治区、直辖市人民政府规定。根据《招标拍卖挂牌出让国有建设用地使用权规定》(国土资源部令第39号),工业、商业、旅游、娱乐和商品住宅等经营性用地以及同一宗地有2个以上意向用地者的,应当以招标、拍卖或者挂牌方式出让。

2. 国有土地使用权出让的期限。国有土地使用权出让的期限:居住用地七十年;工业用地五十年;教育、科技、文化、卫生、体育用地五十年;商业、旅游、娱乐用地四十年;综合或者其他用地五十年。其中,住宅建设用地使用权期满的,自动续期

(《民法典》第三百五十九条)。

3. 出让方的权利和义务。出让方的权利：要求受让方按法律规定或合同约定交付出让金，否则出让方有权解除合同，并要求对方承担违约责任；监督受让人行使权利的行为和对土地进行开发、利用及经营活动；在土地使用权出让期限届满时，收回土地使用权。出让方的义务：按合同规定向受让方提供土地使用权；在遇到不可抗力导致出让合同不能履行或不能完全履行时，应及时通知受让人；保证土地使用权受让人对土地的正常使用。

4. 受让方的权利和义务。受让方的权利：要求出让方按合同约定按时提供土地使用权，否则可以要求其承担违约责任；受让人对土地的开发利用达到法定要求后，有权对土地使用权及地上建筑物进行转让、出租和抵押；建设用地使用权期限届满前，因公共利益需要被提前收回土地的，对于该土地上的房屋及其他不动产，受让人应当得到补偿，并有权利要求退还相应的出让金；在土地使用权出让合同期限届满时，受让方需要继续使用土地的，可以申请续期。受让方的义务：按合同约定的时间和方式交付土地使用权出让金；按出让合同确定的用途和要求使用土地。确需改变土地用途的，必须报经出让方和市、县人民政府城市规划行政主管部门同意，经原批准机关批准，签订出让合同变更协议或重新签订出让合同，并依法调整出让金，办理登记；在土地使用权出让合同期限届满时，应无偿地将土地使用权连同地上建筑物、其他附着物所有权，交还土地使用权出让方(《国有土地使用权出让和转让暂行条例》第四十条)。

(二) 集体土地所有权使用制度

集体土地建设用地是指乡(镇)村集体经济组织和农民个人投资或集资，进行各项非农业建设所使用的土地。集体土地使用权是指土地使用者依照法律规定或合同约定，对农民集体所有的土地享有的占有、使用和收益的权利。

集体土地建设用地的审批权限：农村集体土地建设用地使用权的主要取得方式是申请审批。农村集体经济组织使用乡(镇)土地利用总体规划确定的建设用地，兴办企业或者与其他单位、个人以土地使用权入股、联营等形式共同举办企业的，应当持有关批准文件向县级以上人民政府土地管理部门提出申请，由县级以上地方人民政府批准；乡(镇)村公益事业、公共设施建设，需要使用土地的，经乡(镇)人民政府审核，向县级以上人民政府土地管理部门提出申请，由县级以上地方人民政府批准；农村居民住宅用地，经乡(镇)人民政府审核，由县级人民政府批准。此外，农村土地承包经营权的取得是由承包方与代表土地所有者的发包方签订土地承包合同。

集体土地使用权的行使：按批准用途使用土地，不准擅自扩大用地面积或改变土地用途；用地者在使用土地期间，不得将土地使用权出让、转让或出租用于非农业建设；如遇国家建设需要征收土地，有义务服从国家和社会公共利益的需要。

第三节 房地产管理相关法律法规

房地产管理法是指调整房地产开发、经营及管理过程中发生的社会关系的法律规范的总称。它是我国房地产开发、经营和管理等诸环节应遵循的法律规则和法规制度。主要内容包括房地产开发管理制度、房地产转让法律制度、房屋租赁管理法律制度、房地产权属管理法律制度等。

一、房地产开发管理制度

房地产开发是指在依据本法取得国有土地使用权的土地上进行基础设施、房屋建设的行为。在城市中，土地开发往往是指通过对未利用土地或利用不充分的土地投入一定的资金及劳动，使之成为能够满足一定用途的建筑地段。房地产开发，包括住宅、工业用房、商业楼宇、办公用房和其他专门用房的开发。

（一）房地产开发企业管理法律制度

房地产开发企业，是指依法设立的、以营利为目的、具有法人资格的、从事房地产开发经营的经济实体，也称为开发商。

1. 根据《城市房地产管理法》和《城市房地产开发经营管理条例》的规定，房地产开发企业设立的条件应包括：有自己的名称和组织机构；有固定的经营场所；符合国务院规定的注册资本（100万元）；有足够的专业技术人员（4名以上持有资格证书的房地产专业、建筑工程专业的专职技术人员；2名以上持有资格证书的专职会计人员）；法律法规规定的其他条件。

2. 房地产开发企业设立的程序。设立房地产开发企业，应当向县级以上人民政府工商行政管理部门申请登记。工商行政管理部门对符合条件的，应当自收到申请之日起30日内予以登记，对不符合条件不予登记的，应当说明理由；房地产开发企业应当自领取营业执照之日起30日内，到登记机关所在地的房地产开发主管部门备案。

3. 资质认定。《房地产开发企业资质管理规定》（建设部令第77号）规定，房地产开发主管部门应当在收到备案申请后30日内向符合条件的企业核发暂定资质证书，有效期1年。房地产开发企业按照企业条件分为一、二、三、四共4个资质等级。房地产开发企业应当在暂定资质证书有效期满前1个月内向房地产开发主管部门申请核定资质等级。经资质审查合格的企业，由资质审批部门发给相应等级的资质证书。各资质等级企业应当在规定的业务范围内从事房地产开发经营业务，不得越级承担任务。房地产开发主管部门对房地产企业实行资质年检制度。对于不符合原定资质条件或者有不良经营行为的企业，由原资质审批部门予以降级或者注销资质证书。房地产开发企业无正当理由不参加资质年检的，视为年检不合格，由原资质审批部门注销资质证书。房地产开发主管部门应当将房地产开发企业资质年检结果向社会公布。

(二) 房地产开发用地管理法律制度

根据《城市房地产管理法》和《城市房地产开发经营管理条例》的规定，土地使用权出让合同约定的动工开发期限满1年未动工开发的，可以征收相当于土地使用权出让金20%以下的土地闲置费；满2年未动工开发的，可以无偿收回土地使用权。但是，因不可抗力或者政府、政府有关部门的行为或者动工开发必需的前期工作造成动工延迟的除外。2012年国土资源部下发的《闲置土地处置办法》（国土资源部令第53号）亦指出，未动工开发满1年的，由市、县国土资源主管部门报经本级人民政府批准后，向国有建设用地使用权人下达征缴土地闲置费决定书，按照土地出让或者划拨价款的20%征缴土地闲置费。土地闲置费不得列入生产成本。未动工开发满两年的，由市、县国土资源主管部门按照规定，报经有批准权的人民政府批准后，向国有建设用地使用权人下达收回国有建设用地使用权决定书，无偿收回国有建设用地使用权。闲置土地设有抵押权的，同时抄送相关土地抵押权人。

(三) 房地产开发建设管理法律制度

房地产开发建设一般指房地产开发企业以营利为目的投资开发房地产项目，从立项、规划、土地出让或转让、拆迁、建设到销售等一系列经营行为。房地产开发建设管理法律制度主要有以下方面。

1. 房地产开发必须严格执行城市规划，按照经济效益、社会效益、环境效益相统一的原则，实行全面规划、合理布局、综合开发、配套建设。城市规划行政主管部门对房地产开发项目进行规划管理。对房地产规划管理集中体现在"一书两证"制度上。

"一书"即"建设项目选址意见书"。按照国家规定需要有关部门批准或者核准的建设项目，以划拨方式提供国有土地使用权的，建设单位在报送有关部门批准或者核准前，应当向城乡规划主管部门申请核发选址意见书。

"两证"即"建设用地规划许可证"和"建设工程规划许可证"。在城市规划区内进行房地产开发，房地产开发企业应当依法向县级以上人民政府城市规划行政主管部门申领"建设用地规划许可证"和"建设工程规划许可证"。在办理"一书两证"和其他有关批准文件后，方可申请办理开工手续。

2. 房地产开发项目的工程监理制度。工程监理是房地产开发项目建设施工管理中的一个环节，旨在对工程建设中的技术经济活动进行监督和管理，使之符合有关的法规、政策、技术标准、规范及合同的规定，促使工程进度、质量、造价按计划实现。

3. 项目资本金制度。投资项目资本金，是指在项目总投资中，由投资者认缴的出资额，对项目来说是非债务性资金，项目法人不承担这部分资金的任何利息和债务；投资者可按其出资的比例依法享有所有者权益，也可转让其出资，但不得以任何方式抽回。投资项目资本金可以用货币出资，也可以用实物、工业产权、非专利技术、土地使用权作价出资。以工业产权、非专利技术作价出资的比例不得超过投资项目资本金总额的20%，国家对采用高新技术成果有特别规定的除外。《城市房地产开发经营管理条例》规定，资本金占项目总投资的比例不得低于20%；2004年国务院下发通知调整到35%（经济适用住房除外）。2008年，爆发全球性金融危机后，该比例又调回到20%。

4. 项目手册制度。《城市房地产开发经营管理条例》第十九条规定："房地产开发企业应当将房地产项目建设过程中的主要事项记录在房地产开发项目手册中，并定期送房地产开发主管部门备案。"

5. 质量责任制度。房地产开发企业应当对其开发建设的房地产开发项目的质量承担责任。勘察、设计、施工、监理等单位应当依照有关法律法规的规定或者合同的约定，承担相应的责任。

二、房地产转让法律制度

房地产转让是人们对房地产转让、出租和抵押活动的总称。在我国现行土地制度下，房地产转让是指以房屋等建筑物、构筑物及其占用范围内的土地使用权为对象而进行的一种商品交换活动，包括转让、出租、抵押。

（一）房地产转让管理法律制度

房地产转让是指房地产权利人通过买卖、赠予或者其他合法方式将其房地产转移给他人的行为。

1. 房地产转让方式，包括买卖、赠予及其他合法方式。其他合法方式主要包括：以房地产作价入股、与他人成立企业法人，房地产权属发生变更的；一方提供土地使用权，另一方或者多方提供资金，合资、合作开发经营房地产，使房地产权属发生变更的；因企业被收购、兼并或合并，房地产权属随之转移的；以房地产抵债的；法律法规规定的其他情形。

2. 房地产转让的条件。（1）出让土地使用权的房地产转让条件：按照出让合同约定已经支付全部土地使用权出让金，并取得土地使用权证书；按照出让合同约定进行投资开发，属于房屋建设工程的，完成开发投资总额的25%以上，属于成片开发土地的，形成工业用地或者其他建设用地条件；转让房地产时房屋已经建成的，还应当持有房屋所有权证书。（2）划拨土地使用权的房地产转让条件：应当按照国务院的规定，报有批准权的人民政府审批。有批准权的人民政府准予转让的，应当由受让方办理土地使用权出让手续，并依照国家有关规定缴纳土地使用权出让金。以划拨方式取得土地使用权的，转让房地产报批时，有批准权的人民政府按照国务院规定决定可以不办理土地使用权出让手续的，转让方应当按照国务院规定将转让房地产所获收益中的土地收益上缴国家或者作其他处理。

《城镇国有土地使用权出让和转让暂行条例》（国务院令第55号）第四十五条规定，符合下列条件的，经市、县人民政府土地管理部门和房产管理部门批准，其划拨土地使用权和地上建筑物、其他附着物所有权可以转让、出租、抵押：土地使用者为公司、企业、其他经济组织和个人；领有国有土地使用证；具有地上建筑物、其他附着物合法的产权证明；依照规定签订土地使用权出让合同，向当地市、县人民政府补交土地使用权出让金或者以转让、出租、抵押所获收益抵交土地使用权出让金。

3. 禁止转让的房地产。根据《城市房地产管理法》，禁止转让的房地产包括以下情形：以出让方式取得土地使用权，不符合法定转让条件的；司法机关和行政机关依法裁定、决定查封或者以其他形式限制房地产权利的；依法收回土地使用权的；共有房地产，未经其他共有人书面同意的；权属有争议的；未依法登记领取权属证书的；法律、行政法规禁止转让的其他情形。

4. 房地产转让的程序。根据《城市房地产转让管理规定》，房地产转让的程序为：（1）签约。房地产转让当事人签订书面转让合同。（2）申请登记。合同签订后90日内持房地产权属证书、当事人合法证明、转让合同等文件向房地产所在地的房地产管理部门提出申请，并申报成交价格。（3）审核。房地产管理部门对文件进行审核，在7日内作出是否受理的书面答复，7日内未作受理的视为同意受理。（4）核实评估。房地产管理部门核实成交价格，根据需要对转让的房地产进行现场查勘和评估。（5）交纳税费。转让当事人按照规定缴纳有关税费。（6）登记发证。房地产管理部门办理房地产权属登记手续，核发房地产权属证书。

5. 房地产转让合同。合同中包括以下内容：双方当事人的姓名或名称、住所；房地产权属证书名称和编号；房地产坐落位置、面积、四至界限；土地宗地号、土地使用权取得方式及年限；房地产的用途或使用性质；成交价格及支付方式；房地产交付使用的时间；违约责任；双方约定的其他事项。

（二）商品房预售和现售

商品房指由房地产开发公司综合开发，建成后出售的住宅、商业用房及其他建筑物。按照销售商品房是否竣工验收，商品房销售分为商品房预售、商品房现售。

1. 商品房预售。商品房预售是指房地产开发经营企业将正在建设中的房屋预先出售给承购人，由承购人支付定金并分期支付房价款的行为。（1）商品房预售的条件：已交付全部土地使用权出让金，取得土地使用权证书；持有建设工程规划许可证和施工许可证；按提供预售的商品房计算，投入开发建设的资金达到工程建设总投资的25%以上，并已经确定施工进度和竣工交付日期；商品房预售实行许可制度，开发企业进行商品房预售，应当向房地产管理部门申请预售许可，取得商品房预售许可证。房地产开发企业进行商品房预售，应当向承购人出示商品房预售许可证［《城市商品房预售管理办法》（建设部令第95号）］。（2）商品房预售的管理：商品房预售实行许可制度。开发企业进行商品房预售，应当向房地产管理部门申请预售许可，取得商品房预售许可证。未取得商品房预售许可证的，不得进行商品房预售。（3）商品房预售合同登记备案制度：商品房预售，开发企业应当与承购人签订商品房预售合同。开发企业应当自签约之日起30日内，向房地产管理部门和市、县人民政府土地管理部门办理商品房预售合同登记备案手续。（4）商品房预售所得款项的专款专用制度。开发企业预售商品房所得款项应当用于有关的工程建设。商品房预售款监管的具体办法，由房地产管理部门制定［《关于规范商品房预售资金监管的意见》（建房〔2022〕16号）］。

2. 商品房现售。商品房现售是指房地产开发企业将竣工验收合格的商品房出售给买受人,并由买受人支付房价款的行为。商品房现售的条件:现售商品房的房地产开发企业应当具有企业法人营业执照和房地产开发企业资质证书;取得土地使用权证书或者使用土地的批准文件;持有建设工程规划许可证和施工许可证;通过竣工验收;拆迁安置已经落实;供水、供电、供热、燃气、通信等配套基础设施具备交付使用条件,其他配套基础设施和公共设施具备交付使用条件或者已确定施工进度和交付日期;物业管理方案已经落实。

3. 房屋销售中禁止的行为。房地产开发企业不得在解除商品房买卖合同前,将作为合同标的物的商品房再行销售给他人;房地产开发企业不得采取返本销售或者变相返本销售的方式销售商品房;房地产开发企业不得采取售后包租或者变相售后包租的方式销售未竣工商品房;商品住宅按套销售,不得分割拆零销售。

三、房屋租赁管理法律制度

房屋租赁是指房屋所有权人作为出租人将其房屋出租给承租人使用,由承租人向出租人支付租金的行为。

(一)房屋租赁的条件

《商品房屋租赁管理办法》(2010年颁布)规定,有下列情形之一的不得出租:属于违法建筑的;不符合安全、防灾等工程建设强制性标准的;违反规定改变房屋使用性质的;法律、法规规定禁止出租的其他情形。出租住房的,应当以原设计的房间为最小出租单位,人均租住建筑面积不得低于当地人民政府规定的最低标准。厨房、卫生间、阳台和地下储藏室不得出租供人员居住。

(二)房屋租赁合同的订立

房屋租赁合同是房屋出租人和承租人在租赁房屋时签订的,用以明确租赁双方当事人权利和义务的协议。租赁合同的必备条款包括:房屋租赁当事人的姓名(名称)和住所;房屋的坐落、面积、结构、附属设施,家具和家电等室内设施状况;租金和押金数额、支付方式;租赁用途和房屋使用要求;房屋和室内设施的安全性能;租赁期限;房屋维修责任;物业服务、水、电、燃气等相关费用的缴纳;争议解决办法和违约责任;其他约定,并向房产管理部门登记备案。

1. 出租人的权利义务:出租人有权按照租赁合同的约定向承租人收取房租;有权对承租人使用房屋的情况进行监督;租赁期限届满,出租人有权收回房屋;交付房屋;修缮房屋;解除合同权。

2. 承租人的权利义务:在合同约定的期限内有权占有、使用房屋;在租赁期限内,出租人转让出租房屋的,承租人有优先购买权;承租人代出租人修缮房屋的,有权请求出租人支付费用;合理使用房屋,不得擅自拆改、扩建或添加;按期缴纳租金,如有违约行为,应支付违约金;租赁合同期限届满,及时返还承租的房屋;承租人在租赁期间,征得出租人同意,可以将承租的房屋部分或全部转租给他人;承租人可以从转租中获得收益。

(三) 房屋租赁合同的变更、解除与终止

根据《租赁管理办法》和《合同法》，房屋租赁当事人可以解除房屋租赁合同。房屋租赁合同登记备案是指租赁合同的双方当事人签订、变更、终止租赁合同，应向房屋所在地市、县人民政府房地产管理部门登记备案。

(四) 房地产租赁其他规定

所有权变动不破租赁和承租人的优先购买权。

1. 所有权变动不破租赁。《民法典》第七百二十五条规定："租赁物在承租人按照租赁合同占有期限内发生所有权变动的，不影响租赁合同的效力。"所有权变动不破租赁，即通常所称的"买卖不破租赁"。"买卖不破租赁"是指出租人在租赁合同有效期内将租赁物所有权转让给第三人时，租赁合同对新所有权人仍然有效。"买卖不破赁"并不仅限于出租人出售房屋，还包括房屋赠予、继承、互换等导致房屋所有权变动的情形。需要注意的是，根据《最高人民法院关于审理城镇房屋租赁合同纠纷案件具体应用法律若干问题的解释》，所有权变动不破租赁有三种情形除外：一是当事人对所有权变动是否继续履行租赁合同另有约定的；二是房屋在出租前已设立抵押权，因抵押权人实现抵押权发生所有权变动的；三是房屋在出租前已被人民法院依法查封的。

2. 承租人的优先购买权。承租人的优先购买权，是指出租人出卖租赁房屋时，承租人享有以同等条件优先购买所承租房屋的权利。《民法典》第七百二十六条规定："出租人出卖租赁房屋的，应当在出卖之前的合理期限内通知承租人，承租人享有以同等条件优先购买的权利；但是，房屋按份共有人行使优先购买权或者出租人将房屋出卖给近亲属的除外。出租人履行通知义务后，承租人在十五日内未明确表示购买的，视为承租人放弃优先购买权。"

四、房屋权属登记管理法律制度

房地产登记是指法律规定的房地产管理机构对房地产的权属状况进行的持续登记。房屋登记由房屋所在地的房屋登记机构办理。房屋登记机构，是指直辖市、市、县人民政府建设（房地产）主管部门或者其设置的负责房屋登记工作的机构。房屋登记机构应当建立本行政区域内统一的房屋登记簿。房屋登记簿是房屋权利归属和内容的根据，由房屋登记机构管理。2008年《房屋登记办法》（建设部令第168号）发布，2014年《不动产登记暂行条例》（国务院令第656号）出台，并分别于2019年、2024年进行了修订。

(一) 房屋登记的基本单元

根据《房屋登记办法》，房屋应当按照基本单元进行登记。房屋基本单元是指有固定界限、可以独立使用并且有明确、唯一的编号（幢号、室号等）的房屋或者特定空

间。国有土地范围内的成套住房，以套为基本单元进行登记；非成套住房，以房屋的幢、层、间等有固定界限的部分为基本单元进行登记。集体土地范围内的村民住房，以宅基地上独立建筑为基本单元进行登记；在共有宅基地上建造的村民住房，以套、间等有固定界限的部分为基本单元进行登记。非住房，以房屋的幢、层、套、间等有固定界限的部分为基本单元进行登记。

（二）房屋登记的一般程序

办理房屋登记，一般依照申请、受理、审核、记载、发证的程序进行。

1. 申请。（1）申请房屋登记，应当由有关当事人双方共同申请，但另有规定的除外。共有房屋，应当由共有人共同申请登记，其中，共有房屋所有权变更登记，可以由相关的共有人申请，但因共有性质或者共有人份额变更申请房屋登记的，应当由共有人共同申请。未成年人的房屋，应当由其监护人代为申请登记；监护人代为申请未成年人房屋登记的，应当提交证明监护人身份的材料，因处分未成年人房屋申请登记的，还应当提供为未成年人利益的书面保证。（2）申请房屋登记，申请人应当向房屋所在地的房屋登记机构提出申请，并提交申请登记材料。申请登记材料应当提供原件，不能提供原件的，应当提交经有关机关确认与原件一致的复印件。申请人应当对申请登记材料的真实性、合法性、有效性负责，不得隐瞒真实情况或者提供虚假材料申请房屋登记。当事人提供虚假材料申请登记，给他人造成损害的，应当承担赔偿责任。房屋登记机构认为必要时，可以就登记事项进行公告。（3）房屋登记机构将申请登记事项记载于房屋登记簿之前，申请人可以撤回登记申请。

2. 受理。（1）申请人提交的申请登记材料齐全且符合法定形式的，应当予以受理，并出具书面凭证。申请人提交的申请登记材料不齐全或者不符合法定形式的，应当不予受理，并告知申请人需要补正的内容。受理申请应当即时出具收件的书面凭证。（2）不予受理。有些地方采用不予受理告知书，告知书上载明不予受理的原因、申请人需要补正的内容、起诉或申请复议的机关及期限等。

3. 审核。（1）房屋登记机构应当查验申请登记材料，并根据不同登记申请就申请登记事项是否是申请人的真实意思表示、申请登记房屋是否为共有房屋、房屋登记簿记载的权利人是否同意更正，以及申请登记材料中需进一步明确的其他有关事项询问申请人。询问结果应当经申请人签字确认，并归档保留。（2）当审核房屋所有权初始登记、在建工程抵押权登记、因房屋灭失导致的房屋所有权注销登记、登记机构认为有必要实地查看的房屋登记，以及法律、法规规定的其他房屋登记时，房屋登记机构应当实地查看。

4. 注册登记。注册登记包括所有权初始登记、房屋所有权转移登记、房屋所有权变更登记、房屋所有权注销登记、抵押登记。（1）予以登记。登记申请符合条件的，房屋登记机构应当予以登记，将申请登记事项记载于房屋登记簿。（2）不予登记。对不符合条件的，房屋登记机构应当不予登记。

5. 发证。房屋登记机构应当根据房屋登记簿的记载，缮写并向权利人发放房屋权属证书。房屋权属证书是权利人享有房屋权利的证明，包括房屋所有权证、房屋他项权证等。申请登记房屋为共有房屋的，房屋登记机构应当在房屋所有权证上注明"共有"字样。

本 章 小 结

本章介绍了我国目前不动产评估的三大主要评估规范——《房地产估价基本术语标准》、《房地产估价规范》和《资产评估执业准则——不动产》及其内容和特点。不动产评估规范是为规范不动产评估行为，保护资产评估当事人合法权益和公共利益，制定的规范不动产评估活动的技术性要求。

本章介绍了土地所有权制度，包括我国土地所有权的划分、国有土地所有权和集体土地所有权所包含的范围；介绍了土地利用规划制度，包括土地规划的编制、审批，建设用地的使用要求，对地方政府关于土地利用计划管理的要求；介绍了土地登记制度，包括土地登记的类型和程序；介绍了房屋权属登记管理法律制度，包括房屋权属登记的基本单元和程序；介绍了房地产建设用地制度，包括国有土地所有权取得方式、出让期限，出让人和受让人的权利和义务，集体土地使用权的出让方式和权利行使；介绍了房地产开发用地制度，包括开发土地闲置和动工开发的规定；介绍了房地产开发管理制度，包括房地产开发企业管理制度和开发建设管理制度；介绍了房屋租赁管理法律制度，包括房屋租赁的条件、合同，当事人的权利和义务等法律制度。

思 考 题

1. 我国不动产评估的三大主要评估规范是什么？其主要特点是什么？
2. 不动产管理的相关法律主要有哪些？
3. 我国土地所有制形式有哪些？国有土地包括哪些具体内容？
4. 我国土地权属登记制度的主要内容有哪些？
5. 我国房地产权属登记制度的主要内容有哪些？
6. 我国国有建设用地取得方式有哪些？

第二部分

基本类型对象不动产价值评估

第四章 建筑物价值评估

本章学习目的
1. 了解建筑物的概念、分类和基本结构特点。
2. 掌握建筑物计价的基本方法、流程和成本构成。
3. 熟悉影响建筑物价值的主要因素。
4. 了解建筑物评估的流程。
5. 掌握建筑物评估的基本思路以及成本法的建筑物价值评估。

第一节 建筑物评估基础

一、建筑物的概念和分类

（一）建筑物的概念

广义的建筑物，是指通过人类劳动形成的基本建设工程，按照其用途可以分为狭义的建筑物和构筑物（见表4－1）。

表4－1 广义的建筑物分类

	按照用途划分	举例
广义的建筑物	狭义的建筑物（建筑工程）	教学楼、宿舍楼、办公楼等
	构筑物（其他建筑工程）	桥梁、矿山、铁路、水利等工程

狭义的建筑物（建筑工程），是指直接供生活、学习、工作、居住，以及从事生产和文化活动的房屋的建设工程，包括房屋内水、电、暖、综合布线以及为人们生活提供方便的设施。

构筑物（其他建筑工程），是指不能直接供生活、学习、工作、居住，以及从事生产和文化活动的建设工程等。构筑物包括桥梁（按功能有：铁路桥、公路桥、其他桥；按桥梁长度有：小桥、中桥、大桥、特大桥；按外形和结构有：梁式桥、拱桥、钢架桥、斜拉桥；按材料有：石桥、木桥、钢桥、钢筋混凝土桥等）、隧道、公路（碎石路面、矿渣路面、沥青路面、水泥混凝土路面等）、铁路、矿山、水利等工程，有时也将其称为其他建筑工程。

（二）建筑物（狭义）的分类

按照建筑工程的用途，可以像第一章第一节那样分为十类，但这十类又可以归为三类：民用建筑、工业建筑、农业建筑。民用建筑是指供人们工作、学习、生活、居住等的建筑。常见的民用建筑有居住建筑（例如教工宿舍楼、学生公寓、北京四合院等）、公共建筑（例如奥运主场馆之鸟巢工程、国家大剧院、天安门城楼、学校教学楼等）。它的分类方法如下。

1. 按照建筑物的规模和数量分。

（1）大量性建筑，指单体建筑规模不大，但数量较多，分布面广的建筑，如农村住宅、上海外滩建筑、服装市场等。

（2）大型建筑，指建筑规模大、耗资多、影响大的建筑，如北京奥运场馆、北京国家游泳馆、北京中央电视台新大楼、人民大会堂、上海的金茂大厦、深圳的帝王大厦、济南的银座商城等。

2. 按照建筑物的层数和高度分。（1）低层建筑：1—3 层；（2）多层建筑：4—6 层；（3）中高层建筑：7—9 层；（4）高层建筑：10 层以上或高度超过 24 米的建筑物；（5）超高层建筑：檐高在 100 米以上的建筑物。

3. 按建筑物主要承重材料划分。建筑物和构筑物都由各种材料组成，建筑材料种类繁多，不同材料有不同的特性，被用于建筑物的不同部位。随着科技的进步，新的建筑材料不断涌现。在确定建筑物的价值时，必须了解建筑物所用的材料，尤其是主要材料。常用的建筑材料有钢材、木材和水泥，除此之外还有砖及建筑砌块、防水材料、保温材料等，以及建筑物功能材料和美观装饰材料。在按照材料划分建筑物的种类时，一般根据建筑物的主要承重材料将建筑物分为以下几类。

（1）木结构，即木板墙、木柱、木楼板、木屋顶的建筑，如傣族竹楼、故宫的宫殿、古代的亭子等。

（2）石结构，如山东邹城峄山的混石殿。

（3）砖木结构。建筑物的主要承重构件用砖木做成，其中竖向承重（荷载）构件的墙体、柱子采用砖砌，水平承重构件的楼板、屋架采用木材，如山东平原地区的民居。

（4）石木结构。建筑物的主要承重构件用石木做成，其中竖向承重（荷载）构件的墙体、柱子采用石砌，水平承重构件的楼板、屋架采用木材，如山东山区的一些民居。

（5）砖混结构。建筑物的竖向承重构件的墙体、柱子采用砖砌，水平承重构件采用混凝土。

（6）钢筋混凝土结构。主要承重构件，如梁板柱采用钢筋混凝土结构，而非承重墙用砖砌或其他轻质材料做成。

（7）钢结构。主要承重构件均采用钢材构成，是现在比较流行的建筑结构，如山东会展中心、上海科技馆等。

随着科技的进步，新材料、新工艺不断涌现，建筑材料的使用也在变化，很多建筑物是多种材料的结合。

4. 按建筑物承重结构的形式划分。

（1）墙承重结构。用墙体支承楼板及屋顶传来的荷载，如砖混结构、钢筋混凝土剪力墙结构等。低层、多层的住宅多采用砖混结构，高层住宅多采用剪力墙结构。

（2）骨架承重结构。用柱、梁、板组成的骨架承重，墙体只起围护作用，如钢或钢筋混凝土排架结构、钢筋混凝土框架结构等。

（3）内骨架承重结构。内部采用柱、梁、板承重，外部采用砖墙承重。

（4）空间结构。采用空间网架、悬锁及各种类型的壳体承受荷载。多为钢结构，由于其跨度大，无中间柱，多用于大型体育场馆等建筑。

5. 按建筑物施工方法划分。

（1）现浇、现砌式。房屋的承重构件均在现场砌筑和浇筑完成。

（2）部分现砌、部分装配式。房屋的墙体采用现场砌筑，而楼板、楼梯、屋面均在加工厂制成预制构件。这是一种既有现砌，又有预制的施工方法。

（3）部分现浇、部分装配式。房屋的内墙采用现场砌筑钢筋混凝土墙板，而外墙、楼板、屋面均在加工厂制成预制构件。这是一种既有现浇，又有预制的施工方法。

（4）全装配式。房屋的承重构件。如墙体、楼板、楼梯、屋面板等均为预制构件，在施工现场吊装、焊接、处理节点。

二、建设工程项目的组成

一般地，建设项目可细分为单项工程、单位工程、分部（子分部）工程和分项工程（见图 4-1）。

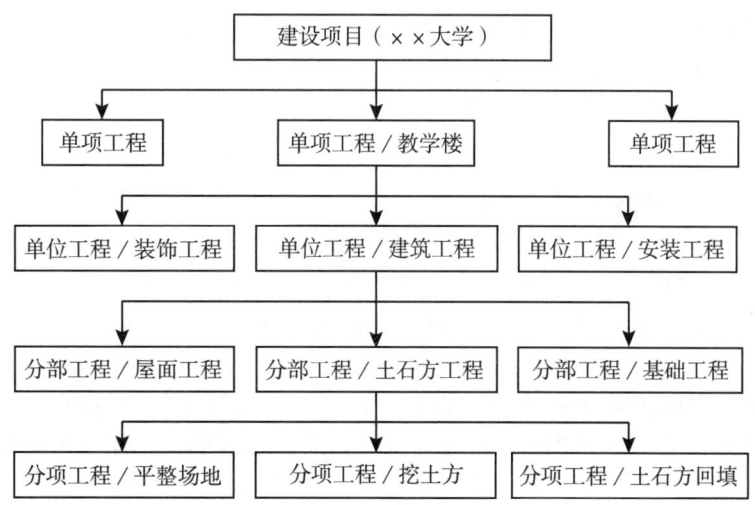

图 4-1 建设项目分解示意图

1. 单项工程。单项工程是建设项目中，具有独立的设计文件，竣工后可以独立发挥生产能力或效益的一组配套齐全的工程项目。单项工程是建设项目的组成部分，一个建设项目有时仅包括一个单项工程，也可以包括许多单项工程。例如，大学校区建设作为一个建设项目，包括学生宿舍、教工食堂、教学楼等多个单项工程。

2. 单位工程。单位工程是单项工程的组成部分，是指具有独立的设计和施工条件，能够形成独立使用功能的建筑物及构筑物。例如，教学楼可以分为建筑工程、装饰装修工程、安装工程等。一般情况下，单位工程可以单独进行工程成本的核算。

3. 分部工程。分部工程是单位工程的组成部分。分部工程的划分应该按照专业性质、建筑部位确定。例如，建筑工程一般可以分为土石方工程、桩与地基基础工程、砌筑工程、混凝土及钢筋混凝土工程、大门工程、金属结构工程、屋面及防水工程、防腐隔热保温工程等。装饰装修工程可以分为楼地面工程、墙柱面工程、天棚工程、门窗工程、油漆涂料裱糊工程及其他工程。

4. 分项工程。分项工程是分部工程的组成部分，也是形成建筑产品基本构件的施工过程。分项工程的划分应按主要工程、材料、施工工艺、建筑物类别等确定。例如，土方工程可以分为挖土、填土、运土等分项工程。

三、建筑物的基本构造和结构形式

从房屋建筑来看，建筑物一般由基础、墙（柱）、楼地面、楼梯、门窗和屋顶等六大部分组成。各个组成部分，在建筑中所处位置不同，所起的作用也不一样，各自发挥自己的功能，共同构成有机的整体。建筑形式的多样性，决定了各个组成部分在不同类型的房屋中表现形式的灵活性。一座建筑物除了基本组成构件之外，还有各种不同的构件和配件，也都有各自的功能。这些次要组成部分主要有阳台、雨篷、台阶、坡道、散水、勒脚、踢脚、烟筒、垃圾井等。

按照建筑物的承重结构，建筑物可以分为多种形式，常见的有砖混结构、排架结构、框架结构、剪力墙结构、空间结构等，下面分别进行介绍。

（一）砖混结构

现以多层砖混结构建筑物为例。

1. 砖混结构建筑物的组成部分。砖混结构房屋主要由以下部分组成。

（1）屋盖（屋顶）。砖混结构的屋盖是安装在墙体上的。屋盖起两种作用：一是承受屋顶上的荷载，如雪荷载。二是起围护作用，防雨防雪、保温隔热。通常在钢筋混凝土屋面板上做加气混凝土块保温层和油毡防水层。

（2）砖墙。砖墙按所处位置分为内墙、外墙。外墙与室外接触，受风雨侵蚀，起围护作用。内墙起房间分隔作用。砖墙又可分为承重墙和非承重墙。承重墙支撑楼板传递的荷载。

（3）钢筋混凝土楼盖板。楼盖板把家具、人体重量等楼层荷载传给墙体。

（4）楼梯。楼梯是楼层间的重要通道。

(5) 砖基础。砖混结构的基础多为条形砖基础,承担由墙体传递下来的荷载,并把荷载传给地基。

(6) 门窗及其他。组成住宅楼的还有门、窗、阳台、雨篷、台阶、散水等。

2. 砖混建筑物的结构特征。砖混结构是由屋盖、墙体、楼板、过梁、砖基础构成的结构体系。其主要荷载传递顺序是:积雪等荷载由屋盖承担,楼内的家具、建筑物、人员的荷载由楼板承担,然后由屋盖、楼板传到承重墙,再由承重墙传到基础,最后建筑物的自身荷载和其上部的荷载全部由地基承担。

在以墙体承重的砖混结构建筑物中,承重墙砌筑质量的好坏、砌体强度的大小直接关系到砖混结构的质量和寿命。基础不均匀下沉,承重墙体出现裂缝,将意味着砖混结构的整体破坏。

在砖混结构的建筑物中,根据构件受力特点,承重墙布置要均匀,墙体要求有一定的厚度,窗间墙要有一定宽度,这会导致建筑物的自重太大,所以砖混结构建筑物的建筑层数不多(一般仅有五六层)。砖混结构建筑物的墙体基本是承重墙,使得建筑物平面布置单一,房间的使用面积较小。

(二) 排架结构

单层工业厂房、仓库、大型的体育馆、影剧院、展览馆、候车厅等,往往要求有一个完整的大空间来满足功能的需要,常采用柱和屋架构成的排架结构作为承重骨架,这类建筑物称为排架结构建筑物。现以单层工业厂房为例进行说明。

1. 单层工业厂房的构成(见图 4-2)。

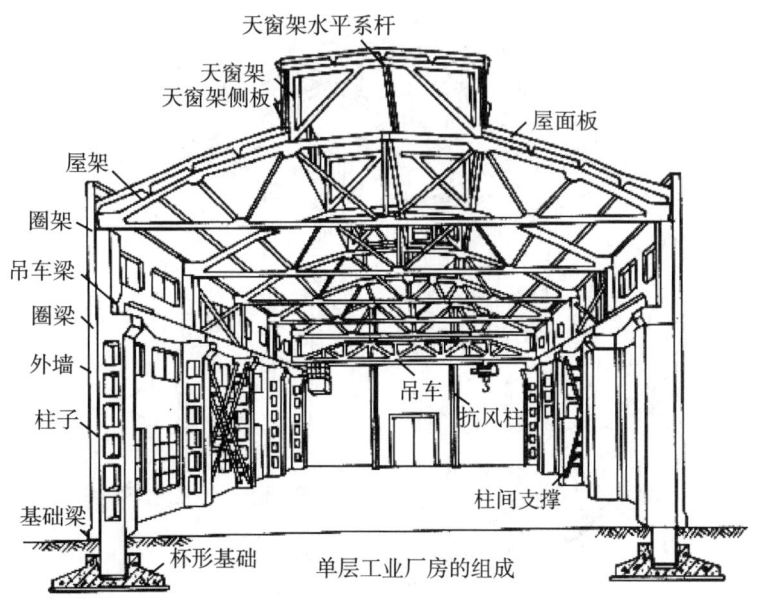

图 4-2 单层工业厂房结构

(1) 屋盖结构。屋盖主要起围护和承重双重作用,包括屋面板、天窗架、屋架等。

屋面板安装在天窗架和屋架上,天窗架安装在屋架上,屋架安装在柱顶上。屋面板是厂房的上部承重及围护结构,承受屋面雪荷载,并通过屋架、柱向下传递。屋面还起防风、防雨、保温作用。天窗的作用是改善厂房的通风与采光。

(2) 吊车梁。吊车梁位于吊车行走轨道下部,十几吨、几十吨的吊车重量加在吊车梁上。梁的两端安装在柱上的牛腿上,通过柱子,把吊车荷载传到基础上。

(3) 柱子。柱子用于支撑屋架和吊车梁,是厂房的主要承重构件。

(4) 基础。基础由杯形基础和基础梁组成。杯形基础用以支撑柱子和基础梁,并把荷载传给地基。基础梁两端安在杯形基础上,并把梁上部托着的外墙重量传给杯形基础。

(5) 支撑。支撑包括屋架支撑、天窗架支撑、柱间支撑。它的作用是加强厂房结构的空间刚度,增强厂房整体稳定性。

(6) 围护结构。围护主要指外墙,还有与外墙连在一起的抗风柱及外墙的圈梁。

2. 单层工业厂房的结构特征。单层工业厂房的主要特征是:以屋面板、天窗架、屋架、吊车梁、柱、杯形基础形成的单排架承重结构,柱子承重是核心。排架的强度与稳定是决定厂房寿命的重要因素。而其外墙墙体,仅起围护作用。

(三) 框架结构

框架结构是以柱梁板组成的空间结构体系作为骨架的建筑物。

1. 框架结构办公楼的构成(见图4-3)。

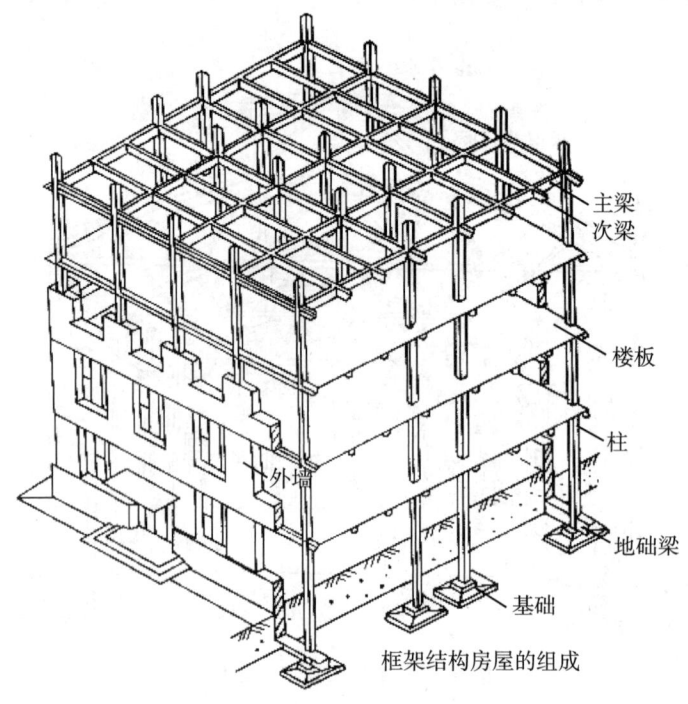

图4-3 框架结构房屋的组成

(1) 屋盖与楼板。屋盖在建筑物顶部，既起承受屋面荷载作用，又起防雨雪、保温的围护作用。楼板承担着楼层荷载，并向下传递。

(2) 框架梁。框架结构的梁分主梁、次梁，承担楼板、屋面板传来的荷载。

(3) 框架柱。梁和柱是紧密连接在一起的，梁上荷载由柱传到基础。

(4) 柱基础。框架结构柱基础多为钢筋混凝土独立基础。

(5) 框架墙。框架结构的外墙及内墙是用普通砖或轻质地砖在柱间砌筑的墙体。这些墙只起围护作用，砖墙的重量通过梁、板传给柱。

2. 框架结构的特点。在框架结构下，钢筋混凝土主梁、次梁和柱形成的框架是建筑物的骨架，屋盖、楼板上的荷载通过梁、柱传到基础。

与砖混结构相比，框架结构具有强度大、能承受较大的荷载、抗震能力强等优点，而且框架结构的墙体不承担重量，越轻越好，便于减轻建筑物结构的自重，有利于向高层发展。

在以柱、梁、板为承重骨架的框架结构的房屋中，墙体全部为非承重墙，只起分隔和围护作用，因此，可以形成较大的空间和比较灵活的平面布置，不受楼板跨度的限制。因此，这种结构适宜于建造办公楼、商店和轻工业厂房。

（四）钢筋混凝土剪力墙结构

1. 剪力墙房屋的组成。高层剪力墙房屋的组成从表面看与砖混结构基本相同，最根本的区别在于承重墙体不是砖砌体，而是现浇或预制钢筋混凝土墙体。该墙体不仅具有很高的抗压能力，还具有很高的抗剪能力，可抵抗风荷载和地震产生的水平荷载，因此，适合于高层建筑。剪力墙房屋主要组成如图 4-4 所示。

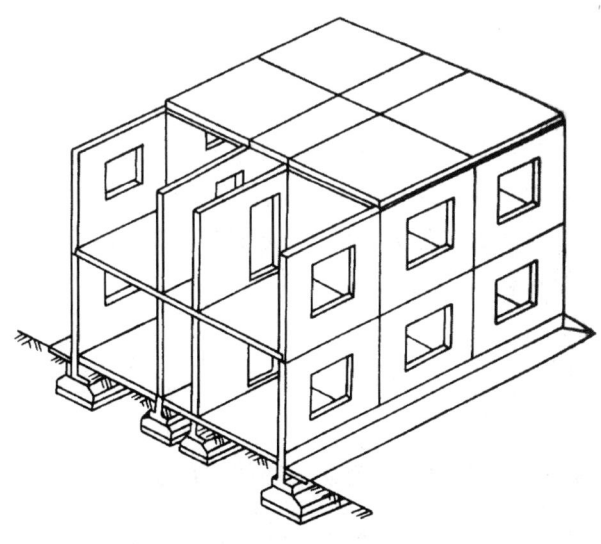

图 4-4 剪力墙房屋的组成

(1) 屋盖和楼板。屋盖和楼板安装在钢筋混凝土墙体上。

(2) 钢筋混凝土承重墙。承重墙传递垂直荷载到基础，抵抗水平荷载。

（3）基础。高层钢筋混凝土剪力墙结构的特点是层高、自重大，故基础多为钢筋混凝土筏式基础或箱形基础。这类基础刚度大，下沉均匀。

（4）楼梯、阳台、雨篷及台阶、散水等。

有的钢筋混凝土剪力墙结构房屋还有地下室。

2. 剪力墙房屋结构特征。高层剪力墙房屋，楼板墙体均匀现浇或预制钢筋混凝土结构，具有良好的整体性，抗震能力比砖混结构和框架结构强。

该结构由于墙间距较小，房间布置不够灵活，不便于设置大开间的活动场所，多被用于高层住宅和高层公寓。

（五）钢筋混凝土框架剪力墙结构

钢筋混凝土框架剪力墙房屋是在框架结构中设置部分剪力墙，使框架和剪力墙结构结合起来，共同抵抗水平荷载的空间结构。既大大提高了框架结构的强度和承载力，又克服了纯剪力墙结构在布局上的局限性。目前，这种结构在中国得到了广泛的应用。

（六）钢结构

钢结构是由钢质材料组成的结构，是主要的建筑结构类型之一，主要由型钢和钢板等制成的钢梁、钢柱、钢桁架等构件组成。各构件或部件之间通常采用焊缝、螺栓或铆钉连接。因其自重较轻，且施工简单，广泛应用于大型厂房、高层建筑、桥梁等领域。钢结构容易锈蚀，一般钢结构要除锈、镀锌或涂料，且要定期维护。近年来，基于环保考虑，在当地政府推动下，大型城市中钢结构的使用率提高很多。如在上海，不少新建的办公楼采用了钢结构。

（七）空间结构

空间结构的特点是结构受力不再受平面约束，而是综合考虑三维空间受力状态，其刚性大，整体性强，稳定性好，具有良好的抗震性能，能够利用较轻型杆件建造大跨度结构，特别适合用于大跨度的文艺演出和体育场馆等建筑。大跨度空间结构包括薄壳结构、网架结构、悬索结构等。

四、建筑物计价

（一）建筑物计价的基本原理——建筑工程的项目分解与组合

工程计价是对投资项目造价（或价格）的计算，也称为工程估价。工程项目的技术经济特点，如单件性、体积大、生产周期长、价值高以及交易在先、生产在后等，使得工程项目造价形成过程与机制和其他商品不同。

工程项目是单一性与多样性组成的集合体。每一个工程项目的建设都需要按业主的特定需要单独设计、单独施工，不能批量生产和按整个工程项目确定价格，只能以特殊的计价程序和计价方法，将整个项目进行分解，划分为可以按定额等技术经济参数测算价格的基本单元子项或分部、分项工程。这是既能够用较为简单的施工过程生产出来，又可以用适当的计量单位计算并便于测定或计算的工程的基本构造要素，也可称为假定的建筑安装产品。工程计价的主要特点就是按工程分解结构进行，将这个工程分解至基本项就很容易计算出基本子项的费用。一般来说，分解结构层次越多，基本子项也越细，计算也更精确。

前面已经介绍，任何一个建设项目都可以分解为一个或几个单项工程。单项工程是具有独立意义的、能够发挥功能要求的完整的建筑安装产品。任何一个单项工程都是由一个或几个单位工程所组成，作为单位工程的各类建筑工程和安装工程仍然是一个比较复杂的综合实体，还需要进一步分解。就建筑工程来说，包括的单位工程有一般土建工程、给排水工程、暖卫工程、电气照明工程、室外环境、道路工程以及单独承包的建筑装饰工程等。若是细分，单位工程又是由许多结构构件、部件、成品与半成品等组成。以单位工程中的一般土建工程来说，通常是指房屋建筑的结构工程和装修工程，其结构组成部分可以按照施工顺序细分为土石方工程、砖石工程、混凝土及钢筋混凝土工程、木结构工程、楼地面工程等分部工程。

上述房屋建筑的一般土建工程分解成分部工程后，虽然每一部分都包括不同的结构和装修内容，但是从建筑工程估价的角度来看，还需要把分部工程按照不同的施工方法、不同的构造及不同的规格，进行更为细致的分解，划分为更为简单细小的部分。逐步分解到分项工程后，就可以得到基本构造要素，所以说，分项工程是工程计价时对工程项目进行分解的最终结果。找到了适当的计量单位，就可以采取一定的估价方法，进行计算。

综上所述，工程计价的顺序是：先将工程项目逐步细分为多个单项工程，将单项工程再分为多个单位工程，将单位工程再分解为分部分项工程；分解完毕后，首先计算分部分项工程造价，然后按照分部分项工程单价—单位工程造价—单项工程造价—建设项目总造价的顺序，进行分部组合汇总，计算出工程的全部造价。

工程造价的计算从分解到组合的特征和建设项目的组合性有关。一个建设项目是一个工程综合体。这个综合体可以分解为许多有内在联系的独立和不能独立的工程，建设项目的工程计价过程就是一个逐步组合的过程。

（二）工程造价计价的基本思路

工程计价的形式和方法有多种，各不相同，但工程计价的基本过程和原理是相同的。如果仅从工程费用计算角度分析，影响工程造价的主要因素是两个，即基本构造要素的单位价格和基本构造要素的实物工程数量，可用下列算式表达：

$$工程造价 = \sum_{i=1}^{n}(工程实物量 \times 单位价格)_i$$

式中：i——第 i 个基本子项；

n——工程结构分解得到的基本子项数目。

基本子项的单位价格越高，工程造价就越高；基本子项的实物工程数量越多，工程造价就越高。

在进行工程计价时，实物工程量计量单位是由单位价格的计算单位决定的。如果单位价格计量单位的对象取得较大，得到的工程估算就较粗略，反之则工程估算较准确。基本子项的工程实物量可以通过工程量计算规则和设计图纸计算而得，它可以直接反映工程项目的规模和内容。

对基本子项的单位价格分析，可以有两种形式。

1. 直接费单价。如果分部分项工程单位价格仅仅考虑人工、材料、机械资源要素的消耗量和价格形成，即单位价格 = $\sum$（分部分项工程的资源要素消耗量 × 资源要素的价格），则该单位价格是直接费单价。资源要素消耗量的数据经过长期的收集、整理和积累形成了工程建设定额，它是工程计价的重要依据，与劳动生产率、社会生产力水平、技术和管理水平密切相关。业主方工程计价的定额反映的是社会平均生产力水平，而工程项目承包方进行计价的定额反映的是该企业技术管理水平的企业定额。资源要素的价格是影响工程造价的关键因素。直接费单价不是一种完全价格形式，而是一种计划价格形式，和计划经济相适应。

2. 综合单价。综合单价是指分部分项工程量的单价，既包括直接费、现场经费、其他直接费、间接费、利润或税金，也包括合同约定的所有工料价格变化风险等一切费用，它是一种完全价格形式，也是一种市场价格形式，和市场经济相适应。在市场经济体制下，工程计价时采用的资源要素的价格应该是市场价格，因此，综合单价是适应市场发展需要的价格形式。

不同的单价形式形成不同的计价方式。计价方式就是指以什么单价为出发点计算确定工程的总造价。以直接费为出发点计算工程总造价的方法为定额计价方法，以综合单价为出发点计算工程造价的方法为工程量清单计价方法。

目前我国建设工程造价实行"双轨制"计价管理办法，即定额计价方法和工程量清单计价方法并行。

（三） 定额计价法

直接费单价只包括人工费、材料费和机械台班使用费，它是分部分项工程的不完全价格。以直接费单位为出发点逐步计算工程总造价的方法，就是定额计价方法。

定额计价实际上是以假定的建筑安装产品为对象，制定统一的估算指标、概算指标、概算和预算定额，来对建筑产品价格进行有计划的管理。我国现行的定额计价有两种计价方式。

一种是实物估价法。它首先计算工程量，然后套基础定额，计算人工、材料和机械台班消耗量，将所有分部分项工程资源消耗量进行归类汇总，再根据当时、当地的人工、材料、机械单价，计算并汇总人工费、材料费、机械使用费，得出分部分项工程直接费。在此基础上，计算其他直接费、现场经费、间接费、利润和税金，将直接费与上述费用相加，即可得出单位工程造价（价格）。

另一种是单位估价法。它是运用定额单价计算的，具体过程就是按定额规定的分部分项子目，逐项计算工程量，然后查定额单价（基价），与相对应的分项工程量相乘，得出各分项工程的人工费、材料费、机械费，再将各分项工程的上述费用相加，得出分部分项工程的直接费。在此基础上，按规定的取费标准确定其他直接费、现场经费、间接费、计划利润和税金，加上材料调差系数和适当的不可预见费，经汇总后形成整个工程的价格，即为工程造价。定额方式下工程计价的基本程序如图4-5所示。

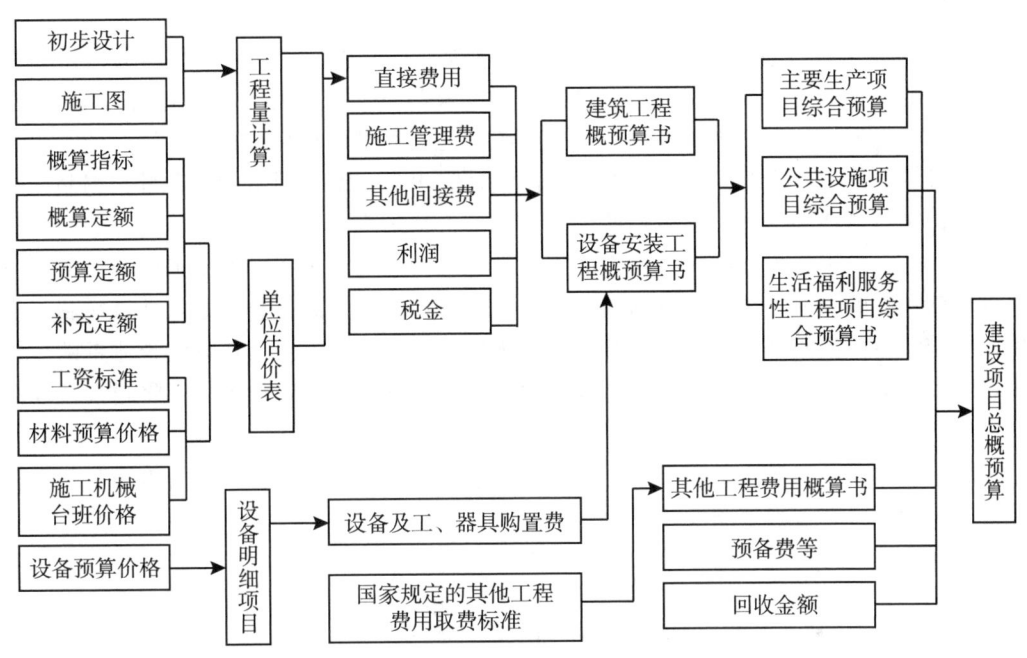

图4-5 工程造价定额计价——单价法计价程序

从图4-5中可以看出，编制建设工程造价最基本的过程有两个：工程量计算和工程计价。为统一口径，工程量均按照统一的项目划分和工程量计算规则计算。工程量确定以后，就可以按照一定的方法确定出工程的成本及盈利，最终就可以确定出工程预算造价（或投标报价）。定额计价方法的特点就是一个量与价结合的问题。概预算的单位价格的形成过程，就是依据概预算定额所确定的消耗量乘以定额单价或市场价，经过不同层次的计算达到量与价的最优结合。

我们可以用公式来进一步表明确定建筑产品价格定额计价的基本方法和程序。

1. 每一计量单位建筑产品的基本构造要素的直接费单价
   = 人工费 + 材料费 + 施工机械使用费

   式中：人工费 = $\sum$（人工工日数量 × 人工日工资标准）；

   材料费 = $\sum$（材料用量 × 材料预算价格）；

   机械使用费 = $\sum$（机械台班用量 × 台班单价）。

2. 单位直接工程费 = $\sum$（假定建筑产品工程量 × 直接费单价） + 其他直接费 + 现场经费

3. 单位工程概预算造价 = 单位直接工程费 + 间接费 + 利润 + 税金

4. 单项工程概算造价 = $\sum$ 单位工程概预算造价 + 建筑物、工器具购置费

5. 建设项目全部工程概算造价 = $\sum$ 单项工程的概算造价 + 有关的其他费用 + 预备费

(四) 工程量清单计价法

1. 工程量清单计价的基本原理。工程量清单计价的基本过程可以总结为：招标人或其委托的具备造价咨询资格的中介机构按照国家颁布的《工程量清单计价规范》，在统一的工程量清单计算规则的基础上，按照统一的工程量清单标准格式、统一的工程量清单项目设置规则，根据具体工程的施工图纸计算出各个清单项目的工程量，编制反映工程项目实体消耗和措施消耗数量的工程量清单；将工程量清单作为招标文件的一部分提供给投标人，投标人以招标人提供的工程量清单为平台，根据各种渠道所获得的工程造价信息和经验数据，考虑自身的技术、财务、管理能力，结合企业定额计算编制工程投标报价，招标人根据具体的评标细则进行优选。这种计价方式是市场定价体系的具体表现形式，随着中国建筑市场的不断成熟和发展，工程量清单计价方式必将越来越规范和成熟。

从以上分析可以看出，工程量清单计价过程分为两个阶段：工程量清单编制和工程量清单计价。基本过程如图4-6所示。

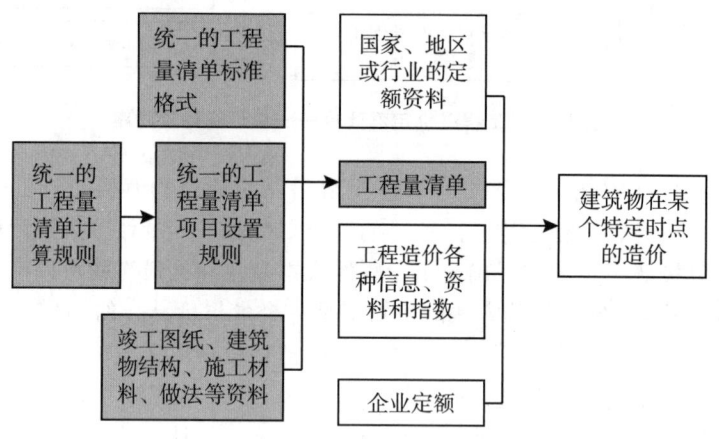

图4-6 工程造价工程量清单计价过程

综合单价的产生是使用工程量清单计价方法的关键。投标报价中使用的综合单价应由企业编制的企业定额产生。

工程量清单计价作为一种市场价格的形成机制，主要在工程招投标和结算阶段使用。

2. 工程量清单计价的步骤。

(1) 熟悉建筑物并对照施工图纸，分专业对建筑物的工程量清单进行计算、审查或复核。评估人员取得建筑物的竣工图纸，结合建筑物实际结构并对照《建设工程工

程量清单计价规范》对建筑物的工程量进行计算。全面、系统地阅读图纸,是准确计算工程造价的重要工作。阅读图纸时应注意以下几点。

①按设计要求,收集图纸选用的标准图、大样图。

②认真阅读设计说明,掌握安装构件的部位和尺寸,安装施工要求及特点。

③了解本专业施工与其他专业施工工序之间的关系。

④对图纸中的错、漏以及表示不清楚的地方予以记录,以便询问。

在条件允许的情况下,评估人员也可以直接取得建筑物招投标以及竣工时的工程量清单,在审查、复核后作为待估建筑物的工程量清单。

(2) 了解施工组织设计。施工组织设计或施工方案是施工单位的技术部门针对具体工程编制的施工作业的指导性文件,其中对施工技术措施、安全措施、施工机械配置、是否增加辅助项目等,都应在工程计价的过程予以注意。施工组织设计所涉及的费用主要属于措施项目费。

(3) 明确主材和建筑物的来源情况,熟悉加工订货的有关情况。主材和建筑物的型号、规格、重量、材质、品牌等对工程计价影响很大,因此主材和建筑物的范围及有关内容需要予以明确,必要时注明产地和厂家。

(4) 计算综合单价。将工程量清单主体项目及其组合的辅助项目汇总,填入分部分项工程综合单价计算表。评估人员可以使用企业定额或者使用建设行政主管部门颁发的统一消耗量定额,也可以在统一的消耗量定额的基础上根据本企业的技术水平调整消耗量来计价。若采用消耗量定额分析综合单价,则应按照定额的计量单位,选一套相应的定额,计算出各项的管理费和利润,汇总为清单项目费合价,计算出综合单价。

评估人员也可以收集价值时点的工程造价信息,将工程造价信息和工程量清单结合起来,计算建筑物的造价。

工程造价信息是一切关于工程造价的特征、状态及其变化的消息的组合。工程造价信息具有区域性、多样性、专业性(可以分为土建、安装、电力、邮电、铁道等很多专业)、系统性、动态性(信息是更新、变化的)、季节性。

工程造价信息主要包括以下三类。

①价格信息。价格信息包括各种建筑材料、装修材料、安装材料、人工工资、施工机械等的最新价格信息。

②指数。指数主要指根据原始价格信息加工整理得到的各种工程造价指数。

③已完工程信息。已完工程或在建工程的各种造价信息,可以为建筑物的造价提供依据。

(5) 计算措施项目费、其他项目费、规费、税金等。

(6) 将分部分项工程项目费、措施项目费、其他项目费和规费、税金汇总、合并,计算出建筑物的工程造价。

五、建筑物质量验收与损伤检测

建筑物的实体质量对建筑物的价值影响很大。对于在建工程而言,如果出现了质量问题或者损伤，在建工程的价值就要大打折扣，在建工程甚至会报废；对于已经竣工的建筑物而言，其质量也是至关重要的。虽然对于投资较大的项目，都会有国家规定的质量监督部门进行过程和最终的检测并出具相应的质量结论，评估人员可以根据这些结论来判断在建工程和建筑物的质量和损伤情况，但对于评估人员而言，了解并掌握建筑物的质量验收的依据、内容、方法和判断标准对于评估人员判断建筑物的价格仍然具有非常重要的意义。

（一）房屋建筑物质量验收的依据和内容

房屋建筑物验收是在施工单位自行进行质量检查评定的基础上，参与建设活动的各方对检验批、分项工程、分部工程、单位工程的质量进行共同抽样复验，根据相关标准以书面形式对工程质量合格与否做出确认的活动。

1. 房屋建筑工程质量验收的依据。

（1）国家颁发的各种设计规范、规程、规定和标准，如《住宅建筑设计规范》、《民用建筑设计通则》、《混凝土结构设计规范》、《钢结构设计规范》、《砌体结构设计规范》、《建筑结构荷载规范》等。

（2）国家颁发的建筑安装工程质量验收规范，如《建筑工程施工质量验收统一标准》（GB 50300—2001）、《地基与基础工程施工质量验收规范》、《砌体工程施工质量验收规范》、《混凝土结构工程施工质量验收规范》、《建筑装饰装修工程施工质量验收规范》、《建筑给排水及采暖工程施工质量验收规范》、《通风与空调工程施工质量验收规范》等。

（3）国家颁发的建筑材料质量标准。

（4）与房屋建筑工程有关的建设文件，如批准的设计任务书、初步设计、技术设计、施工图纸、技术说明书、招投标文件和施工承包合同等。

2. 房屋建筑工程质量验收程序。

建筑工程质量验收应随着工程进展按照检验批、分项工程、分部工程、单位工程的顺序由部分到整体、由点到面进行。

检验人员不但要检验建筑物所用材料的质量，而且要检验施工的质量、施工方案和内容以及工序，并检验成品的质量，如混凝土砌块是否符合国家规定的强度。

关于具体的验收内容、检查数量和检验方法可以按照前面提到的国家及行业颁布的《建筑工程施工质量验收统一标准》（GB 50300—2001）、各专业工程施工质量验收规范，以及相关的设计、施工、材料等法律法规执行。

在评估时，一般要求评估人员取得国家规定的质量检验机构对建筑物进行质量验收的书面资料，同时，根据实际情况进行适当的抽样检验。

如果评估人员不能胜任对建筑物的质量检测，可以委托有相关资格和能力的中介机构，或者聘请具备能力的专家协助完成建筑物的质量检测工作。

（二）建筑物损伤检测

建筑物损伤检测是指建筑物通过竣工验收后，在正常使用过程中，通过调查、量测、统计和科学分析找出损伤出现的部位和损伤程度的过程。有时候，在建筑物竣工前或者竣工后使用前，也会涉及损伤检测。例如，建筑物遇到意外的撞击、地震等，就要检测建筑物受损伤的程度。

房屋建筑物损伤检测是一项技术性非常强的工作。它要求评估人员不但掌握建筑物的组成和构造、建筑材料的种类和性能、建筑结构和受力特征等，还要掌握损伤检测的程序、方法和内容。

1. 房屋建筑物损伤检测的程序。

（1）首先由评估人员确定房屋建筑物损伤检测的范围。

（2）对建筑物的损伤进行初步调查。调查的主要内容如下。

①查阅原设计图或竣工图，历次修缮、改建或加固图纸、记录，历次结构的检查观测资料和工程地质资料、水文资料等。

②了解原始变更情况，查阅施工记录及质量保证资料，重点核实重大变更、材料更替、施工事故处理及竣工验收文件，以及相关中介机构或者国家质检部门针对建筑物进行质量检查的结论性文件。

③现场观察。主要针对建筑物的使用情况、周围建筑物的相互影响及作用，以及其他情况进行初步核查。

④根据已有的资料，对有问题的部位或者结构，做尺寸或外观的检查，对存在的问题做出初步分析。

（3）对损伤情况进行详细调查。在初步调查的基础上，制定详细的调查计划，有针对性地进行详细调查，必要时进行现场检测与结构试验。

（4）损伤程度分析。在详细调查的基础上，根据获得的大量检测数据与信息进行计算与分析，对房屋建筑结构工程、装饰工程、设备安装工程的损伤程度进行分析。

（5）形成损伤检测结构，编制损伤检测报告。

2. 房屋建筑物损伤检测方法。

（1）感观法。感观法是以国家颁布的设计规范和检验标准为依据，凭借感官进行检查。具体就是采用看、摸、敲、照等方法对检查对象进行检查。

（2）量测法。量测法是利用测量工具或计量仪表，将实际测量结果与规定的质量标准或规范的要求相对照，以判断质量是否符合要求。具体的方法一般有靠、吊、量、套。靠是依靠直尺等检查平整度；吊是利用线锤等检查建筑物的垂直度；量是利用尺子等仪器检测建筑物的长度、宽度、标高等以确定是否有偏差；套是以方尺套方等检查构件是否方正、对角线等。

（3）理化实验法。理化实验法是通过现场实验等理化试验等手段，取得数据，分析判断质量等情况。常用的理化实验主要包括针对建筑物物理力学性能方面的检验和化学成分及含量的测定等两个方面。

（4）无损检测法。无损检测法是指借助专门的仪器设备在不损伤被检测建筑物的情况下，探测建筑物结构内部的组织特征或直接测定其表面参数来推定结构的损伤状态。常用的仪器有超声波探伤仪、回弹仪、磁粉探伤仪、渗透液探伤仪等。

（5）局部损伤检测法。局部损伤检测法是指利用仪器设备对结构物的局部进行损伤实验，根据局部获取的数据，来推定结构物的整体损伤状态。局部损伤检测法主要有钻芯取样法、拔出法、冲击法、超载试验法等。

（6）资料分析法。资料分析法是指通过对有关资料和信息的分析，间接对建筑物结构进行质量判定，也是常用的方法。常用的资料有隐蔽工程验收记录、施工记录、勘察文件、实验报告等。

3. 房屋建筑物常见的质量问题分析。为了对建筑物的质量对建筑物价值的影响有一个比较准确的判断，评估人员必须对建筑物常见的质量问题、损伤特点等有一个清晰的认识。

（1）地基基础的损伤对建筑物的影响。

①地基基础的沉降对建筑物的影响。地基基础的沉降过大，特别是不均匀沉降超过允许值，经常给建筑物的正常使用带来不良的影响。地基基础不均匀沉降对上部结构的影响主要反映在以下几个方面：墙体产生裂缝；柱体破坏；建筑物产生倾斜，严重的引起建筑物倒塌。引起建筑物不均匀沉降的原因有很多，如地基土质不均匀、建筑物体型复杂、上部结构荷载不均匀、相邻建筑物的影响、相邻地下工程施工的影响等。

②特殊土地基对建筑物的影响。特殊土地基主要指湿陷性黄土地基、膨胀土地基、冻土地基以及盐土地基等。特殊土和一般土的性质不同，在施工时如果没有扬长避短，就会带来事故。

③地基失稳对建筑物的影响。地基失稳往往引起建筑物的倒塌、破坏，后果十分严重。引起地基失稳的原因主要是建筑物的荷载超过地基允许承载力，使地基产生了剪切破坏，使建筑物倒塌或破坏。

④边坡滑动对建筑物的影响。

⑤地震对建筑物的影响。地震对建筑物的破坏主要通过地基和基础传递给上部结构。地震会导致地基的承载力下降或使地基产生不均匀沉降，从而导致建筑物的破坏。地震对建筑物的破坏不仅与地震的烈度有关，而且和建筑物的场地效应、地基土动力特性有关。也与建筑物基础形式、上部结构、体型、高度、结构形式以及材料、刚度有关。

⑥基础工程事故对建筑物的破坏。

（2）结构设计考虑不周对建筑物的影响。

①钢筋混凝土结构设计中受力主筋配置不当产生的裂缝，会引起对梁的破坏，进而导致房屋倒塌。

②砖混结构设计中受压墙体断面设计不足产生竖向裂缝破坏。

③主梁纵向构造筋配筋不当造成侧梁出现垂直裂缝。

④墙体构造拉锚连接不足出现裂缝，厉害的导致墙体倒塌。

⑤高低连跨的楼房在高低跨结合部位未留沉降缝，因沉降过大产生裂缝。

第二节 建筑物价值的影响因素

建筑物价值的影响因素突出体现在实体、权益和区位等三个方面。

一、建筑物的实体因素

建筑物实体是建筑物看得见、摸得着的部分，包括建筑物的结构、设备、装饰档次、外观等。建筑物实体的好坏直接影响建筑物的价值的高低。建筑物的实体部分进一步分为有形的实体特征、实体的质量以及实体组合完成的功能等三个方面。

（一）建筑物实体的特征

建筑物有形实体的特征包括建筑物的面积、结构、材料、大小、特征等因素。

建筑物的建筑面积、居住面积、高度等不同，建筑物的重置成本也不相同。建筑面积越大，价值越高。同样的建筑面积，使用率越高，建筑物的价值就越高。建筑物的层高越高，建筑物的重置成本就越高，从而价值也越高。

建筑物的结构及使用的建筑材料的质量对建筑物的重置成本也有影响，从而影响建筑物价值。例如，同样建筑物面积的建筑物，钢结构的造价高于框架剪力墙结构，框架剪力墙结构造价高于钢筋混凝土结构，钢筋混凝土结构造价高于砖混结构。

建筑物设计的形状、外观、设计风格、视野、配套设施、建筑装饰应与建筑物的使用目的相适应，这些因素对建筑物价值有很大的影响。

（二）建筑物实体的质量

建筑物的施工质量不仅影响建筑物的建造成本，而且影响建筑物的使用年限，使用的安全性、方便性和舒适性，从而影响建筑物的价值。建筑物的质量和建筑物的剩余使用年限呈正相关关系，质量越好，剩余使用年限越长，价格越高。

（三）建筑物实体组合完成的功能

建筑物的功能体现为建筑的节能性和特殊功能等。如2008年上海世博会的万科馆，展馆采取热压和风压两种自然通风的模式，尽可能最大化自然通风，从而减少空调使用的时间，降低展馆在运营过程中对于能源的消耗，能达到在室外35度的高温时，无空调情况下室温在28度左右。

二、建筑物的权益内容

（一）建筑物本身内含的权益内容

建筑物的权益是建筑物中无形的、不可触摸的部分，包括权利、权益和收益，例如所有权、使用权、租赁权、抵押权、典权、空间利用权和相邻关系权等。建筑物本身内含的权益内容不同，其价值也会有很大的差异。例如，建筑物的所有权的价值大大高于建筑物的使用权的价值；建筑物的独有和共同占有，其价值也有差异。

附带有租约的建筑物、设定了抵押权的建筑物、设定了典权的建筑物、设定了地役权的建筑物、手续不完备的建筑物、产权不明或者有争议的建筑物、已被法院查封或监管的建筑物和没有任何限制的建筑物的价值有很大的差异。

按房改标准价购买的公有住房可以继承和出售，但原有产权单位有优先购买权，售房的收入在扣除相关税费后按个人和单位所占比例进行分配；有的建筑物设定了购买价格上限。这样的建筑物都属于拥有部分产权的建筑物，这些建筑物的价值也和拥有全部产权的建筑物的价值有差异。

（二）建筑物本身面临的法律限制

建筑物本身面临的法律限制影响建筑物的价值。对建筑物的法律限制主要指城市规划和建筑法规，如建筑物高度限制、消防管制、环境保护等，资产评估时应考虑这些法律限制对建筑物价值已经产生和可能产生的影响。

违法占地、违法建造的建筑物的价值要考虑法律对建筑物的使用权限和使用年限的规定，有时候，违法开发的建筑物，即使是全新建筑物，不但没有价值，反而有负价值。例如，济南市2007年清理整顿违法建筑物，对于违法建造的建筑物以及不符合城市规划的建筑物要求开发方强制无偿拆除，而且执行得非常坚决。此时，建筑物的价值是负的，其数额就是拆除费用。

在评估建筑物价值时，还要注意临时建筑物即使比较坚固，可以使用的年限很长，也不能按照临时建筑物实体的可使用年限来考虑，而应该考虑法律对临时建筑的使用年限规定，千万不要将临时建筑和永久建筑混为一谈。

（三）建筑物价值受所占用土地的权益内容的影响

建筑物的价格高低受所在土地的权益因素的影响。建筑物的价值受所在区域土地使用年限的影响，如果建筑物的使用年限大于土地的使用年限，建筑物的价值就会打一个折扣，价值低于其正常使用年限下的价值。

三、建筑物的区位因素

建筑物的区位是指建筑物与其他房地产或者事物在空间方位和距离上（不但包括空间上的直线距离，还包括交通路线距离和交通时间距离）的关系，除了地理位置，还包括它与重要场所（如市中心、机场、港口、车站、政府机关、商业区、广场、植物园等）的距离，从其他地方到达该建筑物的可及性，从该建筑物去往其他地方的便利性，该建筑物的周围环境、景观等。

建筑物所处地理位置和经济区位会影响建筑物的价值，同样的建筑物在北京和济南建造的人工、材料和机械成本会存在差异。不同建筑物交通情况的差异，也会影响建造成本的高低。

建筑物是否与周围环境相协调也会影响建筑物的价值。如果建筑物的面积、高度、装饰档次等与周围的环境不协调，会降低建筑物的价值。这里的环境不仅仅指建筑物周围的自然环境，还包括建筑物周围的人文环境。比如在一个普通的农村建造高档的五星级酒店就无法发挥建筑物的作用，从而影响建筑物的价值，在一个水泥厂附近建造的住宅的价格也会大打折扣，而靠近植物园或者广场的建筑物价值就能得到市场充分的认可。

第三节 建筑物价值评估方法选择

建筑物价值的评估主要采用成本法，在特定情况下可选择收益法的剩余技术（即残余法）。下面针对这两种方法在建筑物评估中应用要点进行简要介绍，并在本章后面部分详细讨论成本法的建筑物价值评估。

一、成本法

（一）基本思路

成本法依据开发或建造被估建筑物或类似建筑物所需要的各项必要正常费用，包括正常的利润、利息和税费，决定被评估建筑物的价值，即以重置一幢与被估建筑物可以产生同等效用的建筑物，所需投入的各项费用之和为依据，再加上合理的利润和应纳税金来确定建筑物的价值。

（二）适用范围

单独评估建筑物时，除非建筑物有特殊的纪念价值或者功能，一般都可以采用成本法进行评估。

（三）操作要点

建筑物的成本法估价，相当于采用房地分估路径时的建筑物价值部分，不考虑土地价值，建筑物作为独立的部分，分别测算建筑物重置成本和建筑物的贬值。因此，建筑物成本法估价的基本公式为：

建筑物价值 = 建筑物重置成本 − 建筑物贬值

影响建筑物价值损耗的原因是多种多样的，一般可以分为物质实体因素、功能因素和经济因素三类。建筑物的物质实体因素造成的贬值称为实体性贬值，功能技术因素造成的贬值称为功能性贬值，经济因素造成的贬值称为经济性贬值。因此，用成本法评估旧建筑物价值时，基本公式为：

建筑物的评估值 = 建筑物的重置成本 − 实体性贬值 − 功能性贬值 − 经济性贬值
　　　　　　　= 建筑物的重置成本 × 建筑物的实体性成新率 − 功能性贬值 − 经济性贬值

二、残余法

（一）基本思路

残余法是收益法的一种衍生方法。不动产的价值是由土地价值和建筑物价值共同构成的，因此，在不动产评估中，根据贡献原则，不动产的整体收益是由土地和建筑物对不动产整体的贡献产生的。这样可以通过从不动产总体收益中扣除属于土地的局部收益得到建筑物的收益，然后再对建筑物的收益进行资本化处理，从而得到建筑物的评估价值，这种方法称为建筑物残余法。同样，也可以通过从不动产总体收益中扣除属于建筑物的局部收益得到土地的收益，然后再对土地的收益进行资本化处理，从而得到土地的评估价值，这种方法称为土地残余法。由此可见，残余法实际上是收益法中的一个特殊运用。

残余法在国外被广泛地运用于收益性建筑物价值的评估。用残余法评估建筑物的理论前提是：收益性建筑物能够在未来的时期内形成源源不断的收益，建筑物所有者可以凭借对建筑物拥有的产权合法地取得这些收益。需要注意的是，建筑物是一种比较特殊的资产，建筑物一般会和土地一起创造和产生收益，在评估建筑物的价值时，必须从土地和建筑物共同创造的收益中分离出属于建筑物的收益，然后确定建筑物的评估值。

（二）适用范围

残余法的适用前提：首先，能够估测不动产整体的收益，适用于有收益的建筑物价值评估，如商场、旅馆、公寓等，对于政府机关、学校、公园等公用、公产价值评估大多不适用；其次，能够运用收益法以外的方法估测出土地或建筑物的价值；最后，能够得到土地和建筑物的局部报酬率或资本化率。

（三）建筑物残余法评估步骤

如上文所述，建筑物残余法根据房地收益求取建筑物价值。建筑物价值的计算公式为：

$$B = \frac{a - L \times r_L}{r_B} \times \left[1 - \frac{1}{(1+r_B)^n} \right]$$

式中：B——建筑物价格；

L——土地价格;

a——房地合一净收益;

r_L——土地资本化率;

r_B——建筑物资本化率;

n——土地使用权有限年期。

运用建筑物残余法进行评估的步骤如下。

1. 估测房地总收益。
2. 估测房地总费用。
3. 计算房地净收益。
4. 估算土地价值。土地价值的估算方法较多,包括假设开发法、基准地价修正法等,将在后面章节详细讲解。
5. 估算资本化率 r_L 和 r_B。在市场上,基本没有单独出售建筑物的案例,一般都是房地一体出售或者单独转让土地。评估人员可以收集房地产和土地的成交情况,估算出房地合一和单独的土地的资本化率,从而间接确定建筑物的资本化率。公式如下:

$$r_B = (\alpha - r_L L)/B$$

6. 估算土地净收益,土地净收益 = 土地价值 × 土地资本化率。
7. 根据土地使用年限是无限期还是有限期,按照上述公式进行计算,从而估测土地使用权价格。

第四节　成本法的建筑物评估

建筑物的评估主要采用成本法,本节主要介绍用成本法评估建筑物的方法。

一、建筑物重置成本的估算

建筑物的重置成本可以直接用细分加和法计算,即估算建筑物在价值时点的各种成本,然后加总得到重置成本。

外购的新建建筑物的买价就是建筑物的成本,可以直接将建筑物的买价中包含的不正常的因素剔除掉,将成交价转换成正常的成交价就可以了。对于委托方自己投资建造的建筑物,可以在账面上查询建筑物的建造成本的构成。如果建设期比较短且材料价格变化不大,可以直接将账面查询到的成本进行适当调整并加总,在此基础上考虑适当的建设利润,作为建筑物的评估值。如果建设期比较长,可以将查询到的成本构成因素及数量分别汇总,分别乘以价值时点的材料、人工、机械等的单价,再累计取和得到建筑物的评估值。

自建建筑物的重置成本（新建建筑物的成本）计算公式为：

$$\text{建筑物重置成本} = \text{建造成本} + \text{管理费用} + \text{销售费用} + \text{投资利息} + \text{销售税费} + \text{正常利润}$$

在建筑物重置成本的评估中，建造成本、管理费用、销售费用、投资利息、销售税费以及正常利润的估算都与第二章第三节中所涉及的相关情况相同，但是对于建造成本的估算，还需进一步阐述如下。

建筑物建造成本为建筑物从开始设计到施工以及竣工验收为止全部过程中所发生的各种费用，包括前期工程及专业费、基础设施费、建筑安装工程费、配套设施费和管理费用等。建造成本主要由五个方面构成。

1. 前期工程及专业费。前期工程及专业费包括勘察设计和前期工程费以及施工过程中的专业费用。勘察设计和前期工程费包括临时用地、水、电、路、场地平整费，工程勘察测量及工程设计费，城市规划设计、咨询、可行性研究费，建设工程许可证执照费等；专业费用包括监理费用、审计费用、质量监督费等。这些费用一般参照国家有关规定以建筑安装成本的一定比例计取。

2. 基础设施建设费。基础设施建设费包括由建设方承担的红线内外的自来水、雨水、污水、煤气、热力、供电、电信、道路、绿化、环境卫生、照明等建设费用。

3. 房屋建筑安装工程费。房屋建筑安装工程费可假设为建设方取得土地后将建筑工程全部委托给建筑商施工，建设方应当付给建筑商的全部费用。这部分费用的计算可以采用定额法或者清单计价法直接进行计算。

新建筑物往往有比较完备的竣工图纸、施工记录、竣工验收资料等，评估人员可以根据以上资料直接计算。有时候，评估人员可以收集到被评估建筑物的竣工结算书，竣工结算书有被评估建筑物详细的工程量和人工、材料和机械以及间接税费的汇总，评估人员可以在原来竣工结算的基础上进行详细的审核，根据评估要求进行相应的调整，得出建筑物的建筑安装工程费。

这里应注意，不能直接根据原来结算书所列的费用、工程施工项目数量及价格直接得出。这是因为，在定额结算方式下，计算出来的造价是按实际发生项目数量和定额规定的单价进行调整后确定的。在建设期比较长的情况下，人工、材料以及机械的单价变动都比较大，即使数量不动，价格差异也比较大。另外，在定额结算方式下，建设方是按照实际的施工组织安排、施工工艺、施工材料和机械以及发生的数量进行结算的，而随着科技的进步，在价值时点的施工组织安排、工艺、材料和机械可能都有所变化，所以原来发生的费用和支出在新的环境下可能不再发生，所以评估人员不能简单地照搬结算书中的人工、材料和机械的数量和单价。评估人员要明白，如果评估时完全照搬了原来的人材机消耗量，评估出来的成本是复原重置成本而非更新重置成本。

如果被评估建筑物是采用国家规范的工程量清单方式招标施工，评估人员可以要求委托方提供关于建筑物的招标、投标、中标文件以及施工合同、施工变更签证等资料，根据建筑物的实际情况和评估的要求，对工程量清单中工程量进行抽样验证和核实，在数量核实的基础上参考每个清单项目在价值时点的市场价格对单价进行调整，汇总得出建筑物的建筑安装工程费。

在招投标方式下采用国家规范的清单格式时，清单项目都是按照建筑物的实物量来进行填列的，这和定额方式下按照施工工序所列项目的方式有所不同。按照清单所列实体项目的当前市场单价重新计算等于考虑了技术进步导致的施工组织方案、施工工艺等的影响，估算的重置成本一般是更新重置成本。但是，如果清单方式没有考虑技术进步导致的施工材料等更新带来的影响，评估人员仍要根据情况调整清单以确定建筑物的更新重置成本。

如果被评估建筑物地下地质构造比较特殊，例如有溶洞或者地下水特别丰富，会大大增加建筑物地下部分的施工成本，而地处同一区域的其他建筑物却可能不存在类似的支出，这些施工范围、内容和数量的变化对造价的影响会在建筑物的定额结算和清单下都有所体现，但对于评估人员而言，考虑到建筑物的买方会参照该区域建筑物的一般情况认为此项支出不属于正常情况，评估人员也应该将此项费用剔除掉后确定建筑物的重置成本。和相邻土地相比，建筑物占用土地的地质状况不好属于该宗土地的功能性贬值，在取得土地时应该在土地价格中有所体现，但是实际上，绝大多数情况下，土地使用权的购买者在购买时都无法了解土地的地下地质构造，因此，在购买土地使用权时都是参照相邻土地的状况和价格来确定购买价格的，而建筑物施工时增加的成本一般会体现在建筑物的竣工结算或者清单中，评估人员对此要有清晰的认识。

4. 公共配套设施建设费。公共配套设施建设费包括由开发商支付的非经营性用房（如居委会、托幼所、自行车棚、信报箱、公厕等）、附属工程（如锅炉房、热力点、变电室、开闭所、煤气调压站）的费用和电贴费等；文教卫系统（如中小学、文化站、门诊部、卫生所）用房的建设费用。而商业网点（如粮店、副食店、菜店、小百货店等）经营性用房的建设费用应由经营者负担，按规定不计入商品房价格。

5. 建造过程中的税费及其他间接费用。

二、建筑实体性贬值及其估算

（一）造成实体性贬值的概念

引起建筑物实体损耗的物质因素有以下几项。

1. 使用产生的磨损。使用产生的磨损因建筑物的使用方式、使用强度和使用年限而有所差异。居住建筑的磨损要小于工业用途的建筑物。同为工业用途的建筑物，有腐蚀性的建筑物的磨损要高于无腐蚀性的建筑物。

2. 随时间增加，因风吹、雨淋、日晒、侵蚀等自然作用而引起的建筑物的自然老化损耗。自然老化损耗包括腐蚀、生锈、老化、风化、基础沉降等，与建筑物的实际使用年数正相关。同时，由于不同地域的气候和环境差异很大，不同地域的建筑物的损耗也有很大的差异。例如，酸雨多的地区，建筑物的损耗就大。

3. 因风灾、水灾、地震等自然灾害而发生的损害。

4. 人为造成的破坏。人为破坏包括失火、碰撞等意外的破坏损毁，或者使用不当、保养不力、维修不及时等造成的损伤等。

建筑物的贬值通常用建筑物的贬值率来表示，贬值率是表示建筑物损耗或贬值程度的比率。表示建筑物功能性贬值的比率称为功能性贬值率，表示建筑物实体性贬值的比率称为实体性贬值率，表示建筑物经济性贬值的比率称为经济性贬值率。下面分别介绍各种贬值的确定。

（二）建筑物实体性贬值的估算

在实际评估建筑物的实体性贬值时，通常先确定建筑物的实体性贬值率，然后利用建筑物的重置成本乘以建筑物的实体性贬值率来确定建筑物的实体性贬值额。

对建筑物实体性贬值的估算有直接估算法和间接估算法两类。直接估算法就是直接估算出建筑物的实体性贬值额；而间接估算法是先估算建筑物的实体性贬值率，再以贬值率为基础，计算出建筑物的实体性贬值额。间接估算法通常采用使用年限法和观察法等；而直接估算法主要有成本法（修复费用法）、市场法和损失收益直接折现法。

1. 使用年限法（年龄—寿命法）。年限法的基本原理我们在第二章第三节中阐述过，但必须注意以下问题。

（1）建筑物经济寿命。建筑物的寿命有自然寿命和经济寿命之分，前者指建筑物从完成验收到不堪使用所经历的时间，后者指建筑物从竣工验收完成之日起预期产生的收入大于运营费用的持续时间。一般而言，建筑物的经济寿命短于自然寿命。例如，有些建筑物还能正常使用，但由于技术变化等原因，继续使用可能变得不经济，就需要更新改造，此时，建筑物的经济寿命就结束了。从评估的角度看，评估采用的建筑物的总寿命周期应该是建筑物的经济耐用年限。建筑物的经济寿命，不同于建筑物的总的折旧年限，折旧计提年限一般为物理寿命周期，而且折旧年限是国家为了征税的需要所确定的年限，被高度政策化了，这种"一刀切"的总使用年限和具体资产的实际可以使用的年限有很大的出入。

建筑物经济寿命需要根据建筑物的结构、用途和维修保养情况，并结合市场状况、周围环境、经营收益状况等综合判断。各种建筑物经济寿命的参考值如表 2-10 所示。需要注意的是，表中给定的耐用年限仅仅是一个参考，在实际评估时，经常碰到有些建筑物的实际使用经济寿命大于建筑物的耐用年限的情况，当然也存在由于外在的作用或者建筑物的环境比较特殊而导致建筑物的经济寿命低于耐用年限的情况，评估人员在评估时必须根据实地检测的情况具体情况具体分析，切勿不进行检测和调查就确定经济寿命。

（2）建筑物有效年龄。建筑物的已使用年限分为实际年龄和有效年龄。在评估计算中采用的是有效年龄。当建筑物正常使用并且维修保养正常时，实际年龄等于有效年龄。有时候建筑物的实际已使用年限和从房屋产权证上计算的已使用年限有出入，这是因为有的房产证的颁发时间和建筑物的实际竣工时间经常不一致。

（3）建筑物剩余经济寿命。建筑物剩余经济寿命是根据建筑物的有形损耗因素，预计建筑物在经济上合算能够继续使用的年限,是建筑物经济寿命减去有效年龄后的寿命,即自价值时点起至建筑物经济寿命结束时止的时间。不能按照税法给定的建筑物总折旧年限减去建筑物的已提折旧年限确定。

(4)建筑物预计残值。建筑物预计残值是指被评估建筑物在清理报废时预计净收回的金额。在资产评估中,通常只考虑数额较大的残值,如残值数额较小可以忽略不计。残值的大小通常用残值率来表示:残值率=建筑物的预计残值÷建筑物的重置成本。

2. 观察法。观察法是指评估人员根据对建筑物实体各组成部分进行的现场技术检测和观察,结合建筑物的使用时间、实际技术状况、质量等经济技术参数,经综合分析估测建筑物的贬值率或成新率的方法。在用观察法评估时要观察和收集下列信息:(1)建筑物的现时技术状态;(2)建筑物的实际已使用时间;(3)建筑物的外观和完整性;(4)建筑物的原始制造质量;(5)建筑物的维修保养状况;(6)建筑物重大故障(事故)经历;(7)建筑物大修、技改情况;(8)建筑物外部环境和条件。

除此之外,在实际判断建筑物实体性贬值率时,评估人员还必须与使用人员、维修人员、管理人员沟通,听取他们的介绍和评价,加深对建筑物的了解。在可能的范围内尽量做好调查研究是估计建筑物实体性贬值的关键环节。对作为建筑物组成部分的重要的、专业性很强的单位工程,应该聘请专家,听取其意见,运用他们多年积累的经验,使估计的结果更准确。

评估人员在进行实地检测时,应该一边观察,一边按结构、装饰和安装三个组成部分,区分不同的部位分别打分。

表4-2就是根据经验确定的不同结构类型房屋贬值率确定的评分权重参考。

表4-2 不同结构类型的普通房屋贬值率的评分权重修正系数

楼层	钢筋混凝土结构			混合结构			砖木结构			其他结构		
	结构权重(J)	装饰权重(Z)	安装权重(A)	结构权重(J)	装饰权重(Z)	安装权重(A)	结构权重(J)	装饰权重(Z)	安装权重(A)	结构权重(J)	装饰权重(Z)	安装权重(A)
单层	85%	5%	10%	70%	20%	10%	80%	15%	5%	87%	10%	3%
二、三层	80%	10%	10%	60%	20%	20%	70%	20%	10%			
四至六层	75%	12%	13%	55%	15%	30%						
六层以上	80%	10%	10%									

要注意,建筑物的三个组成部分在总的建筑物中所占权重并不相同。例如,建筑物的档次越高,装饰和安装所占比重越大;反之,越小。此外,还要将实体性贬值与功能性贬值和经济性贬值相区别,以免重复计算。

3. 修复费用法。这种方法是通过估算将建筑物恢复到原有全新功能所支付的费用金额来直接估算资产实体性贬值额的一种方法。如果资产可以通过修复恢复到全新状态，可以认为资产的实体性损耗等于其修复费用。修复费用包括建筑物主要设备的更换或者修复、改造，装饰的更新，以及停工损失等费用支出。

采用修复费用法时，也可以用比率来表示，具体就是计算修复费用占该建筑物的重置价值的百分比来确定建筑物的贬值率：贬值率＝修复费用/重置价值×100%。

4. 综合运用。

（1）综合运用之一：两种方法结果加权平均。运用多种方法综合确定贬值率或成新率，其中，比较典型的有综合观察法和年限法。首先利用使用年限法和观察法测算出建筑物的两个不同的贬值率或成新率，然后确定两个不同的贬值率或成新率的不同权重进行加权平均，得出建筑物的贬值率或成新率。具体公式为：

贬值率＝使用年限法确定的贬值率×Q_1＋观察法确定的贬值率×Q_2

公式中 Q_1、Q_2 分别为两种方法的权重。

（2）综合运用之二：分解求取贬值加总。将建筑物分解为结构、设备和装修三个部分求取其实体性贬值。三者的经济寿命各不相同，分解开能采用年限法求取实体性贬值，这样会更加合理和准确。另外，通常把门窗作为可修复贬值单独采用修复费用法进行估计。这样，将建筑物分为四个部分，采用不同的方法估计实体性贬值后加总。这是评估实务中常用的方法之一。

【例4-1】建筑物的重置成本为180万元，经济寿命为50年，有效经过年数为10年（10年前建成），门窗基本全部损坏，其修复费用为2万元；装修的重置成本为30万元，平均寿命为5年，3年前重新装修；设备的重置成本为60万元，平均寿命为15年；假设残值率均为零。试计算该宗房地产的实体性贬值额。

计算建筑物的贬值额：

(1) 门窗、墙面等损坏的贬值额＝2（万元）

(2) 装修部分的贬值额＝30×1/5×3＝18（万元）

(3) 设备部分的贬值额＝60×1/15×10＝40（万元）

(4) 长寿命项目的贬值额＝(180－2－30－60)×1/50×10＝17.6（万元）

(5) 建筑物的贬值总额＝2＋18＋40＋17.6＝77.6（万元）

需要特别注意的是，采用任何方法测算出的同一建筑物的贬值率在理论上应该是趋同或者相近的，如果不相近，证明至少有一种方法的使用条件还不成熟。此时，评估人员应该进行复核以确定合理的方法和正确的结论。如果直接对两个相差比较大且至少有一个是不合理的贬值率进行加权确定最终的贬值率，必然是错误的。

（三）确定建筑物贬值的现场观察检测

在评估建筑物的贬值率时，评估人员必须亲临建筑物现场实地观察、检测、鉴定建筑物的新旧程度，根据建筑物的建成时间、维修保养使用情况，地基的稳定程度，结合对建筑物的使用有影响的特殊事项等综合确定建筑物的贬值率或成新率。

评估人员在实地观察前最好准备好建筑物现场检测表，对准备了解的情况事先做出规划，以免实地观察时有所遗漏。对于一次涉及多个建筑物评估的，评估人员要根据情况将建筑物进行分类,明确检测的重点。

评估人员同时评估多个建筑物时,要事先规划好检测的路线,按照一定的顺序进行观察。当评估人员面对大型复杂的建筑物时,也要按照建筑物的构成对建筑物进行切块,例如分成主体结构部分、装饰部分、安装部分等,而主体结构又可分成基础部分、墙体部分、楼地面部分、屋面部分等,这样将一个大型复杂的整体建筑物通过切块的方式,化整为零,按照一定的顺序,比如先结构后装饰,最后是安装部分,而结构部分按照先地基、基础,再墙体、楼地面,最后是屋面的顺序进行观察、检测,就会做到不重不漏,有的放矢,达到预期目标。

在对建筑物进行实地观察检测时,评估人员要随时向所有者单位的配合人员了解使用、保养和维修情况,并随时记录观察和了解到的情况。

最后,评估人员根据实地观察检测的结果,结合维修保养的书面记录等资料,综合考虑,采用合适的方法,确定建筑物的贬值率。

钢筋混凝土结构和砖混结构是常见的两种建筑物,在实地检测时,可以参照表4-3所列内容分部位对建筑物进行观察和检测,汇总后得到建筑物的贬值率。

表4-3   建筑物评估现场检测要点一览

	具体部位	钢筋混凝土结构	砖混结构
结构部分	地基基础	有无不均匀沉降、对上部结构是否产生影响	有无不均匀沉降、对上部结构是否产生影响
	承重构件	有无裂缝,混凝土是否剥落,是否露筋锈蚀	观察墙、柱、梁是否完好,屋架各部件、节点是否完好
	自承重墙	是否有裂缝、间隔墙面层有无破坏	是否有裂缝、间隔墙面层有无破坏
	楼地面	整体面层是否有裂缝、空鼓、起砂,硬木楼地面是否有腐朽、翘裂、松动、油漆老化现象	整体面层是否有裂缝、空鼓
	屋面	是否局部漏雨,保温层、隔热层是否损坏	是否局部漏雨,平屋面、保温层、隔热层、防水层破损情况,屋面板基层是否有局部腐朽变形,排水设施是否受到破坏
装饰部分	门窗	是否开启自如,钢门窗是否变形,玻璃、五金是否残缺不全,油漆是否剥落	是否开启自如,钢门窗是否变形,玻璃、五金是否残缺不全,油漆是否剥落
	内外粉刷	有无空鼓、裂缝、剥落	有无空鼓、裂缝、剥落,勒角侵蚀情况
	顶棚	面层有无局部损坏,有无明显下垂变形	面层有无局部损坏,有无明显下垂变形
	细木装修	木质部分有无腐朽、蛀蚀、破裂、油漆老化现象	木质部分有无腐朽、蛀蚀、破裂、油漆老化现象

续表

	具体部位	钢筋混凝土结构	砖混结构
安装设备部分	水卫	上下水管是否畅通，有无阻塞、锈蚀、漏水，洁具零件是否损坏、残缺	上下水管是否畅通，有无阻塞、锈蚀、漏水，洁具零件是否损坏、残缺
	暖气	设备、管道、烟道是否畅通，有无锈蚀、损坏，有无滴、冒、跑等现象	设备、管道、烟道是否畅通，有无锈蚀、损坏，有无滴、冒、跑等现象
	电照	设备是否陈旧，电线是否老化，照明装置是否残缺，绝缘是否符合安全用电要求	设备是否陈旧，电线是否老化，照明装置是否残缺，绝缘是否符合安全用电要求
	特种设备	现状是否良好，能否正常使用	现状是否良好，能否正常使用

随着建筑技术的进步，建筑物的组成部位的划分也会有变化，例如，安装部分增加了喷淋、消防、计算机机房、监控、门禁、网络布线等，评估人员在具体时要结合建筑物的实际情况进行具体的划分。

（四）建筑物新旧程度评定参考标准

目前中国并无统一的建筑物新旧程度评定标准，国内关于房屋建筑物新旧程度的鉴定标准主要有以下几个：《房屋完损等级评定标准（试行）》〔城住字（1984）第678号〕、《民用建筑可靠性鉴定标准》（GB 50292—1999）、《工业厂房可靠性鉴定标准》（GBJ 144—90）。

评估人员在实际测定建筑物的新旧程度时，应根据实际情况参考多个标准，不能根据喜好主观判定。

1. 房屋完损等级评定标准。《房屋完损等级评定标准（试行）》是住房和城乡建设部颁布的标准。该标准是结合房屋的质量情况，按其完好及损坏程度评定其完好等级的依据，是鉴定房屋质量的一种评定标准。具体如表4-4所示。

表4-4　《房屋完损等级评定标准》关于房屋新旧程度判断标准对照简表

完损等级	新旧程度	评定标准
完好房	十成新	新建、完整、坚固、无变形、使用良好、装修粉刷新鲜
	九成新	新建、完整、坚固、无变形、使用良好、油漆粉刷色鲜、但稍有损坏
	八成新	新建、完整、坚固、无变形、使用良好、油漆粉刷色泽较旧
基本完好房	七成新	结构整齐、色泽不鲜，外粉刷少量剥落
	六成新	结构基本完好，少量损坏，部分墙身装修剥落及使用不便

续表

完损等级	新旧程度	评定标准
一般完好房	五成新	房屋完整，结构有损，装修使用不良，粉刷风化酥松
	四成新	结构较多破坏，强度有减，屋面漏水，装修损坏变形，粉刷脱落
严重损坏房、危险房	三成新及三成新以下	须大修方能解除危险

2. 民用建筑可靠性鉴定标准。《民用建筑可靠性鉴定标准》是中华人民共和国国家标准，是为正确鉴定民用建筑的可靠性、加强对民用建筑物的安全与合理使用的技术管理而制定的。该标准适用于民用建筑物的安全鉴定、使用功能鉴定及日常维护检查，以及建筑物改变用途、改变使用条件或改造前的专门鉴定。

《民用建筑可靠性鉴定标准》分为总则、术语及符号、基本规定、构件安全性鉴定评级、构件正常使用性鉴定评级、子单元安全性鉴定评级、子单元正常使用性鉴定评级、鉴定单元安全性及实用性评级、民用建筑可靠性评级、民用建筑适修性评估、鉴定报告编写要求等十一章。

民用建筑可靠性鉴定分为安全性鉴定和正常使用性鉴定两类内容。对民用建筑物的安全性和正常使用性鉴定应按构件、子单元和鉴定单元三个层次进行，每一个层次分为四个安全等级和三个使用性等级，并按照标准规定的检查项目和步骤，分层进行。先确定构件的安全性和正常使用性等级，再确定子单元和单元的等级。关于鉴定的具体方式和内容，读者可以详细阅读《民用建筑可靠性鉴定标准》，本书不再赘述。

3. 工业厂房可靠性鉴定标准。《工业建筑可靠性鉴定标准》是中华人民共和国国家标准，是为在工业厂房可靠性鉴定中贯彻执行国家的技术经济政策，做到技术先进、经济合理、安全适用、确保质量，为已有工业厂房的可靠性鉴定提供统一的程序和准则而制定的。该标准为评估人员评估工业厂房的成新率提供了依据。关于工业厂房的可靠性鉴定程序和方法，本书也不再赘述。

三、功能性贬值的概念及其估测

（一）功能性贬值的概念

功能性贬值是指由于技术革新（建筑技术进步、新技术、新工艺的推广使用）、设计变化（包含消费观念的变更）、工艺的变更、规范和标准的改变、建筑材料的更新换代等导致的建筑物功能落后引起的贬值，如建筑物的样式过时、内部装饰跟不上形势、建筑物落后、布局落伍等。

就住宅而言，功能性贬值因素包括住宅的结构类型、功能布局、层高、面积装修状况等；对于工业建筑物，还包括跨度、层高、对生产工艺的满足程度等。如果技术要求变化而工艺不变，也可能导致功能性损耗。

在房地合一评估时，建筑物的用途、规模、面积、装饰档次等与土地要求的最佳利用程度不一致而带来的贬值，一般都被认为是建筑物的功能性贬值。

（二）功能性贬值的估算

建筑物的功能性贬值包括功能不足贬值和功能过剩贬值。功能性贬值按照其造成的结果可分为两类：超额投资成本和超额运营成本。一般根据其造成的结果来估算贬值额。

1. 超额投资成本的估算。由于技术的进步引起生产率的提高，建造与原功能相同的建筑物所花费的社会必要劳动时间减少、材料节约、工艺改进，从而带来成本的降低，造成原来的建筑物和新的建筑物相比，有一块价值的贬值，这个贬值虽然在原来建造该建筑物时确实发生了，但不被现在的购买者认可，这种贬值就是超额投资成本。这种成本一旦发生，就不会被改变，而且这种成本的发生是一次性的静态成本，在建筑物使用过程中不会再发生。

对超额投资成本的估算一般采用复原更新相抵法，具体公式为：

建筑物的超额投资成本 = 建筑物的复原重置成本 − 建筑物的更新重置成本

从公式可以看出，具体的评估程序就是分别对同一建筑物在同一价值时点下不同技术水平前提下的建造成本进行估算，按照原来的建造技术、建筑材料和建筑工艺等建造建筑物花费的资金称为复原重置成本，而在价值时点所具有的最新的技术水平、建筑材料和建筑工艺条件下建造同样功能建筑物花费的成本称为更新重置成本。一般情况下，建筑物的更新重置成本低于建筑物的复原重置成本，这个差额就是建筑物的超额投资成本。

在评估建筑物的价值时，一般情况下，评估人员都不会先求建筑物的复原重置成本，再求建筑物的超额投资成本，而是直接求出建筑物的更新重置成本，这样比较简单、直接，效率比较高，效果也理想，而且先求建筑物的复原重置成本一般情况下是不必要的。评估人员评估建筑物的重置成本时如果采用了更新重置成本，其实就已经将被评估建筑物价值中所包含的超额投资成本剔除掉了，不必再利用上文提到的公式去计算。

需要注意的是，复原重置成本采用的是原来施工时实际采用的技术，而更新重置成本采用的是价值时点被社会普遍接受的体现社会平均先进水平的技术，不是仅在某些地域或者建筑物上采用的最先进的技术。

2. 超额运营成本的估算。如果新技术的出现，使得原来的建筑物在使用过程中，和功能比较先进的建筑物相比，消耗增加，在整个建筑物的经济寿命周期内只要使用就会带来更多的支出，这个支出相对于功能先进的建筑物而言就是建筑物的超额运营成本。例如，旧建筑物屋面保温不好、窗户是单层的、外墙里面没有保温层，而国家规定新建建筑物的屋面采用保温效果比较好的材质、窗户玻璃为双层、外墙面使用保温层，就会使得功能落后的建筑物无论夏天制冷还是冬天采暖都会付出更多的成本，这部分成本就是超额运营成本。这种成本是动态发生的，是多次发生的，甚至是持续发生的，它会导致建筑物的付出增加。在建筑物整个寿命周期内多付出的成本，折成现值，就是建筑物购买者在整个使用期间多付出的成本。对于购买者而言，这个成本要从建筑物的买价中扣除。经过市场博弈，这部分成本最终形成了建筑物买卖价格的减值而由卖方承担，这部分成本就是超额运营成本。对超额运营成本的估算一般采用超额运营支出折现法和更新改造成本法进行。

（1）超额运营支出折现法。基本步骤如下：

①选择参照物，并将参照物的每平方米建筑面积的年运营成本与被评估建筑物的每平方米建筑面积的年运营成本进行对比，找出两者之间的差别并计算出每平方米建筑面积的年超额运营成本，然后乘以待评估建筑物的建筑面积计算出总的年超额运营成本。

②估测被评估建筑物的剩余经济寿命周期年限。

③按企业适用的所得税税率，计算被评估建筑物超额运营成本抵减的所得税额，得出被评估建筑物的年超额运营成本净额。

这里要注意，如果评估的是非经营性建筑物或者非营利组织的建筑物，就不涉及抵扣所得税的问题。

④选择合适的折现率，将被评估建筑物自价值时点起剩余经济寿命周期内的年超额运营成本净额折现，累加计算被评估建筑物的超额运营性质的功能性贬值额。

【例4-2】某正常纳税企业的被评估办公楼，建筑面积为5 000平方米，屋面为平屋顶保温，效果一般，外墙外立面未做保温，窗户为单层普通玻璃，室内为普通照明。新建的办公楼采用坡屋顶保温，外墙外立面按照国家规定做了保温处理，且窗户采用双层玻璃、塑钢窗户，保温效果很好。新建办公楼安装了节能灯具。经过测算发现，被评估建筑物每平方米每年用电（包括照明和夏天制冷）60度，每年采暖费用为每平方米25元（按流量计算）。新建办公楼每平方米每年用电（包括照明和空调制冷）20度，每年采暖费用为每平方米15元（按流量计算）。该企业适用的所得税税率为25%，被评估建筑物的剩余经济寿命为40年。每度电的价格是0.8元，适用的折现率为10%。试计算被评估建筑物的超额运营成本。

计算过程：

被评估建筑物的年超额运营成本为：

$(60-20) \times 0.8 \times 5\,000 + (25-15) \times 5\,000 = 160\,000 + 50\,000 = 210\,000$（元）

被评估建筑物的年超额运营成本净额为：

$210\,000 \times (1-25\%) = 157\,500$（元）

将被评估建筑物在整个寿命周期内的超额运营成本净额折成现值：

$157\,500 \times (P/A, 10\%, 40) = 157\,500 \times 9.7791 = 1\,540\,208$（元）

（2）更新改造成本法。建筑物在整个寿命周期内成本增加的因素，有些由于技术、国家规定或者其他原因无法消除，而有些可以通过更新改造的方式彻底解决。如果更新改造花费的成本低于建筑物在整个寿命周期内增加的支出，那么建筑物的所有者就会对建筑物进行更新改造以彻底解决这些问题。例如，建筑物的所有者可以将平屋顶改成坡屋顶以改善建筑物的保温隔热效果，在建筑物的外墙外立面做保温隔热处理，将建筑物的窗户改成塑钢双层中空玻璃等,那么因为这些改造而产生的支出可以被认为是建筑物的超额运营成本。再如,由于5·12汶川地震的发生,国家提高了很多地方校舍的抗震等级,原来建设的达不到新的抗震等级的校舍就要进行加固、改造等,这些措施成本也是建筑物的功能性贬值。

实际上,建筑物的所有者也会在建筑物的超额支出折现值和更新改造成本之间进行权衡。当超额支出折现值小于更新改造成本时,所有者就会保持现状;当超额支出折现值大于更新改造成本时,所有者就会投资改造。建筑物的超额运营成本就是两者中的较低者。

3. 功能性贬值估算需要注意的问题。

(1)建筑物的功能性贬值都是相对于参照物来说多付出的成本。只不过超额投资成本是在建造阶段由于技术的落后多付出的一次性发生的成本,而超额运营成本是在使用阶段由于功能落后多付出的成本。两者发生的时间不同、原因不同,但都会导致建筑物发生贬值。因此,参照物的确定非常重要。

(2)在分析功能性贬值时,需要首先确定估算出来的重置成本的性质,是更新重置成本还是复原重置成本。通常单位比较法测算出的是更新重置成本,工料测量法测算出的是复原重置成本。例如,如果是更新重置成本,则不需要考虑技术进步带来的成本节约类的功能性贬值,因为更新重置成本已经是在新技术下的重置成本。因此,功能性贬值的确认需要结合重置成本的性质进行具体分析。

四、经济性贬值的概念及其估算

(一)经济性贬值的概念和原因

经济性贬值是指建筑物与周边环境不协调、不适应而发生的价值损耗。导致经济性贬值的因素主要有周边地区经济衰退、建筑物与周边环境不相适应、区域的优良性发生减退等。

供给过量、需求不足、自然环境恶化、噪声、空气污染、交通拥挤、城市规划的变更、政策的变化等都会给建筑物带来经济性贬值。建筑物的经济性贬值往往是建筑物自身以外的其他因素造成的。

由于5·12汶川地震的发生,四川等地方的游客减少,宾馆、酒店等建筑物的使用率下降导致收益减少,人们对地震的恐惧需要一段时间来恢复,这段时间内发生的收益的减少就属于建筑物的经济性贬值。

某些地方社会治安变坏,使得游客减少,导致建筑物的收益降低;某些地区因冲突升级有战争的预期时,也会导致建筑物的经济性贬值。

城市某些地段的改造,使得某些建筑物的交通变得特别困难,影响了建筑物的出租、宾馆的入住率等,这种情况有可能持续几年的时间,期间发生的收益的减少也是建筑物的经济性贬值。随着改造的结束,造成建筑物经济性贬值的因素消失,建筑物的这种经济性贬值也就不存在了。

某个酒店门口的河流被上游工程排放的污水污染，就会导致酒店的生意下降，收益减少，如果短时间内无法解决，就要考虑建筑物的经济性贬值。

经济性因素并不会永久存在，随着环境的变化，经济性贬值的高低也会随之发生改变。

（二）建筑物经济性贬值的估算

1. 建筑物经济性贬值估算。建筑物的经济性贬值都是建筑物的收益降低产生的，建筑物在整个寿命周期内和正常情况下少获取的收益就是建筑物的经济性贬值。建筑物的经济性贬值一般采用损失收益直接折现法进行估算。基本步骤为：

（1）将建筑物在正常情况下的收益和面临特殊外在因素时的收益进行纵向对比，找出两种不同情况下每年的收益差异；

（2）估测造成被评估建筑物经济性贬值的自价值时点起的起止时间，计算经济性贬值因素持续的时间年限；

（3）按企业适用的所得税税率，计算被评估建筑物扣除所得税后的实际减少的净收益；

（4）选择合适的折现率，将被评估建筑物自价值时点起由于经济因素所减少的净收益分年折现，累加计算被评估建筑物的经济性贬值额。

2. 经济性贬值与功能性贬值的比较。

（1）建筑物的功能性贬值和经济性贬值都是无形损耗，都会引起建筑物的贬值。

（2）功能性贬值是建筑物自身的技术原因造成的，而经济性贬值和建筑物本身无关，是外在环境的变化、国家法律法规的要求变化等造成的。

（3）建筑物的功能性贬值是由于技术原因造成的，一旦形成，大部分具有不可逆转性，很难改变，所以计算建筑物的功能性贬值时，往往要考虑从价值时点到建筑物经济寿命周期为止的全部剩余时间。而经济性贬值是外部原因造成的，这种变化往往不会永远持续下去，计算建筑物的经济性贬值的持续时间时，从价值时点后造成贬值的时间开始，到造成建筑物经济性贬值的因素消失为止，这个时间一般不会持续到建筑物寿命周期结束。

（4）估测建筑物的功能性贬值往往需要先找到一个参照物，将被评估建筑物和参照物进行横向对比，确定功能方面的差异以最终确定建筑物的功能性贬值额；而确定建筑物的经济性贬值时，则往往将建筑物进行纵向对比，将被评估建筑物在正常情况下的收益和面临特殊外在因素时的收益进行对比，确定建筑物每年和总的经济性贬值额。

计算建筑物的损耗时，应对物质因素、功能因素和经济因素这三个因素造成的价值贬值分别测算，但三个因素导致的贬值存在一定的因果关系，是互相影响的，因此，在实际评估过程中，通常需要厘清三者的关系。同时，还要注意分清不同因素对土地和建筑物的不同影响，不要将对土地和建筑物的影响因素及影响结果混为一谈。

五、成本法建筑物评估的注意事项

1. 运用成本法评估旧建筑物的价值时，须注意，建筑物的重置成本既可以采用复原重置成本，也可以采用更新重置成本，无论采用哪个重置成本，评估人员都要注意重置成本和功能性贬值之间的匹配关系。为了减少评估成本、提高评估效率，一般情况下，评估人员都应采用更新重置成本。

2. 关于建筑物的实体性贬值，需要注意：

（1）建筑物的实体性贬值和建筑物会计计量的折旧具有一定的联系，建筑物的损耗决定了折旧，损耗越多，折旧计提越多，以便对磨损做出补偿。建筑物磨损的方式也决定了建筑物折旧计提的方式，如果均匀磨损，就按照直线计提折旧，如果使用的早期磨损较多，就按照加速法计提折旧。

建筑物的实体性贬值无论在内涵上还是在价值量上，都不同于建筑物会计计量的折旧，折旧并不等于磨损。实体性贬值是使用和自然力的作用导致的相对于建筑物在同一时间点全新状态下重置成本的实体本身的减值，而会计上的折旧是建筑物相对于建筑物购建当期入账的账面价值而言发生的减值。对于同时购建的同样的建筑物而言，其实际磨损是有所差异的，具有个别性；而折旧由于税法的规定，被高度政策化和一刀切，同时购建的同样的建筑物折旧一般相同。所以，折旧额≠磨损额，折旧年限≠总使用年限，剩余折旧年限≠剩余经济寿命。不能简单地将折旧表格中折旧年限当作总使用年限。

（2）旧建筑物的实体性贬值和新建建筑物的实体性贬值存在不同之处。新建建筑物的实体性贬值一般是由非正常原因造成的，而旧建筑物的实体性贬值更多是由使用和自然力的作用造成的。大部分情况下新建建筑物不存在实体性贬值。

3. 建筑物的实体性成新率和综合成新率是两个截然不同的概念，二者形式上看起来一样，但实体性成新率仅考虑了建筑物本身的实物部分的实体性损耗或者贬值；而建筑物的综合成新率不但考虑了建筑物实体部分的贬值，而且考虑了建筑物看不见部分的无形损耗。一般情况下建筑物的综合成新率低于建筑物的实体性贬值率，如果建筑物不存在无形损耗的情况，建筑物的综合成新率等于建筑物的实体性成新率。评估人员在评估建筑物的价值时，必须清晰认识到其确定的成新率的内涵差别，不可混为一谈。

【例4-3】某开发商2013年12月31日购买了一宗土地并办理了土地使用证，土地使用期限50年，用途为宾馆。宾馆于2017年12月31日建成并竣工验收合格。宾馆为框架结构，设计使用年限为60年，建筑面积为10 000平方米，共计200个标准间。

宾馆在2017年底的总建造成本合计为1 500万元。2018年同类档次的宾馆的平均建造成本为1 621元/平方米。

宾馆设计时，由于要照顾到外形的欧式风格，其内部房间以异形居多，不太符合中国人的消费习惯，房间的价格和相邻类似宾馆相比，房间的价格普遍偏低，和同样档次宾馆相比，平均每个房间每天少收入5元。该地区宾馆的平均入住率在80%左右。房间为了外形的美观，普遍采用玻璃幕墙，已经不符合目前国家的节能政策，平均能耗与同类建筑物相比每年多耗费电费、采暖费用10万元。

该宾馆所在地由于发生了大级别的地震，入住客人明显减少，和地震前相比，宾馆入住率下降，预计这种状况自价值时点起持续2年，第1年少收入20万元，第2年少收入10万元。

增值税及附加为收入的6%，所得税税率为25%，折现率为10%。

价值时点为2018年12月31日，评估对象为宾馆的市场价值（不含土地）。

计算过程：

1. 选定评估方法。该建筑物成本构成资料比较翔实，适宜采用成本法进行评估。

2. 计算重置成本。

更新重置成本 = 1 621 × 10 000 = 16 210 000（元）

3. 计算实体性贬值。因为土地的使用年限为50年，且建筑物建成于2017年底，经过实地查验，建筑物的使用寿命可以达到预定的使用年限，因此确定建筑物的经济寿命为46年，剩余经济寿命为45年。

建筑物的实体性贬值率 = 1 ÷ 46 = 2.17%

建筑物的实体性贬值额 = 16 210 000 × 2.17% = 351 757（元）

4. 计算建筑物的功能性贬值。根据本建筑物的实际情况，该建筑物同时存在超额运营成本贬值，具体为因为建筑物设计不合理带来的收益损失和使用成本增加。

（1）估算少获取的收益（少获取的收益同时也少交了税金）。

5 × 200 × 80% × 365 × (1 - 6%) × (1 - 25%) = 205 860（元）

205 860 × (P/A, I, N) = 205 860 × (P/A, 10%, 45)

= 205 860 × 9.8628

= 2 030 356（元）

（2）计算多付出的成本。

100 000 × (1 - 25%) × (P/A, I, N)

= 100 000 × (P/A, 10%, 45)

= 739 710（元）

功能性贬值合计为 2 030 356 + 739 710 = 2 770 066（元）。

5. 计算建筑物的经济性贬值。建筑物的经济性贬值就是因为和建筑物无关的外在原因带来的建筑物收益的减少。

建筑物经济性贬值

= [200 000 × (P/S, 10%, 1) + 100 000 × (P/S, 10%, 2)] × (1 - 6%) × (1 - 25%)

= (181 820 + 82 640) × (1 - 6%) × (1 - 25%)

= 186 444（元）

6. 计算建筑物的评估值。

建筑物评估值 = 重置成本 - 实体性贬值 - 功能性贬值 - 经济性贬值

= 16 210 000 - 351 757 - 2 770 066 - 186 444

= 12 901 733（元）

第五节 评估案例

评估案例一：某工厂造粒塔评估

一、评估对象概况

尿素造粒塔的作用是把浓缩后的尿液从塔上部的喷头向下喷洒，靠塔内自下而上的自然通风冷却，结成粒。根据生产要求和物料特性，塔内需足够的通风量，并采取防腐措施。

该造粒塔建成于1982年3月。由原化学工程部第三设计院设计，××委第一建筑队施工。该塔总高56.1米，内径13米，是一座不对称的高耸钢筋混凝土构筑物。该塔的一侧附有5.72米×3.06米，总高53.9米的矩形封闭楼梯间，同塔身连成一体，可通往塔身的通风高平台及操作层。该塔原设计高为65米，并设有电梯和楼梯间，但由于历史原因，取消了电梯，并将塔高降低至56米。

（一）设计特点

根据工艺生产要求，标高12.84米的通风高顶的环梁以上到操作室为封闭圆形钢筋混凝土筒身，壁厚0.16米，操作室顶盖为现浇钢筋混凝土框架，操作室设有350mm×850mm及450mm×1 200mm的劲性钢筋混凝土梁各两根，能承受操作层本身及其上的全部负荷。标高12.84米以下，设有10根800mm×800mm钢筋混凝土柱与800mm×1 000mm梁组成的环形粗梁。此种设计是将塔身、楼梯间、造粒塔基础连成环形的整体，故增加了塔的稳定性。

（二）施工特点

该塔采用了当时比较先进的滑动模板连续浇灌混凝土施工技术，施工质量良好。

（三）产品质量

该塔投入生产后，塔身降低导致冷却高度不够，造成尿素产品粒度及机械强度达不到要求，一级品率仅为10%左右，与同行业相比，存在较大差距。新建的尿素造粒塔高度为85米。该塔投入生产后，可大大提高××公司的尿素产品质量。

（四）勘察情况

该塔虽建成年代较早，由于采用了环形整体基础，塔身完好无损，无不均匀下沉迹象。塔内主要构件钢筋混凝土框架梁完好，未见裂纹及弯扭变形。由于该公司防腐工作较差，塔身内部受腐蚀情况较为严重，外部防腐层大面积脱落、残破，门窗不整。

（五）产权状况

评估对象为构筑物，无需办理房产证。经查阅其原始购建资料，该塔为原××省建委第一建筑公司建设转入××公司。

二、价值时点

2010 年 3 月 1 日。

三、评估步骤

1. 评估人员收集相关产权证明资料，并与委托方填写的建筑物清查评估明细表相核对。
2. 评估人员将资产占有单位填写的建筑物清查评估明细表与其财务部门的固定资产明细账相核对，使账表相符。
3. 评估人员根据核对后的建筑物清查评估明细表，会同资产占有单位财务人员、固定资产管理人员到现场进行逐项勘察，确定其新旧程度。
4. 评估人员调查该地区、该单位最近时期相同结构建筑物的造价标准，查阅部分建筑施工图及结算资料。
5. 评估人员根据现场工作搜集和了解的各种情况，进行整理与综合分析，依照《资产评估操作规范意见（试行）》的规定进行计算，得出建筑物的评估值。

四、评估方法

采用重置成本法进行评估，计算公式为：

评估值 = 重置价值 × 成新率

（一）重置价值的估算

从理论上讲，一栋房屋建筑物的购建应该包括两部分：直接成本和间接成本。直接成本通常是由人工、材料、机械费用组成，间接成本则通常由与房屋建筑物购建有关的费用，如建设单位管理费、勘察设计费、可行性研究费、工程监理费、贷款利息、固定资产投资方向调节税等相关税费组成。因此，如何合理地确定其直接成本和间接成本，是房屋建筑物评估的关键。

××公司造粒塔建成年代较久，结算资料难以取得，但该公司比较重视技术，绝大多数建筑物和机器设备的图纸与技术资料保管齐全。为了较为准确地确定其重置价值，我们决定调阅其建施图，采用重编预算法，确定其在价值时点的工程直接费用，然后依据住房和城乡建设部、物价局及××省相关文件合理计算间接费用，两者之和则为评估对象的重置价值。具体计算如表 4-5 至表 4-8 所示。

表 4-5　　　　　　　　　　　　　　　重置价值估算表　　　　　　　　　　　　　　单位：元

序号	项目	取费依据	符号	计算式	计算结果
1	直接费用	见造粒塔直接费用预算编制表	A		3 390 291.00
2	间接费用				
(1)	可行性研究费	住房和城乡建设部相关文件	B	B = A × 1.2%	40 683.49
(2)	勘察设计费	国家物价局、住房和城乡建设部相关文件	C	C = A × 2.5%	84 757.28
(3)	工程监理费	住房和城乡建设部相关文件	D	D = A × 1.2%	40 683.49
(4)	招投标费用	贵阳市地方文件	E	E = A × 1.5‰ × 60%	3 051.26
(5)	质量监测费	贵阳市地方文件	F	F = A × 3‰	10 170.87
(6)	建设管理费	《资产评估常用数据与参数手册》	G	G：A × 2.5%	84 757.28
(7)	贷款利息	正常工期 4 个月，价值时点一年期贷款利率5.85%	H	H =（A + B + C + E + F + G）× 1/2 × 5.85%	35 630.35
(8)	固定资产投资方向调节税	化肥行业免税	I		
(9)	间接费用小计		J	J = B + C + D + E + F + G + H	214 976.74
3	合计		K	K = A + J	3 605 267.70

表 4-6　　　　　　　　　　　　　　造粒塔工程费用计算表

序号	项目	符号	计算式	金额（元）
1	预算直接费	A		2 720 792.11
2	土石方直接费	B		74 240.72
3	材料价差	C		193 161.86
4	基价合计	D	D = A + C	2 913 953.97
5	脚手架	E	E =（A − B）× 4.65%	123 064.64
6	大型机械费	F		95 471.00
7	高层建筑增加费	G	G = 703.04 × 340	239 033.60
8	税金	H	H =（C + F + G）× 3.38%	18 767.79
	合计	I	I = D + E + F + G + H	3 390 291.00

表 4-7　　　　　　　　　　　　　　造粒塔建筑工程预算表

序号	定额编号	项目名称	单位	工程数量	单价	金额（元）
1	39—36	场地平整	100m²	3.30	169.00	557.13
2	32—10	人工挖孔桩土方	100m³	1.29	7 906.00	10 182.14
3	29—2	人工挖平基土方	100m³	3.74	1 134.00	4 237.19
4	40—38	人工运土方 20m	100m³	3.74	813.00	3 037.77
5	31—4	人工挖地槽坑土方 ≤2m	100m³	0.98	1 587.00	1 547.64
33	153—31	C25 梁（圆）	10m³	1.48	10 471.00	15 483.47
34	182—134	C25 钢筋混凝土挑檐	10m³	0.23	12 493.00	2 913.37

续表

序号	定额编号	项目名称	单位	工程数量	单价	金额（元）
35	153—31	C25 梁	10m³	0.14	10 471.00	1 498.40
36	180—128	C25 楼梯	10m³	18.56	2 776.00	51 524.23
37	186—148	预埋件	t	1.91	6 284.00	12 023.18
38	186—147	NNO 减水剂	t	2.87	1 800.00	5 161.14
39	186—146	钢筋超含量	t	64.24	3 275.00	210 372.90
40		砼及钢筋砼工程小计				279 081.44
41	243—34	钢行架制安	T	3.15	5 907.00	18 627.72
42	243—3334	钢墙架制安	T	3.52	5 907.00	20 819.22
43	243—3334	钢平台制安	T	1.64	5 907.00	9 673.89
44	247—4445	钢梯制安	T	0.50	7 321.00	3 686.12
45	247—4445	钢栏杆制安	T	0.19	7 321.00	1 396.85
46	325-154	楼梯钢栏杆钢管扶手	10m	14.90	1 221.00	18 190.82
47		金属构件小计				72 394.63
48	258—1	全板镶板门制安	100m²	0.15	14 538.00	2 111.21
49	255—2	单层木玻窗制安	100m²	0.27	13 302.00	3 560.28
50	289—69	铝百叶窗	100m²	1.30	17 633.00	22 922.90
51	290—70	铝百叶门	100m²	0.05	15 488.00	774.40
52		木作工程小计				29 368.79
53	15—16	室内 C10 砼垫层	10m²	1.70	2 334.00	3 959.70
54	31—62	水泥砂浆砖平层 20 厚	100m²	4.00	1 593.00	6 373.55
55	28—55	楼面粉水泥砂浆	10m³	1.74	693.00	1 203.98
56	28—55	楼梯面粉水泥砂浆	10m³	1.75	693.00	1 212.79
57	34—73	善水护坡砖面层 60 厚	10m³	0.76	2 105.00	1 606.54
58		楼地面工程小计				14 356.55
59	90—231	1:10 水泥珍珠岩	10m³	0.94	2 340.00	2 205.08
60		屋面工程小计				2 205.08
61	122—12	水泥砂浆内墙面	100m²	13.23	1 185.00	15 683.04
62	123—16	水泥砂浆天棚面	100m²	4.41	1 101.00	4 852.05
63	122—12	水泥砂浆外墙面	100m²	1.12	1 185.00	1 322.67
64		装饰工程小计				26 267.91
65	111—12	40T·m 自升式塔吊进出场	元			22 212.00
66	111—13	40T·m 自升式塔吊安拆费	元			19 866.00
67	77—115	滑模吊杆	T	11.07	3 427.00	37 942.72
68		大型机械费小计				80 020.72
69	76—118	环氧树脂材料二遍	10m²	42.31	1 066.00	45 102.35
70	13—903	耐酸混凝土	10m²	5.61	9 156.00	51 341.35
71	63—153	耐酸瓷板面层	10m²	24.30	20 446.00	496 739.66
72	62—151	耐酸瓷砖面层	10m²	9.75	34 508.00	336 522.02

续表

序号	定额编号	项目名称	单位	工程数量	单价	金额（元）
73	63—153	耐酸瓷板踢脚线	10m²	2.66	20 446.00	54 290.26
74		耐酸防腐小计				887 551.94
		合计				2 720 792.11

表 4-8　　　　　　　　　　　材料价格补差表

序号	品名	单位	用量	定额价（元）	基准日价（元）	单位差价（元）	总价差（元）
1	钢筋	T	217.08	2 689.00	2 900.00	211.00	45 803.88
2	525#水泥	T	764.50	208.71	340.00	131.29	100 371.21
3	红砖	千块	137.45	185.00	280.00	95.00	13 057.75
4	石砂（中）	m³	1 245.62	30.80	35.00	4.20	5 231.60
5	石砂（粗）	m³	146.53	27.80	31.00	3.20	468.90
6	碎石	m³	1 910.14	25.60	28.00	2.40	4 584.34
7	耐酸瓷砖 65mm 厚	m²	36.80	253.00	275.00	22.00	809.60
8	耐酸瓷砖 25mm 厚	m²	121.30	135.70	150.00	14.30	1 734.59
…	……						……
	合计						193 161.86

（二）贬值额的确定

经分析，评估对象不存在功能性贬值和经济性贬值，实体性贬值的测算如下。

1. 实际观察法确定成新率。依据住房和城乡建设部颁布的《房屋完损等级评定标准》及该建筑物的功能和经济性确定（见表 4-9）。

表 4-9　　　　　　　　　实际观察法确定成新率

项目	评分标准	实际状况	权重	分数	评定分
结构部分	基础牢固、无不均匀下沉迹象，主要构件梁、柱完好，无变形，塔体端正无裂痕	基础牢固。无不均匀下沉迹象，主要构件梁、柱完好无变形，塔体有明显裂痕	55%	50	27.5
设备部分	塔内电通、通风良好，设备齐全、运行正常	塔内电通、通风良好，设备齐全但较旧	20%	50	10
装修部分	内外防腐层完好、无脱落剥落现象	内外防腐状况较差，内部腐蚀严重，外部防腐层脱落严重	25%	20	5
小计			100%		42.5
成新率	42.5%				

2. 年限使用法确定成新率。该建筑物 1987 年投入生产使用，已使用了 23 年，根据评估人员现场勘察确定尚可使用 15 年，成新率的计算如下：

成新率 = 剩余经济寿命/（有效年龄 + 剩余经济寿命）= 15/（23 + 15）= 39.47%

3. 综合成新率。两种方法的计算结果相差不大，评估人员决定采用简单算术平均法，综合确定其成新率。

成新率 =（功能打分法成新率 + 年限使用法成新率）/2
　　　　=（42.5% + 39.47%）/2
　　　　= 40.95%

因此，评估对象的成新率为 40%。

（三）评估值的确定

造粒塔评估值 = 重置完全价值 × 成新率
　　　　　　= 3 605 267.70 × 40%
　　　　　　= 1 442 107（元）

建筑物造粒塔评估值为 1 442 107 元。

（案例来源为参考文献［49］，并经本书编者的改写。）

评估案例二：某国际展览中心房地产评估案例

某国际展览中心是某公司投资兴建的大型多功能展览场馆，由于近年来经营效果不理想，所以准备对该中心进行资产重组。评估目的是为该中心进行资产重组提供价值参考。价值时点为 2002 年 11 月 1 日。

一、评估对象基本情况

1. 总体概况。某国际展览中心是某公司投资兴建的大型多功能展览场馆，始建于 1999 年 1 月，于 2000 年 10 月投入使用。占地 12.6 万平方米，总建筑面积为 112 400 平方米。建筑主体结构为大跨度钢管桁架和大柱网钢筋混凝土预应力楼板体系。

2. 地质状况。该场地位于古河道淤积漫滩之上，部分区段地表进行了平整，土岩层自上而下为：杂填土、素填土、粉质黏土、粉质黏土混卵硕石、强风化闪长岩、中等风化闪长岩和微风化闪长岩。表层地基承载力约为 100kPa，地基承载力不足，须进行打桩处理。

3. 展厅部分。某国际展览中心共拥有 2 098 个国际标准展位（3 米×3 米）。一层北展厅为下沉式展厅，净高 8 米，室外设有展场，室内展厅地面设计荷载 5T/平方米以适应重型机械及大型设备的展览需求。一层其他两个展厅地面荷载 3T/平方米，展厅层高 8.7 米，净高为 6 米。二层三个展厅楼面荷载为 0.8T/平方米，展厅是一个 75 米宽 245 米长的无柱大空间，由 75 米大跨度的钢桁架承托的弧形屋面所覆盖。

4. 装饰装修。某国际展览中心装修比较高档，外墙面采用玻璃幕墙，内墙面采用塑铝板和涂料，展厅地面为水泥地面，其余为大理石或地毯，外门为铝合金门，内门为木门，窗为铝合金窗，局部采用铝板吊顶。贵宾接待厅等房间采用豪华装修。

5. 配套设施。展位配套设施按国际惯例设计，PDS 综合布线、强电、弱电、信息、通信、给水、排水、压缩空气等经地下管沟到达各个展位，设施完备。地下层为设备用房及可容纳 250 辆机动车的停车库。一层、二层及其夹层配有足够的观众服务区域。三层设有近 3 000 平方米的多功能厅和商务用房、贵宾接待厅和大小餐厅等。整个展览中心总共安装了 30 多部电梯。

二、评估特点及评估方法的选择

某国际展览中心是一个大型的公用建筑，工程造价比较高，结构比较复杂，配套设施非常齐全，室内外装修比较豪华。这样的房屋建筑物在评估工作中是很少遇到的，因此要根据其特点制定出一份详细的评估方案，评估小组成员要分工协作，共同按评估方案的要求来完成评估工作，同时也需要资产占有方的相关工程技术人员来积极配合。

此类房屋建筑物的评估方法主要有重置成本法、市场比较法和收益法。展览中心是一种比较特殊的房屋，市场交易案例非常少，采用市场比较法来进行评估是比较困难的。某国际展览中心经营的时间不长，且一直处于亏损状态，采用收益法进行评估也有一定的难度。由于某国际展览中心建成的时间不长，工程图纸、工程决算等技术资料比较齐全，所以采用重置成本法进行评估是可行的。

三、评估技术说明

某国际展览中心的评估采用重置成本法，计算公式如下：

评估值 = 重置成本 × 成新率

重置成本 = 建安造价 + 前期及其他费用 + 资金成本

成新率采用综合成新率，其计算公式为：

成新率 = 勘察成新率 × 60% + 年限法成新率 × 40%

1. 建安工程造价计算。由于工程规模大，施工工种多，施工队伍多，所以建安工程造价的计算较复杂，分为桩基础，土方、主体工程，装修和安装工程等几部分。定额直接费是根据某市审计局的《关于某国际展览中心工程竣工决算的审计报告》和建设银行某分行工程造价审查管理处的审核报告及审核后的决算来确定的，然后根据某省建行造价咨询中心和某市定额站提供的定额、材料价格等资料分别将人工费、材料费和机械费进行调整（调整思路如案例一所示，在此案例中不再赘述）。

（1）桩基础工程造价计算（见表 4 - 10）。

表 4 - 10　　　　　　　　　桩基础工程造价表　　　　　　　　　单位：元

序号	费用名称	计算公式	合计
（一）	定额直接费	按定额计算	数据略
（二）	综合间接费	（一）× 13.31%	
（三）	劳动保险费	（一）× 3.7%	
（四）	现场安全文明施工措施	（一）× 0.3%	
（五）	其他费用	按合同或签证	

续表

序号	费用名称	计算公式	合计
（六）	材料价差	按实际情况确定	数据略
（七）	税金	[（一）+（二）+（三）+（四）+（五）+（六）]×3.44%	
（八）	工程造价	（一）+（二）+（三）+（四）+（五）+（六）+（七）	

（2）土方工程造价计算（见表4-11）。

表4-11　　　　　　　　　　土方工程造价表　　　　　　　　　　单位：元

序号	费用名称	计算公式	合计
（一）	定额直接费	按定额计算	数据略
（二）	综合间接费	（一）×15.36%	
（三）	劳动保险费	（一）×3.7%	
（四）	其他费用	按合同或签证	
（五）	税金	[（一）+（二）+（三）+（四）]×3.44%	
（六）	工程造价	（一）+（二）+（三）+（四）+（五）	

（3）主体工程造价计算（见表4-12）。

表4-12　　　　　　　　　　主体工程造价计算表　　　　　　　　　　单位：元

序号	费用名称	计算公式	合计
（一）	定额直接费	按定额计算	数据略
（二）	综合间接费	（一）×17.7%	
（三）	劳动保险费	（一）×3.7%	
（四）	现场安全文明施工措施	（一）×0.6%	
（五）	其他费用	按合同或签证	
（六）	材料价差	按实际情况确定	
（七）	税金	[（一）+（二）+（三）+（四）+（五）+（六）]×3.44%	
（八）	工程造价	（一）+（二）+（三）+（四）+（五）+（六）+（七）	

（4）装修工程造价计算（见表4-13）。

表4-13　　　　　　　　　　装修工程造价计算表　　　　　　　　　　单位：元

序号	费用名称		计算公式	合计
（一）	定额直接费		按定额计算	数据略
（二）	其中	人工费	按定额计算	
（三）		材料费	按定额计算	
（四）		机械费	按定额计算	
（五）	定额人工费调整		按实际情况确定	
（六）	人工费合同价浮动		按实际情况确定	
（七）	材料价差		按实际情况确定	
（八）	综合间接费		[（一）+（五）+（六）+（七）]×12%	

续表

序号	费用名称	计算公式	合计
（九）	利润	[（一）+（五）+（六）+（七）]×3.5%	数据略
（十）	其他费用	按合同或签证	
（十一）	税金	[（一）+（五）至（十）]×3.44%	
（十二）	工程造价	（一）+（五）至（十一）	

（5）安装工程造价计算（见表4-14）。

表4-14　　　　　安装工程造价计算表　　　　　单位：元

序号	费用名称		计算公式	合计
（一）	定额基价		按定额计算	数据略
（二）	其中	人工费	按定额计算	
（三）		机械费	按定额计算	
（四）		辅材费	按定额计算	
（五）	定额人工费调整		按实际情况确定	
（六）	人工费合同价浮动		按实际情况确定	
（七）	材料价差		按实际情况确定	
（六）	综合间接费		（二）×74%	
（七）	劳动保险费		（二）×13%	
（八）	利润		（二）×18%	
（九）	其他费用		按合同或签证	
（十）	税金		[（一）+（五）至（九）]×3.44%	
（十一）	工程造价		（一）+（五）至（十）	

建安工程造价

＝桩基础工程造价＋土方工程造价＋主体工程造价＋装修工程造价＋安装工程造价

≈456 066 100（元）

2. 前期、管理及其他费用计算。根据国家和某市政府所规定的各类建设费用标准及建设期建设单位所支付的其他费用来确定具体费用数额（见表4-15）。

表4-15　　　　　前期、管理及其他费用标准

序号	费用名称	根据文件	计算公式	费率
1	建设单位管理费	住房和城乡建设部建标〔1996〕628号	建安价×费率	1.00%
2	工程监理费	住房和城乡建设部价费字〔1992〕第479号	建安价×费率	0.63%
3	设计费	住房和城乡建设部价费字〔1992〕375号	建安价×费率	1.00%
4	勘察费	住房和城乡建设部价费字〔1992〕375号	建安价×费率	0.30%
5	建筑工程质量监督费	×价房字〔1999〕277号	建安价×费率	0.12%
6	新建房屋白蚁防治费	×价工〔1996〕422号	建筑面积×费率	2.3元/平方米
7	城市规划设计费	价字〔1993〕168号	工日×费率	85元/工日
8	发展新型墙体材料专项费	×省政府令第100号	建筑面积×费率	10元/平方米

前期及其他费用 = 456 066 100 × 3.05% + 85 × 660 + 112 400 × (2.3 + 10) = 15 348 600（元）

3. 资金成本计算。合理建设期按一年半计算，利率按 1—3 年期银行贷款利率 5.49% 计算。

$$资金成本 = （建安造价 + 前期及其他费用）× 利率 × 计息期 × \frac{1}{2}$$

$$= (456\ 066\ 100 + 15\ 348\ 600) × 5.49\% × 1.5 × \frac{1}{2}$$

$$\approx 19\ 410\ 500（元）$$

4. 重置价值计算。

重置价值 = （建安造价 + 前期、管理及其他费用 + 资金成本）
= 456 066 100 + 15 348 600 + 19 410 500 = 490 825 200（元）

5. 成新率计算。对房屋建筑物进行现场勘察，依据建筑物现场勘察评分标准，分别对建筑物的结构、装修、设备三部分进行打分，并依据权重系数逐一计算出建筑物的勘察成新率。根据建筑物的使用年限，计算出建筑物的年限法成新率，最后计算出综合成新率。

（1）观察法成新率。根据建筑物现场勘察评分标准，对建筑物的结构、装修、设备三部分进行打分，并依据建筑物成本构成确定三部分权重，以此确定房屋勘察成新率。完好率计算如表 4 - 16 所示。

表 4 - 16　　　　　　　　　　　完好率计算表

分项	权重	分数	评定依据
结构 (75)	基础 (25)	23	承载力强
	主体 (40)	34	梁板柱墙坚固，钢屋架屋面板变形
	屋面 (20)	17	局部渗漏，保温隔热层部分受损
	地面 (15)	14	整体面层牢固
	小计 (100)	88	
装饰 (12)	门窗 (25)	23	良好
	内外装饰 (40)	36	良好，衔接处有些问题
	其他 (35)	30	顶棚等良好，衔接处有些问题
	小计 (100)	89	
设备 (13)	水卫消防 (40)	34	管道有渗漏，各种器具完好
	强弱电 (25)	23	线路装置良好，各种器具良好
	空调，通风等 (35)	33	设备管道良好
	小计 (100)	90	

勘察成新率 = (1) × 0.75 + (2) × 0.12 + (3) × 0.13 = 88%

（2）年限法成新率。因为土地使用权终止日期为 2048 年 11 月，所以房屋剩余经济寿命确定为 46 年。

年限法成新率 = 剩余经济寿命 ÷（有效年龄 + 剩余经济寿命）× 100%

$$= 46 \div (2+46) \times 100\%$$
$$\approx 95\%$$

（3）综合成新率。综合成新率 = 勘察成新率 × 60% + 年限法成新率 × 40%
$$= 88\% \times 60\% + 95\% \times 40\%$$
$$\approx 90\%$$

6. 评估值。

评估值 = 重置全价 × 成新率 = 490 825 200 × 90% ≈ 441 742 700（元）

以上评估结果中不包含土地使用权价值。

（案例来源为参考文献［49］，并经本书编者的改写。）

本 章 小 结

本章首先介绍了建筑物的分类、结构及其特点，使学生对建筑物有一个基本的认识。然后分别介绍了建筑物计价的两种基本方法——定额计价和清单计价的基本原理、思路和程序，使学生认识到对建筑物计价需要对建筑物进行一个分解和组合的过程。在针对不同建筑物的特点，详细介绍对建筑物进行观察、检查的重点和方法的基础上，详细讨论了重置成本法在建筑评估中的应用过程，如何利用经验数据或历史成本资料确定建筑物重置成本，如何理解和确定建筑物的三种贬值和损耗。详细介绍了对建筑物进行评估的流程和思路以及需要注意的事项，使得学生对建筑物的评估有一个比较清晰的认识。

思 考 题

1. 新建建筑物是否存在无形贬值？为什么？
2. 单位比较法和工料测量法测算出的重置成本分别属于复原重置成本还是更新重置成本？重置成本的性质和功能性贬值的确认有什么关系？
3. 现场勘察建筑物时，如何通过沟通交流获取必要的信息？
4. 实地勘察建筑物需要关注哪些内容？
5. 会计上的折旧和评估时考虑的建筑物贬值之间存在什么关系？
6. 两种方法评估同一建筑物时，如果得出的评估值相差很大，意味着什么？

第五章 房地产合一价值评估

本章学习目的

1. 熟悉各种常见类型的房产与地产的合成体,如住宅、商业、办公及工业房地产的常见类型和特点。
2. 掌握影响以上各类常见房地产价值的主要因素。
3. 掌握以上各种常见类型的房产地产合成体的评估思路和方法。
4. 能较为熟练地运用这些方法评估各种常见类型的房产与地产合成体的价值。

这里所指的"房地产合一",实际上就是通常意义的房地产,具体来讲,是指房产加上与之对应的所分摊的土地部分。在我国大多数城市,单套房屋(房产加地产)只有一个产权证明,这充分说明了两者的关系。因此,"房地产合一"的这种房地产标的,是房地产评估中最常见的形式。本章就这种形式的评估对象的评估问题做详细的说明。

作为房地产合一价值评估标的的房地产,从用途上可以分为住宅房地产、商业房地产、商务办公房地产、酒店及旅游房地产、工业及仓储房地产和农业房地产;从完工程度上又可以分为在建工程和已建成的房地产。本章基于评估方法的差异性和各种房地产类型在评估中的常见性,主要选择三种类型的房地产——住宅房地产、商业房地产(含酒店及旅游房地产)、商务办公房地产进行讨论。而工业及仓储房地产由于多采用房地分离(成本法),将在之后两章进行讨论。

第一节 住宅房地产价值评估

当今社会,住宅不仅是每个家庭重要的生活资料,也是许多家庭最主要的资产。住宅房地产是全部房地产中占比最大的一类,在城市现有房屋总量中,住宅占50%以上;2015年全国商品房屋销售面积为12.85亿平方米,而住宅销售面积为11.24亿平方米,占比87%。

由于住宅房地产的存量大,交易量也大,又关系国计民生,因此住宅价值的评估是房地产评估业务的重要组成部分。在社会生活中,出于很多目的需要评估住宅的价值,最常见的便是以住宅作为抵押物的抵押价值评估业务,无论是房地产开发商以其开发或拥有的住宅物业抵押融资,还是普通家庭用准备购买的住宅抵押进行买房贷款,都需要评估其住宅的价值。当然,还有许多其他目的的住宅价值评估,如买卖、交换、入股等。

一、住宅的分类

对于住宅房地产,从不同的角度有不同的分类。

最常见的分类方法是按照建筑形态的不同,将住宅分为公寓和别墅。公寓是我国目前最常见的住宅形态,具体又可分为多层公寓(一般六层以下)、小高层公寓和高层公寓(十八层以上);而别墅是指独立入户的大户型住宅,一般带有花园、大露台和车库,高档的别墅甚至设有独立游泳池。我国的别墅按照建筑形态又可分为连排别墅、双拼别墅和独立别墅。

按照档次,住宅可分为普通住宅和非普通住宅(高档公寓和别墅)。而高档公寓和普通住宅的区别非常模糊,各城市的划分标准不同,并随着时间而调整。我国目前所称的高档公寓(即非普通住宅),主要是为了税收的需要,由各地市政府根据市场情况制定的条件来界定的。如 2014 年 11 月,上海调整的普通住房标准为:(1)五层以上(含五层)的多高层住房,以及不足五层的老式公寓、新式里弄、旧式里弄等;(2)单套建筑面积在 140 平方米以下;(3)同级别土地上住房平均交易价格 1.44 倍以下,坐落于内环线以内的低于 450 万元/套,内环线与外环线之间的低于 310 万元/套,外环线以外的低于 230 万元/套。

还有一种分类方法,是将住宅按照市场化程度或价格构成分为房改房、经济适用房、限价商品房和商品房。掌握这种分类方法对住宅的评估是非常重要的。

(一)房改房

房改房又可以叫作已购公房,是指享受国家房改优惠政策的住宅,即居民将现住公房以标准价或成本价扣除折算后(旧住宅还要扣除房屋折算)购买的公房。这类房产在交纳土地出让金之前是不具有土地使用权的,属于部分产权。所以,在房改房上市交易中,国家强制其在办理产权过户时交纳土地出让金。

房改房又分为成本价、标准价(优惠价)两种类型,其房屋交易方式都有所不同。按照国家规定的成本价购买的房产,只要在过户时交纳土地出让金,而且不属于国家限制交易的类型(例如央产房),就可以直接上市交易。而以优惠价(标准价)购买的房产,由于房改时国家或者产权单位给予了补贴或优惠,所以在上市之前,必须先交纳一定价款之后才能像成本价房改房一样上市交易。

(二)经济适用房及共有产权房

经济适用房及共有产权房都是产权型保障住房。经济适用房的产权在出售时不够清晰,而共有产权房则在此方面有较大改进。

1. 经济适用房。经济适用房是指已经列入国家计划,由城市政府组织房地产开发企业或者集资建房单位建造,以较低价格向城镇中低收入家庭出售的住房。它是具有社会保障性质的商品住宅。具有经济性和适用性的特点。经济性是指住宅价格相对于市场价格而言是适中的,能够适应中低收入家庭的承受能力;适用性是指在住房设计、单套面积设定及其建筑标准上强调住房的实用效果。

经济适用房以微利价出售，价格按建设成本确定。其成本价由六项因素（征地拆迁费、开发成本、管理费、贷款利息、税金、3%以下的利润）构成。商品房除以上六项外，还有土地出让金、公共事业和小区开发配套费（如小区营业性配套公建费、人防建设费等），而且其利润不受限制，由市场决定。出售经济适用房实行政府指导价，其售价由市、县人民政府根据以上几项因素综合确定并定期公布，不得擅自提价销售。

在经济适用房的再次转让方面，各地方都有相关的规定。以北京市为例，按照原国土房管局制定的《关于已购经济适用住房上市出售有关问题的通知》，已购买经济适用住房的家庭未住满5年的不得按市场价格出售住房。确需出售的，可出售给符合经济适用住房购买条件的家庭或由政府相关部门收购，出售单价不得高于购买时的单价；已购买经济适用住房的家庭住满5年的，可以按市场价格出售。由出售人到房屋所在地区县建委按成交额的10%缴纳综合地价款。

2. 共有产权房。共有产权房，是指符合国家住房保障有关规定，由政府提供政策优惠，按照有关标准建设，限定套型面积和销售价格，限制使用范围和处分权利，实行政府与购房人按份共有产权，面向本市符合规定条件的城镇中低收入住房困难家庭供应的保障性住房。理论上，共有产权份额的确定应根据政府提供的优惠政策（主要指地价优惠）与购房人出资比例而定，常见的政府产权份额在30%—50%区间。

共有产权房自2007年起在江苏省淮安市进行试点，该模式已在江苏省其他地区获得了推广；2013年，住房和城乡建设部将北京、上海、深圳、成都、黄石、淮安6个城市列为全国共有产权住房试点城市；2014年3月，住房和城乡建设部副部长齐骥在国务院新闻办举行的《国家新型城镇化规划（2014—2020年）》新闻发布会上公开表示，未来对于一些既不属于保障对象，又确实买不起商品房的"夹心层"群体，要建设供应政策性商品住房，发展共有产权住房。

（三）限价商品房

限价商品房按照"以房价定地价"的思路，采用政府组织监管、市场化运作的模式。与一般商品房不同的是，限价房在土地挂牌出让时就已被限定房屋价格、建设标准和户型面积，政府对开发商的开发成本和合理利润进行测算后，设定土地出让的价格范围，从源头上对房价进行调控。实质上，是政府在土地出让金上给予了适当优惠，以扶持住房困难的中低收入家庭。

各地政府对限价商品房的申购条件规定虽不完全相同，但基本条件相似。申购对象主要为无住房或人均住房建筑面积较小的城镇居民家庭，并对其家庭年收入和家庭资产有所限制，当然这个限制条件要比经济适用房宽松。

限价商品房的转让在时间和补偿差价方面有与经济适用房类似的特殊规定。如在北京，限价商品房五年内不得转让。确需转让的，可向户口所在区县住房保障管理部门申请回购。满五年后，可以按市场价出售，但应按市场价与限价房购买价之间差价的35%交纳土地收益等价款。

（四）保障性住房

2023年11月，《国务院关于规划建设保障性住房的指导意见》（国发〔2023〕14号）出台，提出一种新型保障性住房。它与之前的各种保障性住房不同之处在于封闭管理。"对保障性住房实施严格的封闭管理，禁止以任何方式违法违规将保障性住房变更为商品住房流入市场。"以上提到的三类保障性质的住房在一定时间后或满足某些条件的情况下，可以转化为商品住房上市交易，但保障性住房不能上市交易。目前，这种住房还在初期阶段，暂时不会遇到其价值评估的情况。

（五）商品住房

商品住房是我国住房体系的主力，是根据供求关系和市场规律自由定价销售的住房。商品住房用地一般经过公开出让程序，并缴纳了土地出让金。一般在住房取得产权证书后可自由买卖。

总之，我国的以上五种住房中，只有商品住房在再次交易时没有限制。因此，评估其他类型住房时需要特别谨慎，须调查清楚当地对该种住房的相关规定，并思考其对价值的影响。

二、影响住宅价值的主要因素

如第一章所述，影响住宅价格的因素可分为宏观因素和微观因素。宏观因素在第一章中已经进行较为详细的介绍，而微观因素对于不同用途的房地产的影响差异较大。微观因素可分为区位因素、实物因素和权益因素。

（一）区位因素

1. 交通条件。就住宅房地产而言，交通条件主要是指影响居民生活与工作便利性的交通基础设施完善程度。因此，这里的交通条件主要是市内交通，如公交数量与频度、公交线路与延伸区域、站点布设与间距等。这在住宅日趋郊区化、交通日益拥挤、汽车尾气污染日益严重的情况下，显得十分重要。

2. 配套设施。配套设施包括基础设施和公共设施，也是影响人们生活、工作和学习的重要因素之一。大型超市的设置、银行邮局等的布局，会影响人们的日常生活；而学校学区，尤其是重点中小学的学区，仍是现阶段许多家庭所考虑的重要因素。

3. 环境质量。随着人们生活水平的提高、人们环境意识的加强，住宅区环境质量是影响住宅价值的重要因素之一。住宅环境质量主要包括绿化环境、空气质量、卫生状况等。

随着住房制度的改革，住宅市场的放开，房地产开发商竞争意识的加强，人们对住宅的选择日益多元化，区位因素日益重要。在一些经济基础较好、住宅商品化程度较高的大城市，已出现了明显的居住空间异化，区位优势或劣势日益显现。如南京市已出现了较明显的住宅房地产空间异化现象。环境（风景）良好、设计新颖、物业管理较好的东郊中高档住宅区，如首稽园小区，已成为南京市中高收入阶层购房置业的主要考虑对象；城市中心附近良好的基础设施，尤其是重点中小学的布设，是广大居民购房的重要考虑因素；河西龙江小区则由于省政府职能部门住宅楼和高校高层住宅群楼的出现，显现出较好的区位优势。

（二）实物因素

房地产的实物因素较为复杂，不同分类的住宅房地产有其特有的实物因素。此处以最常见的公寓类住宅为例，分析其价值的主要实物因素。

1. 建筑结构。建筑结构可分为砖混结构、砖木结构、框架结构等，对于住宅房地产而言，不同结构的住宅不仅在耐用年限和抗震性能方面不同，还会影响住宅分割的灵活性，从而影响房型布局。如框架结构的住宅，由于墙面不承重，因此可一定程度地改变其房型，以更好地满足居住者的空间需求。

2. 面积。在住宅房地产的评估中，用于比较的价格是单位价格。但单位价格通常会受到单套住宅总面积的影响。如同样是两房两厅一卫的房型，在目前我国的大多数城市中，通常大户型的单价要比小户型的单价低。

3. 房型（布局）。房型布局的合理性会很大程度影响居住质量，因此对住宅价格的影响很大。合理的布局要求房间的面积分配合理，每个房间满足各自的功能要求，采光与通风性良好，功能区划分合理。

4. 朝向。朝向除了考虑采光、通风等因素外，还有一个重要的因素是景观。一般来说，朝南的住宅优于其他朝向的住宅，但当北向面对的是美丽的海景或江景时，北向的住宅也会有较高的价值。

5. 楼层。多层电梯住宅的最佳楼层是高低适中的楼层，而高层住宅则通常是楼层越高价格越高。

6. 房龄及质量。房龄指建筑建成到价值时点的时间间隔。建筑质量主要指保温、隔热设施，防水防渗措施等是否符合标准及质量等级。

7. 装修。装修情况分为外部装修和内部装修两个方面。外部装修注重装修的风格及美观性，不同的住宅由于设计的建筑风格和选用材料、色彩不同，即使装修的成本相同，也会对价值产生不同的影响。在内部装修方面，毛坯房与装修房的价格差距很大，粗装修、普通装修与高档装修的差别也很大。

8. 设施。设施主要指室内供排水、供气、通信等管线的完备程度。

9. 小区环境及物业管理。这里的小区环境细分来讲，有物理环境和人文环境两个方面。物理环境指住宅小区内的绿化、景观等；人文环境指居住的人群的素质等。物业管理会一定程度上影响住宅小区在以上两个方面的环境质量。

（三）权益因素

住宅房地产权益状况的内容主要包括土地使用期限、共有情况、租赁或占用情况、税费拖欠情况、用益物权设立情况、担保物权设立情况、查封等权利限制情况、权属清晰情况等。值得注意的是，住宅的房龄显示的是建筑物的新旧情况，并不完全代表其所在土地的使用权剩余期限情况。我国出让的国有土地均有明确的使用期限。但对于住宅房地产，土地到期后如何处理目前并没有明确的规定，很难确定未来是否对税收等使用成本产生影响，所以住宅所在土地的剩余使用年限差异是一个值得关注的权益因素。

三、住宅房地产评估的基本思路和方法应用特点

从评估目的而言，目前住宅房地产评估的主要目的是买卖、抵押，也有部分是租赁、入股、清产核资等。随着住宅房地产市场化程度的提高，有关法律法规的完善，以交换、分割、课税等为目的的评估将日渐增多。从评估对象而言，有单套住宅（一套或多套）的评估，有批量住宅（如整幢住宅楼）的评估，或一个独立居住小区的评估。从评估的特点而言，可以将评估对象分为两类：新建居住房地产和旧有居住房地产。

（一）单套住宅与批量住宅房地产评估

对于单套住宅的估价，由于比较容易找到可比性较好的近期交易实例（如同一住宅小区，甚至同一幢住宅楼的交易实例），因此通常采用市场比较法进行；而对于批量住宅（整幢住宅楼）的评估，或一个独立居住小区的评估，通常涉及的资产金额较大，需要用市场法和成本法两种方法同时进行评估。在对整幢住宅楼的评估中，主要评估方法为：以市场比较法为主求取其比较价值，以成本法为辅求取其成本价值，然后对两种价值进行综合平衡分析，评定出待估房地产的价值。由于住宅房地产（特别是公寓住宅）的可比基础较好，比较法评估出的价值较为可靠，通常会用市场比较法得出的比较价值作为主要参考。

批量住宅房地产评估的市场比较法思路为：（1）选取作为评估对象的批量住宅中的一套或几套作为典型住宅，按照单套住宅市场法进行评估（详见本节下一部分）。（2）制定适用于该住宅小区内其他单套住宅的修正体系表，一般包括楼栋、楼层、朝向、房型和面积的修正。（3）编制批量住宅房地产中各套住宅的修正表。根据典型住宅的价格，将各套住宅与之比较，利用修正体系表进行以上各方面的修正，得出各套住宅的价格。（4）将批量住宅中各套住宅评估价值加总，得到批量住宅房地产评估总价值[①]。

（二）新建住宅与旧有住宅房地产评估

1. 新建住宅房地产评估。若同类住宅房地产有较多的交易案例，优先采用比较法进行评估。但在采用比较法进行评估时，应注意：（1）尽可能多地收集交易案例，并选择不少于3宗在区位条件、小区设施、房屋结构与套型等方面相似的，交易时间较近

---

① 批量住宅房地产的评估可参见本章案例。

和交易情况正常的比较案例；（2）对住宅房地产的土地使用权性质、使用年期、房屋结构、类型、式样、层数、朝向、面积、内部空间布局、装修情况等认真调查，详细比较和分析，并判断其对房地产价值的影响程度。

新建住宅房地产，一般也可采用成本法评估。由于新建住宅房地产是新近建成的，开发过程中发生的各项成本或费用比较直接，相对容易取得，故采用成本法进行评估。在评估实务中，由于住宅房地产开发过程中发生的成本项目较多且较杂，因此，评估时应注意以下几点：（1）成本的全面性。各项成本，包括利息、利润，也包括不一定合理但政府认定的各项费用，均应计入，不能遗漏。（2）成本的客观性。尽管目前开发过程中的成本较多，也较杂，但评估中所取得的成本应是正常水平下的客观成本，即社会平均水平下的成本，而不是个别成本，如开发商利润、管理费、销售费用等的确定。（3）资金的时间价值。在评估时应注意各项成本的时间差异，并进行修正统一。

2. 旧有住宅房地产。旧有住宅房地产的评估主要有比较法和成本法。若采用比较法，则是对旧有住宅房地产的整体性评估，故称整体评估思路；若采用成本法，则将土地与房屋分别评估后加总，故称分别评估思路。

（1）比较法（整体评估）。若市场上类似交易案例较多，旧有住宅房地产也可采用比较法进行评估。对于旧有住宅房地产而言，在采用比较法的过程中，注意首先考虑土地的尚可使用年限，选择房龄相近的住宅房地产作为可比对象（不仅仅是建筑外观的新旧程度相似）；另外，对房屋新旧程度以及固定于建筑物上设备的新旧程度等的判断和比较要慎重，尤其是一些已有较长使用年期的住宅建筑或单元。

（2）成本法（分别评估）。成本法评估旧有住宅房地产，通常是土地与建筑物分别评估，合并计算。

其中的土地价值部分可由比较法、基准地价修正法等进行评估得出土地的重新构建价格，然后进行土地使用年限的修正。

建筑物价值部分则由重置成本法进行测算。重置成本法评估建筑物价值时，应注意：①调查和了解待估建筑物的建成年代、使用与保养状况、建筑结构及其相应的耐用年限与残值率。②收集本地区或本城市相应建筑结构的重置价格。由于建筑物重置价格从评估到公布有一定的时间，故评估时应根据实际的重置价格的基准日进行时间差异修正，将其修正到价值时点。③明确土地使用权性质，如出让国有土地使用权，应注意土地使用权年限、剩余使用年期等是否构成对建筑物耐用年限的制约。

四、市场法的住宅房地产价值评估

在住宅房地产的评估中，市场比较法是最常用的方法。市场比较法有四个基本步骤：收集和选取实例、建立比较基础、进行比较修正、求取比较价值。下面将对住宅房地产市场法评估在各步骤中应注意的问题进行讨论。

（一）收集和选取实例

住宅房地产的交易实例一般较多，收集起来较为容易。然而，合适可比实例的选取是市场法的关键。如第二章所述，选择实例时需从交易情况、市场状况（交易时间）和房地产状况三个方面进行考虑。

1. 交易情况。交易情况方面需要考虑如下三个方面的内容。

（1）交易方式是否正常。住宅房产的正常交易方式是买卖双方经过充分的讨价还价的协议方式，但也会存在一些特殊的交易方式，如拍卖方式成交的住宅房产。由于银行贷款无法偿还、不正当取得的住宅房产收归国家等原因，将住宅房产进行拍卖，也是目前存在的一种住宅房地产交易方式。在住宅房地产市场评估中一般不选择以拍卖方式成交的房产作为可比实例，因为特殊的交易方式可能会造成成交价格偏离。

（2）交易状况是否正常。在房地产成交中有一些特殊因素会造成交易价格不正常。关联交易、急买急卖、特别偏好等在住宅房地产成交中都可能发生。比较常见的一种是为了户口、入学等原因，亲人之间进行的住宅房产交易。这种交易实例一般不选作可比实例。

（3）交易税费是否正常负担。房地产的正常成交价是指在买卖双方各自负担自己应缴纳的税费情况下的价格。目前，在我国的住宅房地产交易中，买方主要交纳契税，卖方则可能需要交纳增值税和所得税，以上各项税种的税款金额一般较大。如果在交易中双方没有按照法定要求承担税费，其成交价格就不是正常成交价格。如不少城市中二手房交易采用"到手价"方式，即所有税费均由买方承担。这种交易实例比较常见，其成交价格虽然不是正常的，但可以调整为正常成交价格，因此可以选作交易实例。

2. 交易时间。在选择交易实例时，可比实例的成交日期应与价值时点接近，《房地产评估规范》中要求不宜超过一年。住宅房地产因为交易实例较多，因此选择余地大。我国住宅房地产市场价格的波动也比较大，因此尽量选择交易时间与价值时点差距近（6个月之内）的实例。在住宅房地产市场波动剧烈的时期，在选取交易实例时应更为严格，把交易时间作为实例选取的首要考虑因素。

3. 房地产状况。房地产状况的分析包括实物、区位和权益三个方面，因此，在选择交易实例时也要从这三个方面来考虑。（1）权益因素。要选择在性质上相同的房产来作为可比实例。如上所述，住宅房地产根据权益性质可分为房改房、共有产权房、限价商品房和商品房，在评估商品房价值时不能选择共有产权房等性质的住宅作为可比实例，因为其价格内涵是不同的。（2）区位因素。一般选择同一住宅小区或周边住宅小区中的交易实例作为可比实例，一般不会超出住宅所在的房地产板块。住宅房地产板块，就是指住房特征相似、房价水平相当的一些城市区域。对于住宅房地产而言，各城市都有住宅板块的划分，板块的区域面积一般小于行政区。以上海为例，一个行政区可以划分为3—10个住宅房地产板块。（3）实物因素。选择产品形态、建筑结构和户型大小等重要实物特征方面与评估对象相近的住宅交易作为可比实例。在我国，七层以上住宅一般采用钢筋混凝土框架或剪力墙结构，而七层以下住宅则可能采用砖混结构。以别墅住宅为例，砖混结构的别墅与钢筋混凝土结构的别墅相比，在空间划分的灵活性、抗震性等方面都较差，造价也相对较低，一般不应把这两种不同建筑结构的别墅进行比较。

（二）建立比较基础

如第二章所述，选取可比实例后，应建立比较基础，对可比实例的成交价格进行标准化处理。统一标准化处理应包括统一财产范围、统一付款方式、统一融资条件、统一税费负担、统一计价单位。在住宅房地产评估中，主要遇到的是统一付款方式、统一融资条件和统一税费负担三个问题。

1. 统一付款方式。统一付款方式是指将可比实例不是在成交日期或一次性付清方式下的价格，调整为在成交日期且一次性付清的价格。在新建商品住宅的成交中，由于售房时间与交房时间相隔较长，可能会遇到分期付款的情况。特别是在交易额较大的住宅房地产交易中，如新建别墅的预售中会比较常见。此时要考虑资金时间价值，运用适当的折现率（通常为房地产开发商的平均融资成本），将分期付款中的现金流折现到成交日。

2. 统一融资条件。住宅房地产交易中，一般不向卖方提供融资。但是，目前也出现了房地产开发商或存量房交易中介公司向卖方提供融资的情况。新建住宅销售中，房地产开发商可能提供部分低息或免息贷款，特别是在市场不太繁荣时比较常见。其提供融资的回报已包含在房价当中，应该予以调整。

3. 统一税费负担。如前所述，在城市二手房交易中常采用"到手价"方式，即所有税费均由买方承担。在选择这种交易实例时，其成交价格是非正常的，需要统一税费负担，将其调整为正常成交价格。调整思路是：将卖方本应负担但未负担的价格加回到"到手价"中。

【例5-1】上海市某房地产交易，成交价为8 000元/平方米，交易中的税费均由买方负担，则该房地产交易的正常成交价格是多少？（二手房交易税费如表5-1所示，出售方仅持有该房产1年，是唯一住房）

表5-1　　　　　上海市二手住房过户交易费用（2024年10月）

序号	税费项目	出售方	购买方	收款人
1	印花税	0.05%	0.05%	交易中心
2	手续费	4元/平方米，上下家各付一半		交易中心
3	契税		首套 ≤90平方米 1% 首套 >90平方米 1.5% 非首套 3%	交易中心
4	增值税及附加	税率5.3%，税基视情况而定		交易中心
5	所得税	税率20%，税基差价		交易中心
6	权证登记费		80元	交易中心
7	代理费	1%	1%	中介机构

进行税费负担的调整：

设正常成交价格为 X 元/平方米：

$8\ 000 + [(0.05\% + 5.3\% + 1\%)X + 4/2] = X$

$X = 8\ 584$（元/平方米）

该交易经税费负担调整后的正常成交价格为 8 584 元/平方米。

（三）进行比较修正

和选取交易实例时一样，市场比较法中的比较修正应从交易情况、市场状况（交易时间）和房地产状况三个方面进行考虑。

1. 交易情况修正。住宅房地产交易案例较多，一般不因为可选交易案例不足而选择交易情况不正常的交易案例。因此，一般无须进行这方面的调整。

2. 市场状况修正。市场状况修正应在调查及分析可比实例所在地同类房地产价格变动情况的基础上，采用可比实例所在地同类房地产的价格变动率或价格指数进行调整，且价格变动率或价格指数的来源应真实、可靠。对于住宅房地产，目前我国有两个相对权威的价格指数：中国房地产指数系统（CREIS）和70个大中城市住宅销售价格。

中国房地产指数系统也称中房指数，是一套以价格指数形式来反映全国各主要城市房地产市场运行状况和发展趋势的指标体系和分析方法。它最早由国务院发展研究中心、中国房地产协会、中国房地产开发集团等于1994年发起，分别于1995年和2005年两次通过学术鉴定。中房指数目前覆盖全国主要城市，定期发布中国主要城市的房地产价格指数，主要包括百城新建住宅价格指数、百城二手住宅价格指数、50城住宅平均租金指数等，是中国目前覆盖范围最广、包含城市最多的住房价格指数系统。需要注意的是，以上指数的表达方式是均价，但实际上是经过处理的不变价格指数。百城指数通过GDP、常住人口、房地产开发投资额等指标，选择100个最具代表性的城市进行统计。

国房景气指数也称国房指数，是全国房地产开发业综合景气指数的简称，这是国家统计局在1997年研制并建立的一套针对房地产业发展变化趋势和变化程度的综合量化反映的指数体系，该指数体系是由8个分类指数合成运算出来的。用于计算国房景气指数的指标有土地出让收入指数、完成开发土地面积指数、房地产开发投资指数、资金来源指数、商品房销售价格指数、新开工面积指数、房屋竣工面积指数、空置面积指数。其中，涉及住宅交易的是中国住宅销售价格指数，由70个大中城市的新建住宅销售价格指数、二手住宅销售价格指数组成。同时，还公布针对不同面积的新建商品住宅价格分类指数（按面积分为90平方米及以下、90—144平方米、144平方米以上）、二手住宅价格分类指数。

3. 房地产状况调整。房地产状况调整应消除可比实例状况与估价对象状况不同造成的价格差异，包括权益状况调整、区位状况调整和实物状况调整。在住宅房地产中权益状况需要调整的情况不多，主要出现在租赁或占用情况、拖欠税费情况等方面，按实际金额调整即可。住宅房地产市场法中主要需要调整区位状况和实物状况。

（1）住宅房地产比较因素的选择。市场比较法中比较因素的选择有两个原则：一是全面性，应包含所有可能造成住宅价值差异的因素；二是差异性，两个因素之间应该有差别，避免重复考虑，如房龄和外观两个因素，就存在重复之处。

对于住宅房地产而言，根据其实物形态的差异，可分为公寓和别墅。这两类住宅在比较因素的选择上有明显的差别。

①公寓类住宅比较因素选择。在我国的住宅市场上，以公寓类住宅为主。公寓类住宅的可比性较强，差异性较少。影响其价格的主要实物因素请参照本节第二部分中的内容。归纳起来推荐表5-2作为公寓类住宅修正之用。

表5-2　　　　　　　　　　公寓类住宅比较因素及修正表

修正因素		实例A	实例B	实例C
交易价格（元/平方米）				
市场状况调整				
交易情况修正				
区位因素	交通条件			
	配套设施			
	环境质量			
个别因素	建筑结构			
	面积			
	房型（布局）			
	房龄及质量			
	朝向			
	楼层			
	室外装修（建筑风格）			
	室内装修			
	小区设施及环境			
	物业管理			
权益状况	土地使用期限			
	租赁情况			
	拖欠税费情况			
	权利限制情况			
	权属清晰情况			
修正价格	修正指数			
	修正后价格			

②别墅类住宅比较因素选择。随着人们居住质量需求和经济实力的增加，别墅类住宅越来越多。在我国别墅住宅又可以分为独立别墅、双拼别墅、连排别墅和叠拼别墅。别墅类住宅的差异性较强，涉及的价格影响因素较多，表5-3可作为别墅类住宅修正之参考。

表 5-3　　　　　　　　　　　别墅类住宅比较因素及修正表

修正因素		实例 A	实例 B	实例 C
交易价格（元/平方米）				
市场状况调整				
交易情况修正				
区位因素	交通条件			
	配套设施			
	环境质量			
个别因素	建筑结构			
	庭院面积			
	地上建筑面积			
	地下室面积			
	室外装修（建筑风格）			
	层数			
	房龄及质量			
	供暖/制冷			
	车库/车棚			
	走廊/露台			
	壁炉			
	游泳池等			
	室内装修			
	小区环境及物业管理			
权益状况	土地使用期限			
	租赁情况			
	拖欠税费情况			
	权利限制情况			
	权属清晰情况			
修正价格	修正指数			
	修正后价格			

（2）差别量化方法。在选择了比较因素后，如何量化差别也是影响评估结果的重要环节。许多房地产评估的著作中都忽略了这一环节，认为这是依靠评估人员的经验进行的。然而事实上，评估人员是依据一定的原理和思维来进行修正的，对于初学者而言，弄清楚这些修正思路是非常重要的。

如果可比实例与待估房地产相比有更好（或更差）的设施或特点，它就会有更高（或更低）的售价。从该可比实例中减去（或加上）该设施或特点的市场价格，那么它与待估房地产就完全相同了。修正过程中，可直接修正价格，也可采用百分比进行修正。具体思路如下。

①配对数据分析。配对数据分析是最常用的差别量化方法。该方法通常包括寻找两个（最好有更多）与待估房地产除了正在研究的条件之外几乎相同的交易案例。这两个房地产的价格差异就可以归结为是由该条件造成的。如楼层差异的修正，选择的两个房地产只有楼层有差异，总楼层数为12楼，一个位于8楼，一个位于10楼，其交易单价分别为4 950元和5 050元，而可比实例位于9楼。通常小高层公寓住宅的楼层越高，价格越高，这里楼层因素修正值应为楼层每增加一层，住宅单价增加50元，对于待估房地产，楼层每增加（减少）一层，住宅单价也应增加（减少）1%。这也许看起来非常基础和明显，评估人员每天都做这样的工作来确定修正值，但事实上他们所做的是一个配对数据的选取过程。

这个过程易于理解，但配对数据分析有时可能出现偏差。首先，房地产的异质性使得找到可采用该方法的几乎相同的近期交易的住宅房地产可能存在困难。如果存在许多不同的条件，那么经过数番条件修正后很难得到一个精确的数额。此外，对于可比实例的卖主的动机或者其他与房屋特性无关的细微差别很难辨别。一些评估人员在不知道可比实例的具体特征和其他细节的情况下，从配对交易中选取修正率，会导致该方法的使用存在可靠性问题。评估人员也许根本不知道所有数据的情况，并且仍然认为所有价格上的差异源于房屋的特性，而事实上却是一些数据的缺失造成了这种差异。

市场上的一些行为也有可能使该方法失效。房地产的某一特性对某个买主而言值更高的价钱是很正常的情况，这意味着针对房地产的同一特性，不同的买主会支付不同的价格。如果某一独栋式别墅住宅的买主是奥运会的游泳运动员，并且期望他们的孩子将来也能参加奥运会，那么在特定市场上他们会比其他买主为别墅的室外游泳池支付更高的价钱。市场数据很有可能因为各种原因而使价格呈现矛盾的结果，这可以通过对更多可比实例进行调查来解决。

②折旧成本法。对于那些具有独立功能的比较因素，如地下室、车库、取暖设施等可以采用其他方法来确定修正值。这些方法包括折旧成本法和收益成本还原法。

折旧成本法极少被提及，却经常被评估人员、信贷人员、大多数评估报告的读者和公众使用。这种方法虽然存在一定的问题，但非常快捷，很有逻辑性，自然很有说服力。也就是说，某一部分的价值扣除合理的折旧（物理、功能和外部等损失）后，应当与成本接近。

采用此种方法，任何部分的修正值都可以通过从重置成本中扣除所有形式的折旧计算出来。这句话中的关键词是"所有形式"。也就是说，新建房屋中尚未竣工的地下室成本是1.5万元，其含义是该地下室是非常理想的改良建筑（意味着尽管空置，但符合最高使用标准），没有任何外部的损失，在修正表中价值1.5万元。根据定义，如果该地下室与理想的设计一致，那么就没有任何功能退化。如果没有任何外部缺陷而且是全新的，那么就没有物理的损失。因此，该部分的价值就是它所花费的成本。如果某个部分的价值与成本不一致，那么它肯定存在某种形式的折旧。当然，这种方法如果不与市场直接联系，很难辨别是否存在外部或功能折旧。这意味着如果评估人员总是从重置成本中扣除一定比例的物理折旧，那么其他的折旧就会被忽略。

折旧成本法尽管存在缺陷，却是核对修正值合理性的最为广泛接受的方法。如果某个知识渊博的人在没有其他任何市场数据的情况下被要求评估某个使用了 5 年的走廊的价格，其重置成本是 5 000 元，那么它的价值很有可能在 3 000—4 000 元区间，不会太多也不会太少。这种方法大致上精确，不需要太多计算，在如今快节奏的市场中存有一席之地。

③收益成本还原法。此方法通常考虑由于房地产的某一特性而导致的房地产收益的增加值或减少值。通过用年增加或减少额除以资本化率或者用月租金增加或减少额乘以毛租金乘数计算得到总现值。在某些情况下，这种方法需要采用配对数据分析来提取收入中的损失或收益，但在其他一些情况下，这种损失或收益可以通过其他方法很容易得到。例如，正常取暖设备与功率过小的取暖设备的差异价值的调整可以通过用额外的年取暖成本除以资本化率得到。同样，车库的价值可以用合同上规定的月租金乘以毛租金乘数得到。

（四）求取比较价值

求取比较价值的方法在住宅房地产中没有不同之处，需要经过综合分析确定比较价值。对于住宅房地产，同一住宅小区内的交易案例的相似性更强，可以在求取比较价值时更多地进行参照，或赋予更高的权重。

第二节　商业房地产价值评估

商业房地产指用于商业目的的房地产，包括百货商场、购物中心、超级市场、商业店铺等。另外，酒店房地产与商业房地产有很多相似之处，因此它也具有商业房地产的一些特点，影响其价值的因素也与商业房地产类似，采用的评估方法也基本一样。由于篇幅原因，本书不再赘述。

商业房地产的交易较为频繁，是房地产评估中经常遇到的类型。而商业房地产的复杂性，及其相对较大的价值，使商业房地产的价值评估成为房地产评估中的一个较难的部分。

一、商业房地产的分类

商业房地产的形式多种多样，包括商业中心、购物中心、商业街及各种专业市场等。尽管都是商业房地产，但很显然不同地域、不同类型的商业房地产，其建筑特点、商业环境、运营特点都会显著不同。在此对商业房地产进行必要分类，对于更好地进行商业房地产的价值评估是很有必要的。商业房地产的分类方式有很多，以下主要按照开发形式对其进行分类。

(一) 商业中心、购物中心、百货商场

商业中心、购物中心、百货商场类商业房地产是大型、集中型的商业房地产。百货商场及各种类型购物中心的运营好坏对驻扎在里面的商铺的经营状况有着直接而深远的影响。目前，国内有很多此类正在运营的项目，另外也有不少大型SHOPPING MALL项目在国内多个大中城市开发建设。随着在线购物的兴起，单纯购物功能的购物中心、百货商场类房地产正在逐渐失去竞争力。

(二) 商业街

商业街指以平面形式按照街的形式布置的单层或多层商业房地产，其沿街两侧的铺面及商业楼里面的铺位都属于商业街类商业房地产。

商业街过去十年在国内取得了良好的发展，其中包括建材、汽车配件、服装精品街、酒吧街、美容美发用品街等。上述以某类商品为经营内容的商业街起步较早，大多数已经取得了成功，有些跟风项目的经营情况并不好。当然也有不少商业街采取各类商品混业经营的方式，商业街的命名只体现地点特征，这类商业街取得成功的较少。

(三) 市场类商业房地产

在这里，我们所说的"市场"是指各种用于某类或综合商品批发、零售、经营的商业楼宇，有些是单层建筑，大多数是多层建筑。这类市场里面的铺位就是我们所说的市场类商铺。

市场类商铺在零售业中所占比重比较高，在全国各地都有大量从事某种商品经营的专业批发和零售市场，比如图书交易市场、电子市场、家用电器市场、家具城、建材城等。

(四) 社区商业

社区商业指位于住宅社区内的商用铺位，其经营对象主要是住宅社区的居民。

社区商铺的表现形式主要是1—3层商业楼或建筑底层商铺，有些铺面可以直接对外开门营业，但多数属于铺位形式。

(五) 写字楼商铺

商务楼、写字楼商铺指酒店、商住公寓、俱乐部、会所、展览中心、写字楼等里面用于商业用途的商业空间。这类商铺的规模相对较小，但商业价值很值得关注。

(六) 交通设施商铺

交通设施商铺指位于地铁站、火车站、飞机场等交通设施里面及周围的商铺，以中小型商铺为主。

二、商业房地产价值的主要影响因素

就房地产交易而言，商业房地产价格仍是市场供求双方动态平衡的结果，其价值的主要影响因素侧重于其预期的收益能力，具体表现如下。

（一）商业、服务业繁荣程度

商业、服务业繁荣程度是指商业房地产的商业区位条件。商业、服务业繁荣程度大，其吸引与辐射范围、日均客流量、消费者购买力都会比较大，有利于商业房地产预期收益水平的实现。因此，一般较大的商业房地产，尤其是以零售为主的商业房地产，多处于城市的中心或次中心地段。而各类大型商业房地产的集聚与加盟，更进一步加强了集聚地区的商业、服务业繁荣程度。如上海的南京路、淮海中路，北京的王府井、西单，南京的新街口等，吸引着整个城市乃至更大区域范围的购买人流。

此外，随着商品品种的丰富、人们对服务要求的提高、经营理念的变化，各类具有相当规模的专业性市场也大量出现，如家电商场、建筑装饰材料市场、大型超市等。这些专业性市场往往在一般的非CBD区，乃至偏远地区，如大型开发小区附近，它们形成了具有一定规模的专业性商业、服务业中心。

（二）交通条件

交通条件对商业房地产而言，也是极为重要的。这一方面确定了顾客前往商业房地产的方便程度，主要受公交便捷度，机动车、自行车停车方便度等的影响；另一方面则确定了经营者进卸货的方便程度。如某大型服装批发商场，由于市政府整顿附近的交通秩序，封住的道路大部分是货物通道，导致商场的价值大大下降。

道路交通条件的改善可以给沿途商业带来巨大的人流，对于商业房地产而言，集中的人流固然重要，但也要看这些人流是不是有效的消费群体。一般而言，公共交通特别方便的地方不适合做高档的商业物业，如火车站、汽车站附近一般不会有高档的商业物业。

（三）临街状况

商业房地产多是临街的，这是由可及性原理对商业房地产的作用所决定的。可及性原理表明，房地产价值，尤其是土地价值，随临街距离的增加呈指数式递减。"酒香不怕巷子深"的中庸思想已不适用于竞争日趋激烈的市场经济。临街情况越好，利用率越高，其价值也越高；反之则越低。如街角地或两面临街的房地产，其价格较一面临街的房地产要高；靠近公交站点的商业房地产，价格一般较高。位于街角地的商业房地产，尤其是大型商业房地产，若门前没有足够的缓冲场地（包括停车场地），将影响人流出入的方便性，不利于商业房地产的利用，不利于其价值的提升。

(四) 经营业态

据统计,不同用途的商业房地产,在不考虑经营管理水平等因素影响的情况下,其经营收益能力或租赁价格是不同的。一般而言,各业态的收益能力或租金承受能力从高到低的顺序是:珠宝首饰、化妆品、女子时装、体育用品、书店、男子时装、电器、餐饮、家居、杂货。当然,上述顺序在不同城市的表现不是千篇一律的,尤其是中国处于市场经济发育初级阶段,各类商业物业的收益能力的稳定性和抗风险能力较弱。

(五) 经营模式

商业房地产的经营模式可分为统一经营和分散经营。通常的百货公司、大多数购物中心都是统一经营的,有一个统一的商业管理公司,对物业的招租和日常营业进行统一的管理,有选择地挑选商户和有序的日常经营管理会对商业物业的价值产生很大的正面影响。而出售型的商业房地产,多数没有统一经营,由各商铺的业主自行租赁,只提供基本的物业管理服务。这样的分散经营模式,通常不能带来好的商业氛围,从而影响商业物业的价值。

(六) 其他

商业房地产的内部布局、楼层、楼层面积与形状、净高、装修、转租的可能性与方便性等,都是商业房地产价值的重要影响因素。一般而言,对于零售型商业房地产而言,应有一定的经营面积,如果面积太小或形状不规则,则不利于人的流动和商品交易;同样,其内部格局及过道应有利于人们的流动和驻足,这要妥善处理过道面积与经营柜台面积的矛盾;楼层的净高也应有一定的要求,给人以开阔感,同时需满足通风及空调等设施的安装要求。

三、商业房地产价值评估的基本思路和方法选择

(一) 基本思路

商业房地产的评估对象可能是一个独立的商业铺面、商业房地产中的部分楼层、整条商业街或整个购物中心等。对综合了许多业态和商家的大型商业房地产进行评估时,通常需要对不同业态、不同楼层的各类商业物业分别进行评估。因为它们可能需要采用不同的评估方法,即使采用同一种方法(如收益法),也可能因为风险等方面的差异需要采用不同的资本化率进行评估。

(二) 评估方法选择

商业房地产的一个重要特点是其收益性,它的价值主要由价值时点和潜在的收益能力决定的。因此,商业房地产评估业务中最常用的方法是收益法,市场法和成本法可有选择地采用,是收益法的有益补充。对于评估对象规模较小的商业房地产,如单个商业

铺面或商业房地产中的部分楼层，由于其相对简单，容易在市场中找到可比的交易实例，通常应采用市场比较法作为收益法的补充，综合评定其价值。而对于评估对象规模较大的商业房地产，如整个购物中心，由于其自身的复杂性，很难找到可比的交易实例，市场法没有运用的基础，在这种情况下，成本法可作为另一种评估方法，与收益法一起得出评估结果。如果商业房地产的评估是用于抵押、破产、兼并，往往将成本法评估的结算价值作为辅助参考。

1. 收益法是主要评估方法。在具体估价实务中，根据收益法的基本原理和计算公式，基本评估思路为：估计净收益（客观收益、成本与费用）及收益年限；确定资本化率；选择适当的收益计算公式求取收益价格。要想比较准确地评估商业房地产的收益价格，一定要把握好各种商业房地产净收益的基本特点。这里涉及的问题较为复杂，将在本节的下一个问题中具体讨论。

2. 市场法在商业房地产评估中的运用。对商业房地产而言，运用市场比较法需要特别注意。不同的商业物业类型、经营规模、企业历史与信誉等，都是商业房地产价值的重要影响因素。不同的物业类型，有可能存在较大的收益能力差异，从而导致比较基础较弱；而经营规模、企业历史与信誉等，对商业房地产的影响较大，在选择比较案例与进行比较修正时，应该予以考虑。

3. 成本法在商业房地产评估中的运用。成本价值在商业房地产评估中仅处于次要地位。当这些房地产除了拥有非常好的位置、建筑质量和装修之外，还存在不必花费太大的费用就可以完全重新分割内部的空间的可能性时（平面布局的灵活性），成本价值才能起到一定的评估作用。一个高质量的、投资额很高的房地产，如果位于好的商业区位，尽管在设计上仅实现了单一的功能，但一定具有非常高的价值。不过从经济学上来看，这种单一功能性的设计肯定不能或者不会永远满足使用的需要。如果想改造成其他的用途和功能，那么所需要的费用会非常多，或者是根本不可能的（例如层高受到限制）。所以，如果这种功能单一的商业房地产已经不能满足现实的需要，在出售时可能仅仅具有土地价值，还要减掉地上建筑物的拆迁费用。在房地产评估时，一定要注意投资者在高价值商业房地产领域的这类市场行为。

上文的论述绝不意味着成本法从根本上来说是无用的。在评估收益性房地产时，作为其他方法（主要是收益法）的辅助方法，成本法还是占有一席之地的。一个负责任的评估人员在评估大型商业房地产时都会补充评估收益性房地产的成本价值。

如果评估得出的成本价值较低，而收益价值较高，就必须非常小心地对待通过收益价值最后得出房地产价值的这种做法。因为在这种情况下，评估出的较高的房地产收益价值很可能源自理想状态的房地产市场，存在房地产市场状况在短时期内变化所导致的房地产价值发生巨大变化的风险。换句话说，投资于这类房地产存在着较高的风险，这类风险必须通过较高的房地产资本化率予以考虑。如果评估得到的房地产成本价值与收益价值的数量关系正常（根据经验，两者的差异在 ±20% 之内被认为是正常的），而且所评估的房地产在使用上具备良好的灵活性，就可以认为其风险较低。

上文的论述说明了，在评估大型商业房地产时，尽管收益法是评估收益性房地产的主要方法，但成本法作为一种检查工具同样不可或缺。

四、收益法的商业房地产价值

（一）实际收益与客观收益

根据房地产评估原理，评估上的所谓收益不是某物业的实际收益，而是客观收益。客观收益的评估，通常要用到市场比较法，不能简单地认为某商业房地产的实际收益就是客观收益而直接用于评估。但评估对象已经包含的租约代表了该房地产目前的实际收益，它通常是评价客观收益的基础，而且会影响最终的评估价值。

正确地认识商业房地产中的租金是非常必要的。对于刚刚开始运营的商业房地产而言，其租约中的租金水平通常较低，因为可能还没有形成较好的商业氛围。在考虑物业长期的客观收益时，应该对将来的情况进行合理的估计。在大型商业物业中，如购物中心，通常存在一个或几个主力商家，如大卖场（家乐福等），它们租用的面积通常较大。通常这类商家的租金相对此商业物业中其他商家的租金要低得多，首先因为它们通常租用的面积大、时间长，其次因为它们能为此商业物业吸引更多的人流，从而增加其他商铺的价值。因此在估计其客观收益时，要考虑其较低的租金水平。

关于租约与客观收益有差异时，如何影响评估值的问题，将在下一节商务办公房地产中具体举例说明。

（二）商业房地产的租金及出租面积的计取

由于商业房地产的种类很多，每种商业房地产有各自的特点，所以在商业房地产的租赁过程中，其租赁面积的测算方法和租金的计取方式多种多样。了解这些不同，是用收益法评估商业房地产价值的基础。

1. 商业房地产的租金。在实践中，商业房地产的租金计取主要有以下四种方式。

（1）固定租金。这种租金计取方式很容易理解，签订租赁合同时直接约定给商业物业的租金为每平方米每天多少钱。分散的商业街铺较多采用这种租金计取方式，因为它最为简单，容易操作。

（2）营业额提成。这种方式没有固定的租金，直接商定租金按照商业物业的营业收入的一定比例进行计取。营业额提成要求商业房地产的出租人能够准确知道经营者的营业收入，因此通常采用统一收银的方式。

（3）基本租金+营业额提成。这种方式是以上两种方式的一种折中方案。

（4）固定租金与营业额提成中取大。按营业额提成计取的租金如果超过了最初商定的固定租金，就按照提成方式计取租金；反之，按照固定租金计取。采用这种租金计取方法的商业物业通常地段较好，在租赁过程中较为强势。

2. 商业房地产的出租面积。商业房地产的出租面积与租金有密切的关系。在固定租金方式下，不同的出租面积计量方式，通常对应不同的租金水平。商业房地产的出租面积的计量通常有两种方式。

（1）按使用面积计量。使用面积等于各功能使用空间墙体内表面所围合的水平投影面积之和，很多人称之为室内地毯面积。它是建筑物面积计量中的最小计量方式，指实际能使用的面积，不包括墙体、柱子等结构面积。使用面积的计算，应符合下列规定：使用面积按结构墙体内表面尺寸计算；烟囱、通风道、各种管道竖井等均不计入使用面积；非公用楼梯（即套内楼梯）按自然层数的使用面积总和计入使用面积。对于那些综合性的商业房地产，如百货商场、市场类商业房地产（如家具城、电子城等），只能采用这种方式计量出租面积。

（2）按建筑面积计量。建筑面积是一个较为复杂的概念。建筑面积＝套内建筑面积＋分摊的公用建筑面积，套内建筑面积＝套内使用面积＋阳台面积＋墙体面积。

公用建筑面积是指全部公用部分的建筑面积之和。公用部分包括的内容很多，如电梯井、楼梯、过道、门厅等，但是有两个基本原则：一是与房屋所在的楼座在结构上直接相连；二是为本楼所用。

分摊的公用建筑面积（公摊面积）涉及一个如何分摊的问题。在我国不同城市略有差异，主要有两种方法。一是按照建筑面积分摊公共面积，其计算方法为，先计算出整栋建筑物的公用建筑面积，再除以整栋建筑物的各套套内建筑面积之和，最后得到一个建筑物公用建筑面积分摊系数。分摊面积就是套内建筑面积与分摊系数之积。二是按照套数，不管每套套内建筑面积大小，每套分摊的公用建筑面积一样，其结果是小房型吃亏。因此，后一种方法采用的城市不多。

我国大多数城市商品住宅的销售通常是按照建筑面积计量的，部分商业房地产的出租也按照建筑面积计量，如商业街、社区底层商业等通常按照这种方式来计量出租面积。

从以上分析可知，对同一商铺采用建筑面积计算出的面积会大于采用使用面积计算出的面积，因此采用建筑面积计算的单位租金会小于采用使用面积计算的单位租金。

（三）净收益的计算

房地产的净收益等于有效毛收入减去运营费用。

收益法中，根据商业房地产的收益形式可以将商业房地产分为经租物业和经营物业。经租物业是指业主将物业出租，收取租金；经营物业是指业主自己经营，获取营业收入。这两类商业物业的收入和费用都有较大差异。在评估实务中，经租物业的评估比较容易，而经营物业的评估则有一定的难度。这里我们分别讨论这两类商业物业的净收益。

1. 经租物业净收益。

（1）经租物业的收入。经租物业的客观收入一般应以市场比较法来求取，在选取比较实例时，应严格按照市场比较法的运用原则，力求所选案例与待估对象属于同一地段、同一类型，价值时点接近、交易情况正常。这里需注意，经租物业存在空置率，在估算客观收入时应予以扣除。

（2）经租物业的成本与费用。主要包括：

①维修费。维修费是建筑物及其设备的维修保养费用，分为大修费、小修费。维

修范围视出租合同的内容而定，一般物业的室内维修由租户负责。维修费用的确定有两种方法：一是根据折旧费规定相应的维修费率，此费率经测算得到，我国各地的规定不尽相同，但大致取折旧费的1/3—1/2；二是根据建筑物及其设备的实际维修状况测算出所需的周期性费用，并将这笔费用折算成年金，与同类物业的相关费用进行比较。

②保险费。保险费比较容易确定，其计算基数是建筑物及其设备的总值，费率为1.5‰—3‰。

③供应费。供应费是指供电、供水、供热、通信、煤气等费用，该笔费用通常由租户按照实际用量支付。若是经营物业，该项费用由业主或经营者支付，一般可按3—5年实际费用的平均值计算，并参照物价指数加以调整。

④物业费。管理费包括管理人员的开支及其他有关费用，一般为租金收入的3%—5%。目前有些物业的管理费是向租户收取，收取额度由租赁双方约定。供应费和管理费如果由租户支付，则在计算收益时不能将其扣除。

⑤税费。物业出租、经营过程中的主要税费有房产税、土地使用税、增值税、城市维护建设税、教育费附加。房产税按租金收入的12%计取，非出租房产按房产原值一次性扣减10%—30%后的余值的1.2%计取。

⑥租赁管理费或代理费。经租物业长期处于租户的变化中，需要持续进行租赁管理。如果商业物业由中介方代理出租，这项费用为租赁代理费。

⑦家具及设备折旧。折旧是对不属于不动产评估范围的设备、家具或特殊装潢项目费用的提取，用以在其使用寿命终了时重新购置以保持原有的经营规模与物业档次。对于由出租方装修，或连同家具和设备一起出租的商业物业，需要扣除这项费用。

2. 经营物业净收益。

（1）经营物业的收入。经营物业的客观收益评定具有一定的难度，一般没有可以比较的案例，其实际收益中包含了经营管理者经营水平高低的因素以及各种社会因素。因此，要比较客观地评定某个经营物业的收益，需要评估人员做好充分的市场调查，掌握大量的同类同地段物业的经营收益资料，具有丰富的市场经验与一定水平的分析判断能力。

经营物业收益评估的一般方法是以待估对象物业于价值时点前3—5年的财务报表为基本资料，对同一地段或同一供需圈内同类经营物业的财务收益情况进行调查，并根据今后市场条件的可能变动情况来综合分析，合理地评定待估对象物业的客观经营收益。这里的客观经营收益应扣除销售时的折扣率因素。

（2）经营物业的成本与费用。一般包含以下几项：

①经营成本。经营成本包括进货成本、设备成本、员工工资、奖金和福利、水电供应费等。进货成本包括食品、辅料、饮料、货品、器具、低值易耗品等。该项成本一般按实际损耗计算。设备成本包括厨房设备、音响设备、电视、桑拿设备、保龄球设备、灯光设备、运输工具以及其他娱乐设备。员工工资和奖金按企业实际支付基数参考同类行业的一般水平评定，职工福利则按国家有关规定计算。经营项目的用工一般按实际人数计算，但要注意根据经营项目的规模及需要把握其适当性，若人数过多，有冗员现

象，则在计算时应适当扣减。

②经营费用。经营费用包括销售推广费用、广告费，以及上面提到的维修费、保险费等。较大型的经营物业一般要做宣传，每年有相应的广告费用支出，该项费用的计算应视具体情况而定，一般取营业收入的一定比率，大多数为1%—3%。

③管理费用。管理费用包括经营管理人员的开支及其他有关费用。对于不同的经营内容，管理费用会有一些差异，最好根据评估对象的历史数据及同行业的平均水平来确定。可参考的数据是以营业收入为计算基数，管理费率取3%—5%。

④经营税金及附加。根据经营的行业的不同，按国家及地方规定计取。

⑤营运资金融资成本。根据经营的行业的不同，需要的融资规模不同，按行业的平均水平计取。注意这里不是项目的总融资成本，而是经营中需要的融资成本，不包含建设项目时的融资所产生的融资成本。

⑥营业利润。营业性房地产的总收益扣除各种成本与费用后所得的净收益，一部分属于营业利润，而另一部分则属于房地产净收益，相当于出租房地产的租金净收益。营业利润原则上应按本行业平均利润率计算，营业利润计算的基数应为经营项目的全部投资成本，一般包括物业经营成本和经营费用等。

需特别注意的是，通常情况下评估人员会基于经营物业过去3—5年的财务报表来进行实际净收益的测算。在收益表中要把房地产收益（建筑物折旧、土地使用费摊销等）作为成本扣除，剩余的是经营净收益；而在评估中需要把经营的合理收益扣除，剩余的是房地产收益。所以，利用损益表进行房地产净收益测算需要进行相应的调整。

（四）收益年限的确定

如果是单独土地或单独建筑物的估价，可分别根据土地的剩余使用年限和建筑物的剩余经济寿命来确定收益年限。我们这里讨论的是房地合一价值评估，因此涉及一个根据哪一个年限来确定商业房地产的收益年限的问题。

如果建筑物经济寿命晚于土地使用年限结束，则根据土地使用年限确定收益年限；如果建筑物经济寿命早于土地使用年限结束，仍采用土地使用年限确定收益年限，但整个年限内的收益为房地产收益加上剩余年限土地收益。

商业房地产多数属于前者，即建筑物经济寿命晚于土地使用年限结束。国家规定商业用地的土地使用年限为40年，而综合用地（可以建造商业房地产）的土地出让年限为50年，扣除房地产的建造时间，通常自商业建筑物建成时计算，土地的使用年限仅剩下30多年或40多年。多数商业房地产由于其空间要求，均为钢筋混凝土框架结构，其建筑物经济寿命一般为60年。因此，对于大多数商业房地产（多层建筑的低层商业除外）而言，通常根据土地使用年限确定收益年限。

（五）报酬率（资本化率）的测算

商业房地产评估的最后一个关键问题，是房地产的风险与报酬率的确定。在评估实务中通常会忽略这一问题，而对不同物业采用同一个资本化率。这一问题在商业房地产的评估中显得特别重要，因为投资商业房地产的风险差异通常比较大。

高风险物业必然要求较高的房地产资本化率，因为投资者想尽快将投资于该物业的资金收回。而对于风险较小的"最佳不动产"而言，投资者首先考虑的可能不是如何尽快收回投资。例如，在北京王府井、上海淮海路投资的商业房地产等，在低通胀时期这些房地产的投资资本化率可能仅为4%或者更低。而对于建造在还未形成商业氛围的地方的商业房地产，如郊区商业，由于未来的不确定性较高，其资本化率应该会高很多。当然，除了区位因素会影响商业房地产的投资风险以外，本节之前提到的其他因素也会影响其投资风险，需要评估人员仔细分析，谨慎确定商业房地产评估中采用的资本化率。

第三节　商务办公房地产价值评估

商务办公房地产，俗称写字楼，是用于公司等商务机构办公的建筑物，在大、中城市分布较多。

一、商务办公房地产的分类

我国的写字楼发展历程短，分类标准还不成熟。为了进一步理解商务办公房地产的特点，我们按如下三种方式进行分类。

（一）按档次分类

目前，通常根据商务办公楼的装修、服务等情况将其分为甲级、乙级和丙级（一般写字楼）。甲级、乙级、丙级写字楼主要是参照了星级酒店的评级标准，是房地产业内的一种习惯称谓。写字楼划分主要以硬件和软件为依据。硬件方面包括楼宇外观设计、内外公共装修标准是否具有超前性，是否达到5A（指楼宇自动化、保安自动化、消防自动化、办公自动化和通信自动化）写字楼水平；设备、设施（如电梯等候时间、中央空调管式数量、停车位数量、配套服务设施、电力负荷、绿化、夜间照明）等方面是否与世界甲级写字楼水平同步。软件方面主要指物业管理服务是否达到星级酒店标准。

1. 甲级写字楼。硬件方面，外观设计、内外公共装修标准相当于四星级酒店，达到5A级写字楼水平，设备设施基本与世界同步，如电梯等候时间小于40秒，中央空调为四管式。软件方面，物业管理服务水准达到三星级酒店以上标准。例如，上海的金茂大厦、北京的国贸中心、广州的中信广场，都是甲级写字楼中的代表。在北京、上海等城市的主要商务中心区域，甲级写字楼是最常遇到的物业类型。

2. 乙级写字楼。硬件方面，外观设计、内外公共装修标准与甲级写字楼相比低一些，部分达到5A级写字楼水平，设备设施以合资品牌为主，如电梯等候时间大于40

秒，中央空调为两管式。软件方面，物业管理服务达到星级酒店的标准。

3. 丙级写字楼。硬件方面，外观设计、内外公共装修标准为普通材料、基本的通信设施及办公服务，设备设施基本为国产电梯、分体空调等。软件方面，物业管理服务为传统模式。

（二）按功能复合程度分类

写字楼可按功能分为纯写字楼、综合楼和商务综合体。

1. 纯写字楼。纯写字楼是办公功能占绝对优势的物业类型，底层虽然有商业，但都是为办公活动提供服务。一般底层只有银行、咖啡店、高级餐厅、商务中心、娱乐场所、会议室等。

2. 综合楼。当写字楼有两种或者两种以上的主要功能并存时，我们称之为综合楼。如办公与商场复合的类型，有北京的丰联广场，昆太国际大厦、万通大厦，上海的港汇广场、中信泰富广场等。

3. 商务综合体。综合楼的高级形态是商务综合体。商务综合体又称综合性建筑或复合型建筑，是集写字楼、公寓、酒店、商场、会议、展览及娱乐建筑于一身的微型城市，其特点是功能协同、空间紧凑、抗风险能力强。建筑综合体因其规模宏大、功能齐全而被称为"城中之城"，在城市规划建设中扮演着非同寻常的角色，如曼哈顿的洛克菲勒中心、东京的阳光城、北京的国贸中心、上海的金茂大厦等都属于大型建筑综合体。商务综合体要求在很小的空间距离内同时满足高档商务活动需要，如高档酒店、会议、展览、商业推广活动、办公、高级公寓、专业时尚店等有机融为一体。它是创新活动基地、文化交流之地、财富荟萃之地，是地标性建筑，反映城市风貌和经济实力，有着大批的白领阶层和成熟的公司企业，是高档消费活动场所。商务综合体的配套商业设施主要包括餐饮（高档饭店、麦当劳、比萨店、咖啡店、果蔬店、茶吧、酒吧）、特色超市、精品购物店（世界名牌时装、饰品、珠宝、艺术品、民间工艺品）、银行、商务服务中心（票务代理、图文制作、速递）等。如北京华润置地开发的优士阁，集办公、酒店、金融、图书馆、健身等为一体，是成熟的商务综合体。

（三）从物业建筑形态上分类

写字楼从物业建筑形态上可分为传统写字楼、SOHO（家庭式办公）、总部式办公楼。

1. 传统写字楼。传统写字楼是我们最常见的写字楼类型。从建筑形态上说，通常是高层建筑，以框架结构为主，每层可独立分割，并设有公用的卫生间。

2. SOHO（家庭式办公）。随着电子商务的流行和新经济概念的出现，目前的写字楼出现了所谓"SOHO"的概念，即"small office，home office"，这将对写字楼的发展趋势产生一定的影响。这类写字楼在建筑形态上的特点是：不能自由分割，以套为单位，每套设有独立的卫生间，还可能配备简单的厨房设施，每套面积相对较小。在建筑形态上有些类似于服务式公寓，但它的产权性质属于办公，并可以在大楼门厅悬挂公司标志。这种写字楼是在以前的商住楼基础上发展而来的。著名的案例是北京的"建外SOHO"。

3. 总部式办公楼。总部式办公楼通常为一个大型企业的总部办公所用。从建筑形态上，通常是多层建筑，总面积不太大，一栋建筑只有一个公司。这种办公楼通常不位于城市的中心区域，而是位于一些开发区内。2008年上海虹桥机场规划扩展为一个华东地区的综合性交通枢纽，仲量联行为它的办公用地规划的就是世界级企业的总部式办公楼。

二、影响商务办公房地产价值的主要因素

（一）区位因素

影响商务办公房地产的区位因素有：

1. 商务氛围。商务氛围是指办公室地产是否位于中央商务区或政府机构附近。中央商务区是商务办公房地产的集中地区，往往集中了各类大的商务机构，除了本身蕴藏着巨大的商机外，也为商务机构之间的来往提供了便利条件，因此有实力的公司往往都集中在城市的中央商务区。例如广州市，20世纪90年代初，环市东路一带的新兴中央商务区取代了传统的流花路、人民北路一带的中央商务区，吸引了大量的大公司入驻这一带的甲级写字楼；而到了90年代末期，随着城市重心的东移，天河北路一带逐步形成了一片新的中央商务区，许多国际著名的大公司竞相由环市东路一带迁移到天河北路，一时间，环市东路的甲级写字楼租金、售价下跌，空置率大增。

大型城市还可能有多个商务区，而每个商务区可能集中着不同行业的公司。如上海五大写字楼聚集区域里，入住的公司有着自己的行业特点：陆家嘴以金融业公司为主，而虹桥开发区以外贸出口行业公司为主。

由于企业需要经常与政府交往，很多企业的办事机构愿意在政府机构周围"安营扎寨"，所以常常会有这样的情况：房地局周围的写字楼集中了房地产开发公司、房地产中介机构、以房地产业务为主的律师事务所，电信局周围则集中了通信行业的公司，海关的周围则是进出口公司、船运代理公司，等等。这就形成了像商业房地产的专业市场那样的集聚情形。

2. 交通条件。写字楼是工作时间内人员最密集的地方，因此要求公共交通非常便利。现在的大城市中，写字楼一般位于轨道交通沿线。另外，商务用户经常需要旅行，商务办公房地产与机场、火车站之间的交通方便程度也是影响其价值的重要区位因素。

3. 周围环境。商务办公房既不像商业房地产那样要求周围环境繁华热闹，也不像居住房地产那样要求周围环境优美幽静，但要环境整洁气派，有现代化的都市气氛，而不能杂乱无章。

（二）实物因素

影响商务办公房地产的主要实物因素有：

1. 外观。公司往往注重自身形象，而公司的办公场所的形象则直接影响着公司的形象，因此商务办公房地产的外观对其价值的影响不可低估。商务办公房地产的外观条件主要包括建筑物高度、体量、造型、外装修等。

2. 内部装修。与外观一样，内部装修也对商务办公房地产的价值有重要影响。商务办公房地产的内部装修主要体现在大堂、公共走廊和卫生间里，因为大多数租用该物业的公司会按照自己的要求对租用的空间进行装修。内部装修所选用的材料、大堂的设计等是体现内部装修品质的主要方面。

3. 设备与设施。电梯、空调的质量和齐备程度也是影响房产价值的重要因素。电梯的配置数量和高层写字楼的电梯速度，中央空调系统的舒适程度和空调所选用的品牌，都是影响商务办公房地产价值的重要因素。

4. 智能化办公条件。随着电子商务的兴起，企业对网络设施的要求迅速提高，以网络为载体，各种智能办公解决方案也在日新月异地发展，因此写字楼必须能够提供完善的智能化办公条件，这样才具有吸引力。

5. 满足不同公司的不同要求。甲级写字楼通常采用集中空调，有统一的供冷（热）时间，而有些小型公司因为工作时间灵活、需要加班，希望能有独立的空调，这类公司往往就转向采用独立空调的乙级或一般写字楼。

6. 物业管理条件。物业管理虽然与房地产本身是分离的，但对于商务办公房地产，特别是甲级写字楼而言，物业管理对提升其价值的作用非常明显。新建的甲级写字楼通常会聘请世界著名的物业管理公司来进行专业管理。在甲级写字楼中，有一种为5A甲级办公楼，其中的"5A"是指OA（办公智能化）、BA（楼宇自动化）、CA（通信传输智能化）、FA（消防智能化）、SA（安保智能化）。

三、商务办公房地产的评估方法及应用特点

商务办公房地产与商业房地产一样，收益性是其基本特性，因此，收益法是普遍使用的方法。相对于商业房地产，商务办公房地产的可比性要好一些，差异性要少一些，相对容易找到可比的交易实例，因此市场比较也是较多使用的方法。

（一）收益法是主要评估方法

相对于交易价格，写字楼的租金数据更容易获得，且比较可信，因此多用收益法进行评估。但在确定客观收益（即租金）时，除了参考该写字楼的实际租金外，最好采用市场比较的思路来进行。收益法在商务办公房地产的运用可归纳为两步：第一步，采用市场比较法评估客观租金；第二步，采用收益法评估其价值。

（二）市场法在商务办公房地产中的运用

对于交易实例较多的商务办公房地产，通常是乙级及以下的写字楼（由于风险问题，开发商不愿意长期持有）、商住楼等，可采用市场比较法来进行评估，作为收益法的补充。在写字楼的市场比较法评估中，选择可比实例时对区位的要求可以宽松一些。在住宅的比较法评估中，通常要求可比实例在待估房地产的周围，最好在同一住宅小区内；而对于写字楼，可选择在同一商务办公区，或同档次的商务办公区内的房地产作为

可比实例。当然,收益法仍然是评估的主要方法。最好在两种方法的基础上综合评定其价值。

(三) 成本法在商务办公房地产中的运用

甲级写字楼多以出租为主,很少出售,因此市场比较法运用的可能性小一些。这时,可运用成本法作为收益法的补充,综合评定房地产价值。成本法运用时须注意的问题与商业房地产类似,请参照上一节的内容。

四、收益法的商务办公房地产评估

运用收益法对商务办公房地产进行评估的流程与商业房地产类似,但需要注意以下两个问题。

(一) 租约期限

在评估商务办公房地产时必须对该房地产的租赁合同内容进行检查,检查合同租金是否能够在再次出租时仍然能够实现,租金的可持续实现能力如何等。

当租约在短期内即将到期,而且不能确定供出租的面积能否以相应的条件再出租出去,就会出现一定的问题。很多的出租合同具有租客延长合同的选择条款,通过这些条款的规定,如果租客愿意,可以延长租约。如果合同租金不等于市场租金,只有在能够确定租客会实施该条款时,才可以在评估过程中考虑这项因素。如果合同租金低于市场上可持续实现的租金,该项延期选择权就应该在评估中予以考虑。

【例 5-2】一栋写字楼,出租面积为 6 800 平方米,剩余使用年限为 40 年,市场租金为 10 元/平方米·天,租约关系如表 5-4 所示。

表 5-4　　　　　　　　各租客的租约关系

租客	出租面积 (平方米)	单位租金 (元/平方米·天)	租金 (元/月)	合同期限	续约权
A	1 000	15	15 000	2003-12-31	无
B	3 000	10	30 000	2003-06-30	无
C	800	7	5 600	2003-12-31	两次,各5年
D	2 000	13	26 000	2003-12-31	一次,5年
合计	6 800		76 600		

注:A 租客已声明将在 2003 年 12 月 31 日解除合同。

在价值时点 (2003 年 1 月 1 日),实际可以得到的租金为 76 600 元/月,或者 919 200 元/年。试对其进行租约分析。

1. 运用客观收益的评估过程。可以持续实现的客观租金收益:

6 800 平方米 × 10 元/平方米 × 12 = 816 000（元）

经营成本为 82 280 元，年净收益为 733 720 元，房地产资本化率为 6%，剩余使用年限为 40 年时的系数为 15.05，则房地产的收益价值为：733 720 × 15.05 = 11 042 486（元）。

2. 租金合约分析。

租客 A：

与市场上可持续实现的租金相比，还存在 1 年的多余收益 5 元/平方米。因此，加价修正：5 × 1 000 × 12 = 60 000（元）。

租客 B：

无须修正，因为租客 B 支付的租金就是市场上可以持续实现的租金水平。

租客 C：

签订的合约租金低于市场平均可持续实现的租金水平 3 元/平方米。合约尽管在 2003 年底到期，但是由于租客的合约对其非常有利，因此可以相信租客 C 将实施 2 次各 5 年的续租权。因此，减价修正：3 × 800 × 12 × (P/A, 6%, 11) = 28 800 × 7.89 = 227 232（元）。

租客 D：

签订的合约租金比市场租金高 3 元/平方米。租金合约将于 2003 年底到期。由于所签订的合约对租客 D 不利，因此有理由认为租客 D 不会实施 1 次 5 年的续约权。因此，加价修正仅执行到租约结束时。加价修正：3 × 2 000 × 12 = 72 000（元）。

3. 修正后的房地产收益价值为 10 950 000 元。

（二）租客信誉

对于投资机构来说，在购买大型、高价值的商务办公房地产时，主要租客的资信对价值评估起着非常大的影响作用。与长期租约相联系的租客的良好资信会带来对价值的正面影响，降低房地产的风险评级，并最终提高房地产的交易价格。但是对房地产评估人员而言，如何识别租客的资信并不是一件容易的事，因为目前还不存在有关租客资信的调查。为了评价租客的资信，唯一能做的就是研究评估委托方提供的有关该房地产的全部资料，并且假定材料上反映的所有信息都是正确的，然后据此对评估房地产价值的构成参数做适当的调整，例如降低房地产资本化率等。

第四节　工业房地产价值评估

工业房地产主要指与工业生产活动相关的建筑物与构筑物及其土地使用权，主要包括厂房、仓库及其他相关房地产。

一、工业房地产分类及特点

工业房地产涉及的数量和品类繁多，分类复杂。这里从资产评估的需要出发对工业房地产进行分类。

（一）工业用地分类

按照《城市用地分类与规划建设用地标准》（GB 50137—2011）根据工业用地对环境的干扰和污染程度，将工业用地分成三种类型。

一类工业用地：对居住和公共设施等环境基本无干扰和污染的工业用地，如电子工业、缝纫工业、工艺品制造工业等用地。在规划图纸中用字母 M1 表示。

二类工业用地：对居住和公共设施等环境有一定干扰和污染的工业用地，如食品工业、医药制造工业、纺织工业等用地。在规划图纸中用字母 M2 表示。

三类工业用地：对居住和公共设施等环境有严重干扰和污染的工业用地，如采掘工业、冶金工业、大中型机械制造工业、化学工业、造纸工业、制革工业、建材工业等用地。在规划图纸中用字母 M3 表示。

（二）工业房地产分类

按照功能，可将工业房地产分为主要生产厂房、辅助生产厂房、动力用建筑、储存用建筑、运输用建筑和其他建筑。

按照用途，工业房地产可划分为仓储类、制造类和柔性工业建筑三大类别。仓储类建筑包括区域仓储建筑、大型仓储建筑、货架式仓储建筑、重型配送建筑和冷藏配送建筑等；制造类建筑主要分为轻工业制造建筑和重工业制造建筑；柔性工业建筑包括研发柔性建筑、办公展览型建筑等[1]。在以上用途的工业房地产中，仓储类和制造类最为常见，需求和交易较多。

制造类建筑即工业厂房，有标准和非标准之分。标准（通用）工业厂房多用于轻工业产品的生产，如成衣加工、电子装配等。标准厂房一般有标准的柱距、层高、跨度和楼面荷载等。在城市工业园区、出口加工区中一般会有不少这类标准厂房可供出租。但大部分工业厂房是非标准的，这类厂房在跨度、柱距、梁底标高、（行车）轨顶标高和楼面荷载等方面都是根据生产特定产品的需要来设计建造的，因此这类工业厂房无法通用。

仓储类建筑，有普通仓库和高标准仓库之分。高标准仓库整体采用钢结构，考虑到防震、防风等因素；消防方面采用传感器自动消防系统；外围采用复合彩色夹心板，等具有保温、防火、美观、维护方便等特性的材料，便于制造安装；库存信息管理采用大型数据库系统等。各方面均体现了高标准化运作和管理的仓库类型。

---

[1] ［美］约翰松·L. 亚普，勒内·M. 西尔克. 工业房地产分类指南［M］. 北京联合译盟翻译有限公司，译. 北京：中国水利水电出版社，2007.

二、影响工业房地产价值的主要因素

(一) 区位因素

1. 交通状况。与工业房地产有关的交通条件,主要包括对外交通便捷程度、与货物集散地(车站、码头和机场)的距离、货物集散地的规模档次、周围道路类型(主干道、次干道等)及交通管制等。

工业企业通常需要大量运进原材料及燃料,运出产成品,因此,必须有便捷的交通,如邻近公路交通干线,或有符合条件的道路与交通干线相连,有铁路专用线进入厂区,邻近通航河道(或海岸)且有专用码头。以上公路、铁路及水路交通条件若能同时满足两项则更好。还需要特别注意交通管制,每个城市的道路都有很大一部分不允许货车通行或只能在限制时间内通行。工业房地产如果位于货车交通管制比较密集的地区,则会影响其价值。

2. 基础设施状况。工业生产对基础设施的依赖度较高,当地电力供应情况、生产用水能否满足需要、排污及污染治理的可能性等,都是影响工业房地产价值的重要因素。还要注意当地水、电等的供应价格高低,排污标准的高低。

3. 产业聚集程度。首先,是否位于产业园区内。产业园区内的工业房地产可享受一定的规模经济效应,或者享受政策的支持,可提高其价值。其次,关联产业的聚集程度高低。主导产业明确、产业集聚度高的产业园区内的工业房地产价值较高。但对于专用的工业建筑,还要区分它所用于的工业行业是否为所在地的主导产业。

4. 地理环境状况。某些工业房地产对地理环境的选择有特殊要求。例如,造纸业需要大量水资源,所以通常需要邻近河道,且应该避免污染对下游造成重大影响;水泥厂等能源需求量大的工业房地产,若邻近煤矿和石灰矿则可以减少原材料的运输距离。若相应工业房地产的地理环境状况符合生产需要,则将提高该工业房地产的价值。

(二) 实物因素

1. 用地面积与形状。工业厂区用地面积大小应该合理,面积太小无法满足生产需要,太大则多余部分不能增加其价值;部分工业生产对用地形状、地势地貌有要求,是否符合生产要求也将影响其价值。

2. 地质与水文条件。厂区用地的地质条件应满足厂房建设要求。重工业厂房、材料堆放场地对土质、承载力有一定要求。水文条件也应满足厂区建设和生产要求,如果地下水位过高,则会影响建设施工;如果地下水有腐蚀性,则会影响基础的承载力;附近河流水位则关系到发生洪灾的可能性。

3. 建筑结构形态。工业建筑对建筑结构和空间特征的要求比较高。工业厂房的空间高度和跨度,梁架的受力状况等对工业厂房性能的影响较大。仓储房地产对空间、仓储特殊配套结构的要求更高,相关建筑形态都会影响仓储功能的发挥。

三、工业房地产评估的基本思路和方法选择

(一) 工业房地产的评估思路及方法

从评估方法选择的角度，可以把工业房地产评估的对象分为标准工业厂房及通用仓库、非标准工业厂房及专用仓库、配套建筑物及构筑物。对于标准工业厂房及通用仓库，由于可比租售案例较多，可采用收益法或市场法进行估价；非标准工业厂房及专用仓库、配套建筑物及构筑物，通常采用成本法进行估价。

1. 成本法是工业房地产的常用评估方法。工业房地产评估中采用较多的是成本法，利用成本法估价时，通常将土地和建筑物分别进行估价，然后再将两部分价格合并得到工业房地产的评估价格。

工业用地的估价，通常采用基准地价修正法、市场比较法等。在一些大城市，经营性工业用地采用公开出让方式，交易案例比较多，在满足条件时可以采用市场比较法。除此之外，通常采用基准地价修正法[①]。

工业建筑的估价，通常采用重置成本法。在确定重置成本时，对于标准厂房，可以制定当地的标准工业厂房重置价格表，运用单位比较法确定重置成本。非标准工业厂房及专用仓库、配套建筑物及构筑物主要采用预决算调整法来确定重置成本，因此必须取得该工业房产的原始预决算书，利用预决算书中建筑物的各项工程量，调整单价，以确定其重置成本。在贬值的计算中，实体性贬值要注意建筑物总使用年限的确定受工业建筑腐蚀性的影响。

2. 收益法在工业房地产评估中的运用。对于标准工业厂房及通用仓库，由于其一直处于租用过程中，市场租金数据容易取得，可采用收益法来评估其价值。根据其自身的租金（出租型标准工业厂房及通用仓库）以及市场法确定的客观市场租金，确定其净收益。要注意租期内实际租金对净收益的影响。根据工业房地产的投资风险，合理确定资本化率。

3. 市场法在工业房地产评估中的运用。标准工业厂房及通用仓库的产权交易也时有发生，特别是在工业园区里，有较多的标准厂房及通用仓库，如果能够找到足够的厂房及仓库的出售案例，则可以使用市场比较法评估其价值。

工业房地产评估的难点是市场状况修正，因为目前我国还没有比较权威的工业房地产月度价格指数，因此尽量选择交易时间与价值时点接近的交易。房地产状况的比较因素选择，可参考上面影响工业房地产价值的区位和个别因素进行，注意"产业聚集度"这种影响工业房地产价值的特殊因素。

总体来说，市场比较法的工业房地产评估的条件较为苛刻，工业房地产的交易相对住宅等房地产要少，因此市场法在工业房地产中的运用也比较少。

[①] 土地评估详见第五章。

（二）工业房地产的评估特点

1. 多带有辅助性建筑物或构筑物。部分工业房地产除了工业厂房外，一般建有辅助性建筑物或构筑物，如泵房、污水处理池、备用发电房等。这些辅助建筑大多不能与工业厂房分离而独立产生收益，工业房地产也无法离开这些辅助建筑而运转。因此，需要一并纳入评估范围。

2. 设备可能和工业房产相连接。有些工业用设备，特别是重型设备，其安装在基座之上，而基座又与工业建筑的地基相连接，这类设备很难与工业建筑区分开来。在评估时要注意评估范围是否包含设备。如果包含设备，需要区分厂房的价值和设备的价值，并在评估报告中予以说明。

3. 工业建筑可能受到特殊腐蚀。某些行业，如化工业、医药业等，其工业厂房容易受到化学品腐蚀。在评估中，要考虑其腐蚀性，从而对相应的参数进行调整。如成本法中，年限法计算实体性贬值时的建筑物总使用年限的确定。

第五节 评估案例

评估案例一：某住宅房地产价值批量评估

评估结果报告

一、项目名称

闵行区华漕镇金丰路××弄 A 区住宅房地产市场价值估价报告

二、委托评估方（略）

三、评估机构（略）

四、评估目的

因编制财务报告需要而了解估价对象的市场价值。

五、评估对象

1. 名称："××庄园洋房"小区 A 区未售住宅房地产。

2. 坐落：闵行区华漕镇金丰路××弄 11、12、15—19 号。
3. 权属证明文件编号：沪房地闵字（2015）第××号。
4. 权利人：上海西郊庄园房地产开发有限公司。
5. 土地使用权取得方式：出让。
6. 土地用途：住宅。
7. 土地使用期限：2002 年 7 月 24 日至 2072 年 7 月 23 日。
8. 未售房屋建筑面积：38 208.74 平方米（地上面积 36 466.12 平方米，地下面积 1 742.62 平方米）。
9. 房屋类型：公寓。

估价对象××庄园洋房 A 区未售房屋状况信息如表 5-5 所示。

表 5-5　　　　　闵行区华漕镇金丰路××弄 11、12、15—19 号　　　　　单位：平方米

幢号/门牌号	室号部位	结构	层次	房屋用途	地上建面	地下建面	建筑建面
××弄 9 幢 19 号	1-16 层	钢混	13/1	居住	6 998.64	235.92	7 234.56
××弄 10 幢 18 号	1-16 层	钢混	13/1	居住	6 998.64	235.92	7 234.56
××弄 11 幢 17 号	1-16 层	钢混	13/1	居住	7 064.20	314.46	7 378.66
××弄 12 幢 11 号	1-11 层	钢混	10/1	居住	5 524.86	314.46	5 839.32
××弄 13 幢 12 号	1-11 层	钢混	10/1	居住	5 165.84	233.63	5 399.47
××弄 14 幢 15 号	1-6 层	钢混	5/1	居住	2 356.31	204.1	2 560.41
××弄 14 幢 16 号	1-6 层	钢混	5/1	居住	2 357.63	204.13	2 561.76
合计					36 466.12	1 742.62	38 208.74

六、价值时点

2015 年 12 月 31 日（因编制财务报告需要）。

七、价值类型

本次评估的价值类型为房地产市场价值。市场价值是指估价对象在正常交易的情况下，由对其了解并熟悉市场行情的交易双方以公平交易方式在价值时点自愿进行交易的估计金额，即对估价对象进行适当营销后，由懂行、审慎且自愿的买方和自愿的卖方，以公平交易方式在价值日期进行交易的估计金额。

八、评估依据（略）

九、评估原则（略）

十、评估方法（略）

十一、评估结果

根据估价目的，遵照国家有关法律法规和技术标准，遵循独立、客观、公正、合法的估价原则，严格按照估价工作程序，在市场调查、实地查勘的基础上，结合估价人员的经验，综合考虑影响房地产的各项因素，运用比较法及收益法进行评估，在估价对象满足全部假设和限制条件的情况下于价值时点的评估结果为 2 063 900 000 元（折合单价 56 598 元/平方米）。

十二、评估人员（略）

十三、评估作业日期（略）

十四、评估报告有效期（略）

评估技术报告

一、实物状况描述与分析

（一）土地实物状况（略）

（二）建筑物实物状况

××庄园洋房整体由 14 幢 5—15 层的西班牙皇家风格公寓楼、一幢超五星级酒店、下沉式休闲运动广场、商业综合楼及公建配套组成。××庄园洋房以马德里宫廷洋房建筑风格为理念设计，以红色坡屋顶、圆弧檐口、弧形墙等古典造型装饰。公寓外墙采用低碳环保的弹性涂料，底部干挂砂岩，铁艺马蹄阳台，局部板岩饰面。公寓楼每幢均为一层及地下一层的双大堂设计，住户可以通过地下一层的专属通道直达小区内的五星级酒店。配备日立电梯，两梯两户。项目均以精装修交付，公寓室内同样以欧式风格设计为主，多采用进口名贵材料装饰。

本次估价对象 A 区的 11、12、15—19 号 7 幢未售公寓共计 138 套，合计面积 38 208.74 平方米，其中地上面积 36 466.12 平方米，地下面积 1 742.62 平方米，为钢混结构。现场勘察之日公寓毛坯已竣工，并取得上海市房地产权证，目前内部精装修施工处于收尾阶段。

实测房屋明细如表 5-6 所示。

表 5-6　　　　　　　××庄园洋房 A 区未售公寓统计　　　　　　　单位：平方米

序号	幢号门牌号	自然楼层	室号	实测地上面积	实测地下面积	单套面积合计
1	12 幢 11 号	1	101	238.43	157.23	395.66
2		2	201	265.49		265.49
3		3	301	264.47		264.47
4		4	501	265.54		265.54
5		5	601	266.43		266.43
...		...	...	...		...
...	13 幢 12 号	...	...	...		...
137		12	1 502	255.73		255.73
138		13	1 602	427.95		427.95
	A 区未售	138 套	合计面积	36 466.12	1 742.62	38 208.74

综上所述，估价对象建筑物用途合法，建筑结构符合建设工程规范，设施设备状态良好，因此建筑物实物状况对估价对象的市场价值无不利影响。

（三）房地产利用状况

根据上海市房地产权证记载，估价对象公寓法定用途为居住，商铺法定用途为商业。经注册房地产估价师现场查勘，实际用途为居住和商业。

其利用状况对估价对象的市场价值无不利影响。

二、权益状况描述与分析（略）

三、区位状况描述与分析（略）

四、市场背景描述与分析（略）

五、最有效使用分析（略）

六、评估方法选择（略）

七、评估测算过程

根据事先确定的估价思路及估价方法,结合估价对象的实际情况进行估算。具体测算过程如下。

(一)典型公寓房屋评估

本次估价选取明细表中序号为17的A区11号802为典型房屋,自然楼层为7层,建筑面积266.43平方米。

注册房地产估价师调查了估价对象同一区域内同类型房屋的近期房地产交易资料,并通过分析调查,筛选出符合估价目的、价值时点等要求的四个可比实例(见表5-7)。

表5-7　　　　　　　　　　可比实例基本信息

序号	坐落	建筑面积	价格	售价单价	成交日期	层数
1	金丰路××弄26号1101室	89.32	5 040 327	56 430	2015年12月	10
2	金丰路××弄9号1001室	220.53	12 300 000	55 775	2015年12月	9
3	金丰路××弄6号1102室	211.30	11 702 850	55 385	2015年11月	10
4	金丰路××弄2号1101室	213.66	12 036 536	56 335	2015年9月	10

资料来源:美狮房地产数据分析系统。

对可比实例进行调整,以此估算估价对象的价值(见表5-8、表5-9)。

表5-8　　　　　　　　　可比实例与估价对象情况说明表

比较因素	委估对象	案例1	案例2	案例3	案例4
物业名称	马德里庄园	马德里庄园	马德里庄园	马德里庄园	马德里庄园
坐落位置	金丰路××弄11号802室	金丰路××弄26号1101室	金丰路××弄9号1001室	金丰路××弄6号1102室	金丰路××弄2号1101室
物业用途	住宅	住宅	住宅	住宅	住宅
建筑面积(平方米)	266.43	89.32	220.53	211.30	213.66
成交价格(元)		5 040 327	12 300 000	11 702 850	12 036 536
交易单价(元/平方米)		56 430	55 775	55 385	56 335
交易日期		2015年12月	2015年12月	2015年11月	2015年9月
交易情况		实际成交价	实际成交价	实际成交价	实际成交价

续表

比较因素		委估对象	案例1	案例2	案例3	案例4
区位状况	交通条件	交通条件较便捷	交通条件较便捷	交通条件较便捷	交通条件较便捷	交通条件较便捷
	商业繁华度	周边商业一般	周边商业一般	周边商业一般	周边商业一般	周边商业一般
	公建配套完备度	区域内学校、医院、邮局、银行等配套设施较齐备	区域内学校、医院、邮局、银行等配套设施较齐备	区域内学校、医院、邮局、银行等配套设施较齐备	区域内学校、医院、邮局、银行等配套设施较齐备	区域内学校、医院、邮局、银行等配套设施较齐备
	环境质量优劣度	周边环境较好	周边环境较好	周边环境较好	周边环境较好	周边环境较好
实物状况	楼层	7层	10层	9层	10层	10层
	建筑规模	较大	较大	较大	较大	较大
	建筑结构	钢混	钢混	钢混	钢混	钢混
	设施设备	配备齐全	配备齐全	配备齐全	配备齐全	配备齐全
	装饰装修	精装修	精装修	精装修	精装修	精装修
	空间布局	较合理	较合理	较合理	较合理	较合理
	房屋类型	公寓	公寓	公寓	公寓	公寓
	建筑面积（平方米）	266.43	89.32	220.53	211.30	213.66
	新旧程度	2015年新房	2015年新房	2015年新房	2015年新房	2015年新房
权益状况	规划限制情况	无规划限制	无规划限制	无规划限制	无规划限制	无规划限制
	土地使用期限	期限相似	期限相似	期限相似	期限相似	期限相似
	租赁情况	无租约限制	无租约限制	无租约限制	无租约限制	无租约限制
	拖欠税费情况	无拖欠税费	无拖欠税费	无拖欠税费	无拖欠税费	无拖欠税费
	权利限制情况	无权利限制	无权利限制	无权利限制	无权利限制	无权利限制
	权属清晰情况	权属清晰	权属清晰	权属清晰	权属清晰	权属清晰

表5-9　　比较因素系数调整表

比较因素	委估对象	案例1	案例2	案例3	案例4
交易单价（元/平方米）		56 430	55 775	55 385	56 335
市场状况调整		100/100	100/100	102/100	104/100
交易情况修正		100/100	100/100	100/100	100/100

续表

比较因素		委估对象	案例1	案例2	案例3	案例4
区位状况	交通条件	100	100/100	100/100	100/100	100/100
	商业繁华度	100	100/100	100/100	100/100	100/100
	基础设施完备度	100	100/100	100/100	100/100	100/100
	公建配套完备度	100	100/100	100/100	100/100	100/100
	环境质量优劣度	100	100/100	100/100	100/100	100/100
	楼层	100	100/101.5	100/101	100/101.5	100/101.5
	小计	100	100/101.5	100/101	100/101.5	100/101.5
实物状况	建筑规模	100	100/100	100/100	100/100	100/100
	建筑结构	100	100/100	100/100	100/100	100/100
	设施设备	100	100/100	100/100	100/100	100/100
	装饰装修	100	100/100	100/100	100/100	100/100
	空间布局	100	100/100	100/100	100/100	100/100
	房屋类型	100	100/100	100/100	100/100	100/100
	建筑面积	100	100/102	100/100	100/100	100/100
	新旧程度	100	100/100	100/100	100/100	100/100
	小计	100	100/102	100/100	100/100	100/100
权益状况	规划限制情况	100	100/100	100/100	100/100	100/100
	土地使用期限	100	100/100	100/100	100/100	100/100
	租赁情况	100	100/100	100/100	100/100	100/100
	拖欠税费情况	100	100/100	100/100	100/100	100/100
	权利限制情况	100	100/100	100/100	100/100	100/100
	权属清晰情况	100	100/100	100/100	100/100	100/100
	小计	100	100/100	100/100	100/100	100/100
调整后单价（元/平方米）			54 506	55 223	55 658	57 723
评估单价（元/平方米）		55 770（取整至十位）				

以估价对象各要素情况为基准（100），可比实例的各要素与估价对象逐项进行比较，根据各项因素优劣势造成的价格差异进行调整。可比实例优于估价对象的向上调整，反之则向下调整。

1. 市场状况（交易日期）调整。可比实例1、2、3、4交易日期分别为2015年12月、2015年12月、2015年11月、2015年9月，经评估人员查询上海二手房价格指数信息，2015年12月、2015年11月及2015年9月的指数分别为3 220、3 156、3 089，则可比实例1、2、3、4市场状况调整系数分别为3 220/3 220 = 1、3 220/3 220 = 1、3 220/3 156 = 1.02、3 220/3 089 = 1.04。

2. 交易情况修正。可比实例1、2、3、4均为实际成交案例，故交易情况不做修正。

3. 区位状况调整。可比实例与估价对象的交通条件、商业繁华度、基础设施状况、环境质量等均相同或相近，故本次估价不做调整。

楼层因素调整：估价对象与四个可比实例的楼层分别为7层、10层、9层、10层、10层，根据住宅楼层对价格的影响，四个可比实例分别修正1.5%、1.0%、1.5%、1.5%。

4. 实物状况调整。可比实例与估价对象建筑规模、建筑结构、房屋类型、装饰装修、设施设备、空间布局、新旧程度、临路状况均相当，故本次估价不做调整。

委估对象建筑面积266.43平方米，可比实例1的建筑面积89.32平方米，比委估对象的建筑面积小，可比实例2、实例3、实例4的建筑面积与委估对象相当。一般而言，建筑面积越大总价越高，市场可接受程度越低，单价越低，故四个可比实例分别调整2%、0、0、0。

5. 权益状况调整。可比实例与估价对象的规划限制情况、土地使用期限、租赁情况、拖欠税费情况、权利限制情况、权属清晰情况等均相同或相近，故本次估价权益状况不做调整。

6. 权重比例。由于可比实例与估价对象处于同一小区内，各方面都较为接近，故权重比例各取1/4。

7. 估价对象总价的确定。上述各可比实例调整后的单价较为接近，故对其进行简单算术平均得到估价对象的比准单价，比较法估价结果计算如下：

估价对象单价 = (54 506 + 55 223 + 55 658 + 57 723)/4 = 55 770（元/平方米）（取整至十位）

（二）A区未售公寓评估

1. 制定修正体系。典型公寓是位于××庄园洋房A区内的代表性住宅单元，按规范要求进行楼栋、楼层、朝向、户型及面积的调整。A区7个楼栋的位置基本相当，无需楼栋系数调整；均为板式楼房，所有套型均南北朝向，无需朝向系数调整。根据房产个别因素对价值的影响，制定本次估价的楼层、户型及面积因素修正体系。

（1）楼层修正。本次估价对象××庄园洋房小区的公寓有5—15层，均为电梯房，根据一般楼层对价值影响的大小及结合小区特点，制定楼层修正体系如表5-10所示。

表5-10　　　　　　　　楼层修正体系

	5层	7层	9层	10层	11层	12层	13层	14层	15层
1层	0.95	0.95	0.95	0.95	0.95	0.95	0.95	0.95	0.95
2层	0.97	0.97	0.97	0.97	0.97	0.97	0.97	0.97	0.97
3层	1.00	0.98	0.98	0.98	0.98	0.98	0.98	0.98	0.98
4层	1.01	1.00	0.98	0.98	0.99	0.98	0.98	0.98	0.98
5层	1.03	1.01	1.00	0.99	0.99	0.99	0.99	0.99	0.99
6层		1.02	1.00	1.00	1.00	0.99	0.99	0.99	0.99
7层		1.03	1.01	1.00	1.00	1.00	1.00	0.99	0.99
8层			1.02	1.01	1.01	1.00	1.00	1.00	1.00

续表

	5层	7层	9层	10层	11层	12层	13层	14层	15层
9层			1.03	1.02	1.01	1.01	1.01	1.00	1.00
10层				1.03	1.02	1.01	1.01	1.01	1.00
11层					1.03	1.02	1.02	1.01	1.01
12层						1.03	1.02	1.02	1.01
13层							1.03	1.02	1.02
14层								1.03	1.02
15层									1.03

（2）面积修正。本次估价对象小区大致分为 90 平方米左右的中等户型和 200 平方米到 400 平方米左右的大面积公寓，根据面积对价格的影响和小区特点，本次估价面积修正体系确定为 100 平方米以下为 1.05，200 平方米以上均为 1.00。

（3）房型修正。本次估价对象房源绝大部分为普通平层公寓，部分一楼公寓带下复式赠送面积，大面积公寓顶层为复式。根据这些因素对价值影响的一般市场规律，结合小区特点，制定房型修正体系为普通平层 1，底楼复式 1.15，顶楼复式 1.05。

2. 编制修正表。根据制定的修正体系编制修正表如表 5-11 所示。

表 5-11   房屋因素修正表

序号	幢号门牌号	自然楼层	室号	实测地上面积（平方米）	实测地下面积（平方米）	楼层修正	房型修正	面积修正	评估价格（元）	总价（元）
1		1	101	238.43	157.23	0.95	1.15	1.00	60 929	14 527 301
2		2	201	265.49		0.97	1.00	1.00	54 097	14 362 213
3		3	301	264.47		0.98	1.00	1.00	54 655	14 454 608
4	12幢11号	4	501	265.54		0.98	1.00	1.00	54 655	14 513 089
5		5	601	266.43		0.99	1.00	1.00	55 212	14 710 133
...		...	...	...		...	...	...	...	...
17		7	802	266.43		1.00	1.00	1.00	55 770	14 858 801
...		...	...	...		...	...	...	...	...
137	13幢12号	12	1502	255.73		1.02	1.00	1.00	56 885	14 547 201
138		13	1602	427.95		1.03	1.05	1.00	60 315	25 811 804
	A区公寓合计			36 466.12	1 742.62				56 597	2 063 864 259

根据以上测算，比较法评估估价对象总价值为 2 063 900 000 元（取整），折合单价 56 598 元/平方米。

八、估价结果

本次评估根据估价目的，遵照国家有关法律法规和技术标准，遵循独立、客观、公正、合法的估价原则，严格按照估价工作程序，在市场调查、实地查勘的基础上，结合估价人员的经验，综合考虑影响房地产的各项因素，运用比较法及收益法进行评估，在估价对象满足全部假设和限制条件下于价值时点的评估结果为 2 063 900 000 元（折合单价 56 598 元/平方米）。

（案例改编自：中城联行（上海）房地产土地评估有限公司评估报告。）

评估案例二：某产业园写字楼价值评估

××基金管理有限公司拟发行基础设施领域不动产投资信托基金（REITs），委托××房地产评估顾问有限公司对估价对象进行价值评估，为确定估价对象市场价值提供参考依据。该案例运用市场比较法求取写字楼市场租金，采用收益法评估房地产的整体价值。价值时点确定为 2020 年 12 月 31 日。

一、评估对象分析

此次委托评估的是位于上海市浦东新区盛夏路××弄××产业园，权证编号为沪（2017）浦字不动产权第××号，建筑面积 50 947.31 平方米的房地产价值。

（一）实物状况分析

估价对象位于上海浦东新区盛夏路××弄，推广名为××科技园，简称××园，竣工于 2014 年。由七栋 4—11 层不等的楼宇组成。园区总建筑面积 50 947.31 平方米，共有 267 个可用车位，其中地库机械车位 100 个，非机械车位 99 个，地面非机械停车位 68 个。

估价对象为钢混结构。所在楼的外立面为石材和玻璃幕墙，大堂地面铺石材，墙面为瓷砖，顶部为石膏板造型吊顶。室内房间地面铺地砖，墙面为涂料和墙砖，顶部为石膏板吊顶和铝格栅吊顶，部分空置房屋为毛坯。

估价对象配套设施齐全，配备电梯、消防系统、强电系统、弱电系统、中央空调系统及照明设施。

（二）区位状况分析

估价对象位于张江科技园区内，具有良好的区位优势。张江科技园区是上海市以及浦东新区重点发展的产业园区，也是浦东新区经济发展的重要增长极，区内产业集聚优势显著，产业需求度高，预计在当前以及未来较长时期内将持续获得财政、税收、技术和人才等多方面的政策鼓励支持。根据调研人员采集的周边物业市场数据，区域类似品质产业园区平均租金（不含税和管理费）集中于 4—6 元/平方米·天，平均售价集中于 28 000—38 000 元/平方米。

（三）权益状况分析（略）

二、市场背景描述与分析

1. 上海市经济社会发展状况（略）。

2. 上海市房地产市场状况。2020 年，上海市房地产开发投资稳步增长，完成投资 4 698.75 亿元，比上年增长 11.0%。从全年走势看，房地产开发投资呈现短暂下降后回升的态势。一季度，受疫情影响，投资增速同比下降 8.2%，为全年最低。此后随着上海市复工复产全面推进和开工建设持续加快，房地产开发投资增速回升。从房屋类型看，住宅投资 2 418.79 亿元，比上年增长 4.3%；办公楼投资 833.08 亿元，比上年增长 20.8%；商业用房投资 559.85 亿元，比上年增长 22.4%。

2020 年，随着促开工、稳增长力度持续加大，上海市新开工项目数量增加、开工面积快速回升，带动房屋在建规模不断扩大。全部房屋施工面积 15 740.34 万平方米，比上年增长 6.3%。其中，房屋新开工面积 3 440.62 万平方米，增长 12.3%。从房屋类型看，住宅新开工面积 1 756.37 万平方米，比上年增长 11.7%，商办新开工面积 752.79 万平方米，比上年增长 11.4%。

3. 上海市工业房地产市场状况。

（1）产业园区土地市场分析。从工业土地供应情况来看，2015—2017 年上海市工业土地供应规模总体较为平稳，平均每年推出建设用地面积约 230 万平方米，2018 年供地规模高速发展，较前三年均值增加近 1 倍，2019 年供地规模有所回落，2020 年供地规模迅猛回升。从工业用地成交情况来看，成交地块同推出地块基本持平，工业土地市场基本处于供需平衡状态。

（2）上海工业物业（产业园区）市场分析。

①分布。上海市产业园区市场依据发展成熟度差异，分为核心型产业园区和成长型产业园区。核心型产业园区包括张江板块、漕河泾板块、金桥板块、临空板块和市北板块，在空间分布上主要集中于中环线附近；成长型产业园区包括周康板块、外高桥板块、浦江板块、紫竹板块、松江板块和桃浦板块，空间分布相对分散，距离中心城区较远。

②供给和需求。上海核心型产业园区经多年发展，已形成鲜明的产业集群，尤其是张江、漕河泾等产业园区。丰厚多元的企业基础，便于吸引战略性新兴产业聚集。核心产业园区是上海建设全球科创中心的主要承载区域。截至 2020 年第四季度，上海核心产业园区体量 8 267 933 平方米，其中优质项目体量 2 643.415 平方米。

③空置率。随着供给需求的变动和物业的成熟变化，园区的空置率也随之产生波动。2012 年之前由于整体市场尚不成熟，产业发展处于快速增长阶段，产业园区迅速扩容，总体存量的增加需要较长的吸纳周期，因此空置率在一段时期内处于高位运行，并伴随着市场吸纳能力的增加逐步降低；此后的几年，市场供需结构更趋合理空置率相

对平稳，平均在 15% 左右小幅波动。从 2019 年和 2020 年市场的供应和吸纳情况来看，受全球经济减速以及疫情影响，空置率有所上升，同时部分科技新媒体企业、医疗健康行业的发展使得核心产业园区市场表现更具韧性，预计核心产业园区空置率在未来 2—3 年较为平稳。

三、评估价值定义

本次估价结果采用市场价值标准。市场价值是指估价对象经适当营销后，由熟悉情况、谨慎行事且不受强迫的交易双方，以公平交易方式在价值时点自愿进行交易的金额。

由于待估房地产是由土地及地上建筑物两部分组成，此处所称市场价值是指该房地产的综合价值。对于土地，我们评估的是具备"六通"（通上水、通下水、通电、通信、通路、通气）条件的，使用期为 2020 年 12 月 31 日至 2055 年 12 月 31 日共 35 年的工业用地的出让土地使用权价值，而房屋建筑物则按所有权价值进行评估。

四、评估方法的选择

根据《房地产估价规范》，房地产估价常用方法有比较法收益法、成本法及假设开发法，每种估价方法都有其适用的估价对象和估价需要具备的条件。

估价人员通过实地查勘，认真分析调查收集的资料，结合《房地产投资信托基金物业评估指引（试行）》（中房学〔2015〕14 号）规定，将收益法作为评估的主要方法。本案例在运用市场比较法求取写字楼市场租金的基础上，采用收益法作为唯一的估价方法。

五、估价技术路线

（一）比较法

对租约期外及未出租部分的租金水平确定可采用比较法。首先建立比较基础，然后进行市场状况、交易情况、房地产状况（包括区位状况、实物状况和权益状况）的修正，最后求取比准价格。

估价对象市场价格 = 可比实例价格 × 市场状况调整 × 交易情况修正 × 区位状况修正 × 实物状况修正 × 权益状况修正

（二）收益法

首先估算潜在毛收入和有效毛收入，求出房地产净收益，然后扣除运营费用，再将房地产净收益以适当的报酬率折现，最后得出收益价格。

房地产年总收益 = 年租金收入 + 年管理费收入 + 年押金利息收入

房地产年总费用 = 房屋维修费 + 管理费 + 增值税及附加 + 房产税 + 印花税 + 保险费 + 城镇土地使用税

房地产净收益 = 房地产年总收益 − 年总费用

六、评估测算过程

（一）收益法评估思路

收益法是基于预期原理和货币的时间价值观念，运用适当的报酬率，将预期的待估房地产在未来各年的正常净收益折算到价值时点，累加后得出待估房地产价值的评估方法。其基本公式如下：

$$V = \sum_{i=1}^{n} \frac{A_i}{(1+R)^i}$$

式中：V——收益价格；

A_i——未来第 i 年的净收益；

R——报酬率（%）；

n——未来可获收益的年限（年）。

运用收益法进行宗地地价评估的程序为：(1) 收集有关收入和费用的资料；(2) 估算潜在毛收入；(3) 估算有效毛收入；(4) 估算运营费用；(5) 估算净收益；(6) 选用适当的报酬率；(7) 选用适宜的计算公式求出收益价值。

估价对象具备稳定的收益能力，所属区域内同类房地产租赁市场较为活跃，能够获得此类房地产租金收益的有关资料。综上，该产业园的收益测算可拆分为已出租部位、未出租部位、其他多种经营和地下车库，其中已出租部位按租约期内和租约期外分别测算。

（二）租金收益的确定

1. 租约期内租金水平的确定。截至价值时点，估价对象整体可租赁面积 43 487.84 平方米，已出租面积 43 275.24 平方米，出租率约为 99.51%，价值时点产业发展服务园区楼宇平均租金为 5.19 元/平方米·天。租约期内的租金参照《租赁合同》。

2. 租约期外及未出租部分租金水平的确定。租约到期后首年租金为价值时点客观租金 $\times (1+g)^{租约期}$。其中 g 为租金增长率，参照下文"年净收益增长率"。未出租部分的租金水平采用市场客观租金进行测算。

对估价对象租金水平的确定采用比较法。根据替代原则，选取近期租赁市场的三个可比实例。

首先建立比较基础，然后进行市场状况、交易情况、房地产状况（包括区位状况、实物状况和权益状况三方面）的修正，最后求取比准价格。

估价对象市场价格 = 可比实例价格 × 市场状况调整 × 交易情况修正 × 区位状况修正 × 实物状况修正 × 权益状况修正

（1）因素选择。

①交易时间修正。此次比较案例为近期发生，则不再调整，只对成交日期有差别地进行调整。

②交易情况修正。价值时点与可比实例交易时间接近，故估价对象与可比实例的市场状况指数均为100。

③区位状况修正。区位状况主要包括交通条件、商服设施、公用设施、环境质量、基础设施等。比较案例与待估房地产处于同一供需圈内，区位因素较为相近，此处考虑各自区位的细微差异进行比较分析。

④实物状况调整。个别因素包括房地产的新旧程度、装修程度、楼层、设备配套设施、车位规划、建筑结构情况等，在此对比较案例与待估房地产的差异进行调整。

⑤权益状况调整。权益状况主要为物业用途与物业品质，比较案例与待估房地产权益状况近似，故估价对象与可比实例的市场状况指数均为100。

（2）可比实例选择及比较修正。评估人员遵循市场比较法的替代原理，经过市场调查，收集同待估房地产在使用功能、建筑结构、装修水平、配套设施、地段等级以及区位因素、个别因素等方面条件相近的实例，并在其中选取了A、B、C三个实例作为比较案例。各比较案例条件因素说明如表5-12所示。

表5-12　　　　　　　　　　可比实例概况和因素条件说明

项目		星创科技广场 A	普洛斯盛银大厦 B	展想广场 C
交易情况		正常	正常	正常
交易日期		2020年12月	2020年12月	2020年12月
日租金（元/平方米·天）		5.50	4.70	5.60
区位状况	产业聚集度	高	高	高
	交通便捷度	高	高	高
	公共配套设施	较齐全	较齐全	较齐全
	临街状况	六通	六通	六通
	楼层	中高区/11层	低区/10层	中区/20层
	环境和景观	较好	较好	较好
	基础设施状况	六通	六通	六通
实物状况	建筑结构	钢混	钢混	钢混
	装修状况	精装修	中等装修	精装修
	设施设备	齐全、维护较好	齐全、维护较好	齐全、维护较好
	空间布局	布局合理，便于使用	布局合理，便于使用	布局合理，便于使用
	停车便捷度	较高	较高	较高
	新旧程度	成新度较高	成新度较高	成新度较高
权益状况	物业用途	产业发展服务园区	产业发展服务园区	产业发展服务园区
	物业品质	好	好	好

根据三个比较案例与待估房地产的比较，设待估房地产条件因素值为100，评估人员确定了比较案例与待估房地产各项比较因素的分值（见表5-13至表5-15）。

表5-13　　　　　　　　　　区位状况比较

区位状况	星创科技广场 A		普洛斯盛银大厦 B		展想广场 C	
产业聚集度	相同	100/100	相同	100/100	相同	100/100
交通便捷度	相同	100/100	相同	100/100	相同	100/100
公共配套设施	相同	100/100	相同	100/100	相同	100/100
临街状况	相同	100/100	相同	100/100	相同	100/100
楼层	好	100/102	较差	100/98	好	100/102
环境和景观	相同	100/100	相同	100/100	相同	100/100
基础设施状况	相同	100/100	相同	100/100	相同	100/100
合计		100/102		100/98		100/102

表5-14　　　　　　　　　　实物状况比较

实物状况	幸福大厦A座 A		京信大厦 B		京旅大厦 C	
建筑结构	相同	100/100	相同	100/100	相同	100/100
装修状况	相同	100/100	差	100/98	相同	100/100
设施设备	相同	100/100	相同	100/100	相同	100/100
空间布局	相同	100/100	相同	100/100	相同	100/100
停车便捷度	相同	100/100	相同	100/100	相同	100/100
新旧程度	相同	100/100	相同	100/100	相同	100/100
合计		100/100		100/98		100/100

表5-15　　　　　　　　　　权益状况比较

权益状况	幸福大厦A座 A		京信大厦 B		京旅大厦 C	
物业用途	相同	100/100	相同	100/100	相同	100/100
物业品质	相同	100/100	相同	100/100	相同	100/100

（3）计算待估房地产租金价格。计算公式如下：

比较价值(元/平方米月) = 交易价格 ×（交易时间修正指数/100）×（100/交易情况

修正指数)×(100/区位状况修正指数)×(100/实物状况修正指数)×(100/权益状况修正指数)

具体计算如表 5-16 所示,最后采用算术平均计算出待估房地产的比较价值。

表 5-16 待估房地产比较价值计算表

项目	星创科技广场 A	普洛斯盛银大厦 B	展想广场 C
交易价格(元/平方米·月)	5.50	4.70	5.60
交易情况修正	100/100	100/100	100/100
市场状况修正	100/100	100/100	100/100
区位状况修正	100/102	100/98	100/102
实物状况修正	100/100	100/98	100/100
权益状况修正	100/100	100/100	100/100
修正后的租金(元/平方米·月)	5.392	4.894	5.490

待估房地产的比较价值 =(5.392 + 4.894 + 5.490)/3 = 5.26(元/平方米)。根据对估价对象所处区域租金水平的了解,结合估价对象现状,估价人员测算确定估价对象的租金为 5.26 元/平方米·天。

3. 确定产业园的未来空置率。根据对估价对象所处区域产业发展服务园区楼宇空置情况的了解,综合考虑估价对象所处区位,空置及租金损失按 5% 来计算。

根据以上参数,测算年度有效毛租金收益,如表 5-17 所示。已出租部分租约期内年收益按照合同租约计算,已出租部分租约期外年收益按照市场租金并考虑空置率计算,未出租部分年收益亦按照市场租金并考虑空置率计算。

表 5-17 年总收益计算表 单位:万元

	已出租部分		未出租部分	其他多种经营	地下车库收入
	租约期内	租约期外			
年有效毛租金收益	8 011.78	8 080.57	86.45	82.42	143.00
物业管理费	1 007.18	1 041.22	10.27		
押金利息收入	6.31	8.13	0.10		

4. 确定地下车库租金。估价对象地下车库共有产权车位 199 个。经估价人员对该区域地下车库的市场调查,租金水平为 550—650 元/月·个。综合考虑估价对象所处的位置、物业档次等因素确定价值时点的起始租金为 650 元/月·个,出租率 92%。

5. 确定商业配套租金收入。根据估价委托人提供的资料,估价对象包括商业配套等场地经营收入。通过对物业历史经营数据的分析,估价对象已进入运营稳定期。价值时点的商业配套年收入参照租赁台账收入,之后每年递增3%。

6. 确定物业管理费和押金利息收入等其他收入。租约期内的管理费收入根据合同约定水平测算,租约期外及未出租部分按现有物业管理费水平维持不变,即21.2元/平方米·月,扣除相应空置损失。

本次估价对已出租部分,租约期内押金收入参考合同约定水平测算,租约期外及未出租部分考虑当地出租市场操作惯例,押金为三个月的租金及物业管理费,需计算利息收入。押金年利息收入按照三个月的租金及物业管理费的年利息计算。中国人民银行2015年10月24日公布的金融机构人民币活期存款利率为0.35%。

(三)确定待估房地产年总费用

年总费用指出租房地产时,出租方应负担的各项成本费用以及税金,一般包括房屋维修费、管理费、增值税及附加(城市维护建设税、教育费附加、地方教育附加)、房产税、印花税、保险费、城镇土地使用税等。各项费用取值计算过程如表5-18所示。

表5-18　　　　　　　　年总费用计算表　　　　　　　　单位:万元

年总费用	已出租部分		未出租部分	其他多种经营	地下车库收入
	租约期内	租约期外			
维修费	240.88	240.88	2.38		19.28
管理费	1 083.04	1 095.83	10.38		17.16
房产税	262.51	262.51	2.59		42.02
城镇土地使用税	5.2	5.2	0.05		0.83
增值税及附加	464.84	470.32	4.46	4.95	12.52
印花税	8.02	8.06	0.08	0.08	0.10
保险费	5.4	5.34	0.05		0.87
合计	2 069.89	2 088.14	19.99	5.03	92.78

(四)确定待估房地产年净收益

房地产年净收益=房地产年总收益-年总费用,如表5-19所示。

表5-19　　　　　　　　年净收益计算表　　　　　　　　单位:万元

	已出租部分		未出租部分	其他多种经营	地下车库收入
	租约期内	租约期外			
年净收益	6 955.38	7 041.78	66.46	77.39	50.22

(五) 确定年净收益增长率

考虑到市场分析得到的平均租金增长率以及 CPI 物价指数，结合估价对象的实际状况，本次估价已出租部分租约期内按合同约定递增，租约期外及未出租部分经综合分析确定估价对象的租金每年递增 3%，未来经营成本及费用大体保持同比例递增，因此我们假设估价对象年净收益水平未来每年增长 3%。

(六) 确定待估房地产的报酬率

物业的价值为其经营收益于价值时点的收益折现值。报酬率从纯理论上讲，应等于同等风险条件下的平均收益率。考虑同类房地产项目的报酬率，本次评估我们采取市场法确定报酬率。

根据估价人员市场调查，估价对象所在区域产业发展服务园区用房售价为 28 000—38 000 元/平方米，租金为 4—6 元/平方米·天，报酬率约为 4%—6%。结合估价对象现状，确定其报酬率为 6%。

为产业发展服务园区楼宇配套的地下车库，运营收益较为稳定，风险系数较小，综合考虑所在区域宏观经济因素，确定其报酬率为 4.5%。

(七) 确定待估房地产的评估值

根据土地剩余使用年限，待估房地产的剩余收益年限为 35 年。预计估价对象未来的正常净收益，选用适当的报酬率将其折现到价值时点后累加得到的房地产评估值如表 5-20 所示。

表 5-20　　　　　　　　　　收益期内房地产价格计算表

	已出租部分		未出租部分	其他多种经营	地下车库收入
	租约期内	租约期外			
估价对象不同部分净收益（万元）	9 930	132 699	1 405	1 636	1 330
收益法总价（万元）	147 000				
建筑面积（平方米）	50 947.31				
单价（元/平方米）	28 853				

待估房地产于 2020 年 12 月 31 日就本报告评估目的下所表现的价值为 147 000 万元，单价为 28 853 元/平方米。

（案例改写自仲量联行《张江光大园房地产估价报告》，该报告在写字楼收益法的最后计算时采用区分已出租和未出租部分，并针对单个租约的租赁单元测算其价值的思路；但更常见的计算思路是按照年度总净收益，包含已出租和未出租部分，进行测算。）

本 章 小 结

按照权属性质及价格构成，可以将住宅房地产分为房改房、共有产权房、限价商品房和商品房。商品住宅的价格包括了上一章中提到的构成房地产价格的所有部分，而其他几种住宅房地产的价格只包含其中的部分内容。影响某个具体的住宅房地产价值的因素包括权益、区位和实物三个大方面。住宅房地产的评估主要采用市场比较法和成本法，但须注意，由于可获得的资料及其可信度的差异，新建住宅和旧有房地产在评估的具体思路上会有不同。住宅房地产评估涉及两个专题问题：一是关于市场比较法中比较因素的选择，通常公寓类住宅和别墅类住宅有较大的差异；二是关于市场比较法中如何量化可比实例和待估房地产之间的差异，基本思路有配对数据分析、折旧成本法和收益法。

按照开发形式及建筑特点对商业房地产进行分类，可将商业房地产分为商业街、市场类商业房地产、社区商业、百货商场及购物中心、商务楼商铺和交通设施商铺等。各类商业房地产在建筑形式和经营方面有着各自的特点。影响某个具体的商业房地产价格的因素主要有商业及服务业繁华程度、交通条件、临街状况、经营业态及经营模式等。由于商业房地产的评估对象的差异非常大，对于综合了许多业态和商家的大型商业房地产进行评估时，通常需要对不同业态、不同楼层的各类商业物业分别进行估价，因为它们可能需要采用不同的评估方法或选择不同的重要参数。通常收益法是主要的评估方法，对于不同类型的商业房地产还可选择成本法或市场法作为补充。商业房地产收益法评估主要有五个方面的专题：一是目前已有的租约带来的实际收益与客观收益；二是商业房地产中租金及出租面积的计取的特点；三是商业房地产的两种收益获取方式——出租和自己经营下，净收益的计算及区别；四是商业房地产收益年限确定的特点；五是资本化率的选择应如何考虑。

按照档次、功能的复合程度和物业建筑形态可对商务办公房地产进行三种分类。影响某个具体的商务办公房地产价格的因素可以从区位因素和个别因素两个方面讨论。商务办公房地产价值评估的主要方法是收益法，采用资本化租金的思路，而租金的数据通常采用市场比较法来获取。档次较低的商务办公房地产，可能有足够的可比交易实例，可采用独立的市场法作为收益法的补充；而对于无法找到足够可比实例（通常是档次较高）的商务办公房地产，可用成本法作为收益法的补充。在商务办公房地产价值评估的专题中，着重讨论租约期限和租客信誉对价值评估的影响。

按照用途，工业房地产划分为仓储类、制造类和柔性工业型建筑三大类别。影响工业房地产价值的主要区位因素有交通状况、基础设施状况、产业聚集程度和地理环境状况；实物因素有用地面积与形状、地质与水文条件和建筑结构形态。从评估方法选择的角度，可以把工业房地产评估的对象分为标准工业厂房及通用仓库、非标准工业厂房及专用仓库、配套建筑物及构筑物。对于标准工业厂房及通用仓库，由于可比租售案例较多，可采用收益法或市场法进行估价；非标准工业厂房及专用仓库、配套建筑物及构筑物，通常采用成本法进行估价。

思 考 题

1. 在生活中留意各种房地产细分产品的特点,特别是商业和写字楼房产在建筑结构等方面的特点。

2. 按照本章中对住宅房地产的分类,请了解你所在的城市住宅房地产的主要类型及其相关的政策规定。

3. 请思考住宅房地产、商业房地产和商务办公房地产在评估方法选择上的差异。

4. 住宅房地产的市场状况修正通常采用什么方法?我国有哪些常用的房地产价格指数?

5. 在采用收益法进行大型商业房地产价值评估时,在其自身的实际收益与市场比较法求取的客观收益之间应如何思考,以得到评估的适当收益?

6. 在商业房地产评估的净收益的计算过程中,经租商业物业与经营商业物业在收入和成本费用方面的主要差异有哪些?

7. 运用收益法评估商务办公房地产价值时,该房地产如果带有未履行完的租约,应该如何处理?

第六章 土地价值评估

本章学习目的
1. 理解土地使用权的分类，以及影响土地价值的微观因素。
2. 掌握假设开发法在土地价值评估中的运用。
3. 掌握市场法如何用于土地价值评估。
4. 理解城市基准地价的测算方法，掌握基准地价修正法的土地价值评估。
5. 了解路线价法的土地价值评估。

第一节 土地价值评估概述

一、土地使用权及其分类

（一）按取得方式进行分类

根据《土地管理法》、《土地登记办法》的相关规定，土地使用类型只有土地划拨和土地出让两种形式。

划拨土地使用权是指经县级以上人民政府依法批准，在土地使用者缴纳补偿、安置等费用后，取得的国有土地使用权，或者经县级以上人民政府依法批准后无偿取得的国有土地使用权。根据《城市房地产管理法》的规定，下列建设用地的土地使用权，确属必需的，可以由县级以上人民政府依法批准划拨：（1）国家机关用地和军事用地；（2）城市基础设施用地和公益事业用地；（3）国家重点扶持的能源、交通、水利等项目用地；（4）法律、行政法规规定的其他用地。以划拨方式取得土地使用权的，经主管部门登记、核实，由同级人民政府颁发土地使用权证。

出让土地使用权是指国家以土地所有者的身份将国有土地使用权在一定年限内出让给土地使用者，土地使用者向国家支付土地使用权出让金。取得出让土地使用权有以下几个特征：（1）取得的土地使用权是有偿的。（2）取得的土地使用权是有期限的。（3）取得的土地使用权是一种物权。土地使用权出让后，在出让期限内受让人实际享有对土地占有、使用、收益和处分的权利，其使用权在使用年限内可以依法转让、出租、抵押或者用于其他经济活动，合法权益受国家法律保护。

（二）按用途进行分类

《城市用地分类与规划建设用地标准》（GB 50137—2011）将城市建设用地共分为 8 个大类、35 个中类、42 个小类。8 个大类分别为：居住用地、商业服务业设施用地、工业用地、物流仓储用地、公共管理与公共服务用地、道路与交通设施用地、公用设施用地、绿地与广场用地。其中，4 个大类属于经营性用地，是评估中较为常见的类别。

在实践中，由于商业服务业设施用地的构成复杂，而办公用地的价值与狭义的商业用地有明显区别，所以会将两者区分开来。物流仓储用地是近年来兴起的一个类别，通常将其纳入工业用地中。经营性用地还有一种常见的分类，即居住、商业、办公、工业用地（见表 6-1），如北京基准地价更新成果发布（2014 年）等就是采用这样的分类，这也是实践中常用的分类。上海最新的基准地价（2013 年版）则在此基础上从办公用地中划分出"研发总部"，分为 5 个类别。

表 6-1　　　　　　　　经营性出让土地使用权用途划分

用途	开发程度	年限（年）	用途描述
住宅	七通一平	70	住宅和相应服务设施的用地
商业	七通一平	40	商业及餐饮、娱乐及康体设施、旅馆等服务业用地
办公	七通一平	50	金融保险、艺术传媒、技术服务等综合性办公用地
工业	五通一平	50	工矿企业的生产车间、库房及其附属设施等用地，包括专用的铁路、码头和附属道路、停车场等用地

注：开发程度指目前我国大中城市出让这类土地时的开发状态。"七通一平"，指宗地外通路、供电、通信、通上水、通下水、通污水、通燃气及宗地内场地平整；研发总部类和工业用地开发程度为"五通一平"，指宗地外通路、供电、通信、通上水、通下水及宗地内场地平整。

二、土地价格的表达方式

对于同一宗土地的价格有三种表达方式：土地总价、土地单价和楼面地价。

楼面地价的经济含义是单位建筑面积平均分摊的土地价格。其计算公式为：

$$楼面地价 = \frac{土地总价}{规划总建筑面积} = \frac{土地单价}{规划容积率}$$

对楼面地价也可简单理解为在土地上盖出房子后，每单位售价中所包含的土地成本。楼面地价能最真实地反映建筑单价中所包含的单位土地成本价格。在现实中，楼面地价往往比土地单价更能反映土地价格水平的高低。

例如，某宗地土地面积为 10 000 平方米，容积率为 2，最后成交价为 4 亿元。

土地总价 = 400 000 000（元）

土地单价 = 400 000 000/10 000 = 40 000（元/平方米）

楼面地价 = 400 000 000/(10 000 × 2) = 20 000（元/平方米）

三、影响土地价值的主要因素

（一）权益因素

影响土地价值的权益因素主要跟规划设定的土地利用方式有关，主要指土地的用途、剩余使用年限和容积率。

1. 土地用途。在前面已经做了介绍，主要有居住、商业、办公和工业用地，对于同一块土地不同用途设定的价值一般具有明显差异，比如从上海市基准地价（2013年版）上可以发现，在市中心区域商业用地价值最高，之后依次为居住、办公和工业；而在近郊区域则是居住用地的价值最高，之后依次为商业、办公和工业；而远郊区域的顺序又与中心城区类似。

2. 剩余使用年限。在我国，以出让方式获取的土地的使用权是有限的，而且不同用途的土地出让时的使用年限不同，并且与土地用途相对应。但出让的土地在进行转让时，使用年限不会重新调整，理论上说是越来越短的。因此，土地的剩余使用年限也会影响其价值。

3. 容积率。对于同一宗土地，容积率与土地总价或单价均成正比例关系，容积率越高，土地价值总价或单价越高，因为在同一宗土地上可以修建更多的建筑。容积率与楼面地价成反比例关系，容积率越高，楼面地价越低，因为在同一宗土地上修建的房屋越多，单位面积房屋的居住舒适性越差。

（二）区位因素

影响土地价值的区位因素主要有商业繁华程度、交通条件、基础设施状况、环境状况、人口状况和城市规划等。不同用途土地的区位因素有时会有一些差异，如住宅用地的区位因素非常注意环境质量，但商业用地则不太需要考虑这一方面。具体每种用途土地的区位影响因素可参考第四章中住宅、商业、办公和工业房地产部分。此外还需注意，即使同一种影响因素，对于不同用途土地的评价标准也不尽相同，比如，商业用地离轨道交通越近越好，而住宅用地则不希望太近，而是步行可到达的距离最佳。

（三）实物因素

影响土地价值的实物因素相对简单，主要包括：

1. 临街情况。对于住宅用地，临街状况主要指临街道路的类型。道路可划分为快速路、主干道、次干道、支路四级。从区位因素的角度考虑，一块宗地距区域内的高等级道路越近表明其出行越方便，交通条件越好。但从实物因素方面考虑，则正好相反，用地周围的道路级别越低，车流越小，环境越好。

对于商业用地，临街情况可分为两个子因素：临街道路的类型和临街状况。临街道路的类型指临近的是商业繁华道路、商业道路还是交通道路，对商业和人流是否有帮助。临街状况一般包括三面临街、两面临街、一面临街和不临街（或称袋地）。

2. 宗地形状。宗地形状指土地的形状是否规则，是否有利于规划和利用。对于明显影响规划利用的土地，如狭长带状土地、不规则小块组成的土地等，则会降低土地价值。

3. 宗地面积。宗地大小会影响规划利用。住宅用地的平均面积较大，一般可达10万平方米左右，对宗地面积的要求会偏高一些；而商业用地的平均面积较小，一般在2万平方米左右，对宗地面积的要求会偏低一些。

4. 宽深比（商业用地）。一般而言，对同一地块，其临近街面部分价值高，远离街面部分价值低。或者说，同一宽度下，随着地块深度的增加，地块的单位地价逐步降低，当深度达到一定程度后，地块的单位地价维持不变。在同一深度下，地块临街宽度不同，使得铺面宽窄不同，对顾客的吸引力产生差异，从而直接影响其营业额。可见，地块的临街深度和宽度都会对地价产生影响。随着深度的增加，单位地价会降低；随着宽度的增加，单位地价会升高。因此，用地块宽度与深度的比率（即宽深比）来反映其对地价的影响。

第二节 假设开发法的土地价值评估

一、假设开发法的基本原理

假设开发法，又称为剩余法或预期开发法。它是指在估算未来不动产正常交易价格的基础上，减去地上建筑物、附着物建造成本、专业费、利息、利润、税费等费用，最后得到的剩余值即为土地的价格。在评估待开发土地价值时，假设开发法运用得比较广泛。假设开发法的基本理论依据是古典经济学的地租剩余理论。

二、假设开发法的适用对象

假设开发法适用于具有开发或再开发潜力房地产（即待开发房地产）的评估。在土地评估中，主要适用于以下几种情况：

1. 待开发土地的评估。用开发完成后的不动产价值减去建造费、专业费等。

2. 将生地开发成为熟地的土地评估。用开发完成后的熟地价格减去土地开发费用，就得到生地地价。

3. 待拆迁改造的再开发地产的评估。这时的建筑费还应包括拆迁费用。

这里所说的生地，是指已经完成土地使用批准手续（包括土地使用权出让手续），可用于建设开发的土地，该土地无基础设施，或虽有部分基础设施，但尚不完全具备道路、(临时用) 水和电等三通条件，同时地上地下待拆除的房屋和构筑物，尚未被搬迁拆除。而熟地是指具有完善的基础设施，且地面平整，可用于建筑的土地。

三、假设开发法在土地价值评估中的计算公式

假设开发法适用于具有投资开发或再开发潜力的土地价值评估，具体的计算公式表现形式较多。如果土地用于建造房屋，一个比较具体的计算公式为：

$$地价 = 开发完成后的房地产价值 - 后续开发必要支出及应得利润 - \left(\begin{array}{c}购买待开发房\\地产应负担的税费\end{array}\right)$$

四、假设开发法在土地价值评估中的操作步骤

根据假设开发法评估的基本思路，假设开发法评估的基本步骤如下。

（一）选用具体估价方法

假设开发法分为动态分析方法和静态分析方法。静态分析方法应单独计算后续开发的利息和利润。动态分析方法应利用资金时间价值的原理对后续开发的必要支出和开发完成后的房地产价值进行折现现金流量分析，不应单独计算后续开发的利息和利润。根据估价对象所处开发建设阶段等情况，选择动态分析方法或静态分析方法，应优先选用动态分析方法。

（二）选择估价前提

假设开发法的估价前提应根据估价目的和估价对象所处开发建设状态等情况，并应经过分析，选择下列之一：业主自行开发前提、自愿转让开发前提和被迫转让开发前提。业主自行开发前提是指估价对象将由其业主继续开发完成的一种假设开发法估价前提；自愿转让开发前提是指估价对象将被其业主自愿转让给他人开发完成的一种假设开发法估价前提；被迫转让开发前提是指估价对象将被迫转让给他人开发完成的一种假设开发法估价前提。

（三）确定最佳开发利用方式

根据调查的土地状况和房地产市场条件等，在城市规划及法律法规等限制所允许的范围内，确定土地的最佳利用方式，包括确定土地用途、建筑容积率、土地覆盖率、建筑高度等。这些因素中最重要的是选择最佳的土地用途，这需要考虑到这种用途的现实社会需要程度和未来发展趋势。

（四）测算后续开发经营期

开发经营期分为开发期和租售期，一般参照当地类似开发项目的开发经营期来估计。开发期的估计主要受供给方控制，一般能较准确地估计，无须考虑特殊因素影响

（如资金不到位，材料短缺等）。销售期的估计主要受需求方影响，主要考虑未来房地产市场的景气状况，变动幅度较大；出租/经营期的估计与收益法中收益年限的确定相同。后续开发经营期的测算需要注意"后续"两个字，因此从价值时点开始计算。

（五）测算开发完成后的价值

根据所开发房地产的类型，对开发完成后的房地产总价，可以通过两个途径获得：

1. 对于出售的房地产，如居住用商品房、工业厂房等，可以采用长期趋势预测法与市场比较法相结合的方法来确定开发完成后的房地产总价，即根据同类用途和性质的房地产过去与现在的价格，并考虑该类建筑物的发展趋势推测其价格。

2. 对于出租的不动产，如写字楼和商业楼宇等，首先可以采用市场法确定所开发房地产的出租净收益，再采用收益法将出租净收益折现为房地产总价。具体确定时需要估计以下几个要点：（1）单位建筑面积月租金或年租金水平，可依据类似房地产确定；（2）房地产出租费用水平；（3）可出租的净面积；（4）房地产折现率。

动态分析方法中的折现前开发完成后的价值，一般应为未来开发完成后的房地产在其未来开发完成时的价值；估计可预售或存在延迟销售的，应为预售或延迟销售时的价值；应采用比较法、收益法等成本法以外的方法，并考虑类似房地产未来市场价格变动趋势进行预测。

静态分析方法中的开发完成后的价值，应为假设未来开发完成后的房地产在价值日期开发完成时的价值，应采用比较法、收益法等成本法以外的方法求取。

（六）估算后续开发必要支出

后续开发的必要支出应为将估价对象开发成未来开发完成后的房地产所必须付出的各项成本、费用和税金，其构成项目为：（1）建设成本；（2）管理费用；（3）销售费用；（4）销售税费。

估价前提为自愿转让和被迫转让的，构成项目还应包括估价对象取得税费。

以上各项费用的测算方法与成本法中的完全相同，因此不再赘述。

后续开发的必要支出，在动态分析方法中，应为其在未来发生时的金额；在静态分析方法中，应为假设其在价值日期发生时的金额。后续开发的必要支出应根据估价对象状况、未来开发完成后的房地产状况及经营方式，以及估价前提、估价对象所处开发建设状态等来求取。

（七）估算后续开发中的投资回报

1. 动态分析方法中的投资回报。动态分析方法中投资回报通过折现过程体现。其折现率应为同类房地产开发项目一般所要求的收益率。

2. 静态分析方法中的投资回报。静态分析方法中的投资回报表现为投资利息和开发利润两个部分。后续开发的投资利息的计算基数，应包括除销售税费之外的项目所有开发必要支出，即计息基数应包括估价土地价值、建设成本、管理费用、销售费用。各项计算基数的计息期应分别自其发生时起至建设期结束时止。土地评估计息期的确定,可以参照成本法中介绍的方法,即地价的计息期应为整个开发期和销售期;其他费用若是均匀投入,则计息期从整个均匀投入期的一半开始计算。应得利润的估算与成本法完全相同,应在明确其计算基数和相应开发利润率的基础上,为其计算基数乘以类似房地产开发项目的对应开发利润率。

(八) 计算开发价值

根据对动态分析方法或静态分析方法的选择,运用以上适当公式计算采用假设开发法的土地价值,即开发价值。

五、假设开发法土地评估示例

1. 估价对象概况。待估对象为已达到"七通一平"的待开发土地,土地总面积为 10 000 平方米,形状规则;允许用途为商业、居住;规划容积率为 7,建筑覆盖率不大于 50%;土地使用权年限为 50 年,出让时间为 2005 年 9 月。

2. 估价目的及估价时点。评估该土地在 2005 年 9 月出让时的价格。

3. 估价过程。

(1) 选择评估假设前提:自愿转让。

(2) 确定最佳开发利用方式。通过调查研究,确定该土地最佳开发利用方式为:用途为商业、居住混合用途;建筑容积率为 7;建筑覆盖率为 50%;建筑总面积为 70 000 平方米,建筑物层数为 14 层,各层建筑面积为 5 000 平方米;地上 1—2 层为商业用途,建筑面积共 10 000 平方米;地上 3—14 层为住宅用途,建筑面积共 60 000 平方米。

(3) 预计开发期(或建造期)。预计该房地产的开发期为 3 年,即 2008 年 9 月全部完成,并投入使用。

(4) 预计开发完成后的楼价。估计该房地产建造完成后,商业用途部分可全部售出,其在评估时点的平均售价为 4 500 元/平方米,未来出售时将上涨 3%;住宅用途部分的 30% 在建造完成后即可售出,50% 在半年后才能售出,其余的 20% 一年后售出(假设在期末售出),其在评估时点的平均售价为 2 500 元/平方米,未来出售时将上涨 3%。

(5) 估计开发成本及开发商利润。估计总建筑费为 5 000 万元,其中第一年投入总建筑费的 20%,第二年投入 50%,第三年投入余下的 30%;专业及其他费用(包含建设单位管理费)为建筑费的 8%,投入时间与建筑费投入时间相同;一年期年利息率为 8%,二年期年利息率为 10%,三年期年利息率为 12%;销售费用为楼价的 3%,在开发期的最后一年投入;税费为楼价的 6%,即建成出售时由卖方承担的增值税、印花税、交易手续费等,其他类型的税费已考虑在建筑费之中;投资利润率为直接投资资本的 20%;在未来三年的开发建设期内,假定开发费用的投入在投资年度范围内的强度均相同,在上述假定情况下,各投资年度内的投入可视为集中在各投资年度内的年中投入，建筑费和专业费在开发期内不会上涨。

（6）待估土地价格测算。根据评估前提，采用的估价公式如下：

待估土地价格 = 开发完成后的房地产价格 − 继续开发的成本支出及投资回报 − 土地购置税费

拟采用静态分析法和动态分析法分别估算地价，设地价为 V（万元）。

第一，静态分析法。

① 楼价 = $4\,500 \times 10\,000 + 2\,500 \times 60\,000 = 19\,500$（万元）

② 总建筑费 = $5\,000$（万元）

③ 总专业费用 = ② $\times 8\% = 400$（万元）

④ 总销售费用 = ① $\times 3\% = 585$（万元）

⑤ 总利息 = 土地成本及税金利息 + （总建筑费利息 + 总专业费利息）+ 销售费用利息

$= (V + 0.03V)[(1+12\%)^3 - 1] + (② + ③) \times 20\% \times [(1+12\%)^{2.5} - 1] +$

$(② + ③) \times 50\% \times [(1+10\%)^{1.5} - 1] + (② + ③) \times 30\% \times$

$[(1+8\%)^{0.5} - 1] + ④ \times [(1+8\%)^{0.5} - 1]$

$= 0.417V + 855.19$（万元）

⑥ 总税费 = ① $\times 6\% = 1\,170$（万元）

⑦ 开发商利润 = $(1.03V + ② + ③) \times 20\% = 0.206V + 1\,080$（万元）

⑧ 地价计算。

$V = ① − ② − ③ − ④ − ⑤ − ⑥ − ⑦ − 0.03V$

得 $V = 6\,413.93$（万元）

⑨ 估价结果。

总地价 $V = 6\,414$（万元）

单位地价 = 总地价/土地总面积 = $6\,414$（元/平方米）

楼面地价 = 单位地价/容积率 = 916（元/平方米）

第二，动态分析法。

计算的基准时间为该土地的出售时间，即 2005 年 9 月，年贴现率取 18%。

① 楼价

$= \dfrac{4\,500 \times (1+3\%) \times 10\,000 + 2\,500 \times (1+3\%) \times 60\,000 \times 30\%}{(1+18\%)^3} +$

$\dfrac{2\,500 \times (1+3\%) \times 60\,000 \times 50\%}{(1+18\%)^{3.5}} + \dfrac{2\,500 \times (1+3\%) \times 60\,000 \times 20\%}{(1+18\%)^4}$

$= 11\,564.04$（万元）

② 总建筑费

$= \dfrac{5\,000 \times 20\%}{(1+18\%)^{0.5}} + \dfrac{5\,000 \times 50\%}{(1+18\%)^{1.5}} + \dfrac{5\,000 \times 30\%}{(1+18\%)^{2.5}}$

$= 3\,862.66$（万元）

③ 总专业费用 = ② $\times 8\% = 309.01$（万元）

④ 总销售费用 = ① $\times 3\% = 346.92$（万元）

⑤总销售税费 = ① × 6% = 693.84（万元）
⑥地价计算。

$V = ① - ② - ③ - ④ - ⑤ - 0.03V$

$V = 6\ 351.61$（万元）

⑦估价结果。

总地价 $V = 6\ 352$（万元）

单位地价 = 总地价/土地总面积 = 6 351（元/平方米）

楼面地价 = 单位地价/容积率 = 907（元/平方米）

4. 估价结果分析。上述采用静态分析法计算的总地价为 6 414 万元，而用动态分析法计算出的总地价为 6 352 万元，相差较小。动态分析法是评估规范的首选方式，其理论基础更加合理。因此，在估价实务中，应以动态分析法计算的结果为主，参考静态分析法的计算结果，确定最终的估价结果为 6 350 万元。

第三节 市场法的土地价值评估

市场法是不动产评估中原理简单、较为可靠的方法，但其适用条件较为苛刻。在土地评估中，土地交易虽然不多，但交易数据容易寻找。当可比土地交易数量满足三宗及以上的要求时，可考虑采用市场比较法评估土地价值。

一、可比土地交易的选择

（一）土地交易寻找渠道

自 2002 年开始，我国政府要求所有经营性土地均需要采用公开方式进行出让，因此大中城市的土地交易是非常透明的，有利于收集可比土地交易案例。如上海市规划和国土资源管理局会在网站上发布土地的招标公告，并在土地成交之后在网站公开成交价格和竞得人。因此，可直接在其网站寻找可比实例。此外，还可以在专业房地产数据库中找到土地交易案例，如中国指数研究院数据信息中心（以下简称 CREIS 中指数据）数据库土地版，基本覆盖中国所有大、中、小城市的土地交易数据。

（二）土地交易选取原则

市场法中可比实例选择需要考虑交易情况、交易时间和房地产状况三个方面。

经营性土地的正常交易方式是招标、挂牌和拍卖等公开出让方式，协议方式交易的土地要慎重选择。土地交易采用竞价方式，在竞争激烈时容易推高价格，在市场萧条时可能以底价成交，在案例选择时应适当考虑交易时的竞争情况。

与住宅房产交易案例相比，土地交易案例比较少①。因此，一般适当放松可比实例的交易时间要求，一年以内的案例是合适的。在一些情况下，如只差一个交易案例，咨询类评估中可以放松交易时间的限制到两年左右。

在房地产状况方面，考虑顺序是权益、区位，最后是实物。首先，要求土地的用途一致。按照我国《城市用地分类与规划建设用地标准》（GB 50137—2011），经营性土地用途主要有居住用地、商业服务业设施用地（包含商业、办公、娱乐等）、工业用地和物流仓储用地。在选择可比土地交易时，要求其土地的大类用途与评估对象一致。除此之外，还需要注意其具体用途，如住宅用地很可能包含商业住宅用地和保障住宅用地，其土地价值差异非常大，但部分城市的保障用地交易也可能采用公开出让的方式，并计入土地交易数据库中，因此要求评估人员对所选每一宗土地交易进行深入了解和鉴别。其次，区位是土地的重要属性，对于住宅用地最好选择同一板块的土地，对于商业用地选择同一商圈的土地，对于工业用地选择同一园区或行政区的工业用地。但是在部分情况下也可以适当放松区位条件，选择其他区域的土地，但原则是具有可比性。但如何判断不在同一区域的土地的可比性呢？本书认为根据上一节市场比较法的思路，土地的可比性可以通过其建成房产的可比性来进行判断。如同一城市不同区域的住宅用地，如果两个区域的住宅房价具有可比性，其土地价值则具有一定可比性。最后，实物方面的要求不高。一般主要考虑大小和形状。特别小和形状特别不利于开发利用（如狭长形土地）的土地的价值会明显受到影响，选择时可适当考虑。

二、建立可比基础

（一）以楼面地价为基础进行比较修正

如第一节所述，土地价格有三种表达方式：总价、单价和楼面地价。土地的市场比较法中，应该以楼面地价为基础进行比较和修正。因此，我们需要把选择的可比实例的土地交易价格换算成楼面地价。

（二）注意可比土地是否包含代建建筑物

在我国的城市土地出让中，代建建筑的情况较为普遍。土地上常见的代建建筑包括中小学校舍、社区居委会用房、公共交通站点、公共绿地和保障住房。我国目前部分城市，如上海，近年来要求出让的大部分住宅用地要配建公共租赁住房。这类土地在进行可比基础的建立时需要考虑两个方面：（1）配建的保障房建筑面积也计入土地地上总建筑面积，实际上减少了土地上可建筑面积的总量，即减少了土地开发投资者可获取收益的房地产数量。（2）配建建筑的建筑成本是土地投资开发者承担的，政府一般不另

---

① 以上海市为例，2016 年土地出让 199 宗（其中包括住宅、商业、综合及工业用地），出让面积为 842.8 万平方米。2015 年土地出让 237 宗，出让面积为 1 074.03 万平方米。

行支付代建费用，因此，土地总价中需要加上这部分成本。这类代建建筑对土地楼面价格的影响是，一方面作为分子的土地总价增加，另一方面作为分母的总建筑面积减少，最后实际的土地楼面地价会更高。

三、比较修正价格

（一）土地市场比较法的修正因素

根据本章第一节对土地价值影响因素的分析，将土地市场比较法的修正因素归纳如表 6-2 所示（以住宅为例）。

表 6-2　　　　　　　　住宅用地比较因素及修正表

修正因素		实例 A	实例 B	实例 C
楼面地价（元/平方米）				
市场状况调整				
交易情况修正				
权益因素	土地使用年限			
	容积率			
区位因素	繁华程度			
	交通条件			
	基本设施状况			
	自然环境状况			
	人文环境状况			
	城市规划			
实物因素	临街状况			
	宗地形状			
	宗地面积			
修正价格	修正指数			
	修正后价格			

（二）土地交易期日修正

地价往往是随时间的变动而变动的，为了保证样点地价的可比性，在基准地价评估中，对不同年份发生的出让或转让地价，必须进行交易期日修正。其修正方法仍然是价格指数或价格均值，但这里需要用土地交易价格指数，而不是房产交易价格指数。因为土地价格的波动虽然与同类房产价格波动相关，但其波动的幅度和时点先后还是有差异，因此最后不要相互替代使用。由于一个成熟的土地交易数量有限，很难编制短期（月度或季度）的价格指数，因此可以使用土地平均价格来进行修正。目前，我国土地价格较为权威的发布者是"中国地价信息服务平台"。这个平台上公布我国主要的一、二、三线城市的季度地价水平值，可借助这一数据进行土地交易期日的修正。

交易期日修正应以月度或季度为单位，区分不同土地用途，根据年度统计资料得到的地价平均上涨、下降幅度或地价指数，计算交易期日修正系数，计算公式为：

$$K_j = \frac{V}{V_j}$$

式中：K_j——交易期日修正系数；

V——该类用途土地评估年交易平均地价或地价指数；

V_j——该类用途土地第 j 年交易平均地价或地价指数。

（三）土地使用年期修正

对土地使用年期进行修正的基本思路为：使土地使用费分摊到每年的年值相等。基于这一思路，计算公式为：

$$K = \left[1 - \frac{1}{(1+r)^m}\right] \div \left[1 - \frac{1}{(1+r)^n}\right]$$

式中：K——将可比实例年期修正到被估对象使用年期的年期修正系数；

r——土地折现率；

n——可比实例的土地使用权剩余年限；

m——待估对象的土地使用权剩余年限。

我国实行有限年期的土地使用权有偿使用制度。由于土地使用年限的长短会影响不动产收益的多少，所以土地年限对不动产价格的影响非常显著。在年收益确定的情况下，土地使用年限越长，不动产价格就越高。通过年限的修正，可以消除由于土地期限不同而对不动产价格造成的影响。

【例 6-1】若选择的比较案例成交价为每平方米 5 000 元，对应土地的使用年期为 30 年，待估宗地出让年期为 20 年，土地折现率为 8%，则年期修正如下：

$$土地使用年期修正后的地价 = 5\ 000 \times \frac{1 - \frac{1}{(1+8\%)^{20}}}{1 - \frac{1}{(1+8\%)^{30}}} = 4\ 360（元）$$

（四）容积率修正

一般来说，城市规划对城市不同区域的建筑容积率有不同的规定、限制。容积率大小直接影响土地利用程度的高低，容积率越大，土地利用率越高，地价也越高；反之，地价越低。对容积率进行修正可以消除由于容积率不同而造成的地价差异。

容积率与地价的关系并非呈线性关系，需要根据具体区域的情况具体分析。具体评估时，要考虑容积率与地价水平的相关程度，并根据容积率与地价的相关系数，编制容积率修正系数表，再按以下公式计算：

$$经容积率修正后的可比价格 = 可比实例价格 \times \frac{待估宗地的容积率修正系数}{可比实例的容积率修正系数}$$

上海市容积率修正系数如表 6-3 所示。

表 6-3　　　　　　　　　　上海市容积率修正系数

容积率	1—2 级	3—5 级	6—7 级	8—9 级	10 级	容积率	1—2 级	3—5 级	6—7 级	8—9 级	10 级
0.3	3.956	3.789	3.675	3.363	3.210	3.4	0.938	0.904	0.877	0.803	0.754
0.5	2.482	2.377	2.306	2.110	2.014	3.5	0.930	0.897	0.870	0.796	0.749
0.8	1.645	1.576	1.528	1.398	1.335	3.6	0.923	0.890	0.862	0.790	0.740
1.0	1.488	1.332	1.256	1.111	1.060	3.7	0.917	0.884	0.858	0.784	0.736
1.1	1.402	1.269	1.206	1.076	1.029	3.8	0.910	0.877	0.851	0.778	0.730
1.2	1.333	1.220	1.163	1.048	1.000	3.9	0.903	0.870	0.843	0.771	0.723
1.3	1.274	1.177	1.124	1.022	0.972	4.0	0.896	0.862	0.836	0.765	0.718
1.4	1.224	1.139	1.093	1.000	0.948	4.1	0.890	0.856	0.830	0.759	0.712
1.5	1.180	1.105	1.064	0.977	0.925	4.2	0.883	0.851	0.825	0.752	0.705
1.6	1.143	1.078	1.041	0.955	0.906	4.3	0.875	0.843	0.817	0.746	0.699
1.7	1.111	1.052	1.018	0.936	0.885	4.4	0.868	0.836	0.810	0.739	0.692
1.8	1.084	1.031	1.000	0.919	0.869	4.5	0.861	0.829	0.803	0.733	0.685
1.9	1.063	1.015	0.984	0.904	0.855	4.6	0.855	0.823	0.797	0.727	0.681
2.0	1.044	1.000	0.971	0.891	0.842	4.7	0.848	0.816	0.791	0.722	0.674
2.1	1.029	0.988	0.959	0.881	0.831	4.8	0.841	0.809	0.784	0.714	0.668
2.2	1.017	0.978	0.951	0.872	0.822	4.9	0.833	0.801	0.777	0.709	0.662
2.3	1.008	0.971	0.943	0.865	0.815	5.0	0.827	0.797	0.771	0.703	0.656
2.4	1.003	0.968	0.939	0.861	0.811	5.1	0.820	0.790	0.764	0.697	0.650
2.5	1.000	0.965	0.936	0.859	0.810	5.2	0.813	0.783	0.758	0.690	0.644
2.6	0.993	0.958	0.929	0.852	0.804	5.3	0.806	0.775	0.751	0.684	0.637
2.7	0.986	0.951	0.922	0.846	0.796	5.4	0.798	0.768	0.743	0.677	0.631
2.8	0.980	0.945	0.917	0.841	0.791	5.5	0.793	0.762	0.738	0.671	0.626
2.9	0.972	0.938	0.910	0.833	0.785	5.6	0.785	0.755	0.732	0.665	0.619
3.0	0.965	0.930	0.903	0.827	0.779	5.7	0.778	0.748	0.725	0.658	0.613
3.1	0.958	0.923	0.896	0.820	0.773	5.8	0.771	0.740	0.717	0.652	0.607
3.2	0.952	0.917	0.890	0.816	0.767	5.9	0.764	0.735	0.710	0.645	0.599
3.3	0.945	0.912	0.884	0.809	0.760	6.0	0.758	0.729	0.704	0.640	0.595

注：此表来自《上海市 2013 年基准地价更新成果》。

如果待估土地和可比宗地均为二级住宅用地,可比宗地楼面地价为每平方米 2 000 元,容积率为 1.7,待估土地容积率为 1.0,则:

经容积率修正后的可比实例楼面地价 $= 2\,000 \times \dfrac{1.488}{1.111} = 2\,679$(元/平方米)

第四节 基准地价修正法的土地价值评估

一、基准地价概述

(一)基准地价的概念和特点

基准地价是指在宗地评估的基础上,评估出的各个级别或各个区域土地的平均价值。它包括城镇用地基准地价和农用地基准地价。基准地价具有以下几个方面的特点。

1. 基准地价是一种区域性的价格。基准地价总是以某一个区域为单位进行评估的,此区域就叫作基准地价的评估区域。所以,基准地价不是一种宗地价格,而是区域性价格,它总是与一定的区域相联系的。基准地价的评估一般有级别、区片和区段三种形式,相应地,基准地价通常也有三种表现形式:级别基准地价、区片基准地价和区段基准地价。

2. 基准地价是一种分用途的价格。在同一个区域中,不同用途的土地有不同的价格水平。所以,不同用途的土地,其基准地价也是不一样的。城镇基准地价通常包括三大类,即商业用地基准地价、住宅用地基准地价和工业用地基准地价。个别城镇根据其特殊情况,还包括其他用途的基准地价,如旅游用地基准地价。农用地基准地价主要包括耕地基准地价、园地基准地价、林地基准地价、水域基准地价和荒草地基准地价。目前,全国完成评估的农用地基准地价主要是耕地基准地价。

3. 基准地价是一种平均价格。基准地价反映的只是各区域各类用地的平均价格水平。在某一区域中,具体某一宗地的价格可能稍高于或稍低于此平均价格。所以,在基准地价的基础上建立基准地价修正系数体系,用以评估具体宗地的价格。

4. 基准地价是有限年期的价格。基准地价是土地使用权的价格,土地使用权是一种有时间限制的产权,所以说基准地价是有限年期的价格。就城镇而言,不同用途土地使用权的出让最高年限不同,不同用途基准地价的年期也不同。一般而言,各用途基准地价的年期应以各用途的最高出让年期为准。就农地而言,目前还没有一个明文规定,一般取 30 年作为农用地基准地价的年期。

5. 基准地价具有时效性。基准地价反映的只是一定时期的地价标准,为了保持基准地价的现实性,应每隔一定时期对基准地价进行更新。

6. 基准地价是一种控制性的价格。基准地价是国家调控土地市场的一种价格,不是市场的交易价格。市场上最终达成的价格，是以基准地价为依据，根据市场行情而确定的。

（二）基准地价的作用

基准地价的作用主要表现在以下几个方面。

1. 宏观控制土地市场的依据。基准地价反映了土地市场的地价水平和变动趋势，它可以为政府制定土地市场管理措施提供依据。

2. 国家征收土地使用税的依据。根据国外经验，土地税都是从价计征。我国目前土地使用税征收的税额偏低，不能体现土地收益的级差，不能达到使用土地使用税这一经济杠杆调节土地利用的目的。因此，科学、合理、公开的基准地价对合理征收土地使用税是非常重要的。

3. 调节土地利用。政府评估并公布基准地价，可以使投资者和土地使用者及时了解不同地段、不同用途的地价水平和变动趋势，从而根据自身需要和支付地租地价的能力调整土地利用方式，以促进土地有序流转，最终达到土地合理利用的目的。

4. 进一步评估宗地价格的基础。基准地价反映了某一区域内宗地的平均价格，该区域内各宗地的地价都围绕基准地价上下波动。因此，根据宗地条件对基准地价进行修订，可方便地得到具体宗地的地价。

二、城镇基准地价的测算

（一）基准地价评估区域的确定

基准地价反映一定区域内的平均地价，因此，首先应划分城镇内的评估区域。划分标准是影响土地价格的因素指标的相对一致性。目前，划分基准地价评估区域的方法有两种：一是利用影响城镇土地使用价值的因素，依据其在城镇内部的差异性和一致性，划分土地级别；二是直接在城镇土地利用分区的基础上，按区域内土地条件的差异，划分出不同的均质区域。

对已按《城镇土地定级规程》完成土地级别划分的城镇，可以用土地级别作为基准地价评估区域，也可以用总分值相同的单元作为评估区域。必要时，针对每级土地内地租、地价、土地收益的变化幅度，确定是否需要将土地级别划分为不同的区段或区片。一般而言，区域平均价格与样点地价的差异超过30%，且在土地使用价值上确有差异，样点成组团分布，满足数理统计的要求，可继续划分区域，分区域评估基准地价。如城镇中的一些商业用地，一般要在土地级别的基础上，将中心区或繁华街道的商业用地单独划分成若干区段，评估出各区段的基准地价。

没有划分土地级别，但土地市场发育良好、市场交易样点资料多、分布比较均匀的城镇，基准地价评估可以不先评定土地级别，而是按照不同用途土地的地价影响因素，选择划分区域的因素和标准，对各城镇现实用地类型，按土地开发程度、规划要求、自然条件等划分区域边界，确定基准地价的评估区域。一般情况下，应进行区位条件调查，对类似区域进行归并，以保证基准地价评估所需的样本量符合数理统计的要求。目前，利用地价资料，按均质区域评估基准地价的典型实例，是用路线价法评估商业路段的基准地价。

划分基准地价评估区域的步骤是：（1）选择划分区域的因素；（2）确定区域划分标准；（3）调查有关资料；（4）初步划分区域；（5）实地校核调整；（6）确定区域边界。

（二）基准地价评估资料调查

基准地价评估是根据已有的地租地价资料和土地利用收益资料，综合评估各级别、各区域不同用途土地的平均价格，所调查资料的真实性和准确性直接影响基准地价的评估结果。因此，资料调查是基准地价评估的重要环节。

1. 制定资料调查计划。在资料调查前必须制定周密的计划，其中包括调查的范围、类型、方法、人员和组织等。

2. 编制调查表格。在资料调查之前，应根据基准地价评估的需要和当地土地市场的特点，编制相应的调查表格。

3. 人员培训。调查人员调查技能的掌握和运用是保证样本调查质量的关键。因此，在大范围调查前，必须对参加调查的工作人员进行专业知识培训，使其掌握样本调查与土地评估的思路与方法，切实理解调查表格内每一项内容的含义与填写方法。

4. 划分调查区。为保证样本分布的广泛性和代表性，以及便于工作量的分配和不同调查人员之间的工作衔接，在资料收集前必须划分调查区。调查区应根据城市土地市场状况、土地用途、交通状况、土地利用强度与限制、基础设施状况等因素进行划分。

5. 确定调查方法。资料调查分为普通调查、重点调查、抽样调查、典型调查等多种形式，按调查方法又可分为表格调查、走访与座谈、实地调查等。各地可根据当地实际情况选用，也可将几种方法结合使用。

6. 资料调查的一般要求。

（1）调查资料必须及时填入相应的调查表格，并由填表人签名；

（2）收集到的市场交易资料要按实地位置标注到相应的基准地价评估工作底图上；

（3）资料调查应在土地级别或均质区域划分的基础上，以划分的调查区为单位进行；

（4）调查样本应具有代表性，且分布要均匀；

（5）调查样本数为每级别内相同土地利用性质宗地数的1/50—1/5，一般房地出租买卖对调查样本至少应占其总量的15%，每级样本总数不少于30个；

（6）所选样本应能同时获得地价或用地效益和相对应的土地条件资料；

（7）用地效益等经济资料要求不少于近期连续两年的数据；

（8）地租、地价和用地效益资料以元为单位，精确到小数点后一位。

7. 资料收集的途径。土地评估所需的资料，主要是通过走访有关部门及个人，收集现有资料并结合实地调查取得。

8. 调查资料校核。

（1）样本剔除。逐项审查调查资料，将主要项目空缺、填报数据不符合要求和数据明显偏离正常情况的样本剔除。

(2) 样本资料归类。将审查合格的样本资料，分别按土地级别或均质地域、土地用途、土地使用权转移方式等进行归类，以便分类进行样点地价计算。

(三) 样点地价的确定

1. 样点地价计算。

(1) 根据土地使用权出让或转让资料计算样点地价。样点地价计算公式为：

样点地价 = 土地出让方或转让方获得的资金或实物折价/出让或转让的土地面积

(2) 根据房屋买卖资料计算样点地价。目前，在我国各城市中，各种公开的、隐蔽的、合法的、非法的房屋买卖行为均十分普遍。由于国家在这方面的法律不够健全，相应的行政管理工作未能跟上，房屋买卖中价格的主要组成——土地价格，未能完全体现出来，致使国有土地资产严重流失。因而，可以根据假设开发法，从房屋买卖的总价之中，扣除房屋本身的实际价值、买卖应交的税金和管理费，从而分离出地价。公式为：

样点地价 = (房屋买卖价 - 房屋现值 - 税金 - 管理费)/土地面积

(3) 根据房屋出租资料计算样点地价。城市中的房屋出租比房屋买卖更为普遍，可以通过分析城市中现有房屋出租的收益，从中分离出地租，进而计算样点地价。房租是用户为得到一定时期内的房屋使用权而支付给房屋所有者或房屋经营者的经济补偿，其中包含地租。计算步骤如下：

① 计算房屋出租的房地净收益。公式为：

房地净收益 = 房地总收益 - 房地总费用

总费用包括管理费、维修费、折旧费、保险费、税金。为了准确计算房屋出租的净收益，不能机械套用上述扣除项目，必须具体情况具体分析。例如，只有出租者负责出租房屋的维修、管理和保险，并由出租者负担税金时，上述公式才是正确的；如果租赁合同约定由承租者负担上述全部费用，即总收益中已扣除了上述费用，出租者得到的总收益实际上就是房地净收益，不必再进行扣除；如果由承租者负担上述费用的一项或几项，则在计算房地净收益时就不应扣除承租者负担的费用。如果当地房地产租赁市场存在空置现象，当租金以年计算时，还应当考虑房地出租在年内的空置期，一般按当地房屋年出租的平均空置率计算房屋空置费。

② 确定房屋本身应获得的出租净收益。通常情况下的公式为：

房屋净收益 = (房屋现值 × 房屋资本化率)/$[1 - 1/(1 + 房屋资本化率)^n]$

其中，房屋现值按下述公式计算：

房屋现值 = 房屋重置价格 × 房屋成新率

③ 计算土地净收益。公式为：

土地净收益 = 房地净收益 - 房屋净收益

④ 计算样点地价。通常情况下公式为：

样点地价 = 土地净收益/土地资本化率 × $[1 - 1/(1 + 土地资本化率)^n]$

(4) 根据土地使用权入股、联营资料计算样点地价。在现实生活中，以土地使用权入股或联营，参与经济活动，其实质是通过土地获取收益，从而获得应由土地所有者收取的地租。土地价格可按下列公式计算：

年地租＝土地股每年分享的利润或利息／土地面积

样点地价＝年地租／土地资本化率×$[1-1/(1+土地资本化率)^n]$

或

样点地价＝出资方资金总额×出地方分成利润比例／出资方分成利润比例÷土地面积

（5）根据征地、拆迁费用资料计算样点地价。利用此类资料计算样点地价，公式为：

$$样点地价=\frac{征地拆迁补偿}{等土地取得费用}+\frac{土地开}{发费用}+利息+\frac{开发企业}{合理利润}+\frac{土地增}{值收益}+\frac{区位}{修正}$$

其中，征地拆迁补偿等土地取得费用，应以地块所在区域的平均标准计算。征地拆迁等土地取得费用是对原土地利用行为的补偿，而开发后的地价更多取决于地块位置而非原土地利用行为。例如，相邻两块地，原用途分别为水田和荒地，作为农业利用显然水田价值高，征地补偿费也高；而开发后作为建筑用地，两地块利用价值则基本一致。

2. 样点地价修正。基准地价评估要求样点地价"同质可比"。由于样点的交易情况、土地使用年限、样点交易或评估期日、容积率等各不相同，必须对评估出的样点地价进行相应修正。其修正的方法见第二章中的市场比较法和本章市场法的土地价值评估部分。

根据市场地价资料情况，还可能对样点地价进行地价楼层分配修正。样点资料若为建筑物某层之建筑售价，需根据地价楼层分配关系求出其基地价格。

在不同基础设施配套程度下的样点地价，必须修正到基础地价评估所设定的基础设施配套程度下的标准地价。基准地价评估中基础设施配套程度，可按各级（区域）土地基础设施配套现状程度的平均水平设定。

3. 样点地价资料整理。

（1）样点地价的分类统计。在样点地价计算和修正的基础上，根据各城市划分的基准地价评估区域，进行样点地价分类统计。以土地级别为评估区域的，应分别统计各级别土地中商业、住宅、工业用地的样点地价交易类型和数量；以均质地域为评估区域的，应按区段或区片分别统计不同交易形式下的样点数。具体如表6－4所示。

表6－4　　　　　　　　　××市样点分布统计

编号	区域名	租赁样点数	买卖样点数	其他类型样点数	合计样点数
00000	全市				
10000	一级地				
11000	区段				
11001	××区段				
……	……				
12000	区片				
12001	××区片				
……	……				

续表

编号	区域名	租赁样点数	买卖样点数	其他类型样点数	合计样点数
20000	二级地				
21000	区段				
21001	××区段				
……	……				
……	……				

（2）样点地价分布图的编制。将经过处理的样点地价资料，按样点的实际位置，标注在工作图上，从图上分析地价的变化规律，检验区域边界划定的准确性。

样点地价图一般按土地用途分别表示，其表示方法可采用直接表示法或样点地价分级表示法。前者适合于地价资料少、图件比例尺大的城镇；后者适合于地价资料多、图件比例尺小的城镇。样点地价的分级数目，一般由各城镇根据实际情况而定。

有时为检验宗地评估方法运用的正确性，在同一区域中，用全市的统一分级标准，将不同方法处理的地价资料采用不同的方式反映在图上，以检验各类方法运用的正确性。

（四）样点地价数据检验

1. 样点资料归类。资料归类应以基准地价评估区域，即土地级别或均质地域为单位，按商业、住宅、工业等土地利用类型，将经过处理的样点地价资料和企业用地效益资料进行分类整理（见表6-5和表6-6）。

表6-5　　　　　　　　　　地租、地价资料整理表

基准地价评估区域及编号	样点编号	土地用途	交易方式	成交地价（元/平方米）	修正后地价（元/平方米）

表6-6　　　　　　　　　　土地收益资料整理表

基准地价评估区域及编号	样点编号	土地用途	用地效益（元/平方米）	合理工资额（元/平方米）	标准资本额（元/平方米）	土地级别或单元分值

2. 样本总体分布类型检验。样本总体分布类型检验以土地级别或均质地域为单位，按土地分类整理数据的归并结果，对各土地级别或均质地域不同用途的样本数据分别进行分布类型检验。检验的目的是确定用什么方法对样本数据的准确性、可靠性进行验证，为一些参数值的计算和测算模型的建立提供依据。

检验总体分布的方法较多，但最常用的是 χ^2 检验，此检验方法不仅适合总体是连续型的分布函数，而且适合于总体是离散型的分布函数。χ^2 检验法是检验分布函数与理论分布是否吻合的方法，它可用于检验总体是否服从正态分布，也可以用来检验抽样总体是否服从任何一个预先给定的分布。

3. 剔除异常样本数据。剔除样本数据的异常值，需要在样本总体分布类型检验的基础上进行。异常值的出现是指同一土地级别或同一均质地域内的同行业中，由于某些特殊因素影响而造成的地价明显高于或低于其他宗地地价。通常采用数理统计方法来检验数据的准确性和合理性。当样本总体分布属于正态分布时，可用 t 检验法；当样本总体分布属于非正态分布时，则采用均值—方差法。

（五）基准地价的测算

利用样点地价资料评估基准地价，通常利用算术平均数模型评估基准地价。常用模型如下：

$$Y = \frac{\sum_{i=1}^{n} X_i}{n}$$

或

$$Y = \frac{\sum_{i=1}^{n} X_i S_i}{\sum_{i=1}^{n} S_i}$$

式中：Y——某均质地域或土地级别的平均地价；

X_i——某均质地域或土地级别内可用样点 i 的单位面积地价；

n——某均质地域或土地级别内可利用的地价样点数；

S——样点 i 宗地面积。

采用算术平均数模型评估基准地价，一般适用于土地市场发育、样点地价资料多且分布范围广的城镇。

（1）有地价样点的区域或级别的基准地价评估。对于这种情况，只要其中合格的样点地价数量符合要求，即可采用算术平均数计算出基准地价。一般要求是：用于测算的合格样点地价数量，不少于影响地价变化因素数量的 4 倍。而影响地价的因素，主要是考虑用于进行均质区域划分的区位因素。对一些有少量的样点地价，但其数量又达不到上述要求的区域，应将均质区域归并。具体办法是：选取影响地价的区位因素，根据因素条件的状况，将条件相似的区域归为一类；当每个新区域中合格样点地价的数量超过影响地价的因素数量的 4 倍时，就可用算术平均数模型计算其平均地价，以此平均价格作为各区域的基准地价。

（2）没有地价样点或地价样点资料较少的区域或级别的基准地价评估。目前，我国城市土地市场发育尚未完善、充分，市场交易资料的区域分布和交易类型比较集中。因此，在一个城市内部，一些区域有地价样点分布，一些区域甚至大部分区域地价样点资料较少或根本没有。在有地价样点的区域中，往往只有一种用地类型的交易资料，其他用地类型没有交易资料。由于城市土地长期无偿使用，城市规划的约束性不强，地籍资料和图件比例尺小，很难在城市中划出性质单一的区域，难以保证每一区域都有样点地价，因而基准地价评估中存在不同数量的无样点地价区域或有多种用途的复合区域，而这些区域的土地利用方式在目前还比较合理。因此，在评估出有充足地价样点的区域的基准地价的基础上，还需评估出没有地价样点的区域和复合区域中其他土地用途的基准地价。基本思路是根据市场比较法评估的原理和方法，进行区位因素的比较和修正，具体步骤如下。

第一，对已评估出基准地价的区域或级别，调查影响地价的区位因素及其标准。在此基础上，分析基准地价水平与影响因素之间的相关关系，建立相应的修正系数表。

第二，对没有地价样点或地价样点较少的区域或级别，以及土地利用的复合区域，依据各城镇所确定的地价影响因素，调查各区域中的因素条件指标，作为比较修正的标准。

第三，将待估的区域或级别同有基准地价的区域或级别进行比较，条件一致的，用类似区域的基准地价作为待估区域的基准地价；条件不一致的，在比较的基础上，对最相近区域的基准地价进行系数修正，得到待估区域的基准地价。

对复合区域中没有交易资料的用地类型的基准地价评估，参照上述步骤进行。

（六）基准地价的确定与公布

利用不同的资料、不同的方法测算基准地价，必然会得到不同的评估结果。因此，必须按照一定原则，结合当地的实际情况，确定合理、适用的基准地价。

1. 基准地价确定的原则。

（1）土地市场发育的城镇，应以市场交易资料评估结果为准，利用级差收益测算结果进行修正。

（2）土地市场未发育的城镇，应以级差收益测算结果为准，用市场交易资料测算结果进行验证。

（3）以评估结果为基础，并充分体现政府的地价管理政策。

2. 基准地价确定。按照基准地价确定原则和不同方法的评估结果，采用以下思路确定城镇基准地价。

（1）以一种方法测算城镇基准地价的，用该方法得到的级别或区域商业、住宅、工业基准地价为城镇基准地价。

（2）以两种方法测算城镇基准地价的，应以级别或区域为单位，参考不同方法的测算结果，根据当地土地市场状况和地价水平，确定各级别或区域中各用途的基准地价。

3. 基准地价的公布。各城镇评估的基准地价，应定期公布，以引导土地市场的交易活动和土地利用。目前，直观反映基准地价评估成果的有基准地价图或基准地价土地级别和基准地价表。一般来说，应以级别为单位，公布商业、工业和住宅三种用途的基准地价。没有划分土地级别的，将条件类似的区域归类后，公布区域基准地价。

三、基准地价修正法

(一) 基准地价修正法的基本原理

1. 基准地价修正法的概念。基准地价修正法是宗地价格的一种评估方法。它是利用基准地价评估成果，在将评估对象宗地的区位条件及个别条件与其所在区域的平均条件进行比较的基础上，确定相应的修正系数，用此修正系数对基准地价进行修正，从而求取评估对象宗地于评估期日价格的方法。

2. 基准地价修正法的理论依据。基准地价修正法的理论依据是替代原理，即在正常的市场条件下，具有相似条件和使用价值的土地，在交易双方具有同等市场信息的基础上，应当具有相似的价格。基准地价是某一级别或均质区域内不同用途的土地使用权平均价格，在该级别或均质区域内该用地的其他宗地的价格都围绕基准地价上下波动。基准地价所对应的土地条件，是土地级别或均质区域内该类用途土地的一般条件。因此，通过比较评估对象宗地与级别或均质区域内同类用地，对照因素修正系数表选取适宜的修正系数，对基准地价进行修正，可得到评估对象宗地的价格。

3. 基准地价修正法的特点与适用范围。基准地价修正法，是在短时间内评估多宗土地或大量土地价格的一种评估方法，其评估精度与基准地价及宗地价格修正系数体系密切相关。它适用于具备基准地价及宗地价格修正系数体系成果的城镇的土地价格评估。

(二) 基准地价修正法的评估步骤

1. 确定级别或区域基准地价。根据获得的最近时期的当地基准地价资料，确定评估对象土地的土地级别，进而确定其基准地价。一般来说，大型城市会定期更新基准地价，北京、上海目前3—7年公布一次基准地价。目前的基准地价编制得非常详细，不仅包括基准地价数据、区域划分，还包括基准地价修正系数及其使用说明。结合基准地价修正系数，可以把基准土地的特征进一步细化。

2. 获取或编制宗地价格修正系数表。现在多数城市的基准地价资料中，已经编制了基准地价的修正系数表，可直接使用。宗地价格修正系数表按优、较优、一般、较劣、劣确定各种条件下的修正系数。基准地价对应的条件为"一般"时的地价水平，修正系数为0；条件优的修正系数为正；条件劣的修正系数为负。

以《上海市城乡建设用地基准价成果（2020年）》为例，表6-7和表6-8反映了1—4级住宅用地因素修正系数表中区域因素的子因素情况，其中表6-7是指标评定说明，表6-8是对应修正系数。

表 6-7

因素			优	较优	一般	较劣	劣
繁华程度	商业中心	一级 距市级中心距离	<0.2km	[0.2, 0.4)km	[0.4, 0.8)km	[0.8, 1.2)km	≥1.2km
		一级 距地区级中心距离	<0.1km	[0.1, 0.3)km	[0.3, 0.5)km	[0.5, 1)km	≥1km
		一级 距社区级中心	<0.1km	[0.1, 0.3)km	[0.3, 0.5)km	[0.5, 0.8)km	≥0.8km
		二级 距市级中心距离	<0.5km	[0.5, 1)km	[1, 2)km	[2, 3)km	≥3km
		二级 距地区级中心距离	<0.2km	[0.2, 0.5)km	[0.5, 1)km	[1, 1.5)km	≥1.5km
		二级 距社区级中心	<0.1km	[0.1, 0.3)km	[0.3, 0.8)km	[0.8, 1.2)km	≥1.2km
		三级 距市级中心距离	<1.5km	[1.5, 3)km	[3, 4.5)km	[4.5, 6)km	≥6km
		三级 距地区级中心距离	<0.5km	[0.5, 1)km	[1, 2)km	[2, 3)km	≥3km
		三级 距社区级中心	<0.3km	[0.3, 0.5)km	[0.5, 1)km	[1, 1.5)km	≥1.5km
		四级 距市级中心距离	<2.5km	[2.5, 4.5)km	[4.5, 6.5)km	[6.5, 8)km	≥8km
		四级 距地区级中心距离	<1km	[1, 2)km	[2, 3)km	[3, 4)km	≥4km
		四级 距社区级中心	<0.5km	[0.5, 0.8)km	[0.8, 1.5)km	[1.5, 2)km	≥2km

表 6-8

区域因素			优	较优	一般	较劣	劣
繁华程度	商业中心	一级 距市级中心距离	2.00%	1.00%	0	-1.00%	-2.00%
		一级 距地区级中心距离	1.70%	0.85%	0	-0.85%	-1.70%
		一级 距社区级中心距离	1.20%	0.60%	0	-0.60%	-1.20%
		二级 距市级中心距离	2.10%	1.05%	0	-1.05%	-2.10%
		二级 距地区级中心距离	1.80%	0.90%	0	-0.90%	-1.80%
		二级 距社区级中心距离	1.30%	0.65%	0	-0.65%	-1.30%
		三级 距市级中心距离	2.20%	1.10%	0	-1.10%	-2.20%
		三级 距地区级中心距离	1.90%	0.95%	0	-0.95%	-1.90%
		三级 距社区级中心距离	1.40%	0.70%	0	-0.70%	-1.40%
		四级 距市级中心距离	2.30%	1.15%	0	-1.15%	-2.30%
		四级 距地区级中心距离	2.00%	1.00%	0	-1.00%	-2.00%
		四级 距社区级中心距离	1.50%	0.75%	0	-0.75%	-1.50%

3. 确定评估对象宗地的价格修正系数。调查评估对象宗地的所有条件，依据宗地价格修正系数表及其说明表，确定评估对象宗地的价格修正系数。例如，利用表 6-7 和表 6-8，可以确定评估对象土地繁华程度的每个子因素的修正系数。

4. 计算宗地价格。每种因素的修正计算方法在当地基准地价修正体系资料中一般会有详细的计算说明，需参照估价对象所在地基准地价的有关规定执行。

一般情况下，宗地价格的计算公式如下：

$$P_i = P \times \left(1 \pm \sum_{i=1}^{n} K_i\right) \times Y \times T \times R$$

式中：P_i——评估对象宗地的价格；
P——评估对象宗地所对应的级别基准地价；
K_i——评估对象宗地在第 i 个因素条件下的修正系数；
Y——年期修正系数；
T——市场状况修正系数；
R——容积率修正系数。

第五节　路线价法的土地价值评估

一、路线价法的基本概念

路线价法，是指在城镇街道上划分路线价区段并设定标准临街深度，在每个路线价区段内选取一定数量的标准临街宗地并测算其平均单价或楼面地价（路线价），利用有关调整系数将该平均单价或楼面地价调整为各宗临街土地价值或价格的方法。

路线价法的基本思路是，城市内各宗地的价值随其离开街道的距离（即临街深度）的增加而递减，而在同一路线价区段内各宗地块的价值，又因其深度、宽度、形状、位置和面积的差异有所不同，要进行合理修正才能最终得到宗地价值。因此，路线价、深度百分率表以及各种修正系数合理与否，是采用路线价法进行地价评估的关键。路线价法的基本数学表达式为：

宗地总价 = 路线价 × 累计深度百分率 × 临街宽度 × 标准深度

如果宗地条件特殊，如宗地属于街角地、两面临街地、三角形地、梯形地、不规则形状地、袋地等，则还需要对其他因素进行修正，数学表达式为：

宗地总价 = 路线价 × 累计深度百分率 × 临街宽度 × 标准深度 × 其他修正率

二、路线价法的适用范围

一般的土地评估方法，如收益法、市场法适用于对单个宗地进行评估，路线价法则适用于对大量土地进行评估，特别是在土地课税、土地重划、征地拆迁等需要在大范围内对大量土地进行评估的场合。该方法具有公平合理、简便易行的特点，因此被英国、美国、日本及中国台湾等许多国家和地区所采用。该方法是否运用得当，还依赖于较为完整的道路系统和排列整齐的宗地以及完善合理的深度修正率和其他条件修正率，因此，该方法在我国还不具备使用的基本条件，在这里只是作为一种评估技术方法加以介绍。目前该方法并没有实际使用价值。

三、路线价法的应用步骤

路线价法的基本步骤如下。

1. 路线价区段划分。一个路线价区段是指具有同一路线价的地段。在划分路线价区段时，应将接近性大致相等的地段划分为统一路线价区段。路线价区段一般以路线价显著增减的地点为界。原则上街道不同的路段，路线价也不相同。如果街道一侧的繁华程度与对侧有显著差异，同一路段也可划分为两种不同的路线价。

路线价区段划分完毕后，需要对每一个路线价区段求取该路线段内标准宗地的平均地价，附设于该路线段上。

2. 标准宗地的确定。标准宗地是指从城市一定区域中沿主要街道的宗地中选定的深度、宽度和形状标准的宗地。临街深度是宗地与街道垂直方向离开街道的距离。目前标准宗地的形状为矩形，而标准宗地的深度、宽度各国不尽相同。以美国为例，把临街宽度为1英尺、深度为100英尺的细长地块作为标准宗地，其路线价的含义就是该标准宗地的价值。实际评估中的标准深度，通常以路线价区段内临街各宗地土地深度的众数为准。比如，某路线价区段的临街宗地大部分深度为18米，则标准深度应设定为18米。

3. 路线价的评估。路线价是设定在路线上的标准宗地的单位价值，它通常是统一路线价区段内若干标准地块单位价格的平均数或众数。若干标准地块单位价格的求取可以采用收益法、市场法等评估方法。

4. 深度百分率表的制作。深度百分率表的制作是路线价法的难点和关键所在，一般需要做大量的调查研究和进行统计分析，才能把握地价与临街深度的关系。在美国，路线价法由来已久，在长期实践和掌握丰富资料的基础上，归纳出了各种路线价法则，著名的有"四三二一"法则、苏穆斯法则、霍夫曼法则、哈柏法则等。此外，根据其他因素，如角地、形状、宽窄等，还应编制其他修正率表。

5. 计算宗地价值。根据路线价、深度百分率表、其他修正率表以及宗地宽度，运用路线价法计算公式，就可以计算得到宗地价值。

四、深度百分率表

（一）深度百分率的概念

深度百分率又称深度指数，是地价随临街深度长短变化的比率。深度百分率是根据所在街区多个非标准宗地单位价格与标准宗地单位价格的比率，通过统计分析得出的，并用列表的方式表示出来。深度百分率的表现形式有三种：单独深度百分率、累计深度百分率和平均深度百分率。下面来说明这三者之间的关系。

图 6-1 是一块临街宽度为 m 米、深度为 n 米的长方形宗地，每平方米的平均价值为 A 元，则该宗地的总价值为 mnA 元。

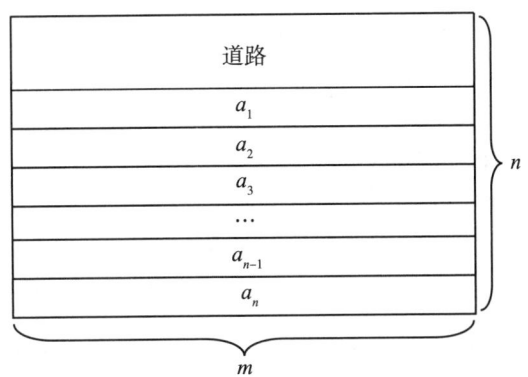

图 6-1　宽度为 m 米、深度为 n 米的长方形宗地

沿街道的平行方向，将深度以某单位（如 1 米）划分成 n 个细片土地，从临街方向起每片土地单位面积价值依次为 a_1，a_2，a_3，…，a_{n-1}，a_n。因为地块越接近道路，利用价值越高，虽然深度同为 1 米之差，但每个地块之间的价值差异不同，即 a_1 与 a_2 之差最大，a_2 与 a_3 之差次之，依次缩小。由此，土地总价值为：

$$mnA = ma_1 + ma_2 + ma_3 + \cdots + ma_{n-1} + ma_n$$

从而，

$$A = (a_1 + a_2 + a_3 + \cdots + a_{n-1} + a_n)/n$$

a_1，a_2，a_3，…，a_{n-1}，a_n 就是单独深度百分率，A 是地块总的平均深度百分率。如果计算深度为 3 的累计深度百分率，那么可以用 $a_1 + a_2 + a_3$ 来得到。如果计算深度为 3 的平均深度百分率，那么应该用 $(a_1 + a_2 + a_3)/(3/n)$ 来得到。

单独深度百分率、累计深度百分率和平均深度百分率存在如下关系。

单独深度百分率呈递减现象，表现为：

$$a_1 > a_2 > a_3 > \cdots > a_{n-1} > a_n$$

累计深度百分率呈递增现象，表现为：

$$a_1 < (a_1 + a_2 + a_3) < (a_1 + a_2 + a_3) < \cdots < (a_1 + a_2 + a_3 + \cdots + a_{n-1} + a_n)$$

一般来说，将标准深度的平均深度百分率设定为 100%，平均深度百分率与累计深度百分率之间的关系就表现为：

平均深度百分率 = 累计深度百分率 × 标准深度 ÷ 宗地深度

（二）深度百分率表的制作

深度百分率表是将土地随临街深度的不同而引起相对价值差异的关系编制成的表格。深度百分率表的编制原则是，地块的各部分价值随临街深度的增加而有递减的趋势，即深度越大，接近性越差，价值就越低。

制作深度百分率表，需要考虑以下几个方面的问题：（1）确定标准深；（2）确定级距；（3）确定单独深度百分率；（4）根据需要采用累计或平均深度百分率。

根据深度百分率表制作的要求，以标准宗地的平均深度百分率（平均单价）作为

100%，将单独深度百分率、平均深度百分率、累计深度百分率综合制成一个表，可得到深度百分率表。下面以"四三二一"法则为例，说明深度百分率表制作方法。

所谓"四三二一"法则，就是将标准深度 100 英尺的普通临街地，按与道路平行的方向区分为四等分，如图 6-2 所示。由街面算起，第一个 25 英尺的价值占路线价的 40%，第二个 25 英尺占路线价的 30%，第三个 25 英尺占路线价的 20%，第四个 25 英尺占路线价的 10%。超过 100 英尺的部分，则需要用"九八七六法则"来补充，即超过 100 英尺的第一个 25 英尺的价值占路线价的 9%，第二个 25 英尺的价值占路线价的 8%，第三个 25 英尺的价值占路线价的 7%，第四个 25 英尺的价值占路线价的 6%。

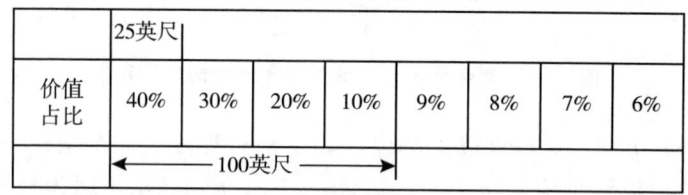

图 6-2 "四三二一"法则

单独深度百分率确定如下：运用该法则，标准深度为 100 英尺的宗地，每 25 英尺的单独深度百分率分别为 40%、30%、20%、10%、9%、8%、7%、6%。

累计深度百分率计算示例：50 英尺的累积深度百分率等于第一个 25 英尺的单独深度百分率加上第二个 25 英尺的单独深度百分率，即 40% + 30% = 70%。

平均深度百分率计算示例：

50 英尺的平均深度百分率 = 累计深度百分率 × 标准深度 ÷ 宗地深度
$$= 70\% \times 100 \div 50 = 140\%$$

根据同样的计算方法，得到表 6-9。

表 6-9　　　　　　　　　　　深度百分率

	25 英尺	50 英尺	75 英尺	100 英尺	125 英尺	150 英尺	175 英尺	200 英尺
单独深度百分率	40%	30%	20%	10%	9%	8%	7%	6%
累计深度百分率	40%	70%	90%	100%	109%	117%	124%	130%
平均深度百分率	160%	140%	120%	100%	87.5%	78%	70.8%	65.2%

以上是应用"四三二一"法则计算深度百分率表的方法。其他法则，如苏慕斯法则、霍夫曼法则、哈柏法则等的应用方法，与"四三二一"法则大同小异，在此不再赘述。

【例 6-2】现有临街宗地甲、乙、丙、丁、戊，深度分别为 25 英尺、50 英尺、75 英尺、100 英尺和 125 英尺，宽度分别为 30 英尺、10 英尺、20 英尺、20 英尺和 30 英尺。路线价为 30 元/平方英尺。设标准深度为 100 英尺，试用"四三二一"法则计算各宗地的价值。

(1) 运用累计深度百分率的路线价法公式：宗地总价 = 路线价 × 临街宽度 × 标准深

度×累计深度百分率。根据表6-9，计算出各宗地价值如下：

甲 = 30×30×100×40% = 36 000（元）
乙 = 30×10×100×70% = 21 000（元）
丙 = 30×20×100×90% = 54 000（元）
丁 = 30×20×100×100% = 36 000（元）
戊 = 30×30×100×109% = 98 100（元）

（2）运用平均深度百分率的路线价法公式：宗地总价 = 路线价×平均深度百分率×临街宽度×临街深度。根据表6-9，计算出各宗地价值如下：

甲 = 30×160%×30×25 = 36 000（元）
乙 = 30×140%×10×50 = 21 000（元）
丙 = 30×120%×20×75 = 54 000（元）
丁 = 30×100%×20×100 = 36 000（元）
戊 = 30×87.5%×30×125 = 98 100（元）

第六节　评估案例

上海市徐汇区某地块土地使用权评估

一、评估基本情况

（一）委估对象概况

名称：上海××公司中漕路地块；
坐落：上海市徐汇区××路××号；
面积：土地使用总面积为8 907平方米；
形状：为四米标高左右的不规则平行四边形平坦地；
四至：东临××路，北靠××路，西邻××路，南接××路；
性质：出让；
用途：住宅用途；
地产等级：上海市四级地段；
临街状态：二面临街，东面临街为中漕路约××米长，南面临街为凯旋路约××米；
利用状况：已达到"七通一平"，并建有临时商场、道路、围墙。

（二）房地产权利状况

根据所提供的土地出让合同、土地临时使用证、房地产权证及有关资料，上海市徐汇区××路××号内的地产，原土地使用权归属上海××厂，土地为国有划拨土地。1994年10月27日，上海××公司与上海市土地管理局（现为上海市房屋土地资源管理局）以出让方式签订了土地出让合同，合同号为：沪土（××）出让合同第××号。于××年×月×日取得了临时土地使用证，证号为：沪临用（临批）字第××号。土地占地面积为8 907平方米，用途为住宅，使用年限为70年，地号为徐家汇街道××坊××丘，图号为××，××，××，××。现上海××公司已办理了房地产权证手续。房地产权证中的权利人为新成立的项目开发公司上海××公司。房地产权证证号为：沪房地市字（××）第××号。

（三）房地产利用状况

委估地块已达到"七通一平"并建有临时商场、道路、围墙，系临时集贸市场，当时主要是为迎接EEC会议，整治华亭宾馆周围环境，由徐汇区人民政府、徐汇区街道办事处开辟的临时商业市场。

（四）评估目的

为上海××有限公司拟将其所拥有的××区中漕路××号内的地产作价投入××公司，提供价值参考依据。

（五）评估范围

本次评估范围系××公司截至2022年6月30日所拥有的位于上海市中漕路××号内的地产（占地面积为8 907平方米）。

（六）价值时点

2022年6月30日。

（七）评估方法

本次评估采用基准地价修正法和假设开发法。

二、评估方法选择

根据本次评估目的和估价对象的特点及特殊情况，并依据土地估价理论与方法及土地估价惯例，估价人员根据收集的资料分析，地产为住宅用途，市场不活跃，比较案例很少，成本又难以测算，因此不宜采用成本法和市场比较法进行评估。因委估地产目前未经营，因此经济收益难以测算，故不宜采用收益现值法。估价人员认真分析所掌握的资料，并进行了实地勘察和对附近地区的调查，根据估价对象土地的特点及项目本身的实际状况，认为选用基准地价修正法和假设开发法进行评估较为合适。

三、评估计划

1. 与委托方接洽，听取公司有关人员对该公司情况以及委估资产历史和现状的介绍，了解评估目的、评估范围及评估对象，确定价值时点并签订评估业务约定书，拟定评估方案。

2. 指导企业填报资产评估申报表。

3. 对公司填报的资产评估明细申报表进行征询、鉴别，选定评估方法。

4. 根据资产评估申报表的内容，与公司有关财务数据进行核对，到现场进行实物核实和调查，对资产状况进行察看、记录，并与资产管理人员进行交谈，了解资产的经营、管理情况。

5. 开展市场调研询价工作，收集市场价格资料。

6. 根据各评估人员对各类资产勘察的初步结果，进行评定估算。

7. 根据评估工作情况，起草资产评估报告书，经审核后，向委托方提交正式资产评估报告书。

四、地价定义

本评估报告所指的土地价格是估价对象土地使用权所含的全部土地出让金、土地基本开发费及基础设施配套费等的熟地地价。评估结果是指土地使用权价值扣除其应付未付的欠款后投入项目公司的价值。

五、评估技术说明

（一）地价影响因素分析

1. 区域因素。

（1）位置。委估地产位于上海市徐汇区××号，位置处于××路与××路交会处，东临中漕路，西靠××路，南邻××路，北接××路，距徐家汇商圈约×公里，距市中心约×公里，距上海火车站约×公里。

（2）周边环境。委估地产附近有高等院校上海交通大学、上海师范大学，有著名的中山医院、国际妇女保健院等，有闻名的上海八万人体育场、万人体育馆等，有高级宾馆华亭宾馆、建国宾馆等，有繁华的徐家汇商圈和环境优美的桂林公园。该地块是建造住宅的最佳地段。

（3）交通条件。委估地产所处的地段，交通十分方便。临街凯旋路距中山路内环线高架道近百米，由内环线向西可直通虹桥国际机场，向东可通往浦东新区直达浦东国际机场。由临街凯旋路经漕溪路向北可达徐家汇商圈，向南可通往沪杭高速公路直达浙江省各地。清溪路、中山路上有数十条公交线路可直达市区各地。

（4）市政基础设施状况。委估地块目前已达到通路、供电、通信、通上水、通下水、通污水、通燃气、场地平整的"七通一平"熟地条件。

2. 实物因素。

（1）临街状况。委估地块东临中漕路，南临凯旋路，既有利于交通出行，也有利于规划设计与施工。

（2）宗地形状。委估地块为四米标高左右的不规则平行四边形平坦地，有利于规划设计。

（3）临街深度。委估地块临街深度东西向约×××多米，南北向约×××多米深，临街深度适宜，便利进出。

（4）各项指标及地质条件。

①委估地块总占地面积为 8 907 平方米；

②规划容积率：不大于 5.7，总建筑面积不大于 50 770 平方米；

③规划绿地率：20%；

④建筑密度：不大于 50%；

⑤土地使用年限：70 年。

根据上海地质条件，委估地块可建造高层建筑、小高层建筑或多层建筑。宗地用途为住宅。初步设计住宅为小高层。

（5）城市规划的限制。据了解，委估地块附近可能有两三条地下轨道交通线路穿越，其中一条已建成并通车，一条正在施工阶段。但关于地铁穿越此地块附近地下对其产生的影响，政府有关部门未做出明确告知，没有明确的规划限制。

（二）估价技术思路与方法

1. 评估方法。结合委估地产位置，选用基准地价修正法和假设开发法进行评估较为合适。

2. 基准地价修正法的技术思路（略）。

3. 采用假设开发法的技术思路（略）。

4. 估价方法和过程。估价人员在认真分析所掌握的资料，并进行了实地勘察和对附近地区进行调查，根据估价对象土地的特点及项目本身的实际状况，选用基准地价修正法和假设开发法进行评估，然后再将两种方法求取的结果进行综合处理，得出估价对象的现实价值，最后扣除应付未付的欠款，从而得出评估结果。

（三）估价测算过程

1. 基准地价修正法。基准地价是政府制定，以政府的名义公布施行的，具有公示性、法定的权威性和一定的稳定性，对市场交易价格产生制约和引导作用的一种土地价格标准。

基准地价修正法，是依据基准地价级别范围，按不同用途对影响地价的区域因素和

实物因素等进行系数修正,从而求得待估宗地公平市场价值的一种评估方法。计算公式为:

待估地块楼面地价=基准地价(楼面地价)×期日修正系数×使用年期修正系数×容积率修正系数×(1+区域因素调整系数+实物因素调整系数)

地价=楼面地价×建筑面积

本次评估宗地位于上海市区,故采用上海市基准地价体系。评估以《上海市城乡建设用地基准地价成果(2020年)》为基础,该基准地价基准日为2020年1月1日。

(1)熟地楼面价的确定。根据委估地产所处的位置,查上海市2020年1月1日公布的基准地价表,是上海市四级地区域,用途为住宅用地的熟地楼面地价为29 140元/平方米。

(2)交易期日修正的确定。基准地价公布时规定了基准日,若该基准日到评估对象的估价期日间土地市场发生了变化,就应进行期日修正。期日修正应根据该用地所在区域土地价格的市场变化情况进行。

本项目期日修正依照国家统计局发布的70个大中城市新建商品住宅销售价格指数进行,基准地价基准日2020年1月1日上海房地产定基指数为100,价值时点2022年6月30日为108,则期日修正系数取108%。基准地价因素修正系数如表6-10所示。

表6-10　　　　　　　　基准地价因素修正系数

项目名称		说明	修正系数
基准地价(楼面地价)		待估宗地为四级综合熟地	29 140元/平方米
交易期日修正系数Rd		住宅指数20年1个月(100),22年6个月(108)	108%
区域因素调整系数	商服繁华度	临近徐家汇商圈商服较繁华	1%
	交通便捷度	有多条公交线路交通较便捷	1%
	环境优劣条件	周边环境与同级地区基本相同	0
	城市基础设施	城市基础设施基本相同	0
实物因素调整系数	临街状况	两面临街,东临中漕路南临凯旋路条件较好	2%
	宗地形况	不等边四边形	0
	临街深度	深度一般	0
	地质条件	地质达到要求	0
容积率修正系数		容积率与同地区相近	0
年期修正系数		土地使用年限70年已使用28年按公式计算修正系数为	0.9040
待估宗地楼面地价			23 640.78元/平方米

(3)区域因素调整的确定。按综合用地实际情况进行影响因素的选择,主要影响因素有商服繁华度、交通便捷度、市政设施完善度、环境优劣度等。待估地块位于徐汇区中漕路紧靠徐家汇商圈较繁华的地区,离上海新客站乘车约20分钟;待估地块在中

溜路、凯旋路、中山西路交界处，附近公交线路较多，交通较便捷，离内环线高架道、地铁一号线、明珠线很近；待估地块的市政基础设施完备。

①商服繁华度修正系数的确定。由于估价对象所处区域靠近徐家汇商圈，比较繁华，与基准地价平均区域相比，应向上修正1个百分点，即1%。

②交通便捷度修正系数的确定。由于估价对象所处区域交通条件较好，附近公交线路较多，交通较便捷，离内环线高架道、地铁一号线、明珠线很近，与基准地价平均区域相比，应向上修正1个百分点，即1%。

③环境质量优劣度修正系数的确定。由于估价对象所处区域环境质量与基准地价平均区域相似，故无须修正。

④城市基础设施完备程度修正。由于估价对象所处区域城市基础设施完备，与基准地价平均区域相同，故无须修正。

（4）实物因素调整的确定。按住宅用地实际情况进行影响因素的选择，主要实物因素有临街状况、宗地形状、临街深度、地质条件等。待估对象东临中漕路，南临凯旋路，地块呈不等边四边形，便于利用，地势平坦。综合上述因素，确定实物因素调整系数为2。

①临街状况修正系数的确定。由于估价对象具有两面临街优势，与基准地价平均区域相比，应修正2个百分点，即2%。

②宗地形状修正系数的确定。由于估价对象宗地形状与基准地价平均区域相似，故无须修正。

③临街深度修正系数的确定。由于估价对象临街深度较为理想合适，与基准地价平均区域相似，故无须修正。

④地质条件修正系数的确定。由于估价对象所处区域地质条件与基准地价平均区域相比，都在同一区域，地质条件相同，故无须修正。

（5）容积率因素修正的确定。该地块容积率为5.7，所处区域为四级，用途为住宅，该地块的容积率与同级区域同用途的地块基本相同，故容积率修正系数为0.799（见表6－11）。

表6－11　　　　　　　　容积率修正系数

土地等级	容积率									
	5.0	5.1	5.2	5.3	5.4	5.5	5.6	5.7	5.8	5.9	6.0
1—2	0.878	0.871	0.865	0.858	0.852	0.845	0.839	0.832	0.826	0.819	0.813
3—5	0.847	0.840	0.833	0.827	0.820	0.813	0.806	0.799	0.793	0.786	0.779
6—7	0.816	0.810	0.804	0.799	0.793	0.787	0.781	0.775	0.770	0.764	0.758
8—9	0.787	0.781	0.774	0.768	0.761	0.755	0.748	0.742	0.735	0.729	0.722
10—11	0.742	0.736	0.730	0.723	0.717	0.711	0.705	0.699	0.692	0.686	0.680

（6）年期修正的确定。基准地价所对应的土地使用年限是各用途土地使用权的最

高使用年限。本次评估的出让土地使用权年限为 70 年（1994 年 10 月 27 日至 2064 年 10 月 26 日），已使用 28 年，按年期修正公式计算：

$$修正系数 = [1 - 1/(1+r)^n]/[1 - 1/(1+r)^M]$$
$$= [1 - 1/(1+5.1\%)^{42}]/[1 - 1/(1+5.1\%)^{70}]$$
$$= 0.9040$$

其中，r 的确定参考《上海市城乡建设用地基准地价成果（2020 年）》中的年期修正系数表，土地还原利率 r 取 5.1%，如表 6-12 所示。

表 6-12　　　　　　　　　　　　　年期修正系数

	住宅	商业	办公	研发	工业		公服一养老	公服二
设定年限（年）	70	40	50	50	50	20	50	50
土地还原率	5.1%	6.8%	5.7%	5.2%	4.5%	4.5%	4.9%	4.4%

（7）楼面地价的确定。根据房地产估价规范的要求，区域因素和实物因素的综合修正幅度不超过 30%。此次评估中，区域因素整体修正幅度为 2%，实物因素整体修正幅度为 2%，区域因素和实物因素合计修正幅度不超过 5%，均符合规范要求。

根据基准地价修正法的公式，求取宗地楼面地价：

$$\begin{aligned}\text{待估地块楼面地价} &= \text{基准地价（楼面地价）} \times \text{期日修正系数} \times \text{使用年期修正系数} \times \text{容积率修正系数} \times \left(1 + \text{区域因素调整系数} + \text{实物因素调整系数}\right) \\ &= 29\,140 \times 108\% \times 0.9040 \times 0.799 \times (1 + 2\% + 2\%) \\ &= 23\,640.78\ (\text{元/平方米})\end{aligned}$$

（8）总地价的确定。

总地价 = 楼面地价 × 建筑面积 = 23 640.78 × 50 770 = 1 200 242 400.6（元）

经上述计算，待估地块 70 年期出让土地熟地使用权价值为 1 200 242 400.6 元。

2. 假设开发法（略）。

（四）土地使用权价值的确定

根据上述两种方法的评估，基准地价修正法求得的土地使用权价值为 1 200 242 400.6 元，假设开发法求得的土地使用权价值为 1 020 678 049.2 元，根据委估地块的实际情况，采用两种结果的简单算术平均值确定估价对象的土地使用权价值，则：

委估土地使用权价值 = (1 200 242 400.6 + 1 020 678 049.2) ÷ 2 = 1 110 460 224.9（元）

根据提供的有关资料及现场查勘，并走访了政府有关部门，评估人员认为多条地铁穿越委估地块有可能发生不可预见的工程费用，导致出现建设投资成本增加、土地利用率降低、规划受限以及投资风险增加等方面的问题。在进行评估时，评估人员充分关注并综合考虑了这些问题，为此，确定综合风险调整率为 20%。

委估土地使用权价值 = 1 110 460 224.9 × (1 - 20%) = 888 368 180（元）（取整）

经评估，在规划地铁穿越的特殊情况下，在估价基准日 2022 年 6 月 30 日，委估土地使用权的现时市场公允价值为 888 368 180 元。

本章小结

　　本章介绍了四种土地价值评估的方法——假设开发法、基准地价修正法、路线价法以及市场法。假设开发法是成本法的衍生，是新建商品房成本法的倒推。假设开发法的具体公式会因为估价前提的不同而不同。假设开发法的具体计算方法包括动态分析方法和静态分析方法，应优先选择动态分析方法。在动态分析法中折现率的确定也很重要，具体方法和收益法中报酬率的确定方法相同。假设开发法是针对土地等待开发不动产广泛适用，但相对复杂的评估方法。基准地价修正法是市场法的衍生，以标准宗地的基准地价为可比对象来测算待估土地价格。基准地价对应着有具体特征的标准宗地，对基准地价的理解是运用该方法的基础。学生应思考基准地价修正法与市场法的土地价值评估之间的区别。路线价法也是市场法的一种衍生，是大范围内大量土地评估的简化方法。

思 考 题

1. 假设开发法是那种资产评估基本方法的衍生？其基本原理是什么？
2. 假设开发法具体的操作时分静态分析法和动态分析法，其主要区别是什么？
3. 基准地价的概念是什么？
4. 基准地价评估的原理和原则是什么？
5. 如何进行基准地价评估资料的整理？如何运用用地效益资料评估基准地价？
6. 基准地价修正法的基本原理是什么？
7. 基准地价修正法与土地的市场比较法的区别与联系。

第三部分

拓展类型对象不动产价值评估

第七章 在建工程价值评估

本章学习目的
1. 熟悉各种在建工程价值评估的目的。
2. 掌握影响在建工程价值的主要因素。
3. 掌握各种在建工程的评估思路和方法。

第一节 在建工程价值及其影响因素

房地产在建工程是指正处于建筑施工过程中的房地产开发项目,即不能交付使用的半成品。有一些需要评估的在建工程处于正在建设的阶段;还有一些可能因为种种问题已经停工,其中有一种特殊情况是停工时间较长的在建工程,通常称为"烂尾楼"。"烂尾楼"在我国一些城市一度非常普遍,它通常在房地产周期的衰退阶段出现,又在下一个繁荣阶段被消化掉。

在房地产评估实务中,在建工程价值评估也是经常遇到的评估类型之一。对房地产在建工程价值的评估不同于对一般房地产价值的评估,在建工程的价值构成及其表现不同于已建成房地产或旧有房地产,有其本身的特殊性。

房地产在建工程的工程进度有各种不同的情况:有的完成了基础工程,有的完成了裙房结构部分,有的已封顶。不管在建工程的工程量达到什么程度,根据国家《城市房地产管理法》的有关规定,所完成的工程总额达到该项目投资总额的25%以上,方可进入市场。下面我们就房地产在建工程的评估问题做详细阐述。

一、房地产在建工程评估的目的

在建工程的开发商或所有者要求评估的目的主要有转让、招商(合作)、抵押三种。

1. 转让。开发商由于财力、债务、经济纠纷等原因,无法继续对在建的工程项目进行施工,需要将整个项目转让,这种在建项目的整体转让,也称为托盘。对于托盘价格,买卖交易的双方都很难确定,一般都需要进行评估。

2. 招商(合作)。由于财力不足或预计投资风险较大,开发商会在开发项目过程中寻找合作投资伙伴或参建者,在这种情况下,开发商需要有一份项目评估报告以做招商宣传之用,并作为合作时确定各自所占份额的依据。

3. 抵押。用在建工程抵押以取得贷款是房地产开发商筹措建设资金的有效方法,这时,需要对在建工程的现有价值进行评估。房地产开发商为取得贷款而作为债务履行担保的抵押物，往往是在建工程本身。以在建工程做抵押向银行贷款，在目前的房地产经济活动中相当普遍，由此产生的对抵押物即在建工程的抵押价值评估就成了房地产价值评估工作中的一项重要业务。

在房地产在建工程的价值评估中，最常见也是最重要的评估是抵押价值评估。其他两种情况下的价值评估与抵押价格评估在技术思路及价位把握上基本类似。因此，我们下面着重介绍在建工程抵押价值评估中的重要问题。

二、影响房地产在建工程价值的因素

房地产的价值是房地产权利价值的货币表现形态，对房地产的评估实际上是对其权利价值的评估。因此，根据房地产评估业务的原则和规范，必须掌握待估房地产的权利状态。由于房地产在建工程与已建成或旧有的房地产不同，其权利状态中的某些情况由于种种原因，具有一定隐蔽性。若有疏漏，就会影响评估结果的准确性。因此，评估人员务必弄清并把握以下几方面的情况。

（一）土地权属

在建房地产项目的土地权属有两种性质、三种情况，即以出让方式取得的国有土地使用权、以无偿划拨方式取得的国有土地使用权、集体所有制土地使用权。

1. 通过一级市场以出让方式所取得的国有土地使用权，已按出让规定交纳了土地使用权出让金。若已完成了项目投资总额的 25% 以上，按法律规定可以转让或抵押，因此可以直接评估其抵押价值。

2. 以行政划拨方式所取得的国有土地使用权，按《城市房地产管理法》等有关现行法律的规定，必须补办国有土地使用权出让手续，在交纳国有土地使用权出让金以后，方可转让或抵押，否则不能进入市场，因此，不能直接评估该类土地使用权的抵押价值。根据《城市房地产管理法》等现行法律的有关规定，房屋转让或抵押，该房屋所占部分的土地使用权随之转让或抵押。客观的经济运行要求房地产交易的双方必须在主观上按照法定程序办理相应的法律手续。但是，有时为了特定需要可以通过间接的方法评估该类土地使用权中的部分价值并做出必要的说明。

从理论上和实践上来看，目前中国城市土地中的熟地价格由三个方面构成，即土地使用权出让金、拆迁补偿平整费和市政基础设施配套费，相应的附加部分是开发商管理费用、利润和相关税费。行政划拨土地的价格是一种不完全市场的熟地价，还没有支付过土地使用权出让金，但征用拆迁费和配套费是客观存在的。因此，可以评估除土地使用权出让金以外的土地价值部分，但必须在评估报告中说明，只有该土地补办了使用权出让手续，交纳了相应的地价款，其价值才具有完全的市场性。

3. 以集体所有制的土地合资、合作或变相租赁给投资商、开发商经营房地产项目，其中存在未经法定程序办理有关手续的不规范行为，其开发建造的房屋只能自用，不能转让和抵押，不具有市场价值。因为集体所有制的土地按规定先要通过征用，改变所有制性质成为国有土地，还要办理国有土地使用权出让手续，补交地价款，这样才具有市场性，所以该类土地上的在建工程不宜评估其抵押价值。

（二）项目权属

对在建房地产项目的价值评估，必须把握项目全部权利的从属关系，要查明待估房地产项目是否属联建项目或是否有参建单位，委托单位对待估的在建工程整体或部分是否确实拥有所有权。如果委托单位是待估项目的主建单位，另有一个或两个参建单位，则参建部分的价值不属于委托单位所有，其价值不属于待估房地产的抵押价值范围；如果待估项目属于联建项目，则须掌握委托单位对待估对象拥有的权利部分是多少。

评估人员必须对上述情况进行充分的调查，特别是要搞清楚项目公司的组成各方，如出地一方和出资一方各自的权利状况，各方之间的经济合同在法律上是否有效，等等。

（三）工程进度

在评估实务工作中，各个待估的在建工程完成的在建工程量各不相同，有的刚刚完成了设计地坪以下的基础工程（包括地下室结构部分），有的刚刚完成了建筑结构的一部分，有的已完成全部结构封顶，等等。大部分项目的装修及设备安装工程还没有进行。对于上述不同情况，评估人员必须准确地把握在建工程项目的实际完成进度，即把握其已完成的实物工程量。从抵押价值评估的角度来看，只有客观存在的价值才可以抵押，因此，对在建工程进行抵押价值评估时，不能简单地根据工程的形象进度来评估其价值。

特别需要注意的是，作为开发商的委托单位，其提供的工程预算书和已支付资金款项的票据包含了许多大型设备和进口高级装修材料的购置费用，这笔费用往往数额很大。如果这些高级材料和大型设备还没有安装，就不能归入在建工程的评估总值中。也就是说，未安装并固定在建筑物主体上的材料和设备，不属于在建房地产项目抵押价值的评估范围。

（四）销售情况

有些待估的房地产在建工程，已领有商品房预售许可证，并已预售了部分楼盘。评估人员必须清楚地了解并把握两个问题：一是预售许可证所允许预售的楼层及其建筑面积，即可售部分；二是开发商实际销售了多少建筑面积。评估人员在评估过程中必须将已售部分的在建实物工程价值和相应的土地使用权价值从整个在建房地产项目的评估值中扣除。因为已售部分楼盘的权利已不属于委托单位所有，委托人无权将其抵押或转让。

第二节 在建工程价值评估方法

一、成本法

对房地产在建工程的价值进行评估，只能评估其至价值时点日期止所完成的实际工作量所具有的实际价值。因此，应当选择一个符合其实际情况和评估特点的评估方法。在房地产评估的三大基本方法中，最适用于在建房地产项目抵押价值评估的，莫过于成本法。

运用成本法对在建房地产项目的抵押价值进行评估，其适用的基本计算公式可以表示为：

$$P = L + B + i + x + r + R + T$$

式中：P——在建房地产价值；

L——土地价值；

B——已完成部分的建设成本；

i——相应的管理费用；

x——相应的销售费用；

r——相应的投资利息；

R——相应的开发利润；

T——相关的销售税费。

运用成本法时应采用重置成本法。成本法评估并非对房地产成本的简单审计，而是根据房地产生产费用的替代原理推算该房地产的现值。有人以预算书、决算书或财务报表求取在建工程的抵押价值，这是不可取的，因为这只反映了在建工程的实际和历史的投资成本，不能反映在建工程社会平均成本水平，而抵押价值的实现却是以社会平均现值为基础的，超量的投资并不能带来超额的回报，因此在评估时应当采用重置成本法。

二、假设开发法

运用假设开发法也可以对在建房地产项目进行评估。

若采用假设开发法中的传统计算方式进行评估，对在建房地产项目进行评估的计算公式可表示如下：

$$P = P' - (B' + i' + x' + r' + R' + T') - t$$

式中：P——在建房地产价值；

P'——项目开发完成后的价值；

B'——项目续建的开发成本；

i'——项目续建管理费用；

x'——项目续建销售费用；

r'——项目续建利息；

R'——项目续建利润；

T'——项目续建部分销售税费；

t——投资者购买待开发房地产应负担的税费。

若采用假设开发法中的现金流折现方式进行评估，对在建房地产项目进行评估的计算公式可表示如下：

$$P = P' - (B' + i' + x' + T') - t$$

式中：P——在建房地产价值；
P'——项目开发完成后的价值；
B'——项目续建的开发成本（考虑资金时间价值）；
i'——项目续建管理费用；
x'——项目续建销售费用；
T'——项目续建部分销售税费；
t——投资者购买待开发房地产应负担的税费。

其中项目开发完成后的价值一般以市场比较法或收益法求取。

三、形象进度法

形象进度法的具体做法是：先用市场比较法求出该房地产假设在价值时点开发完成的市场价值，再根据价值时点该工程的形象进度确定1个百分比，两者相乘得出在建工程的价值。其实质是假设开发法的简化计算。

形象进度百分比 =（实际完成建筑工程量 + 实际完成安装工程量 + 实际完成装饰工程量）÷ 总工程量 × 100%

四、评估方法的选择

成本法和假设开发法是在建工程评估的主要方法，而形象进度法作为一种简化方法，多用于重要程度不高或时效性要求优先的评估需求中，例如在企业总资产价值评估中，价值占比偏低且对整体评估结论影响程度较低的在建工程评估。形象进度法是假设开发法的简化计算，确定了工程的形象进度，确实很容易也很方便地求出在建工程的价值。但是要确定工程的形象进度，同样需要对整个工程的进展情况做出深入细致的分析，要了解工程的投入成本是否和工程的进度一致，投入成本占整个工程投入的比例，而不能只是简单地说明工程已建至多少层，就大致估计出形象进度为百分之多少。其实运用形象进度法计算在建工程的价值，对评估人员的要求更高，评估人员的实践经验必须相当丰富，而且对建筑工程的了解相当透彻，否则不可能得出正确的工程形象进度百分比。

成本法通常认为是在建工程评估的最基本且可靠的方法，假设开发法一般用来对以成本法所求得的在建工程价值进行验证。通常认为运用假设开发法对在建房地产项目进行评估的评估测算过程较为复杂，同时要运用市场比较法或收益法，且数据具有一定程度的预测性，评估结果具有较大的弹性。

采用成本法进行评估，最好满足一个条件：该在建工程目前的利用方式是其最佳利用方式，即满足最高最佳使用原则，且该在建工程会按照这种利用方式完成建设。在对在建工程进行抵押贷款的评估中，正在建设的房地产项目通常满足这一条件，而停建相当长时间的"烂尾楼"很可能不满足这样的条件，这时最好采用假设开发法。关于这一问题，将在"烂尾楼"评估的讨论中进一步说明。

第三节 在建工程价值评估难点

一、关于"销售税费"

成本法和假设开发法的公式中都涉及一个"销售税费"项目。两种方法中该项目的内容和计算有相当大的差异,在评估实务中这一点容易被忽视。

首先理解一下房地产成本构成中的销售税费到底包含哪些内容。销售税费主要包含两部分:一是销售费用,包括广告宣传费、销售代理费、售楼处及样板间装修等与房地产销售相关的各项费用;二是销售税金及附加,包括房屋出售时卖方缴纳的增值税、城市维护建设税和教育费附加。

在成本法中的"相关销售税费",是指与拟建设部分相关的销售费用和销售税费。更进一步地分析,由于我们评估的是在建工程,而且是其未销售部分的价值,所以肯定不存在销售税费;至于销售费用,要看实际情况,如果房地产项目已经进入销售阶段,可计算部分销售费用。

假设开发法中"续建部分销售税费"则应包含在建工程项目建成后的全部销售税费和全部或部分销售费用(如果已经进入了销售阶段)。

二、假设开发法:续建投资利润率的取值问题

运用假设开发法求取在建工程价值的公式中,对续建投资利润的求取一般采用"续建成本×利润率"的做法,很多评估人员经常采用法定利润率,有的甚至低于法定利润率。这种做法值得商榷。法定利润率通常较低,而房地产开发的实际利润率往往远远高于法定利润率,也就是说,低估续建投资利润会高估在建工程价值。因此,在运用假设开发法公式计算的时候,一定要认真调查分析该项目的合理利润水平,否则评估出的在建工程价值是不准确的。评估人员通常认为采用假设开发法评估在建工程的价值偏高,其实很重要的一个原因就在于投资利润率的取值严重偏低。如果是银行抵押贷款的评估,往往会高估在建工程的价值,从而给银行带来极大的风险。

三、在建工程实际付款进度与工程进度

在建工程的评估中关于实际付款进度问题,有关规范和会计核算已经提出了要求。通常情况下,对于价值时点存在的工程欠款和价值时点后完成的工程及相应费用,如果资产占有方已与有关方达成明确的解决意见,评估人员须相应进行评估计算;否则,评估人员应将工程实际欠款计入负债,声明价值时点未完成工程不在本次评估工作考虑的范围之内。在建工程于清查评估明细表内的账面价值指的是已支付金额。

四、"烂尾楼"评估

"烂尾楼"作为一种特殊的在建工程，与正在进行的在建工程的评估相比有一些特殊之处，这里简单阐述供大家思考。

1. 是否改变用途的问题。"烂尾楼"在放置了相当一段时间后重新开发，通常都要经历一个仔细的投资分析阶段。而投资分析的重要内容就是在目前房地产市场背景和区域环境下，该项目应该如何定位的问题。大的方面可能涉及是否改变其用途的问题，如在建筑技术和法定用途方面允许的情况下将写字楼改建为酒店；小的方面涉及档次、功能定位等问题。这些问题也就是我们所说的最佳开发利用方式问题。如果决定改变项目开发利用方式，可能需要对已建成部分做一些改动。这时最好采用假设开发法，并考虑与这些改动相关的成本。

2. 成本法评估"烂尾楼"：折旧问题。对于一些不会改变用途的"烂尾楼"，也可以运用成本法进行评估。但在运用成本法评估"烂尾楼"时，需要特别注意折旧问题。

"烂尾楼"因为搁置了相当长的一段时间（在我国1993年的房地产衰退期所产生的"烂尾楼"多数在2000年后才被消化），而且通常没有得到较好的保护，会存在实体方面的折旧。经过了那么长的时间，还可能存在一些过时的现象，形成功能方面的折旧。建筑结构上的折旧应该考虑，而对于安装了部分设备的"烂尾楼"而言，折旧可能更为严重。当明显存在较为严重的实体性贬值、功能性贬值和经济性贬值时，需要扣除各项贬值额。而在正在进行的在建工程的评估中，实际上假设贬值额为零。

第四节 评估案例

上海某海洋公园项目在建工程价值评估

上海××海洋世界有限公司在中国进出口银行、中国××银行股份有限公司上海浦东分行、中国××银行股份有限公司大连市分行融资，抵押权人进行贷款审查需了解相关抵押物市场价值。本次估价对象为"上海××海洋公园"项目在建工程，价值时点为2017年3月31日。

一、实物状况描述与分析

1. 土地实物状况（略）。

2. 在建工程实物状况。估价对象主要是为大型游乐设备、特效电影、动物表演和水上巡游等娱乐项目所建的建筑物，以及配套的酒店、停车楼、辅助用房等，计划于2018年9月竣工。

估价对象由三块相邻用地合围形成整体,中间由××河分隔成东、西两块区域,根据委托方提供的监理月报及评估人员现场勘察,地块内配套酒店、办公宿舍楼、海豚表演场、配套停车楼、冰山北极馆等大型单体工程均已开工且部分已出地面,整体形象进度约为23%。工程施工状况及进度如表7-1所示。

表7-1　　　　　　　　　　　　　工程施工状况及进度

区域	情况及进度
东区	1. 配套办公及员工宿舍楼:地下室全部完成,斜抛撑拆除完成,角撑拆除完成,地上一次结构支模排架施工、墙柱、梁板模板安装及钢筋绑扎,外墙保温防水施工。 2. 配套主题酒店:A、B区地下室外墙保温防水施工、一层柱子、梁板全部完成,地下室结构全部完成,一层结构支模排架搭设、墙柱、梁板模板安装及钢筋绑扎。 3. 海豚表演场:前场区地下室结构全部完成,后场区结构支模排架搭设、墙柱、梁板模板安装、钢筋绑扎。 4. 火山鲸鲨馆:地下室结构施工、支模排架搭设、墙柱梁板模及钢筋绑扎,西南角落深坑结构施工,落深坑区域型钢支撑、砼围檩拆除完成,落深坑区域夹层结构施工,浅基础结构施工全部完成。 5. 沙塔餐厅:地下室结构全部完成,一层支模排架搭设。 6. 珊瑚水母馆:地下室结构全部完成,一层支模排架搭设、墙柱钢筋绑扎。 7. 海底世界馆:正负零结构施工,正负零垫层及防水施工,二层排架模板搭设完成,围护型钢拔除完成,地下室回填完成,一层柱钢筋绑扎。
西区	1. 配套市政设施工程:东区、西区防汛墙墙身砌筑,桥梁墩台施工,东侧方桩。 2. 大型动物表演场:地下结构施工,混凝土浇筑。 3. 欢乐剧场:地下结构施工,混凝土浇筑。 4. 冰山北极馆:地下室顶板施工,防水施工。 5. 企鹅馆:外墙防水施工,地下结构,一层结构施工。 6. 海兽混养馆:地下结构施工,混凝土浇筑。 7. 配套停车楼:一层结构、二层、三层结构施工。 8. 冰雪餐厅:地梁承台施工。

3. 项目规划指标。根据建设用地规划许可证和建设工程规划许可证记载,在建工程土地和房屋建筑物主要规划指标如下。

(1) 东区(见表7-2和表7-3)。

表7-2　　　　　　　　　　　　　土地规划指标

权证名称	建设用地规划许可证
权证编号	地字第××地(2015)EA×××号
用地单位	上海××海洋世界有限公司
用地项目名称	上海××海洋公园(东区)
用地位置	浦东新区××主城区NHC10101单位WNW-××、WNW-××地块
用地性质	WNW-××地块文化用地、WNW-××地块商业用地
用地面积	151 604.3平方米(以实测为准)
建设规模	117 564.91平方米(地上计容面积84 564.91平方米、地下面积33 000平方米,具体不计容面积通过设计方案审定)

表 7-3　　　　　　　　　　　　　　建筑物规划指标

权证名称	建设工程规划许可证							
权证编号	建字第××建（2016）FA×××号							
建设单位	上海××海洋世界有限公司							
建设项目名称	上海××海洋公园（东区）－海底世界馆等							
建设位置	浦东新区××主城区 NHC10101 单元 WNW－××、WNW－××地块							
建设规模	49 273.72 平方米							
建设工程项目								
申请幢号	建筑物名称	使用性质	层数	高度	地上建筑面积	地下建筑面积	计容积率面积	
201A	珊瑚水母馆	文教体卫	2	12.2	2 918.98	685.3	2 918.98	
201B	梦幻甜品屋	文教体卫	1	6.6	352.37	0	352.37	
201C	过山车站台	文教体卫	1	6.4	403.55	0	403.55	
202A	沙特餐厅	文教体卫	1	7	2 226.72	1 745.1	2 226.72	
203A	海底世界馆	文教体卫	2	12.8	10 432	310	10 432	
204A	火山鲸鲨馆	文教体卫	3	14.8	11 759	2 783	11 759	
205A	海豚表演场	文教体卫	2	23.89	10 374	4 971	10 374	
BH202	热带区垃圾压缩站	其他	1	5.3	298.05	0	298.05	
BH206	酒店入园口门卫	其他	1	4.5	14.65	0	14.65	

上海××海洋公园（东区）配套办公及员工宿舍楼、上海××海洋公园（东区）配套主题酒店项目规划指标（略）。

（2）西区。上海××海洋公园（西区）冰山北极馆等、上海××海洋公园（西区）配套停车场项目规划指标（略）。

综上所述，在建工程用途合法，建筑结构符合建设工程规范，因此在建工程实物状况对估价对象的市场价值无不利影响。

4. 房地产利用状况（略）。

二、权益状况描述与分析

1. 估价对象土地登记状况。估价对象共计 3 项土地使用权，已办理 3 本上海市房地产权证，登记状况如下。

（1）××街道 1 街坊 5/1 丘，房地产权证号：沪房地×字（2015）第×××号。登记状况如表 7-4 所示。

表 7-4　　　　　　　　　　　土地登记状况

权利人	上海××海洋世界有限公司		
房地坐落	××街道1街坊5/1丘		
土 地 状 况			
权属性质	国有建设用地使用权	使用权取得方式	出让
用途	文体用地	宗地号	××街道1街坊5/1丘
宗地（丘）面积	145 551	使用权面积	145 550.9
使用期限	2015年2月12日至2065年2月11日		

（2）××街道1街坊5/2丘登记状况（略）。

（3）××街道1街坊5/3丘登记状况（略）。

2. 估价对象在建工程权属状况。估价对象已办理了建设用地规划许可证、建设工程规划许可证、建筑工程施工许可证，各项证号明细如下（略）。

3. 房地产他项权利状况。根据估价师调查和委托方提供的资料，委估项目在建工程尚有未付工程款约人民币4 100万元。土地使用权已设定抵押，抵押登记状况如表7-5所示。

表 7-5　　　　　　　　　　　土地使用权抵押状况

权证名称	上海市房地产登记证明
权证属性	抵押权登记（出让建设用地使用权抵押）
条形码	××××
登记日	2016.5.30
登记证明号	浦×××
房地产抵押权人	中国××银行、中国××银行股份有限公司上海浦东分行、中国××银行股份有限公司大连市分行
房地产权利人	上海××海洋世界有限公司
房地产坐落	××街道1街坊5/1丘、5/2丘、5/3丘
债权数额	×××元
债务履行期限	2016.5.24—2026.5.23
附记	抵押权人：中国××银行、中国××银行股份有限公司上海浦东分行、中国××银行股份有限公司大连市分行 该抵押物担保主债权××亿元中的72 810万元

4. 权益状况对价值影响的分析。综上所述，估价对象已设定抵押，并且有未付工程款，本次估价为市场价值，暂不考虑上述因素对市场价值的影响。

三、区位状况描述与分析（略）

四、市场背景描述与分析

1. 宏观经济形势及土地市场状况（略）。
2. 上海旅游市场发展状况（略）。
3. 市场背景对价值影响的分析。综上所述，目前我国宏观经济平稳运行，2016年以来土地市场的交易量和交易价格保持上升趋势，特别是郊区用地价格上涨较多，土地价格的上涨引起政府的关注，下半年加强了土地和房地产市场的调控。上海旅游市场日趋成熟，旅游景点，产品丰富，旅游客每年有约5%的增长，旅游收入每年有约8%的增长，因此估价对象建设完成后，对其市场价值有良好的支撑作用。

五、最高最佳利用分析（略）

六、估价方法适用性分析

1. 估价技术路线（略）。综上所述，本次评估采用的估价方法确定为成本法和假设开发法，并综合考虑上述两种估价方法的估价结果，确定估价对象在建工程的市场价值。
2. 估价方法定义。
（1）成本法（略）。
（2）假设开发法（略）。

七、估价测算过程

根据事先确定的估价思路及估价方法，结合估价对象的实际情况进行估算。具体测算过程如下。

（一）成本法的测算过程

成本法基本公式：在建工程市场价值＝土地取得成本＋建设成本＋管理费用＋投资利息＋销售费用＋销售税金＋开发利润。

1. 土地取得成本。

土地取得成本＝建设用地使用权价格＋土地取得税费

（1）××街道1街坊5/1丘地块文体用地测算过程如下（采用市场比较法）。

①比较法计算公式：土地使用权价值＝交易实例价格×交易情况修正系数×市场状

况修正系数×区位状况修正系数×实物状况修正系数×权益状况修正系数。

②案例选取及计算过程。估价对象为文体用地，估价人员通过规土局网站查询并选取了3个在近期于浦东新区成交且与估价对象土地用途为同一大类的科研设计、文体用地作为可比案例，各案例情况及各项因素如表7-6和表7-7所示。

表7-6　　　　　　　　　　比较案例概况及因素条件

比较因素		估价对象	可比实例A	可比实例B	可比实例C
地块名称		××海洋公园	浦东新区××市镇南单元B街坊B-1地块	浦东新区××懿德PDP0-0802单元16-05\16-06地块	浦东新区××经济园B4-11\B4-12地块
坐落		××街道1街坊5/1丘	××镇，东至××路，南至B-2地块	××镇，东至××路，南至××路	××镇，东至B4-11，南至B4-12
土地用途		文体用地	科研设计、文体用地	科研设计、文体用地	科研设计、文体用地
土地面积（平方米）		145 550.90	19 231.70	16 342.60	17 219.70
容积率		0.43	3.1	2.0	1.5
使用年限		47.9年	50年	50年	50年
成交价格（万元）			12 843.00	6 694.00	6 491.00
楼面单价（元/平方米）			2 154	2 048	2 513
交易日期		2017/3/31	2016/1/20	2015/7/20	2015/8/27
交易情况			成交价	成交价	成交价
区域因素	繁华程度	较差	一般	一般	一般
	交通条件	一般	较便利	一般	较便利
	基础设施完备度	一般	较齐全	较齐全	较齐全
	公建配套完备度	一般	较齐全	较齐全	较齐全
	环境质量优劣度	较好	好	较好	好
个别因素	宗地面积（平方米）	145 550.90	19 231.70	16 342.60	17 219.70
	宗地形状	无不利影响	无不利影响	无不利影响	无不利影响
	临街状况	一面临次干道	一面临次干道	一面临支路	一面临支路
	开发及利用情况	开发初期	待开发	待开发	待开发
权益因素	用地性质	文体用地	科研设计、文体用地	科研设计、文体用地	科研设计、文体用地
	他项权利	设定为无	无	无	无
	租赁状况	无	无	无	无

表7-7 比较案例因素条件修正表

比较因素		估价对象	可比实例A	可比实例B	可比实例C
交易价格			2 154	2 048	2 513
交易日期修正		100	103.24	105.47	105.47
交易情况修正		100	100	100	100
区域因素	繁华程度	100	102	102	102
	交通条件	100	102	100	102
	基础设施完备度	100	102	102	102
	公建配套完备度	100	102	102	102
	环境质量优劣度	100	102	100	102
	小计	100	110	106	110
个别因素	宗地面积	100	95	95	95
	宗地形状	100	100	100	100
	临街状况	100	100	97	97
	开发及利用情况	100	100	100	100
	小计	100	95	92	92
权益因素	用地性质	100	100	100	100
	他项权利	100	100	100	100
	租赁状况	100	100	100	100
	小计	100	100	100	100

修正说明如下：

a. 市场状况修正。三个案例分别成交于2016年1月、2015年7月、2015年8月，本次估价价值时点为2017年3月31日，于估价作业期内中国城市地价动态监测网暂未公布最新的商服地价水平数据，故本次修正参考2016年4季度商服地价水平（见表7-8），因此案例A、B、C修正系数分别为41 834/40 523×100% = 103.24、41 834/39 664×100% = 105.47、41 834/39 664×100% = 105.47。

表7-8 2015年1季度至2016年4季度商服用地地价水平简表　　　　单位：元/平方米

年度	季度	商服
2016	4	41 834
2016	3	41 280
2016	2	40 817
2016	1	40 523
2015	4	40 018
2015	3	39 664
2015	2	39 172
2015	1	38 855

b. 交易情况修正。案例 A、B、C 均为实际成交价格，故不予修正。

c. 区域因素修正。

繁华程度：案例 A、B、C 所在区域繁华度优于估价对象，故分别修正 2、2、2。

交通条件：案例 A、C 交通条件优于估价对象，故分别修正 2、2；案例 B 交通条件与估价对象类似，故不予修正。

基础设施：案例 A、B、C 基础设施条件优于估价对象，故分别修正 2、2、2。

公建配套：案例 A、B、C 公建配套条件优于估价对象，故分别修正 2、2、2。

环境质量优劣度：案例 A、C 环境质量优于估价对象，故分别修正 2、2，案例 B 环境质量与估价对象类似，故不予修正。

d. 个别因素修正。

宗地面积：案例 A、B、C 土地面积小于估价对象。土地面积大，有利于整体规划开发建设，因此面积越大，价格就越高，故分别修正 -5、-5、-5。

临街状况：案例 A 临街状况与估价对象类似，故不予修正；案例 B、C 临街状况差于估价对象，故分别修正 -3、-3。

容积率修正：根据土地使用权出让合同记载，估价对象的规划容积率为 0.43。根据相关规定，容积率低于 1.0，可参照容积率 1.0 的系数进行修正。案例 A、B、C 的规划容积率分别为 3.1、2.0、1.5（见表 7-9），本次容积率参照《2013 年上海基准地价更新成果》中办公用地的容积率修正系数进行修正。

表 7-9　　　　　　　　　　　容积率修正系数表

	规划容积率	容积率系数	测算过程	容积率修正系数
估价对象	0.43（参照1）	1.226	—	—
案例 A	3.1	0.938	1.226/0.938	1.30
案例 B	2.0	1.113	1.226/1.113	1.10
案例 C	1.5	1.144	1.226/1.144	1.07

土地使用年限修正：根据委托方提供的上海市房地产权证记载，估价对象土地使用权剩余年限为 47.9 年（自价值时点起计），而各案例用地规定使用年限为 50 年，土地还原利率取 7%，因此土地使用年期修正为 $[1-1/(1+7\%)^{47.9}]/[1-1/(1+7\%)^{50}]=0.9946$。

通过修正（见表 7-10），××街道 1 街坊 5-1 丘地块文体用地土地使用权总价值 = 2 654 × 145 550.9 = 386 292 088.6（元），即 38 600 万元（取整）。

表 7-10　　　　　　　　　　比较因素条件计算表

比较因素	可比实例 A	可比实例 B	可比实例 C
交易价格	2 154	2 048	2 513
交易日期	103.24/100	105.47/100	105.47/100
交易情况	100/100	100/100	100/100

续表

比较因素	可比实例 A	可比实例 B	可比实例 C
区域因素	100/110	100/106	100/110
个别因素	100/95	100/92	100/92
权益因素	100/100	100/100	100/100
容积率修正	1.30	1.10	1.07
使用年期修正	0.9946	0.9946	0.9946
修正价格（元/平方米）	2 767	2 436	2 802
权重值	1/3	1/3	1/3
比准价格（元/平方米）	2 654		

（2）××街道1街坊5/2丘地块餐饮旅馆业用地测算过程（略）。

（3）××街道1街坊5/3丘地块文体用地测算过程（略）。

（4）估价对象3项土地使用权总价 = 38 600 + 12 500 + 34 900 = 86 000（万元）

（5）土地取得税费。土地取得税费主要为契税，契税按照上海市相关规定，按土地使用权价格的3%计算。

土地取得税费 = 86 000 × 3% = 2 580（万元）

（6）土地取得成本。

土地取得成本 = 建设用地使用权价格 + 土地取得税费
= 86 000 + 2 580 = 88 580（万元）

2. 建设成本。建设成本是指在取得的房地产开发用地上进行基础设施建设、房屋建设所必要的相关费用。考虑到委估对象为在建工程，其建设成本主要包括勘察设计和前期工程费、建筑安装工程费、基础设施建设费等，按照目前施工的形象进度确定在建工程的建设成本。其中，建筑安装工程费根据企业提供的成本预测进行测算，施工形象进度按照现场勘察进度确定。

（1）根据企业提供的成本预算计划估算开发成本（不含资本化利息），对工程形象进度进行测算。

①东、西区海洋公园各主要单项工程开发成本及工程形象进度如表7-11所示。

表7-11　　　　　　　海洋公园项目开发成本及工程形象进度

序号	工程及费用名称	工程量（平方米）	安装工程费（万元）	建筑工程费（万元）	其他工程费（万元）	合计（万元）	单价（元/平方米）	评估测算	
								工程形象进度（%）	已建工程价值（万元）
	固定资产费用	0	17 606	58 395	67 343	143 344.24			13 119.36
1	工程费用		17 606	58 395	0	76 002			10 959
1.1	室外总体工程	241 366		10 169		10 169			103

续表

序号	工程及费用名称	工程量（平方米）	安装工程费（万元）	建筑工程费（万元）	其他工程费（万元）	合计（万元）	单价（元/平方米）	评估测算 工程形象进度（%）	评估测算 已建工程价值（万元）
	室外管线工程	222 057		5 551		5 551	250	0	0
	道路广场及桥梁	58 734		2 056		2 056	350	5	103
	绿化工程	84 478		1 690		1 690	200	0	0
	大门围墙	1 700		43		43	250	0	0
	水体（人工湖）及游船码头	19 309		830		830	430	0	0
1.2	基础工程	226		10 336		10 336			8 268.992
	打桩	100 608		3 018		3 018	300	80	2 414.592
	深基坑围护	680		2 720		2 720	40 000	80	2 176
	浅基坑围护	2 090		4 598		4 598	22 000	80	3 678.4
1.3	地上土建工程			32 627		32 627			1 207.18
	人豚互动+鲸豚互动	1 848		832		832	4 500	0	0
	海豚表演场	7 204		3 602		3 602	5 000	10	360.2
	鲸鲨馆+鲨鱼馆（火山）	5 163		3 098		3 098	6 000	0	0
	海底世界（含1 810黑暗骑乘）	8 941		3 576		3 576	4 000	5	178.82
	…	…	…	…	…	…	…	…	…
1.4	地下土建工程	20 000		4 600		4 600	2 300	30	1 380
1.5	地上构筑物	4 417		663		663	1 500	0	0
2	设备安装工程	100 608	17 606			17 606			0
2.1	强电工程	100 608	3 521			3 521	350	0	0
2.2	暖通工程	100 608	2 515			2 515	250	0	0
2.3	给排水工程	100 608	2 515			2 515	250	0	0
2.4	维生系统工程	100 608	4 527			4 527	450	0	0
2.5	消防工程	100 608	2 012			2 012	200	0	0
2.6	环保工程	100 608	0			0		0	0
2.6	弱电工程	100 608	2 515			2 515	250	0	0
2.7	变配电工程	100 608	0			0	租赁	0	0

续表

序号	工程及费用名称	工程量（平方米）	安装工程费（万元）	建筑工程费（万元）	其他工程费（万元）	合计（万元）	单价（元/平方米）	评估测算 工程形象进度（%）	评估测算 已建工程价值（万元）
3	工程建设其他费用				67 343	67 343			2 160.4
3.1	土地费	241 001			60 788	60 788			
	土地出让金	118 639			25 692	25 692	2 166		
	土地出让金	122 362			33 326	33 326	2 724		
	土地契税				1 771	1 771			
3.2	项目前期工程咨询费（可研、环评等）				105	105		100	105
3.3	勘察设计费				1 604	1 604		100	1 604
3.4	竣工图编制费				241	241		0	0
3.5	建设管理费				1 737	1 737			451.4
	建设单位管理费				563	563		20	112.6
	施工图设计文件审查费				80	80		100	80
	全过程招标代理服务费				50	50		100	50
	工程监理服务费（含财务监理费）				1 044	1 044		20	208.8
3.6	市政配套费	100 608			2 515	2 515	250	0	0
3.7	联合试运行费				352	352		0	0

②办公宿舍楼开发成本及工程形象进度（略）。

③停车场开发成本及工程形象进度（略）。

④配套酒店开发成本及工程形象进度（略）。

（2）已投入建设成本。根据企业提供的预算，总建设成本为141 935.80万元（不含土地成本、管理费用、资金成本等）。

项目已投入建设成本 = 东、西区海洋公园已投入建设成本 + 办公宿舍楼已投入建设成本 + 停车场已投入建设成本 + 配套酒店已投入建设成本

= 13 119.36 + 7 688.89 + 6 739.62 + 5 457.40

= 33 005.27（万元）

按已投入成本比例测算整体形象进度：33 005.27/141 935.80 × 100% = 23%（取整）

3. 管理费用。管理费用是指企业为组织和管理房地产开发经营活动的必要支出，包括开发企业的人员工资及福利费、办公费、差旅费等，可总结为土地取得成本和建设

成本之和的一定比例。根据委估对象的特点，本次评估管理费率取 1.5%。

管理费 = (88 580.00 + 33 005.27) × 1.5% = 1 823.78（万元）

4. 投资利息。投资利息是指房地产开发完成或者实现销售之前发生的所有必要费用应计算的利息。应计息项目包括土地取得成本、建设成本、管理费用等。根据估价对象的特点，结合上海相同建筑规模同类项目的建设周期（36 个月），估价对象达到现状的正常建设期为 15 个月，假设土地取得成本在建设期前一次性投入，建设成本、管理费用均匀投入，本次评估中取银行 1 年期贷款利率 4.35% 作为融资成本率，并假设所需资金均通过融资取得。

资金成本 = [（建设成本 + 管理费用）× 利率 × 建设期/2 + 土地取得成本 × 利率 × 建设期]
　　　　= (33 005.27 + 1 823.78) × 4.35%/12 × 15/2 + 88 580.00 × 4.35%/12 × 15
　　　　= 5 713.87（万元）

5. 销售费用。销售费用是指预售或销售开发完成后的房地产必要支出，包括广告费、销售资料制作费、销售人员费用或者销售代理费等。销售费用通常按照开发完成后的房地产价值的一定比例来测算，通常为销售额的 1%—3%，根据委估对象的特点，本次评估销售费率取 1%。

销售费用 = 在建工程市场价值 × 1% = 0.01 × 在建工程市场价值

6. 销售税金。委估企业为增值税一般纳税人，本项目施工许可证日期为 2015 年 12 月 24 日，可采用简易征收方式，适用的增值税税率为 5%，城建税税率为 7%，教育费附加率为 3%，地方教育附加率为 2%，河道整治费率为 1%。

销售税金 = 在建工程市场价值/(1 + 5%) × 5% × (1 + 13%)
　　　　= 0.053 81 × 在建工程市场价值

7. 开发利润。2016 年上半年房地产开发企业平均成本利润率为 16.04%，近几年房地产开发企业的利润率指标呈快速下降趋势。自 2016 年下半年起中国经济走入新常态，房地产调控日趋加紧，开发商的利润减少，且本次估价对象建设项目为海洋公园及配套酒店、办公楼，利润率较普通的房地产开发企业稍低。综合以上因素，本次评估成本利润率取 12%，根据企业施工状况，形象进度比例为 23%。

开发利润 = (88 580.00 + 33 005.27 + 1 823.78 + 5 713.87 + 0.01 × 在建工程市场价值) × 12% × 23%
　　　　= 3 563.79 + 0.000 276 × 在建工程市场价值

8. 确定在建工程市场价值。

在建工程市场价值 = 土地取得成本 + 建设成本 + 管理费用 + 投资利息 + 销售费用 + 销售税金 + 开发利润
　　　　= 88 580.00 + 33 005.27 + 1 823.78 + 5 713.87 + 0.01 × 在建工程市场价值 + 0.053 81 × 在建工程市场价值 + 3 563.79 + 0.000 276 × 在建工程市场价值
　　　　= 141 772（万元）

计算可得，在建工程市场价值为 141 800 万元（取整），折合计容建筑面积单价为 10 165 元/平方米。

（二）假设开发法的测算过程（略）

八、估价结果

本次评估根据估价目的，遵照国家有关法律法规和技术标准，遵循独立、客观、公正、合法的估价原则，严格按照估价工作程序，在市场调查、实地查勘的基础上，结合估价人员的经验，综合考虑影响房地产的各项因素，运用成本法及假设开发法进行评估，最终采用两种评估方法测算结果的算术平均值，确定估价对象在建工程在满足全部假设和限制条件下于价值时点的市场价值为×××万元，折合计容建筑面积单价为×××元/平方米。评估明细如表7-12所示。

表7-12 评估价值测算表

相关结果		成本法	假设开发法
测算结果	总价（万元）	141 800	×××
	折合计容建筑面积单价（元/平方米）	10 165	×××
评估价值	总价（万元）	×××	
	折合计容建筑面积单价（元/平方米）	×××	

特别说明：

1. 估价对象在建工程的土地使用权已于2016年5月30日设定抵押，债权数额为×××元，土地使用权担保主债权×××亿元中的72 810万元；抵押期限为2016年5月24日至2026年5月23日，抵押权人为中国××银行、中国××银行股份有限公司上海浦东分行、中国××银行股份有限公司大连市分行。

2. 根据企业提供的资料，截至价值时点（2017年3月31日），估价对象在建工程的未付工程款约人民币4 100万元，请相关报告使用人注意。

本 章 小 结

房地产在建工程是指正处于建筑施工过程中的房地产开发项目，即不能交付使用的半成品。有一些需要评估的在建工程处于正在建设的阶段；还有一些可能因为种种问题已经停工，如"烂尾楼"。在建工程的开发商或所有者要求估价的目的主要有转让、招商（合作）、抵押。影响某个具体房地产在建工程价值的特殊因素主要有土地权属、项目权属、工程进度和销售情况。房地产在建工程价值评估的主要方法是成本法和假设开发法，分别从两个方向评估在建工程的价值。另外还有一些简化的方法，如形象进度法。房地产在建工程价值评估专题涉及四个内容：一是成本法和假设开发法的公式中"销售税费"的内涵有差异；二是假设开发法中续建投资利润率的取值问题；三是在建工程实际付款进度对评估中工程进度确定的影响；四是"烂尾楼"评估中应考虑的特殊问题。

思 考 题

1. 影响房地产在建工程价值的主要因素有哪些？
2. 请思考在建工程评估的两种主要方法之间的联系。
3. 在确定在建工程标的的具体完成进度时，应如何在在建工程的实际付款进度与工程进度间进行选择？
4. "烂尾楼"作为一种特殊的在建工程，其评估与其他在建工程的评估有何差异？

第八章　城市更新与房屋征收评估

本章学习目的
1. 了解城市更新政策背景及城市更新和征收拆迁的联系与区别。
2. 了解评估师在城市更新过程中的定位和职责。
3. 理解征收补偿的原则、分类和形式、内容。
4. 理解征收评估目的、价值内涵和评估流程的特点。
5. 掌握征收评估的技术路线及应用。

第一节　城市更新中的征收拆迁

一、城市更新的政策背景

随着城市化程度提升,人均自持住房面积大幅度上升,中国人口普查年鉴(2020)显示,截至2020年,我国家庭人均居住面积达到41.76平方米。新建住房的市场增量需求和供给逐年下降,我国房地产市场已然进入存量时代。受到地方政府债务制约,过去以旧城区大拆、大建为主要形式的"征收拆迁"模式,越来越难以维系。城市高质量发展迫切需要谋求一种新的可持续开发模式来盘活存量资产资源。

2021年,城市更新首次被写入政府工作报告,住建部在21个市(区)开展第一批城市更新试点工作,接着每年出台一份城市更新行动可复制经验做法清单,对不同城市更新顶层设计和实践经验进行总结,引导和助推以储备土地配置及带方案供应为基本模式的各种联动开发城市更新综合开发项目。截至2024年,全国400多个城市已完成和正在进行6.6万个城市更新项目,涉及78亿平方米总建筑面积,累计投资2.6万亿元。城市更新的开发和运营项目正成为房地产行业的新兴服务产业,蓬勃发展[①]。

2024年7月28日国务院出台《深入实施以人为本的新型城镇化战略五年行动计划》,提出"优化城市工商业土地利用,加快发展建设用地二级市场,推动土地混合开发利用、用途合理转换,盘活存量土地和低效用地"。城市更新工程步入新的发展阶段,不仅仅涉及存量闲置商品房的用途转变、工商业用地盘活再利用,还包括低效用地

---

① 王优玲. 全国城市更新项目累计完成投资2.6万亿元[N]. 新华社,2024-7-19.

基础配套设施升级和土地更新再利用，以及城市地下管网工程实施和老旧片区更新改造、绿色生态再造工程等。

二、城市更新的实施流程

（一）城市更新及其分类

城市更新（Urban Regeneration）是指对城市中已经不适应现代化城市社会生活的地区进行有计划、有步骤的改建活动。它不仅包括物质空间的改造，如老旧小区、城中村、旧工业区等的更新，更涉及城市结构、功能体系及产业结构的全面升级。随着时间的推移，不同国家和地区的城市化进程和需求不同，城市更新的具体内容及实践模式也各不相同。

根据改造力度的不同，城市更新项目可分为整治类、改建类和拆建类。

1. 整治类，改造力度最弱。特点是不改变建筑主体结构和使用功能，以消除安全隐患、完善功能为主，不增加建筑面积，比如老旧片区更新改造项目、城市地下管网和市政基础设施补短板工程等。

2. 改建类，改造力度中等。特点是不改变土地使用权主体和期限，可局部拆除或加建、变更用途及增加建筑面积（有增幅限制）。

3. 拆建类，改造力度最强。特点是会拆除原有建筑物重新规划建设，可能改变土地使用权主体和性质。

更新项目的流程复杂，涉及区、市部门，包括多个环节，分为政府主导、市场主导、政府和市场合作三种模式，如表8-1所示。

表8-1　　　　　　　　城市更新项目按改造程度不同划分

改造程度不同	城市更新项目	项目主导方式和推进主体	土地权属变更情况
整治类（微更新）	老旧住宅小区加装电梯	政府推动	不涉及土地合同补签或规划条件变更等行动
	架空线入地和杆箱整治		
	环境综合整治		
	网络型公共空间建设		
改扩建为主或拆除新建	办公楼宇、商业体外立面改造和业态调整升级等	市场主导	存量用地补签土地合同（以出让方式获取土地）
	公共服务、市政交通设施提标改造	政府推动	
	商圈整体转型升级		
	商业商办地块提容增高	市场自发	

续表

改造程度不同	城市更新项目	项目主导方式和推进主体	土地权属变更情况
拆除重建为主或改扩建	旧住房综合治理	政府推动	不涉及土地合同补签或规划条件变更等行动
	旧区改造		先房屋征收，完成土地储备，后供净地
	城中村改造		
	公共服务、市政交通设施综合开发或转型利用	政府推动或市场自发	
	产业园区整体转型	政府推动	存量用地补签土地合同（以出让方式获取土地）或变更规划条件（以划拨方式获取土地）
	零星低效工业用地转型升级	市场自发	

资料来源：周偲，刘璇．上海城市更新的分类解析与完善制度建设的若干思考［J］．上海城市规划，2023（4）：40－44．

（二）城市更新实施流程[①]

不同地区、不同运作模式、不同改造程度的城市更新项目，其操作流程会有所差异。以拆除重建类项目为例，该类型更新项目的整体实施流程一般划分为五个阶段。

第一阶段：征集意见、拟订草案和申报立项。（1）征集居民的改造意愿。被拆改建区域的权利主体（如村民、居民或企事业单位）需表达改造意愿，并确定申报主体，比如村委会或企业或市区政府。一般要求被改造区域相关权利主体有80%或2/3以上的通过率。（2）申报委员会受托草拟拆改建项目方案及申请书，向市区政府提出改造意愿申请。（3）市、区政府接受改造申请，评估区域改造的必要性和可行性，研讨审批后纳入城市更新单元计划。

第二阶段：调查资源，分析市场，编制规划，制定实施方案。（1）调查和搜集资源的数据信息，包括城市更新范围内的土地、房屋、人口、经济、产业、文化遗存、古树名木、公建配套及市政设施等现状及权属基础数据等。（2）所在地区政府组织规划、自然资源、住建、文化、林业园林、城管、乡镇、街道等部门联合核查确认后公示。（3）通过招、拍、挂等方式引入和确定合作企业，合作企业根据招商文件，准备相关材料及投标文件，合作企业竞投前需按时缴纳竞投保证金，同时竞投规则中也会设定企业退出机制。（4）编制片区更新改造策划方案，包括更新片区的目标定位、更新片区划定、更新模式、土地利用、开发建设指标、公共配套设施、道路交通、市政工程、城市设计、利益平衡及分期实施等方面的指引和策划。（5）构造若干可供选择的方案，

[①] 参考《从立项到开发，一文看懂城市更新全流程》，忆城文旅微信公众号，https：//mp．weixin．qq．com/s/n3qufEXn3BBQNDrnqx4QgQ，2022－2－3．

比较论证，形成具体实施方案，包括现状调查成果、改造范围、用地界址、地块界线、复建和融资建筑量、改造成本、资金平衡、产业项目、用地整合、拆迁补偿安置方案、农转用报批、建设时序等内容。

第三阶段：报批专项规划，专家论证、村民表决，多部门联合审核，实施方案公示确定。（1）实施方案需经过专家论证、各个相关部门意见征集、市城市更新局牵头联合审查等程序，然后经所属地区政府论证、修改、完善，再经村民讨论，村民（含村改居后的居民）和世居祖屋权属人总人数的 80% 以上同意，区政府根据村民同意的表决稿组织形成项目实施方案送审稿，其中包括拆迁补偿安置方案的内容。（2）送审稿重新报送到市城市更新局再组织联合审核，经市各部门讨论、专家会议咨询，再由市城市更新局及其市领导机构审定，最后向区政府、街道、被拆改区域的村委、企事业单位、相关权利主体等村集体经济组织通知，并抄送审核结果。（3）市更新局根据完善的最终稿，形成更新改造项目的实施方案批复，同时组织完成社会风险评估。（4）最后挂网公告批复。

第四阶段：确定实施主体，筹措资金、落实补偿安置、签订土地出让合同。（1）更新改造项目实施方案批复后，中标的合作企业进入项目实施方案实施阶段，项目建设企业与原权利主体签订搬迁补偿安置协议书。（2）成立安置资金监管账户，缴纳安置资金，逐步进行房屋拆除、土地平整和原房地产证注销等工作，分期分地块准备安置地块建设的前期工程。（3）完成原居民安置和融资地块的报批报建手续，同时对产权置换的安置房进行摇珠分房和产权登记的工作。如果涉及征收拆迁，在土地收储后再出让的环节，中标企业还需要和政府签订土地使用权出让合同，办理出让手续。

第五阶段：在项目建设实施到竣工验收期间，完成招商融资和营销推广。开发商可以开辟多渠道筹融资途径，降低综合融资成本，包括通过银行贷款、非标融资或引入合作方等方式实现资金周转平衡，比如通过部分安置、部分出售、分期投入等滚动开发模式平衡项目开发建设过程中的资金。还可以引入产业基金，设立众筹模式、发行债券、设立信托融资产品等方式，实现招商前置、精准营销、多渠道融资。项目开发建设结束后，进入运营管理收益阶段。

三、城市更新中评估师的职责[①]

（一）评估师的定位

城市更新项目属于房地产开发投资项目的一种，但不同于销售型新建类房地产开发项目的简单运作模式，它是政府参与或主导，企业及社会多方参与的、周期长、技术难度高、利益关系和程序复杂的系统工程，因此需要规划师、建筑师和评估师等专业机构及技术人员的参与，发挥各自专业优势，全流程统筹支撑，保证更新项目的系统性、整

---

① 刘广宜，吴宁远，杨斌. 上海城市更新中责任评估师的角色和使命［J］. 中国不动产估价与登记，2024（9）.

体性和可持续性。

规划师进行详规和控规的初步编制,提供基础资料和建设指引给建筑师,提供评估师极限规划容量指标和布局要求。建筑师就建筑方案向规划师进行反馈,评估师将规划和建筑方案的功能、容量的评估结果与规划师和建筑师进行沟通,听取专家外脑的咨询意见,不断更新优化方案,最终形成整体城市更新方案,如图 8-1 所示。

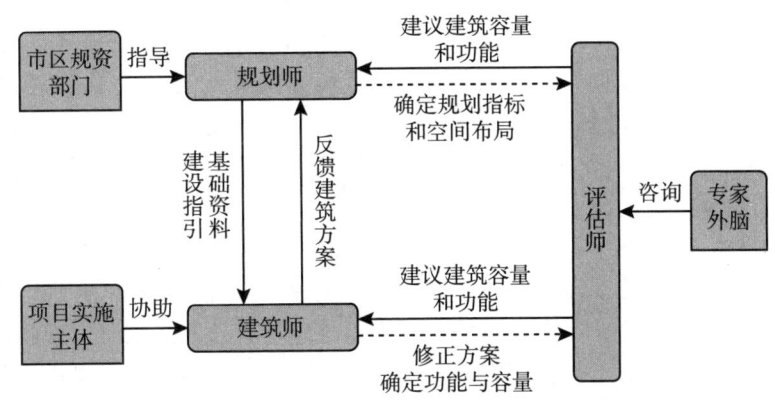

图 8-1 城市更新项目中评估师的职责定位

资料来源:刘广宜,吴宁远,杨斌. 上海城市更新中责任评估师的角色和使命 [J]. 中国不动产估价与登记,2024(9).

(二) 评估师的职责[①]

评估机构及其评估师在城市更新工作中,不仅仅是价值的评估者,更是价值的发现者、价值的平衡者、价值的解码者和价值的实现者。他们在城市更新项目计划立项、方案编制、拆迁安置及方案实施等全过程,提供全方位的服务。

第一阶段:征集意见、拟订草案和申报立项。评估师一般需要:(1) 调查土地利用现状和征集更新意愿,包括完成不动产登记信息情况调查、历史遗留问题调查、现状用地情况调查和原产权主体更新意愿调查统计等。(2) 完成空间资源综合绩效评估,比如涉及低效产业用地的更新再利用项目,需要综合评估土地投入、产出、节能、环保、就业等绩效现状,进而对低效产业用地情况进行评估和分类评级。(3) 开展针对性、体检式专项评估,比如工业性土地更新项目一般会进行不良地质专项评估、土壤环境污染专项评估、改造项目环境影响专项评估等,旧城区拆改更新项目需要进行改造项目社会风险专项评估、改造项目文物保护专项评估、改造项目交通影响专项评估等,还有些特殊项目会涉及河涌退线改道专项评估、电力设施迁移评估等。

第二阶段:调查资源,分析市场,编制规划,制定实施方案。评估师需要提供:(1) 市场需求和投资机会研究,主要评判可行性和初判发展定位,比如旧城区拆改重建项目,需调查在城市专项规划中的定位、改造方式、优先程度等,考虑被更新区域是

[①] 韩艳丽. 上海城市更新中的大城善治与评估伴行 [J]. 中国不动产估价与登记,2024(9).

否纳入市重点改造项目库,是否纳入三年更新改造方案、五年更新改造计划或十年更新改造规划,只有纳入了相应改造计划,才能更有力地推动该项目的顺利快速更新改造,同时还需要评判旧城区是否符合改造的标准,项目有没有硬伤,能否修复。(2) 项目经济效益测算分析,包括测算项目前期成本、土地出让金、更新后可持续增长收益、内部收益率、投资回收期以及敏感性因素分析测算等,尤其重要的是这笔经济账,不仅仅是单一地块的价值思考,需要考虑整个区域整体的效益平衡,探索跨地块,甚至跨区域、跨主体的经济平衡方式等。(3) 项目比选测算咨询服务,包括规划设计方案的比选、更新路径方案的比选、产权归集方案的比选等,比如针对不同的低效用地、更新地块,提出规划管理、产业引导和改造实施方面的策略建议,对不同开发组合方案、不同更新开发时序、不同公共要素配建、不同历史保护建筑处置方案进行比较分析等。

第一、第二阶段都属于项目前期的投资研判阶段,尤其是涉及多权利主体的旧改拆除重建项目,政府和企业都需要从项目可行性、土地供应转化的合法合规性、未来市场需求走势及目标客户定位,还有从效益角度衡量土地楼板价和未来可实现收益占比的可接受区间等。这个阶段的工作是否深入、客观和全面,往往决定了项目成功的70%。

第三阶段:报批专项规划,专家论证、村民表决,多部门联合审核,实施方案公示确定。基于前期信息调查和评估研判,项目申报方会围绕容积率、可售建面等核心规划指标,与政府相关部门进行谈判,各方的协商博弈需要评估机构和评估师围绕争执焦点,提供持续和更深入的风险评估与方案修订,包括多个更新路径方案的比对,以及识别可能存在的项目风险并提供措施建议等。

比如旧城区拆改更新项目,目前主要分为"收储再供地"和"自主更新"两种方式。"收储再供地"方式需要政府拿出一大笔资金先期弥补土地收储成本、市政公共设施建设成本、土地前期开发成本等问题、尤其对于历史建筑密集、权属关系复杂的旧城区域,以政府为主导的先收储再供地模式面临很多财政困难和技术困难。"自主更新"方式保持了原产权主体利用现状,能够结合房地产市场状况、房屋现状和周边环境特色,在保护现有建筑的同时,利用技术优势开发地下空间,规划地面空间,对区域局部空间进行差异化更新改造。有些区域采取产权归集拆改再建方式,有些区域采取补地价变更规划改扩建方式。从"降本、增效"角度提出了多渠道产权变更路径、多业态综合改造、多套权属转让条件等,提高了区域内的综合长期收益水平。

第三阶段和第一、第二阶段的工作往往交织在一起,是一个分析、评估和研判更加深入的过程,专项规划报批通常需要耗时1—2年。

第四阶段:确定实施主体,筹措资金、落实补偿安置、签订土地出让合同。评估机构及其评估师需要提供:(1) 房屋征收评估和旧房改造协议补偿安置评估,包括被征收房屋价值评估,置换腾退、异地安置、回购回搬、回租回搬等不同方式下的安置补偿评估;(2) 规划变更、土地出让、补地价及延伸情况下的估价咨询服务,包括低效产业用地补地价、容积率转移,公共要素配建、建筑节能容积率奖励等情形下的评估等;(3) 整治类或微更新类项目中的评估,包括加装电梯的价格、成本和户均分摊费用评估,整治改造成本的测算和不成套住宅的货币补偿评估等;(4) 项目融资咨询评估,为金融机构的各种融资策划方案提供成本、收益和投融资计划的方案建议。

第五阶段：在项目建设实施到竣工验收期间，完成招商融资和营销推广。评估机构及其评估师可以为项目开发商提供产品定位及运营方案分析服务、项目投后咨询服务、城市更新项目市场价值评估、项目跟踪评估等服务。评估师还可以结合项目运筹方（市、区政府）的财政、金融、税收等政策手段，搭建全生命周期资金平衡策略方案，提供项目综合价值实现的策略，比如分期支付地价，优化物业自持条件，出让金返还，市、区两级成本共担，贷款贴息，税收返还或优惠等。

综上所述，城市更新项目中的评估机构及其评估师，需以评估业务为基底，开拓更多跨学科"评估"新业务，包括"评估+规划"和"评估+建筑"类的新业务，比如更新区域内到底配置什么业态可以实现价值最大化？是提容还是改变用途？公共要素的提升对区域价值的影响如何？这些问题需要通过评估师的成果来支持规划师实现空间资源的整合、城市功能的保障和空间品质的提升。建筑形态、空间尺度、多元复合的功能业态对综合价值的影响，可以通过评估助力建筑师重构格局、盘活空间，同时平衡成本和收益，创造最大的综合价值，实现经济可行、可落地、可持续的城市更新方案。

四、城市更新与征收拆迁

（一）征收拆迁的定义

征收拆迁，是指房屋征收，并进行拆、改、扩、重建的活动过程。房屋征收是国家为了公共利益的需要，运用国家强制力，按照法定程序将一定范围农村集体土地及地上建筑物所有权转为国家所有权，或将城市国有土地使用权及地上建筑物所有权进行完全权利的受让，同时依法对被征收土地的原权利人（包括土地所有权人、使用权人以及土地承包经营权的发包人、承包人、转包人等）给予补偿的民事活动。

"征收"不是"征用"。后者是指国家或其职能部门基于公共利益的需要或在紧急状态下对集体土地及地上建筑物实施暂时的占用或使用，待事态处理完毕后将征用的土地及地上建筑物予以归还，同时对征用土地造成的损失进行补偿。在征用中，土地使用权及其地上建筑物使用权只是被暂时性的让渡，因此被征用人获得的补偿相对土地征收更低。

（二）征收拆迁的分类

依据所占土地的所有权性质不同，房屋征收拆迁具体分为"国有土地上房屋征收拆迁"和"集体土地所有权及其地上物征收拆迁"。其中"国有土地上房屋征收拆迁"的对象是国有土地上单位、个人的房屋，适用于2011年1月国务院出台的《国有土地上房屋征收与补偿条例》。"集体土地所有权及其地上房屋征收拆迁"的对象是农民集体所有土地上的房屋及附属物。集体土地所有权及其地上房屋征收适用《土地管理法》、《土地管理法实施条例》等法律法规。

（三）征收拆迁与城市更新的联系与区别

城市更新过程中包含国有土地上房屋征收拆迁活动，比如拆、改、扩、重建方式下的旧城区改造、棚户区改造等工程类型，但区别于简单的拆楼、盖楼，不局限于"征收、拆迁、收储、再供地重建"的模式，城市更新项目中还包括微更新方式为主导的旧城区综合整治项目、老旧基础设施更新等。

城市更新本质上是顺应城市产业升级和消费升级的趋势，将空间或楼宇作为资产，通过系统性的改造更新，提升片区旧楼宇及其场地的现金流增值。城市更新，是一个"规划引领"的空间系统性改造工程，它将城市作为有机生命体，纳入国土空间总体规划、详细规划和专项规划体系，在空间和时间上对需更新改造区域进行系统谋划、统筹安排，突出强调提升空间品质，谋求绿色化的城市更新模式。

第二节 房屋的征收补偿

一、房屋征收补偿的原则

（一）两个维护、两个保障原则

《土地管理法》规定，征收土地应当给予被征收人公平、合理的补偿。用地单位应根据国家和当地政府的规定，妥善安置被征地范围内的单位、个人和农民工的生产、生活。所谓"妥善安置"，就是坚持"两个维护、两个保障"原则。其中"两个维护"原则，就是"维护被征地农民的合法权益，依法足额支付土地补偿费、安置补助费、地上附着物和青苗的补偿等费用，安排被征地农民的社会保障费用"的原则，以及"维护被征收人的合法权益，依法给予征收补偿"的原则。"两个保障"原则，是指"保障被征地农民的生活"原则，以及"保障被征收人的居住条件"原则。

（二）为公共利益需要的目的原则

征收房屋的目的是满足公共利益需要。所谓公共利益，是指：（1）军事和外交的需要；（2）由政府组织实施的能源、交通、水利、通信、邮政等基础设施建设的需要；（3）由政府组织实施的科技、教育、文化、卫生、体育、环境和资源保护、防灾减灾、文物保护、社区综合服务、社会福利、市政公用、优抚安置、英烈保护等公共事业的需要；（4）由政府组织实施的扶贫搬迁、保障性安居工程建设需要用地；（5）由政府依照城乡规划法有关规定组织实施的对危房集中、基础设施落后等地段进行旧城区改建的需要；（6）在土地利用总体规划确定的城镇建设用地范围内，经省级以上人民政府批准由县级以上地方人民政府组织实施的成片开发建设需要用地；（7）法律规定为公共利益需要可以征收农民集体所有的土地的其他情形。除上述公共目的，确需征收房屋的各项建设活动，应当符合国民经济和社会发展规划、土地利用总体规划、城乡规划和专项规划，比如旧城区改建等项目，应当纳入市、县级国民经济和社会发展年度计划，同时广泛征求社会公众意见，做好科学论证。

（三）人民政府承担主体责任原则

《土地管理法实施条例》规定，市、县级人民政府负责本行政区域的房屋征收与补偿工作，市、县级人民政府有关部门职责分工，互相配合，保障房屋征收与补偿工作的顺利进行。市、县级人民政府确定的房屋征收部门（以下简称房屋征收部门）组织实施本行政区域的房屋征收与补偿工作。房屋征收部门可以委托征收实施单位承担房屋征收与补偿的具体工作，但房屋征收实施单位不得以营利为目的。房屋征收部门对房屋征收与补偿行为负责监督，并对征收实施单位的行为后果承担法律责任。拆迁人可以将土地用于商业用途，比如开发商业居住小区、商业娱乐中心等。但这种非公益性的以营利为目的的拆迁行为，是一种拆迁人和被拆迁人之间的民事行为，是平等主体之间的一种交易，地方政府不应介入，有关补偿安置问题讲究的是平等协商。

（四）征收程序合法原则

《土地管理法实施条例》对征收程序做了很多具体规定，比如要求征收正式决定通过需经过两次公告；县级以上地方人民政府在组织有关部门论证后，应当在正式决定通过之前将房屋征收目的、房屋征收范围、实施时间等事项予以公告，并采取论证会、听证会或者其他方式征求被征收人、公众和专家意见。公告时间不得少于30日；房屋征收范围较大的，公告时间不得少于60日。公告之后，县级以上地方人民政府应当将被征收人、公众和专家意见的采纳情况、不采纳情况及理由及时公告。在征收的正式决定通过后，县级以上地方人民政府应当将房屋征收正式决定再次予以公告。公告应当载明房屋征收目的、房屋征收范围、实施时间和行政复议、行政诉讼权利等事项。

了解和熟悉房地产征收工作的原则、征收工作的程序，以及征收补偿的有关政策规定，有利于评估人员和估价机构更好地把握征收评估工作的政策导向。同时，房地产征收估价工作应遵守规范的流程，有利于保障这项政策性强、影响广泛、利益方矛盾复杂的工作得以顺利进行。

二、集体土地及其地上物征收补偿

（一）集体土地及其地上物征收补偿的特点

1. 保护耕地，严守生态环境保护红线。中国耕地具有人均占有耕地少、耕地总体质量差、生产水平较低、退化严重、后备资源不足等特点，因此在征收集体土地及地上物时，必须坚持"严格保护耕地、节约集约用地"的原则，尤其是严守生态环境保护红线，强化用途管制，杜绝不合理的集体土地征收开发建设活动对农用地的侵占和对生态保护红线的破坏。

因国家重大基础设施、重大民生保障项目建设需要调整改变生态保护用地用途的，需由省级政府组织论证，提出调整方案，经生态环保部、国家发展改革委会同有关部门提出审核意见后，报国务院批准。《土地管理法》明确规定三类土地由国务院批准：(1) 永久基本农田；(2) 永久基本农田以外的耕地超过35公顷的；(3) 其他土地超过70公顷的。征收以上规定以外的土地，由省、自治区、直辖市人民政府批准。征收农用地，需先办理农用地转用审批，再办理征地审批手续。

2. 保障农民权益，依法征地。《土地管理法》规定，征收土地应当给予公平、合理的补偿，保障被征地农民原有的生活水平不降低、长远生计有保障。妥善安置的原则前提是征地流程要依法合规。凡无征地手续，或无权批准使用土地的单位批准使用的土地，或超权限批准使用的土地，均属非法征地，不受法律保护。比如"以租代征"，通过租用集体土地进行非农业建设，擅自扩大建设用地规模的属于"非法违规征地"行为。规避法定的农用地转用和土地征收审批，在规划计划之外扩大建设用地规模，或者未批先征，逃避缴纳有关税费，逃避履行耕地占补平衡的法定义务的，也属于"非法违规征地"行为。

3. 保证国家建设用地，有偿使用土地。土地征收必然会给被征地单位和农民造成一定的困难。尽管有偿使用土地是国有建设用地供应的基本制度，可以增加国家财政收入，防止国有资产流失，但要反对两种做法：一是以节约土地为理由，拒绝国家征收；二是大幅度提高征地费用，限制非农业部门占用土地。

（二）集体土地及其地上物征收补偿的内容和标准

《土地管理法》规定，征收土地应当给予公平、合理的补偿。集体土地及其地上物的征收补偿包括土地补偿费，安置补助费以及农村村民住宅、其他地上附着物和青苗等的补偿费用，并需安排被征地农民的社会保障费用。

1. 征收农用地的土地补偿费、安置补助费标准，由省、自治区、直辖市通过制定区片综合地价确定。区片综合地价，一般采用农用地产值修正法和征地案例比较法等综合测算，不考虑法律规定用于社会保险缴费补贴的被征地农民社会保障费用、征收农用地涉及的地上附着物和青苗等的补偿费用。

农用地产值修正法，是以当地主导耕作物产值作为测算基础，将未来农用地预期产值还原到价值时点，并结合被征地农民的安置需要，综合考虑不同区片的土地区位、土地供求关系、人口以及经济社会发展水平等因素进行修正，最终得到不同区片的综合地价水平。区片综合地价不能低于内涵可比的同期的征地补偿标准。同一区片内不同类型农用地的质量存在明显差异的，可以设定地类调节系数体系对地价进行进一步的修正。修正因子包括土地用途、土地资源条件、土地产值、土地区位、土地供求关系、人口以及经济社会发展水平等。区片综合地价至少每3年调整或重新公布一次。

征地案例比较法，是选择区片内近3—5年来实施征地的标准案例，以政府实际支付的土地补偿费和安置补助费为基础，剔除政府支付的社会保障费用，根据经济发展情况等进行修正后测算得到区片综合地价的方法。

2. 农村村民住宅、其他地上附着物和青苗等补偿费用，由省、自治区、直辖市制定。对其中农村村民住宅，按照先补偿后搬迁，居住条件有改善的原则，尊重被征收村民意愿，采取重新安排宅基地建房、提供安置房或者货币补偿等方式给予公平、合理的补偿，对因征收造成的搬迁、临时安置等费用予以补偿，保障被征收村民的权利和合法的住房财产权益。

3. 被征地农民的社会保障费用，主要用于符合条件的被征地农民的养老保险等社会保障缴费补贴，依据省、自治区、直辖市规定的标准单独列支。这笔费用的筹集、管理和使用办法，由省、自治区、直辖市制定。村民住宅、地上其他附着物和青苗等补偿费直接归产权所有者所有。

三、国有土地房屋及土地使用权征收补偿

（一）国有土地房屋及其土地使用权征收补偿的方式

国有土地上房屋征收补偿的方式有货币补偿和房屋产权调换两种，由被征收人选择。被征收人选择房屋产权调换的，市、县级人民政府应当提供用于产权调换的房屋，并与被征收人计算、结清被征收房屋价值与用于产权调换房屋价值的差价。因旧城区改建征收个人住宅，被征收人选择在改建地段进行房屋产权调换的，做出房屋征收决定的市、县级人民政府应当提供改建地段或者就近地段的房屋。

（二）国有土地房屋及其土地使用权征收补偿的内容和标准

国有土地上房屋拆迁补偿主要包括下列内容：被征收房屋价值补偿、因征收房屋造成的搬迁费和临时安置费（俗称过渡费）、因征收房屋造成的停产停业损失补偿、补助和奖励，以及房屋装修补偿及家电设备移机补偿等。

1. 被征收房屋价值补偿，不得低于房屋征收决定公告之日被征收房屋类似房地产的市场价值。被征收房屋价值评估，需有评估资质的评估机构按照《国有土地上房屋征收评估办法》评估确定。房地产价格评估机构由被征收人协商选定。

2. 因征收造成搬迁和临时安置的补偿。房屋征收部门应当对被征收人支付搬迁费。选择房屋产权调换的，产权调换房屋交付前，房屋征收部门应当向被征收人支付临时安置费或者提供周转用房。

3. 因征收造成的停产停业损失补偿，是针对非住宅类房屋、运营性房屋进行的补偿。因为属个案，补偿标准不能统一，一般由征收当事人协商确定；协商不成的，可委托房地产价格评估机构评估确定。

4. 补助和奖励，包括困难补助和公摊补助。困难补助是针对贫困人员进行的补助，依据当地政府出具的标准确定。公摊补助是针对所有被拆迁人的房屋公摊进行的额外补助，需要出具公摊补助标准。奖励等由市、县级人民政府制定相应办法。

5. 房屋装修补偿及家电设备移机补偿等。房屋装修补偿先由当事人协商，协商不成由评估机构评估确定；家电设备移机补偿也参照上述方式实施。不过为统一、方便，

各市、县会依照市场价格出具具体的补偿标准,具体数额以征收拆迁时出具的补偿标准为准。

第三节 房屋的征收评估

一、征收评估的目的

国有土地上房屋征收价值,是指国有土地上,被征收房屋及其占用范围内的土地使用权在正常交易情况下,由熟悉情况的交易双方以公平交易方式在评估时点自愿进行交易的金额,但不考虑被征收房屋租赁、抵押、查封等非房地产自身因素的影响。因此,国有土地上房屋的征收估价目的,表示为"为房屋征收部门与被征收人确定被征收房屋价值的补偿提供依据",或"为房屋征收部门与被征收人计算被征收房屋价值与用于产权调换房屋价值的差价提供依据"。价值时点为"房屋征收决定公告之日"。

集体土地及房屋征收价值,包含房屋拆迁补偿建安重置价值和土地使用权取得费用。其中,"征地房屋拆迁补偿建安重置价"是指采用现有建筑材料和建筑技术,按价值时点的价格水平,重新建造与被拆除房屋具有同等功能效用的全新状态的房屋的正常价格。若为旧有房屋,征地房屋评估价值还需考虑房屋的成新率。"土地使用权取得费用",是指土地使用权人在价值时点,在估价对象所在地取得相同性质、同等数量的土地使用权按现行政策法规应当支付的有关费用的综合。因此,集体土地上房屋的征收估价目的,表示为"为征地房屋拆迁补偿提供价值依据"。价值时点为"房屋拆迁许可公告之日"。

二、征收评估价值的内涵

房屋的征收价值是被征收房屋及其土地使用权的公允价值,即"公开市场价值",无须考虑具体的补偿和安置方式,无须考虑特殊的搬迁安置方式和具体的补助费、临时安置补助费、停产停业损失补偿费等补偿标准,不考虑被征收房屋租赁、抵押、查封等因素的影响,比如租赁合同的限制、未清偿债务的影响,或拖欠的建设工程价款和其他法定优先受偿款等条件的约束。

被征收房屋的市场价值,是以类似房地产的市场价格作为重要参考得到的。"类似房地产"是指与被征收房屋的区位、用途、权利性质、档次、新旧程度、规模、建筑结构等相同或者相似的房地产。"市场价格"是指被征收房屋类似房地产在评估时点的平均交易价格。因此,被征收房屋的征收价值,是剔除偶然和不正常因素影响的客观市场均价。

房地产征收价值不等同于房地产征收补偿额,两者有质和量的区别。比如国有土地上房屋及其土地使用权的征收价值，无论量，还是质，都不等同于被征收人获得的征收安置补偿额。"国有土地使用权及地上房屋征收补偿额"一般包括三部分：被征收房屋和土地使用权的价值补偿、因征收房屋造成的搬迁和临时安置的补偿，以及因征收房屋造成的停产停业损失的补偿等。为了鼓励配合政府的征收工作，各级政府还可能对被征收人给予额外的补助和奖励。与此同时，《土地管理法实施条例》明确规定，被征收房屋价值的补偿，不得低于房屋征收决定公告之日被征收房屋类似房地产的市场价格。

三、房屋征收评估的流程

（一）征收评估的特点

1. 征收估价是一项政策性强的工作，涉及的利益群体，范围广、社会影响大。被征收的房地产往往是个人、家庭的唯一、重要的生存资产，也是企事业单位重要的生产、经营、融资资产，同时征收费用是地方政府进行旧城改造、基础设施投资建设、招商引资的重要财政支出成本。征收评估报告的结论是征收过程中确立补偿款金额的重要参考依据。金额过高，政府作为征收人无法承受；金额过低，被征收人无法弥补损失。所以，征收补偿金额的高低关系各方的切身利益，社会影响很大。各方为了维护自身利益，都会提出不同的意见和主张，希望评估结果有利于自己。评估人员和评估机构的评估工作是否能够做到公正、公平、独立、专业，是协调各方利益分配的关键技术参考。

2. 征收评估的对象复杂且数量大。不论是城市房屋征收，还是集体土地征收，所涉及的房地产既有居民个人所有，也有机关企事业单位所有；既有住宅，也有商业、办公、生产、公共配套等用途房地产；既有完全所有权性质，也有房改后部分产权性质，甚至产权不清晰、有未清偿债务的待抵押清偿、临时搭建等权属性质。评估对象复杂，且数量大。征收工作一般都涉及一片区域的搬迁，少则几十户，多则成千上万户。

3. 征收评估结果受到多方利益的影响和制约。首先，评估结果受制于征收当事人的收入预期和成本制约。征收过程中的补偿成本，对于个人或家庭而言是收入，关系着家庭的财富增值；对企事业单位而言是新资产和再融资规模；对于征收人——地方政府而言则是财政支出成本，需要和未来可能的财政收入对应，才能实现短期或者长期的财政收支平衡。因此，补偿成本是直接利益者再次投资、生产、消费、财政支付的重要基础和前提条件。

其次，同一个城市或者村镇，同一时期同一地段同种类型房屋的补偿价之间，存在相互制约的关系。补偿价的高低也会直接影响被征收土地再转让和再利用时的市场价的高低。目前房地产价格逐年上升，部分是由于征收成本的提升引起的。反过来，房地产价格的上升也是导致拆迁和征收安置成本上升的主要原因。

4. 在全国基本评估准则的基础上，各个地方还出台了具体的征收评估操作规定及补偿标准。具体到每个拆迁或征收项目，由于被拆迁人和拆迁人的合约规定不同，征收房地产价值评定的具体计算方法也存在很大的差异。评估人员不仅需要了解征收评估的基本准则,更重要的是了解具体项目拆迁和征收合同的具体规定,遵从公正、公平、科学的原则,采用适合的评估技术方法,对具体被征收房地产进行拆迁和征收价值的评定。

(二) 征收评估的流程

1. 选定房地产评估机构,签订评估委托合同。《土地管理法实施条例》规定,房地产价格评估机构一般由被征收人在规定时间内协商选定。当规定时间内没有协商成功,房屋征收部门可以通过组织投票,比如采取少数服从多数或摇号抽签等方式,在备选的、符合要求的评估机构中选定项目征收评估机构。除三级暂定资质外,其他资质的房地产估价机构都可以从事服务征收评估工作。具体办法由省、自治区、直辖市制定。

同一征收项目的房屋征收评估工作,原则上由一家房地产价格评估机构承担。房屋征收范围较大的,可以由两家以上房地产价格评估机构共同承担。由两家以上房地产价格评估机构承担的,应当协商确定一家房地产价格评估机构为牵头单位;牵头单位应当组织相关房地产价格评估机构就评估范围、评估时点等基本事项进行沟通,统一标准。

房地产评估机构一旦确定,一般由房屋征收部门作为委托人,承担委托评估费用,与房地产评估机构签订评估委托合同。房地产评估机构应当指派足够数量的注册房地产估价师开展评估工作,房屋征收评估报告必须由负责房屋征收评估项目的两名以上注册房地产估价师签字,并加盖房地产估价机构公章。

2. 制定工作计划,确定估价范围,实地查勘。

(1) 制定工作计划。在评估工作全面展开之前,房地产评估机构需要初步制定周密的计划。为保证估价工作的有理、有据、有节,评估机构有必要对估价人员进行政策、法规、知识及工作方式的培训,就项目的估价范围认定、评估技术思路、评估参数的确定原则等形成内部的认识一致。

(2) 确定征收估价范围。房屋征收评估前,房地产评估机构需明确评估对象,包括已经登记的房屋情况和未登记建筑的认定、处理结果情况,对被征收房屋情况进行调查。对于已经登记的房屋,其性质、用途和建筑面积,一般以房屋权属证书和房屋登记簿的记载为准;房屋权属证书与房屋登记簿的记载不一致的,除有证据证明房屋登记簿确有错误外,以房屋登记簿为准。对于未经登记的建筑,应当按照市、县级人民政府的认定、处理结果进行评估。

在征收公告日之后新增的建筑或者装饰装修、构筑物等,都不在征收补偿范围内,也不属于征收价值评估的范围。针对不同估价对象,还应注意以下问题。

①依法以有偿出让、转让方式取得的土地使用权,可视为提前收回处理,在估价中应包括土地使用权的补偿估价,根据该土地使用权的剩余年限所对应的正常市场价格进行。

②依法以划拨方式取得的土地使用权,在估价中不应包括出让金部分,只包含该宗

地相应的基础设施配套建设费和土地开发及其他费用。

③已取得所有权的房屋及构筑物，估价应从占有、使用、收益、处分四个方面综合认定其合法性，不能仅仅依据价值时点的用途估价。例如，规划设计建造的地下人防改为商店或旅店。

④"拆除违章建筑和超过批准期限的临时建筑，不予补偿"，故不在估价范围之内。"拆除未超过批准期限的临时建筑，应当给予适当补偿"，估价时应按照使用期限的残存价值参考剩余期限给予估价。

⑤被征收房屋的性质和面积一般以房屋权属证书及权属档案的记载为准；各地对被征收房屋的性质和面积认定有特别规定的，服从其规定；征收人与被征收人对被拆迁房屋的性质或者面积协商一致的，可以按照协商结果进行评估。对被征收房屋的性质不能协商一致的，应当向城市规划行政主管部门申请确认。对被征收房屋的面积不能协商一致的，可以向依照《房产测绘管理办法》设立的房屋面积鉴定机构申请鉴定；没有设立房屋面积鉴定机构的，可以委托具有房产测绘资格的房产测绘单位测算。

⑥对一宗房地产进行征收补偿估价，凡属被征收人合法拥有的房屋内外不可移动的设备及其附属物等，都不可遗漏。设备含水、电、暖、卫、气、通信等设施；附属物含树木、绿地、道路、院墙、门楼等其他构筑物。

征收人应当在房屋征收许可确定的征收范围和征收期限内，实施房屋征收拆迁。征收范围一旦确定，征收范围内的单位和个人，不得进行下列活动：新建、扩建、改建房屋，改变房屋和土地用途，租赁房屋，等等。违反上述规定者，应视为估价对象不合法。

（3）实地查勘，搜集资料。为了保证评估工作的客观、公正、科学，在开展技术分析之前，估价人员必须入户调查，实地查勘，确认信息的真实和完整。估价人员需要事先制作完善的调查表格，对被征收房屋逐一进行入户调查，调查的信息包括被征收房屋的坐落、四至、面积、用途、产权等。估价人员需要亲临现场感受被征收房屋的位置、周围环境、区位条件的优劣，需要详细地查勘和落实被征收房屋的位置、权属、附属设备等各种资料信息，还需要用摄像机、照相机或空中无人机对被征收房屋的外观和内部状况的不同部位，比如外立面、入户门、客厅、卧室、卫生间、楼梯间、厨房等进行拍摄，作为分户评估报告的附件，必要时还要绘制院落的平面图。

实地查勘后，一般要由被征收人或者征收人签字，确认调查内容的真实与完整。房屋征收部门、被征收人和注册房地产估价师应当在实地查勘记录上签字或者盖章确认。如果被征收人拒绝在实地查勘记录上签字或者盖章，应当由房屋征收部门、注册房地产估价师和无利害关系的第三人见证，有关情况应当在评估报告中说明。

征收项目实地查勘过程对估价人员的政策水平、综合评估及处理复杂评估事务的能力要求较高。估价人员要做到自身的业务基础扎实，熟悉国家相关法律法规以及当地政府的有关规定，准确界定被征收房屋及其所占土地的权益性质。始终维护政治的和谐稳定，协调好拆迁人与被拆迁人的关系，营造安定、和平、顺利的局面。在维护征收人和被征收人的合法利益的同时坚持原则，把握沟通技巧，有理有据。

3. 选用估价方法，确定初估结果，公示评估结果。实地查勘和调查工作完成后，估价人员需要整理资料，选取适宜的估价方法，对征收补偿价进行估值，编制总体报告，出具分户征收报告。房地产价格评估机构向房屋征收部门提供的分户初步评估结果，需向被征收人公示。公示期间，房地产价格评估机构应当安排注册房地产估价师对分户初步评估结果进行现场解释说明，听取意见。若存在错误，房地产价格评估机构应当修正。

4. 正式报告交付，资料归档立卷，异议处理与评估复核。公示期满后，房地产评估机构应当向房屋征收部门提供被征收房屋的整体和分户正式评估报告，房屋征收部门应当向被征收人转交分户评估报告。如果被征收人或者房屋征收部门对评估报告有疑问，出具评估报告的房地产价格评估机构有义务向其做出解释和说明。如果被征收人或者房屋征收部门申请复核评估，应当先向原房地产价格评估机构提出书面复核评估申请，指出评估报告存在的问题。原房地产价格评估机构自收到书面复核评估申请之日起10日内对评估结果进行复核。复核后，若原评估结果有改变，应当重新出具评估报告；若评估结果没有改变，应当书面告知复核评估申请人。

被征收人或者房屋征收部门对原房地产价格评估机构的复核结果如果依然有异议，可以自收到复核结果之日起10日内，向被征收房屋所在地评估专家委员会申请鉴定。各省、自治区住房城乡建设主管部门和设区城市的房地产管理部门组织成立评估专家委员会，对房地产价格评估机构做出的复核结果进行鉴定。"评估专家委员会"由房地产估价师以及价格、房地产、土地、城市规划、法律等方面的专家组成。专家组成员数量为3人以上单数，其中房地产估价师不得少于1/2。评估专家委员会接受再次复核评估申请，选派成员组成专家组，自收到鉴定申请之日起10日内，对申请鉴定评估报告的评估程序、评估依据、评估假设、评估技术路线、评估方法选用、参数选取、评估结果确定方式等评估技术问题进行审核，对复核结果进行鉴定。如果评估报告存在技术问题，原评估机构应当改正错误，重新出具评估报告。

房屋征收的评估、鉴定费用由委托人承担。如果鉴定改变了原评估结果，鉴定费用由原房地产价格评估机构承担。复核评估费用由原房地产价格评估机构承担。房屋征收评估、鉴定费用按照政府价格主管部门规定的收费标准执行。房屋征收评估业务完成后，房地产价格评估机构将评估报告及相关资料立卷，归档保管至少10年[1]。

四、房屋征收评估的技术思路

房屋征收评估包括两种基本评估技术思路，即房地合一和房地分离。

（一）房地合一的评估技术路线

"房地合一"的思路，往往应用于国有土地上房屋个案的征收价值的评估。按照

---

[1] 《关于印发〈上海市国有土地上房屋征收评估技术规范〉的通知》（沪房规范〔2018〕6号）。

《国有土地上房屋征收评估办法》的规定,被征收房屋个案评估方法的选择一般遵循以下基本原则。

选择市场比较法,比如市场交易案例比较丰富的居住类房屋,这类房屋包括公寓、花园住宅、职工住宅(新工房)、新式里弄、旧式里弄、简屋等。以评估时点同地段、同用途、类似已成交房屋的市场价格为可比实例,进行相关要素的修正,包括房屋产权状况、土地剩余使用年限、房屋成新率、卧室朝向、房屋结构、区位品质、装修质量等,得到被评估房屋的理论市场价格。

如果有收益,则通过类似房地产的客观经济收益数据,运用收益法进行评估,比如经营性的非居住类房屋,比如商场、旅馆、办公、金融、娱乐、餐饮、服务业和工厂、站场码头、仓库堆栈、影剧院等。房屋的年收益一般运用市场比较法,按照同一经营用途、同一区域房地产的社会平均租金收益水平修正确定。对于房屋的收益折现率,充分考虑房屋的经营风险,在无风险报酬率的基础上确定风险报酬率。对于房屋的经营收益期,考虑在未被征收的条件下的正常经营期限。

对于市场交易案例较少、非营利性的房屋选择成本法,这类房屋包括学校、文化馆、福利院、医院等。由于非营利性房屋所在土地的使用权性质通常是划拨,因而房地的成本价值主要包括土地的开发税费、开发利息、开发利润和建筑物的重置价格。其中,建筑物重置价格构成参见《房地产估价规范》的有关规定,建筑、安装工程费应运用工料测量法或分部分项法求取。房屋折旧以直线折旧法计算,其中房屋建筑设备应单独计算折旧。

如果被征收房屋是在建工程,则必须选用假设开发法。在建工程的价值主要体现在完工并投入使用之后产生的巨大收益价值。如果运用成本法,则在建工程的潜在价值就会被低估。在建工程土地评估以政府管理部门批准的用途、参数或规划设计方案等为依据,工程建设进度以政府管理部门通知停止施工时的状态为准。

应当注意,对未超过批准期限的"临时建筑"应评估建筑物残值。如果房屋征收评估中涉及原始成本、建筑设备、工程造价等专业技术工作,估价机构可委托有资格从事该类业务的机构协助评估。不论被征收房屋是怎样的状况,征收评估方法同时选用两种或两种以上。对各种评估方法的测算结果进行校核和比较分析后,合理确定评估结果。

(二) 房地分离的评估技术路线

在房屋征收拆迁过程中,被征收土地往往变更规划用于增值效益更高的开发方案。房地分离的技术思路,有助于体现土地潜在的市场价值。房地分离的技术思路在国有土地上房屋批量征收评估和集体土地及其地上物征收评估中被广泛采用。

第一步,评估人员依据自己的资料丰富程度,考虑土地未来规划指标的变更等因素,灵活采用市场比较法、基准地价修正法、收益法、假设开发法、成本法、残余法等多种方法,得到被征收房屋的楼面地价。

第二步,运用分部分项法得到被征收房屋的成本重置单价,然后考虑建筑物及其附属物的实际折旧状况,确定综合成新率,最后得到被征收房屋的建筑物成本单价。

第三步，计算被征收房屋征收价值。

被征收房屋征收价值 = 土地价值 + 建筑物价值
= 楼面地价 × 建筑面积 + 建筑物成本单价 × 建筑面积

房地分离的技术思路是房地价值等于土地价值和房屋价值的简单加总，两者是可分离的。

（三）标准价调整法批量评估建筑物评估价值

征收工作往往涉及成片小区的拆迁，估价工作量巨大。为提高估价效率，估价人员通常对建筑物征收价值采用标准价调整法。首先，在一个征收片区中按房屋使用类型（居住用房、商业用房、办公用房、工业用房等），各选取一处有代表性的房屋作为评估标志物；其次，运用成本法评估出该"标准房屋"建筑物全新状态下的重置标准价；再次，以这个标准房屋重置价为基准，运用价格修正因素体系，得到单宗房屋的重置单价；最后，考虑单宗房屋实际成新率，评估出被征收房屋个案的建筑物评估单价。整幢花园住宅和整幢新式里弄一般不宜采用标准价调整法。具体评估公式如下：

被征收房屋建筑物评估单价 = "标准房屋"建筑物标准重置单价 × $\left(\prod 各因素修正系数\right)$ × 综合成新率 × 被征收房屋建筑面积

"标准房屋"建筑物标准重置单价可以采用分部分项法或工程造价类比法评定。分部分项法，是以房屋的各个独立构件或工程的单位价格或成本为基础来估算房屋的重置价格。工程造价类比法，也可称为单位造价比较法，是根据实际情况，用可比较的类似房屋在结构、功效等方面相同或相似的已建成的工程的造价进行类比，通过对有差异的项目进行调整，确定被征收房屋的重置价格。

"标准房屋"的确定原则是：（1）"标准房屋"的建筑类型是大多数房屋的建筑类型。例如，某拆迁片区的居住用房有高层、多层、平房等，且以多层居多，则应选择多层住宅作为居住用房的"标准房屋"。（2）"标准房屋"的使用年限为不同房屋的平均使用年限。例如，某拆迁片区内多层住宅的平均使用年限为15年，则评估人员应以使用年限15年左右的房屋作为"标准房屋"。（3）"标准房屋"的建筑结构是大多数房屋的建筑结构。例如，某拆迁片区内多层住宅大多为砖混结构，则以砖混结构的房屋作为"标准房屋"。（4）楼层、户型、朝向、面积、装修等特征都需要具有代表性。例如，拆迁片区内多层住宅大多为两室一厅，一般都有朝南的房间，面积一般为60平方米左右，装修情况差异较大，则可选位于中间层次（非顶层和底层），两室一厅至少有一间朝南，面积60平方米左右，一般装修的房屋作为"标准房屋"。

一般来说，当拆迁房屋数量较大时，可以遵循下列步骤确定"标准房屋"。

第一步，将拆迁片区的全部征收房屋按照房屋使用类型分类，比如居住、商业、办公、工业等；如果拆迁片区跨越两个或者多个拆迁区位等级（或土地级别），则所跨的每一拆迁区位等级（或土地级别）都应选择一套"标准房屋"，作为相应拆迁区位等级（或土地级别）内各拆迁房屋的比较基准。

第二步，按照每一类房屋的建筑类型、建造年代、建筑结构、设备、房屋户型以及功能的完整性等因素划分房屋类别，比如居住用房按照建筑类型分为高层、多层、平层等类别；每一种建筑类型，可以按照建造年代细分为 10 年以内、10—20 年、20—30 年、30 年以上等类别；每一种建造年代类别，可以按照建筑结构分为钢混、砖混、砖木、简易等类别。

第三步，在同一房屋类别内确定"标准房屋"，"标准房屋"符合"标准房屋"确定的几个原则，能够概括和反映其他房屋的共性。比如在居住用房类型中平房占多数，那么"标准房屋"的结构、成新率、户型、朝向、面积、装修等特征要符合大多数平房的特征。

第四节 评估案例

某新村城区拆除重建项目征收价值评估

2024 年某市某区某新村老城区进行旧改，需要拆除重建。该区政府委托房地产评估机构甲对征收范围内的 180 户住宅进行征收价值评估，征收评估目的是"为房屋征收部门与被征收人确定被征收房屋价值的补偿提供价格依据"。其中住户陈××的 102 号房屋位于老城区东南区。评估机构在出具项目整体评估报告的同时，需要为陈××提供分户报告，价值时点为 2024 年 1 月 1 日。根据某区国土局的公示函得知，该项目未来重建用地性质为住宅，最大建筑面积不超过 86 444 平方米，容积率为 5.93，建筑密度不超过 35%，绿地率不低于 25%，按照商业每 200 平方米、住宅每 300 平方米配置一个车库。

一、实物状况描述与分析

1. 土地实物状况（略）。本次被征收对象位于×市×区×新村，地块总面积 14 575 平方米。拆迁人为×市×新区土地资源储备中心，建设项目为"×区级动迁基地土地储备前期开发（二期）"。拆迁范围为东至甲路，南至乙路，西至丙河，北至丁路。该地块处于市区，参照《某市国有土地使用权基准地价》（基准日 2021 年 1 月 1 日），基准地价为住宅 5 级用地，土地开发达到"四通一平"（通路、通水、通电、通信及场地平整），地势平坦，内部无高压线和市政管网，尚未拆迁。

2. 建筑物实物状况。本次估价对象为 180 户老旧住宅，建筑面积为 26 565 平方米，主要为砖混结构和砖木结构的自建楼房、平房等。此类房屋有少部分建造年代较早，为 20 世纪 50 年代前后，大部分为八九十年代建造，也有少部分为近几年建造，或进行翻建、改建、重建等。此类房屋水、电、气、闭路、宽带、电话六通，具备基本生活设施条件。目前估价对象作为居住房屋正常使用，房屋由居民自住，部分房屋租借给外来人员,除环境较差外,利用率较高。

根据委托方提供的资料和估价人员实地查勘及现场丈量,按照建筑类型、建筑结构将房屋分为7个类型,如表8-2所示。

表8-2　　　　拆迁地块上各类房屋建筑类型、建筑结构的式样特征

序号	房屋类型	建筑结构	房屋特征
1	二层楼房	砖混	一般建于70年代以后,集中在80—90年代,砼平顶或黏土瓦屋顶,四周为一砖墙,木或钢门窗,现浇或多孔板楼面,砼地坪。檐高6米左右。
2	平房	砖混	一般建于70年代以后,集中在80—90年代,砼平顶或黏土瓦屋顶,四周为一砖墙,木或钢门窗,砼地坪。檐高2.3米左右。
3	简易平房①	砖混	一般建于70年代以后,集中在80—90年代,冷摊瓦屋顶,四周为一砖墙,前后墙为半砖墙,木或钢门窗,砼地坪。檐高2.3米左右。
4	简易平房②	砖混	一般建于70年代以后,集中在80—90年代,冷摊瓦屋顶,四周为半砖墙,木或钢门窗,砼地坪。檐高2.3米左右。
5	二层新式楼房	砖混	一般建于2000年以后,木基层多坡琉璃瓦屋顶,双层顶,四周为一砖墙,构造梁柱,塑钢或铝合金门窗,现浇板楼面,多孔板架空地坪,卫生设施较齐全。檐高6.6米左右。
6	旧里平房	砖木	一般建于新中国成立前或50年代,黏土瓦屋顶,四周为立柱单墙,木门窗,砼地坪。檐高2.3米左右。
7	旧里简楼房	砖木	一般建于新中国成立前或50年代,黏土瓦屋顶,四周为立柱单墙,木门窗,木楼板,砼地坪。檐高4.4米左右。

二、权益状况描述与分析

根据委托方对估价对象土地和房屋用途的认定和确认,该地块居民在1984年补办了土地使用权证书,获得70年的住宅用地使用权,价值时点为2024年1月1日的土地剩余使用年限为30年。180户住宅均为自建居住房屋。根据估价人员现场查勘,本次估价范围内180户房屋产权情况详见本报告之附件估价汇总表和估价分户报告单。

三、区位状况描述与分析

地块周边既有20世纪90年代建造的×新村、×公寓等住宅小区,还有2004年以来新建的×家园、×新苑、×康苑等住宅小区。拆迁地块周围的公建和基础配套设施较为完善,学校、菜场、超市、餐饮、银行、医院和娱乐场所等门类齐全。拆迁地块紧邻甲路和乙路,交通较为便捷。周边公交线路主要有569、581、616、639、715、779、792、794、799、929及×线等。

四、市场背景描述与分析（略）

五、最高最佳利用分析（略）

六、估价方法适用性分析

本次评估选用"房地合一"和"房地分离"两种技术思路进行房屋征收价值的评估。由于周边居住类房屋交易案例比较丰富，"房地合一"的技术思路采用市场比较法得到房地合一的比准价格。"房地分离"的技术思路则采用基准地价修正法和分部分项累加法分别估算楼面地价和建筑物重置成本单价，综合考虑房屋的成新率，得到整体成本价值。

由于被征收房屋户数较多，本次评估单宗房屋征收价值采用标准价调整法，即先评估每类住宅中标准房屋的标准重置单价，包括房地合一技术思路下标准房屋的比准价格，以及房地分离思路中的标准房屋的成本价格，然后通过价格因素修正，进一步得到每类住宅分户住宅的征收价值。

七、估价测算过程

（一）确定每类住宅的标准房屋

根据建筑类型、建筑结构的式样特征分别选择7宗最具代表性的房屋，作为每类房屋的"标准房屋"，如表8－3至表8－9所示。

表8－3　　　　　　　　二层楼房标准房屋式样特征

（1）二层楼房

样点建筑物	楼房	编码	101
建筑面积	143.36平方米	层数	2层
项目	内容		
结构特征	砖混结构，砖基础，85砖—砖内外墙，砼地坪，预制多孔板楼板，有柱阳台，预制钢砼楼梯，黏土瓦坡屋面结构。		
建筑特征	混合砂浆外墙面，中级石灰砂浆内墙面，木门窗，无筋细石砼地面层，黏土瓦\油毡\木椽\砼檩条；开间数2开间，开间4.0米、进深7.0米，层高3.0米，檐高6.0米。		
安装设备特征	基本照明、给排水设施。		

表 8-4　　　　　　　　　　　平房标准房屋式样特征

(2) 平房

样点建筑物	平房	编码	201
建筑面积	59.35 平方米	层数	1 层
项目	内容		
结构特征	砖混结构，砖基础，85 砖—砖内外墙，砼地坪，黏土瓦坡屋面结构。		
建筑特征	混合砂浆外墙面，中级石灰砂浆内墙面，木门窗，无筋细石砼地面，黏土瓦\油毡\木椽\砼檩条；开间数 2 开间，开间 4.0 米、进深 7.0 米，檐高 2.3 米。		
安装设备特征	基本照明、给排水设施。		

表 8-5　　　　　　　　简易平房标准房屋式样特征（Ⅰ）

(3) 简易平房（Ⅰ）

样点建筑物	简易平房（Ⅰ）	编码	301
建筑面积	42 平方米	层数	1 层
项目	内容		
结构特征	砖混结构，砖基础，85 砖—砖空斗内外纵墙，横墙为 85 砖半砖墙，砼地坪，黏土瓦坡屋面结构。		
建筑特征	混合砂浆外墙面，中级石灰砂浆内墙面，木门窗，砼地面，黏土瓦\油毡\木椽；开间数 2 开间，开间 4.0 米、进深 5.0 米，檐高 2.3 米。		
安装设备特征	基本照明、给排水设施。		

表 8-6　　　　　　　　简易平房标准房屋式样特征（Ⅱ）

(4) 简易平房（Ⅱ）

样点建筑物	简易平房（Ⅱ）	编码	401
建筑面积	42 平方米	层数	1 层
项目	内容		
结构特征	砖混结构，砖基础，85 砖半砖内外墙，砼地坪，黏土瓦坡屋面结构。		
建筑特征	混合砂浆外墙面，中级石灰砂浆内墙面，木门窗，砼地面，黏土瓦\油毡\木椽；开间数 2 开间，开间 4.0 米、进深 5.0 米，檐高 2.3 米。		
安装设备特征	无基本照明、给排水设施。		

表 8-7　　　　　　　　二层新式楼房标准房屋式样特征

(5) 二层新式楼房

样点建筑物	新式楼房	编码	501
建筑面积	209.25 平方米	层数	2 层

续表

项目	内容
结构特征	混合结构，钢砼无梁带基，标准砖—砖内外墙，预制多孔板地面面板，现浇楼板，现浇挑阳台，现浇钢砼楼梯，釉面瓦多坡屋面结构。
建筑特征	混合砂浆外墙面，中级石灰砂浆内墙面，铝合金门窗，无筋细石砼地面面层，水泥砂浆楼地面层，釉面瓦\挂瓦条\防潮层\现浇基层；开间数3开间，开间4.0米、进深7.1米，底层层高3.3米，二层层高3.2米，檐高6.6米。
安装设备特征	基本照明、给排水设施。

表8-8　　　　　　　　　　旧里平房标准房屋式样特征

（6）旧里平房

样点建筑物	平房	编码	601
建筑面积	80.74平方米	层数	1层
项目	内容			
结构特征	砖木结构，砖基础碎石垫层；圆木立帖构架，墙体均为半砖墙，蝴蝶瓦斜屋面结构。			
建筑特征	三开间平房，无围墙；房屋开间3.74米，进深7.0米，檐口高度2.3米；水泥地坪，木门窗，均采用杉木材质。			
安装设备特征	基本照明、给排水设施。			

表8-9　　　　　　　　　　旧里简楼房标准房屋式样特征

（7）旧里简楼房

样点建筑物	简楼房	编码	701
建筑面积	161.48平方米	层数	2层
项目	内容			
结构特征	砖木结构，素砼条形基础，圆木立帖构架；墙体均为半砖墙，正立面外墙二层以上为板条墙；木搁栅长条木楼板；蝴蝶瓦斜屋面结构。			
建筑特征	二层三开间，无围墙；房屋开间3.74米，进深7.0米，底层层高2.2米，檐口高度4.4米。水泥地坪，楼面木地板，木楼梯，木门窗，均采用杉木材质。			
安装设备特征	基本照明、给排水设施。			

以二层楼房为例，介绍编号101标准房屋的征收价值的测算过程。

（二）运用市场比较法评估二层楼房101号标准房屋征收的比准价

估价师搜集周边区域最近一年的二手房已成交案例，通过修正，得到编号101标准房屋在价值时点的基准价格为13 220元/平方米（过程略）。

(三) 运用成本法评估二层楼房 101 号标准房屋征收的成本价值

1. 运用基准地价修正法确定 101 号房屋的楼面地价。

(1) 区段。根据《某市人民政府关于调整国有土地使用权土地级别基准地价和土地出让金标准的通知》和《某市地价指南》，该项目紧邻城市二级干道，属住宅 5 级。参照《某市国有土地使用权基准地价》(2021)，该项目基准地价（楼面地价）为 8 290 元/平方米，容积率为 1.0，开发程度为"三通一平"。

(2) 成熟度修正系数。该项目目前水、电、气、通信、道路五通，地势比较平整，没有进行场地平整，各项条件一般，查成熟度修正系数（见表 8 - 10），取中值得 0.07 + 0.05 - 0.135 = - 0.015，所以成熟度修正系数 = 1 - 0.015 = 0.985。

表 8 - 10　　　　　　　　　　成熟度修正系数

土地开发程序	修正系数	本地块状况
三通一平（路、水、电、平场）	0.0	
缺平整场地	- 0.15— - 0.12	对于拆迁项目，暂不考虑场地平整问题
缺道路	- 0.15— - 0.12	市政道路未完全到达地块
缺通上水	- 0.07— - 0.05	有
缺通下水	- 0.07— - 0.05	有
缺通电	- 0.12— - 0.10	有
通气	0.06—0.08	有
通信	0.04—0.06	有

资料来源：某市国有土地使用权基准地价和公示地价实施细则。

(3) 容积率修正系数。根据表 8 - 11，本地块原容积率为 1.82，采用插入法计算容积率修正系数，容积率修正系数 = 1.25 + (1.5 - 1.25) ÷ 0.5 × 0.32 = 1.4164。

表 8 - 11　　　　　　　　　　容积率修正系数表

容积率	修正系数
1.0	1.00
1.5	1.25
2.0	1.50
2.5	1.70

资料来源：某市国有土地使用权基准地价和公示地价实施细则。

(4) 区域和个别因素调整系数：区域和个别因素调整系数是根据项目的具体地理区位和建设条件，采用专家综合评估法，确定表 8 - 12 的修正因素和修正系数，区域和个别因素调整系数合计为 10.49%。

表 8 – 12　　　　　　　　　　区域和个别因素调整系数

因素	修正系数（%）
距服务中心级距	1.5
交通便捷度	1.8
水电气综合保证率	1.34
公用服务设施完备度	0.8
环境质量状况	0.7
宗地形状与面积	0.95
建筑朝向与采光	1.4
自然灾害危害程度	1.55

（5）期日修正系数。该项目的基准地价发布的日期为 2021 年 1 月 1 日，价值时点为 2024 年 1 月 1 日。由于某市地价指数系统还未完全建立，该项目采用国土资源部发布的地价动态监测报告中的地价上升速度，其中西南片区 2021—2024 年地价保持稳定，年均增长率为 2.5%，故期日修正系数 = $(1 + 2.5\%)^3 = 1.0769$。

（6）年限修正系数。101 号房屋于价值时点的土地剩余年限为 30 年，年限修正系数 = $[1 - 1/(1 + 0.0873)^{30}] \div [1 - 1/(1 + 0.0873)^{70}] = 0.9188/0.9971 = 0.9215$。

（注：某市的土地还原率为 0.0873，测算依据及过程略。）

（7）楼面地价。

楼面地价 = $8\ 290 \times 0.985 \times 1.4164 \times 1.0769 \times 0.9215 = 11\ 477.50$（元/平方米）

2. 运用分部分项法确定标准房屋标准重置单价。根据《×房屋拆迁中建筑物基准重置价格的应用研究》，确定各类房屋土建、安装的分项子目，依据《×市房屋拆迁中建筑物建安重置清单单价清册（2024 – 9）》，提取相关子项的综合单价，计算出 101 编号标准房屋的重置单价，估算过程如表 8 – 13 所示。

表 8 – 13　　　　　　　　二层楼房标准房屋重置基准价估算过程

估算计算表——二层楼房（编号101）		综合费率	6%	建筑面积（平方米）	143.36
序号	项目内容	计算方法及说明			
		数量	单位	单价	总价
（1）	安装工程费	（2）+（3）			4 324.6834
（2）	安装工程综合费	（3）×综合费率			244.7934
（3）	安装工程清单	（3.1）+（3.2）			4 079.89
3.1	电气安装工程费				2 495.92
3.1.1	室内配电板	2	台	319.26	638.52
3.1.2	灯头	4	只	12.66	50.64
3.1.3	暗装开关	4	只	11.39	45.56
3.1.4	三线暗插座	4	只	13.73	54.92
3.1.5	电气配线 2×2.5+1×2.5	57.2	米	9.13	522.24

续表

序号	项目内容	计算方法及说明			
		数量	单位	单价	总价
3.1.6	电气配管 G32	57.2	米	20.7	1 184.04
3.2	给排水安装工程费				1 583.97
3.2.1	地漏	2	个	74.74	149.48
3.2.2	给水管 Dg20	11	米	26.88	295.68
3.2.3	废水管 DN75	8	米	75.48	603.84
3.2.4	铸铁污水管 DN100	4.5	米	100.53	452.39
3.2.5	水表	1	组	82.58	82.58
(4)	土建工程费	(5)+(6)			86 241.017
(5)	土建工程综合费	(6)×综合费率			4 881.567
(6)	土建工程清单	(6.1)+(6.2)+(6.3)+(6.4)+(6.5)			81 359.45
6.1	基础工程费				4 084.8
6.1.1	二层农宅承重基础：(B=800)	21	延长	144.64	3 037.44
6.1.2	一层 85 砖一砖墙农民住宅砖基础：(B=500，10 厘米道砟)	16	延长	65.46	1 047.36
6.2	墙面工程费				40 552.29
6.2.1	二层农宅 85 砖一砖外墙	167.75	平方米	192.81	32 343.88
6.2.2	二层农宅 85 砖一砖内墙	43.3	平方米	152.37	6 597.62
6.2.3	标准砖半砖内墙	17.74	平方米	90.8	1 610.79
6.3	楼地面工程费				21 917.61
6.3.1	二层农宅平整场地	71.68	平方米	12.95	928.26
6.3.2	农宅室内地坪（二层）（三）	71.68	平方米	60.99	4 371.76
6.3.3	二层农宅多孔预制板楼面	55.57	平方米	132.76	7 377.47
6.3.4	农宅预制楼梯板	4.86	平方米	189.14	919.22
6.3.5	有柱雨篷（不含柱）	12.33	平方米	194.18	2 394.24
6.3.6	有柱阳台（含柱）	12.33	平方米	480.67	5 926.66
6.4	门窗工程费				7 304.82
6.4.1	实拼木门（一）	17.1	平方米	233.93	4 000.2
6.4.2	单层木窗（一）	18	平方米	183.59	3 304.62
6.5	屋面工程费				7 499.93
6.5.1	农宅小青瓦（黏土瓦）屋面	66.33	平方米	113.07	7 499.93
(7)	建筑安装工程费 (1)+(4)	(1)+(4)			90 566.2464
7.1	安装工程费	143.36	平方米	30.17	4 325.1712
7.2	土建工程费	143.36	平方米	601.57	86 241.0752
(8)	建筑安装工程费小计	143.36	平方米	632	90 566.2464

续表

序号	项目内容	计算方法及说明			
		数量	单位	单价	总价
(9)	专业费用	143.36	平方米	335	48 025.6
(10)	管理费用	143.36	平方米	150	21 504
(11)	销售费用	143.36	平方米	100	14 336
(12)	投资利息	143.36	平方米	120	17 203.2
(13)	销售税费	143.36	平方米	80	11 468.8
(14)	开发利润	143.36	平方米	300	43 008
(15)	建筑物重置单价	(8)—(14)加总		1 085	155 545.6

注：为简化图表数据，科目（9）—（14）先以建筑安装工程费总额的一定比例概算出税费和利润总额，然后平摊到建筑面积取整，得到平均成本。

3. 确定编号 101 房屋征收的成本价值。该房屋于 1980 年 6 月 30 日建成投入使用，按砖混结构房屋使用年限 50 年计，假设净残值为零，每年折旧率为 2%，价值时点为 2024 年 1 月 1 日，房屋的剩余使用年限为 44 年，运用直线折旧法得到成新率。

成新率 =（经济耐用年限 – 实际使用年限）/经济耐用年限×100%
= (50 – 44)/50 × 100%
= 12%

根据估价人员对房屋的维护、保养、使用等情况的现场查勘记录，由于业主在过去 44 年中多次进行结构体加固和翻新，结合实际观察法，综合分析后确定房屋的成新率为 50%。

编号 101 标准房屋征收的成本单价 = 楼面地价 + 房屋重置单价×房屋成新率
= 11 477.50 + 1 085 × 50%
= 12 020（元/平方米）

4. 建立房屋重置单价修正系数表。根据以上求得的 101 号标准房屋的基准重置单价，结合估价对象房屋的实际情况，进行对照测算，制定了屋面、墙体、门窗、楼面、地坪、檐高等因素的修正系数表，作为该拆迁基地范围内对同类房屋不同的屋面、墙体、门窗、楼面、地坪、檐高等因素进行调整、修正的依据，如表 8–14 所示。

表 8–14　　　　　　　　　二层楼房修正系数表

编号	分项名称	修正系数（%）	调整说明
一	基础		
1	素砼条基、砖基础	0	
2	钢砼条形基础	2	三层以 2/3 计
3	钢砼条形基础有防水带埋深 < 1 米，(> 1 米)	4,（6）	三层以 2/3 计

续表

编号	分项名称	修正系数（%）	调整说明
二	屋面		
1	黏土瓦、砼（木）檩条、椽子挂瓦条	0	
2	多孔板平屋面	1	三层以2/3计
3	现浇板平屋面	1.5	三层以2/3计
4	黏土瓦、望板、木椽、木梁	1	三层以2/3计
5	平瓦多坡屋面（木基层）	2	三层以2/3计
6	琉璃瓦多坡屋面（木基层）	5	三层以2/3计
7	琉璃瓦多坡屋面坡度较大（有老虎天窗）	7,（8）	三层以2/3计
8	琉璃瓦双坡，砼（木）檩条、椽子挂瓦条	2	三层以2/3计
9	黏土瓦、木椽、木梁（冷摊瓦）	-2	三层以2/3计
10	双层顶	7	三层以2/3计
11	双层顶（有楼梯、面层、可上人）	8	三层以2/3计
三	墙体		
1	四面自有一砖实心墙	0	
2	开间修正		单开间5%，双开间0，三开间-3%，四开间以上-5%
3	空斗墙	-6	半空斗-3%，其他情况按照比例分摊
4	借墙或合墙	-10	每借一面墙-10%，合墙-5%
5	前墙或后墙半砖墙	-5	每有一面半砖墙-5%
6	内外无粉刷	-5	按实际比例分摊
四	门窗		
1	杉木、钢	0	门17平方米，窗18平方米
2	美松、柳安		
3	铝合金、塑钢	1—4	按实际比例分摊
4	彩铝、彩钢		
5	超规格		
五	楼面		
1	多孔板	0	
2	现浇板	0.5	三层以2/3计
六	地面		
1	砼地坪	0	
2	小平板架空	0.5	三层以2/3计
3	架空多孔板	3	三层以2/3计

续表

编号	分项名称	修正系数（%）	调整说明
七	檐高		
1	檐高6.0米（三层9.0米）	0	
2	每增减10厘米	±0.8	
八	阳台		
1	无阳台/挑阳台	1	
九	其他		
1	现浇挑天沟	1—2	三层以2/3计
2	构造柱	1—3	
3	外观结构有罗马柱、窗饰线条等	1—2	
4	水电一般	0	

（四）运用标准价调整法确定同类型分户房屋的征收价值

以住户陈××编号102号二层楼房为例，根据实地查勘情况，估价人员记录如下：该房屋为二层楼房，砖混结构，三开间；基础为砖基础，屋面为黏土瓦、望板、木椽、木梁，双层顶，墙体为一砖实心墙、部分空斗墙，杉木门，钢窗、塑钢窗，楼板为现浇板，地坪为多孔板，檐高7.0米。该房屋在册建筑面积120平方米，占地92平方米。陈先生102号房屋和标准房屋101号同期建成，即1980年6月30日建成投入使用，1984年办理了土地使用权证书，获得70年的住宅用地使用权，国有土地使用权有效期限为1984年1月1日至2054年1月1日。

由于102号房屋和101号标准房屋相邻，房屋结构和面积相近，所以101号标准房屋的市场比准单价不做修正，即102号陈先生的二层楼房市场法比准单价为13 220元/平方米。

102号房屋的屋面、墙体、门窗等结构和装饰装修，和101号房屋有细小差别，建造成本略有不同，因此依据表8-14对102号陈先生房屋重置单价进行修正，如表8-15所示。

表8-15　　　　　　　102号二层楼房重置单价计算表

分项名称	标准房屋	估价房屋	修正系数（%）	调整说明
基础	砖基础	砖基础	0	
屋面	黏土瓦、望板、木椽、木梁	黏土瓦、望板、木椽、木梁、双层顶	8	修正双层顶的差价
墙体	一砖、四面自有、实心、两开间	一砖、三开间、四面自有、实心、部分空斗	-6	修正三开间、部分空斗的差价，三开间-3，部分空斗-3
门窗	杉木木门窗	杉木门、钢窗、塑钢窗	1	修正塑钢窗的差价
楼面	多孔板	现浇板	0.5	修正现浇板的差价

续表

分项名称	标准房屋	估价房屋	修正系数（%）	调整说明
地面	砼地坪	架空多孔板	3	修正砼地坪与架空多孔板地坪的差价
檐高	6.0米	7.0米	8	按檐高每增加10厘米调整0.8%
其他	天沟、雨水管	天沟、雨水管	0	
合计修正			14.5	
房屋重置单价			1 085×1.145	1 242元/平方米（取整）

根据估价人员对房屋的维护、保养、使用等情况的现场查勘记录，陈先生在过去44年中多次进行结构体加固和翻新，结合实际观察法和直线折旧法，综合分析确定房屋的成新率为50%。

综上，102号房屋的征收价值评估结果如下：

市场比较法得到比准单价 = 13 220（元/平方米）

成本法得到成本价值 = 楼面地价 + 房屋重置单价

= 11 477.50 + 1 242×50%

= 12 098.50（元/平方米）≈ 12 099（元/平方米）

考虑房屋的年代较为久远，房地合一的房屋征收价值评估方法的适用性较差，因此，对两种方法的评估结果分别赋予40%和60%的权重。陈先生102号房屋征收单价测算如下：

征收单价 = 13 220×40% + 12 099×60% = 12 547（元/平方米）（取整）

征收总价 = 12 547×120 = 1 505 640（元）

八、分户评估结果

估价人员根据估价目的，遵循估价原则，按照估价工作程序，运用科学的估价方法，仔细考察估价对象的特征及使用和维护情况，结合估价人员的经验，综合考虑影响房地产的各项因素，运用市场比较法及成本法对102号二层楼房征收价值进行评估，最终采用两种评估方法测算结果的加权平均值，得到102号二层楼房于价值时点的征收价值为人民币150.5652万元，折合建筑面积单价为12 547元/平方米（取整）。评估明细如表8-16所示。

表8-16　　　　　　　　房屋价值评估计算表

	相关结果	市场比较法	成本法
测算结果	总价（万元）	158.6400	145.1820
	折合建筑面积单价（元/平方米）	13 220	12 099
	影响权重	40%	60%

续表

相关结果		市场比较法	成本法
评估价值	总价（万元）	150.5652	
	折合建筑面积单价（元/平方米）（取整）	12 547	

本章小结

本章明确了征收拆迁与城市更新实施的联系，以及评估师在城市更新中的职责和贡献；明确了征收拆迁补偿评估中集体土地及其地上物征收补偿和国有土地上房屋征收补偿的不同补偿内容、标准和方式；梳理了房屋征收评估的目的、评估价值内涵、评估业务流程及评估技术思路要点，尤其是房地分离的评估技术路线和标准价调整法的基本思路；通过旧城区180户住宅的征收评估案例，展示了标准价调整法和房地分离成本法估测思路是如何具体应用在结构、户型、面积不同的批量房屋征收评估案例中。

思 考 题

1. 简述征收拆迁与城市更新的联系与区别。
2. 简述房地产评估师的职责任务在城市更新和征收评估过程中的差别与联系。
3. 比较分析征收拆迁补偿费和征收价值在质和量上的差异。
4. 简述征收评估目的、价值内涵和评估流程的特点。
5. 尝试应用房地合一评估法和房地分离评估法对一宗待拆迁地块上的老旧住宅进行评估。

第九章 不动产信托投资基金评估

本章学习目的
1. 理解不动产信托投资基金（REITs）及其分类。
2. 理解影响不动产信托投资基金价值的因素。
3. 掌握营运现金流折现法在REITs价值评估中的运用。
4. 掌握净资产价值法在REITs价值评估中的运用。

第一节 公募基础设施证券投资基金评估概述

2020年4月，中国证监会、国家发展改革委联合发布《关于推进基础设施领域不动产投资信托基金（REITs）试点相关工作的通知》（证监发〔2020〕40号），开启了中国公募REITs快速发展进程。2021年6月21日，我国第一批9只公募REITs在上海和深圳证券交易所发行上市，受到了投资者的青睐。2022年，国务院办公厅发布了《关于进一步盘活存量资产扩大有效投资的意见》。意见指出，为满足经济社会发展需要，经过多年投资建设，我国已在交通、水利、城市建设、仓储物流等领域形成了大量存量资产，需要通过金融方式予以盘活。2023年3月，中国证监会发布了《关于进一步推进基础设施领域不动产投资信托基金（REITs）常态化发行相关工作的通知》。2023年6月，沪深交易所分别举行首批基础设施REITs扩募项目上市仪式，4个REITs扩募项目正式上市交易。2024年7月，国家发改委发布了《关于全面推动基础设施领域不动产投资信托基金（REITs）项目常态化发行的通知》（发改投资〔2024〕1014号），标志着基础设施REITs正式迈入常态化发行的新阶段。我国公募REITs的发展前景良好，可能成为我国机构和个人投资者在股票投资之外的重要证券投资品种。

一、公募REITs及其分类

美国房地产投资联合会、香港证监会《REITs守则》等对不动产投资信托基金（Real Estate Investment Trusts，REITs）都有类似的定义。一般指通过发行基金券（股票或受益权凭证等）募集投资者的资金，交由专门的投资管理机构进行专业化的房地产投资（或房地产抵押贷款投资），所获收益由基金券持有人按出资比例分享，并共担风险的一种金融投资工具。

我国公募REITs最初允许发行的基础资产类型为基础设施，涉及的基础资产包括交通、市政、生态环保、仓储物流、产业园区和信息网络六种类型，在2022年6月又扩展到保租房、能源和旅游基础设施等，2023 年 9 月再次扩展到消费基础设施（包含百货商场、购物中心、农贸市场等）。可见，目前我国公募 REITs 的基础资产类型已相当广泛，几乎包含了出售型住房之外的其他不动产类别。

按照基础资产收益来源，基础设施 REITs 试点项目可以分为两大类：一是经营权类项目，如高速公路、污水处理和固废处理等；二是产权类项目，如产业园区、仓储物流、租赁住房、商业地产等。两类项目的特征和估值方法不同，二级市场波动幅度差异性较大。

（一）经营权类公募 REITs

在我国，大多数公共基础设施属于国有，但可以转让其经营权。因此，交通、能源、市政、生态环保等基础设施项目的投资人只能获得其经营权，无法获得所有权。基于项目经营权而发行的公募 REITs，称为经营权类公募 REITs。首批上市的浙商证券沪杭甬杭徽高速、富国首创水务、中航首钢生物、平安广交投广河高速 REITs 就属于经营权类公募 REITs。特许经营权 REITs 所持有的底层资产具有明确的经营期限，具有到期后资产价值会归为零的特点（不考虑特许经营权期限再延期的情况）。

（二）产权类公募 REITs

除市政基础设施之外的其他不动产类型，大部分投资人可拥有其所有权，如仓储物流地产、产业园区、租赁住房项目、商业房地产等。基于项目所有权而发行的公募 REITs，称为产权类公募 REITs。首批上市的华安张江光大园、东吴苏州工业园区产业园、中金普洛斯仓储物流、博时招商蛇口产业园、红土创新盐田港仓储物流 REITs 属于经营权类公募 REITs。产权类 REITs 基金持有底层资产的所有权，在持有期获得物业的租金等收益，到期时仍有价值，但是增值还是减值要根据持有期的市场情况而定。从各国 REITs 的情况看，大多为不动产增值。美国、新加坡等国家和地区的 REITs 大部分是这一类别。

（三）经营权类 REITs 与产权类 REITs 的特征差异性

从基础资产的权属性质看，所有权、特许经营权或经营收益权的内涵是不同的。所有权即产权，是发起人（原始权益人）拥有的一种物权，即依法对项目基础资产享有的占有、使用、收益和处分的权利。特许经营权是政府授予法人实体的一项特权，即政府采用竞争方式依法授权原始权益人，通过协议明确权利义务和风险分担，约定其在一定期限和范围内投资建设运营基础设施并获得收益，提供公共产品或者公共服务的权利。经营收益权包括经营权和收益权，即政府授权经营者运营基础设施并获得收益的权利。

从基础资产的土地权属看，产权类项目的土地使用权主要通过协议出让、招拍挂出让或二级市场交易等有偿方式取得，目前尚无划拨方式先例；特许经营权类和经营收益权类项目的土地使用权，除了华泰江苏交控 REIT 的服务区经营性用地由政府通过作价出资外,其他项目的用地使用权均通过划拨方式取得。

从基础资产的收益期限看,产权类基础设施REITs的存续年限主要取决于土地使用权的剩余年限,具体年限与土地性质有关。根据我国土地管理法规,保障性租赁住房、产业园区和仓储物流、旅游类项目用地最长年限分别为70年、50年和40年,国有土地使用权时限自取得国有土地使用证的时间开始计算。相比而言,特许经营权原则上不超过30年;经营收益权期限由经营协议约定,也可以根据需要不约定具体年限。

鉴于上述特征,本书将特许经营权类和经营收益权类的基础设施REITs统称为经营权类基础设施REITs(以下简称经营权类REITs)。经营权类REITs是以特许经营权或经营收益权为基础资产的金融产品,主要聚焦政府授权类基础资产,如公共服务(水、电、燃气、有线电视等)经营管理者向用户收费的权利,交通基础设施(公路、桥梁、隧道、渡口等)经营管理者向过往车辆收费的权利,景区经营者向游客收费的权利,发电企业向电网公司收费的权利等。产权类REITs与经营权类REITs的主要差异如表9-1所示。

表9-1 产权类REITs与经营权类REITs特征比较

比较事项	产权类REITs	经营权类REITs	
		特许经营权	经营收益权
项目公司权利	投资、建设和运营	投资、建设和运营	以运营为主
土地取得方式	协议出让、招拍挂出让或二级市场交易等	划拨方式为主	划拨方式为主
基金存续年限	土地使用证剩余年限	特许经营协议剩余年限	经营协议要求
期满资产处置	资产净值回收	通常无偿移交政府	协议约定
展期或续期	补缴土地出让金	一般重新竞争	协议约定
REITs收益构成	分红和二级市场溢价	分红、二级市场溢价和"还本"	分红和二级市场溢价和"还本"

资料来源:徐成彬,张荣,牛耘诗.经营权类基础设施REITs估值研究[J].证券市场导报,2022(12):31-42.

二、公募REITs价值及其影响因素

(一)REITs的增长与价值创造

公司股票投资者通常使用净收入作为衡量盈利能力的关键指标。但在REITs世界里,惯例却是使用营运现金流(Funds From Operation,FFO),它是指REITs所持有的各不动产项目能够通过运营获得的长期净现金收入,并不去考虑物业的资本利得收益。在会计净收入的计算中,房地产折旧和土地使用费摊销是当作费用来处理的,但实际上

在大多数地区，房地产随着时间的增加而保值甚至升值。因此，FFO 将房地产折旧加回到净收入，还将从物业出售所获得的资本利得收入从净收入中扣除，并且不计入房地产公允价值变动收益。

REITs 如何产生 FFO 的增长？首先，如果 REITs 通过发行大量的新股来获得高速的 FFO 增长，其对股票持有人没有一点好处。这种繁荣没有意义，就像政府在通胀时期印更多货币一样。由于 REITs 每年必须支付至少 90% 的应税净收入，所以它很难通过留存收益来增加新的物业。FFO 能够以两种方式实现增长：一是通过增加从 REITs 现有物业的现金流来获得内部增长；二是通过收购以及辅助收入流的创造来获得外部增长。

REITs 投资者和分析师需要了解 REITs 的增长有多少是通过内部增长获得的，有多少是通过外部增长获得的（见图 9-1）。由于缺乏高质量且价格有吸引力的物业，以及足够营利的开发机会，没有能力募集资金或资金成本过高，因此通过收购和辅助性收入流的创造等获得的外部增长的机会不是一直都有。然而，内部增长则是通过 REITs 的现有物业"初始"产生的，管理团队能够更有控制力。所以，REITs 更有可能实现内部增长，是否能实现外部增长则有很大的不确定性。以中国香港的 REITs 为例，领展实现了较好的外部增长，而其他大部分香港 REITs 却没有。

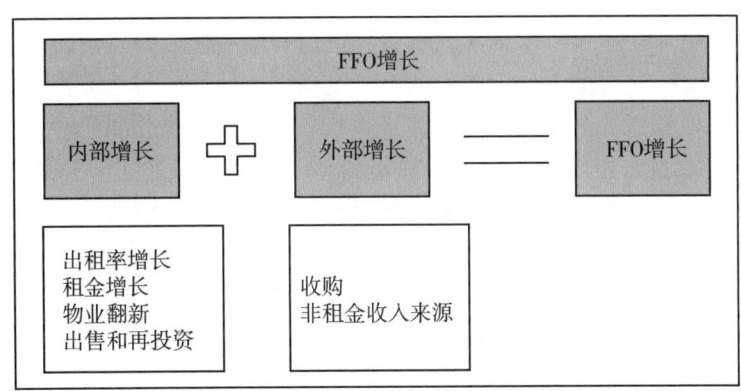

图 9-1　REITs 价值增长路径分析

资料来源：[美] 拉尔夫 L. 布洛克. REITs 房地产投资信托基金（原书第 4 版）[M]. 宋光辉，田金华，屈子晖，译. 北京：机械工业出版社，2014.

（二）公募 REITs 价值影响因素

任何基于收益率的估值方法的起点显然都是无风险利率，这基本上是投资任何保本或保值的金融产品的利率。在大多数国家或地区，10 年期国债收益率通常被当作不动产投资的无风险利率。由于与股票一样，REITs 比政府债券的收益波动性更大，投资者要求的预期收益率自然更高。

问题是高多少？本书认为这个问题的答案取决于：（1）REITs 每股股息的增长及股息的增长质量；（2）REITs 管理人的历史业绩，投资者对 REITs 管理能力的评估；（3）发起人的质量及其发行动机；（4）物业组合和行业的风险情况。

三、公募 REITs 的估价目的及方法选择

REITs 的定价按照其目的可分为两大类：发行上市中的发行人定价和运作期间股东/投资人的定价。

在资产价值评估体系中，我们所熟悉的基本评估方法包括成本法、收益法和市场法，在这三种方法上针对不同的企业及资产类型有很多不同的演变。对房地产投资信托基金 REITs 来讲，这三种基本方法也发生了相应的演变。REITs 估值方法主要有：营运现金流贴现法、净资产法和比率比较法（P/FFO 乘数等）。不同目的的 REITs 估值适用不同的方法。

（一）发行定价及方法选择

从主要市场（美国、英国、德国、日本、新加坡、中国香港）来看，不论是公司制为主还是信托制为主的市场，监管机构对 REITs 的监管均是按照发行公司股票上市的思路来进行的，在发行定价上均与当地市场的股票 IPO 适用同样的定价规则。基础设施类资产的估值方法比较直接，主要参考现金流折现的方法。根据目前监管要求，管理人需在招募说明书以及未来的年度报告中对 REITs 持有的基础设施项目逐个进行评估并充分说明估值的理由。由于 REITs 依靠基础资产的运营收益向投资者进行稳定分红，收益法也是最符合 REITs 逻辑的方法。我们认为，基础资产的估值可作为投资者对 REITs 定价的锚。此外，根据《公开募集基础设施证券投资基金运营操作指引（试行）（征求意见稿）》，应当将收益法中现金流量折现法作为基础资产项目的主要评估方法，因此公募 REITs 发行定价主要是基于未来现金流和折现率确定的资产评估价值。

（二）投资定价及方法选择

实际投资过程中，专业的机构投资人会运用以上提到的三种评估方法，当然现金流贴现法仍然是其主要估值方法。一般机构投资人会自行建立模型，核心参数为未来现金流的预测和折现率的选择，现金流预测主要参考基金管理人提供的信息形成对基础设施的基本判断，折现率的选择是投资人对资产价值评估的主要输入变量，依据自身的资本成本和对 REITs 投资风险的判断确定。基金管理人的现金流输入变量的准确性、合理性是考察的重点，针对经营权类资产和产权类资产的估值逻辑截然不同。具体看，特许经营权类现金流重点评估政府定价、收费政策、GDP 增速、区位规划变动等的合理性，产业地产类现金流则重点评估出租率、收缴率、租金定价、租金增长率、竞争性资产等变量。折现率的选择或收益率的要求依赖于各机构投资人的判断，根据市场情况合理预测，一般采用在加权平均资本成本 WACC 的基础上进行风险调整，也有机构投资人的收益率计算是参考类似资产的市场收益率。

基于发行人给出的 REITs 各个基础资产的估值，采用基于基础资产价值之和来判断 REITs 基金价值的方法也是可行的，即净资产法（NAV）。主要是因为成熟型收益性不动产的价值相对稳定，不会像股票价值那样难以判断和大幅波动。我们认为 REITs 的基

础资产组合越简单,即像很多目前国内REITs和亚洲REITs那样项目数量较少甚至是单项目的,REITs的资产组合和资本运营功能较弱,净资产法越适用,但对于美国市场的REITs这种方法的可靠性会低一些。

此外,也可根据资产的特征参照其同类型资产的估值方法进行检验,即使用可比公募REITs相对估值法进行评估。REITs估值中的可比比率具有一定特点,与股票估值采用市净率、市盈率不同,REITs估值常选择P/FFO和P/NAV等作为估值参考,可见以上两种方法才是REITs估值的基础。需要注意的是,这种比率比较的估值方法需要有一个有足够多的可比REITs和交易活跃的市场,我国公募REITs市场目前可能还不能完全达到,但应该在不久的将来可以实现。

投资人在进行网下询价和二级市场交易的过程中,除了重点考察基础设施项目的经营质量、经营稳定性以外,还可能会结合其他因素进行估值调整,具体包括:是否满足政策要求、信用稳健、内部控制制度健全,是否具有持续经营能力;基础设施REITs基金管理人的真实底层资产运营管理能力,能否防范投后风险;公募REITs基金管理人聘请的中介服务机构的服务能力,第三方管理机构的管理能力,管理人和底层资产的关联关系等。

第二节 营运现金流折现法

一、营运现金流折现法概述

营运现金流贴现法,是由收益法演化而来的。估值方法是对物业产生的营运现金流采用一定的假设构建财务模型,贴现加总物业后续各期现金流量以及预测期末终值的估计金额。在企业价值评估中,分析师一般使用公认会计准则(GAAP)定义的净收入作为主要运营绩效考核的基础。但这一指标的直接使用对REITs不太适用,原因在于净收入中对折旧的处理。在计算一个企业的净收入时,折旧费用是扣减项目,但对于房地产来说,大多数商业地产会由于其具有竞争优势的地段及良好的运营和维护而保值增值,会计处理中的巨大折旧费用在计算REITs价值时,会被低估。

1991年,美国房地产信托基金协会(NAREIT)在净利润的基础上,考虑到了房地产信托基金折旧和摊销的特殊性,同时房地产的出售也会带来资本利得,对指标调整后首次提出了营运现金流的概念,即FFO。在会计报表上,房地产折旧总是被当作费用来处理,FFO则将房地产折旧加回到净收入。此外,还需要一些其他的调整,如将净收入中的从物业出售中获得的任何资本利得收入减去。即:

FFO = 净收入 + 房地产折旧费用 − 房地产公允价值变动或资本利得收入

尽管如此,FFO目前并不是一个标准化的指标,并没有一个官方机构像定义净收入一样来定义FFO,REITs在报告FFO方面尚缺乏一致性,但FFO为评估REITs的价值提供了明确的指导方向。

美国一家领导性的 REITs 研究机构格林大街咨询提出了 AFFO（调整后的营运资金）的概念，对 FFO 的概念进行了完善。它在原营运资金的基础上调整那些虽然已被资本化却没有提升物业价值的费用支出，还进一步考虑租金波动对营运现金流的影响。实际操作中，多年的租赁合同的执行并不顺利。考虑到这个因素，有些机构在计算 FFO 时，通常会调整租金收入以反映报告期内实际的合同租金收入，如通过在 AFFO 中直线摊销租金来解决这个问题。AFFO 的另一个调整是关于资本支出的，AFFO 在 FFO 的基础上扣除合理的资本性支出，包括不动产大修、设备更换等支出。这一做法和企业价值评估中的自由现金流概念是类似的。如果原会计报表中包含的维修及保养支出是对未来支出的合理估计，则无须再单独考虑，但是有时却不是这样。比如不动产项目处于比较新的状态，需要的支出则很小，但未来则不然。因此，一些分析师和投资者会查看 REITs 在报告期内承担的真实资本开销，而另外一些分析师和投资者则使用长期的平均数值来平滑特别高或特别低的资本开销。还有一些试图基于 REITs 在多年里的历史经验来确定一个"常规化"的数值。尽管理论上 AFFO 更能够衡量 REITs 的自由现金流，但考虑到信息获取的难度及普遍适用性，在实际操作中，依然采用较为常见的 FFO 指标作为衡量 REITs 价值的基准，而不是 AFFO 指标。

世界各国和地区采用不同的会计准则，基于不同的会计准则下的净收益来调整得到 FFO 时，具体的调整项目是有差异的。美国采用 US GAAP 会计准则，偏历史成本计量模式；亚太（含中国香港）和其他地区采用 IFRS&IAS 或者 HKFRS，偏公允价值计量；中国大陆采用 CAS 会计准则，则介于两者之间。在本节的第二部分，我们会讨论基于中国会计准则下 FFO 调整的问题。

营运现金流折现法的难点还在于折现率的确定。折现率的确定会比较主观。一般情况下，确定折现率的方法包括风险累加法，行业平均收益率法等。在美国 REITs 市场，确定 REITs 估值折现率的方法一般有两种。一种是平均调整法，即在 REITs 投资组合中，确定房产的平均资本化率，再对 REITs 使用的债务杠杆进行调整得到折现率。另一种方法是专家经验法，即由 REITs 行业的专家对特定的 REITs 的风险进行评估，从而得出我们为承担该风险所期望获得的收益率，以此作为 REITs 的折现率。本节第三部分会讨论本书认为适合中国公募 REITs 折现率确定的具体方法。

二、公募 REITs 估值中收益现金流的确定

（一）中国内地会计准则下的 FFO 调整

CAS 准则中规定对于投资性房地产，企业可以选择按照成本模式计量，也可以选择按照公允价值模式计量。但上交所《公开募集基础设施证券投资基金（REITs）规则适用指引第 1 号——审核关注事项（试行）》（2023 年修订）第六十六条明确指出，产业园区基础设施基金涉及的投资性房地产原则上应当采用成本法进行会计计量。从实践看，所有产权类 REITs 都采用成本法计量。经营权 REITs 目前应该记入的是无形资产科目，所以也只能用成本法计量。因此，中国内地会计准则下 REITs 营运现金流的计算公

式如下：

FFO = 净收入 + 房地产折旧及摊销 − 资本利得收入

从技术方法看，中国目前按照监管要求在基金层面对持有的不动产采用历史成本进行计量，但仍会效仿亚太市场在年报和中报中披露最新的第三方资产估价报告。因此，即便最新的资产评估公允价值不直接反映在报表上，投资者也可借助估价师出具的评估报告自行判断价值。

（二）经营权类公募 REITs 的营运现金流

预测未来现金流时，由于底层资产的属性不同，不同资产类型、不同行业的公募 REITs 在资产估值方面，特别是未来现金流的测算方面所需要考虑的因素不尽相同。

经营权类公募 REITs 包括高速公路、能源环保基础设施等，其营运现金流主要取决于两个方面：收费标准和消费量。由于其收费标准通常由政府相关部门确定，需要分析这类收费标准的制定方法并进行推测，但通常这类收费比较稳定。对于消费量的预测则非常复杂，如高速公路通行量的预测，一般不是由评估公司直接预测，需要请专门的行业咨询机构进行模型预测。除了考虑宏观和区域经济因素、所在行业现状及发展前景的影响，还需要关注项目合同中约定的到期处置、提前终止等条款对净现金流的影响。

（三）产权类公募 REITs 的营运现金流

1. 租金。产权类公募 REITs 租金的确定基于以下两种思路：其一，产权类公募 REITs 一定处于正常运营中，因此自身历史租金水平对其估值分析非常重要。REITs 发行一般要求三年的运营历史，目前看只有保租房 REITs 由于政府对住房保障的支持可能降低运营年限的要求。因此，一般都会对项目现有的租赁情况，如租金收取方式及其构成、主要租户分析等进行分析。需注意的是大租户对租金的影响，通常租户越集中，租金定价的可靠性和风险越低。另外特别注意，有些 REITs 的大租户是其原始权益人，如嘉实京东仓储 REITs 等，这对租金的定价会产生非常复杂的影响，需具体分析。其二，采用市场比较法求取客观租金。一般底层资产的估值中都有这部分分析，可以参考并调整。最后基于两种思路综合确定合理的项目租金水平。

2. 出租率。出租率为底层资产已出租建筑面积与可出租建筑面积的比率。出租率可基于价值时点的出租率，根据底层资产租赁台账分析计算。预测期内的出租率，需要根据以下方面综合确定：其一，要结合项目所在城市区域的区域规划及定位，分析同类物业的供给、需求及租户的需求情况；其二，要结合公司的发展战略、招商运营计划、项目所处生命周期阶段进行分析；其三，对重要租户进行访谈，了解其未来的续租意向；其四，分析底层资产的储备租户情况、历史续租率及退租率情况等，综合确定项目的未来出租率。

3. 租金收缴率。租金收缴率是指出租底层资产实收租金额占应收租金总额的比率。它是出租物业经营管理中的一项重要经济指标，反映物业收回租金水平。

在评估底层资产时，若底层资产存在租金欠缴的情况，需要分析底层资产历史租金收缴率的情况，并对底层资产的产权方和运营公司进行访谈，了解他们对欠缴租户的催租方案及处理方式。在评估模型中,一个自然年度内,对于持续运营状态下的企业,在市场不存在较大波动的情况下,若各承租方当年欠缴的租金均可在次年缴清,欠缴租金的递延收取不影响园区收益情况,其对估值的影响可以忽略。

4. 增长率。租金增长率的确定分为两种情况:其一,租约期内的租金增长率,根据租赁合同约定的增长率确定。其二,租约期外的租金增长率,其确定相对复杂。首先要分析底层资产所处的物业生命周期阶段。一个物业生命周期分为四个阶段:初建期、快速发展期、稳定期和衰退期。如果项目处在初建期(第一个运营周期或第二个运营周期初期),租约期内的租金普遍低于市场平均水平,且未来可能需要较长时间达到市场水平,要结合企业的招商运营计划并参考新签租户或续租租户租金的增长情况,同时结合同类竞品物业的历史增长率的涨幅规律,综合确定未来增长率;如果项目处在发展的稳定期,可以参考历史租金增长率的情况并结合公司的招商运营计划确定未来的增长率。

增长率的确定需要综合分析区域内同类物业的供给、需求、租金的变化情况,租户的需求情况,也可进行蒙特卡洛分析等模拟未来的增长情况,最终得到预测结果。

5. 现金流分配。公募REITs要求未来三年的净现金流分派率不低于4%。由于未来的可分配金额有0.25%—0.4%的管理费用发放给各个管理人、基金管理人、基金托管人等,所以在测算估值时一般底层资产的收益率(年净现金流/评估值)需要达到4.4%以上,这也是评估中的重要考量指标。

三、公募REITs估值中折现率的确定[①]

折现率是REITs估值中的关键因素,是将未来的预期收益转换为现值的比率。目前没有统一的折现率确定方式。本书从资产评估的折现率确定方法出发,延伸至不动产投资信托基金的折现率确定方式,结合国内外学者的研究及实践,认为主要有三种REITs折现率的确定方法:累加法(资本资产定价模型)、平均调整法、同类REITs收益率类比法。

(一)累加法(资本资产定价模型)

累加法运用资本资产定价模型(CAPM)的思想,通过无风险利率加上风险报酬率得到。该模型确定了不确定条件下投资风险与报酬率之间的数量关系,是基于资本市场的角度来考虑折现率。不动产投资信托基金的管理年限一般在几十年,可以作为长期投资,其无风险收益率可以类比于长期(10年期)国债利率。风险报酬率的计算是此方法的难点,资本资产定价模型的贡献是采用资本市场的频繁交易,计算贝塔值来量化资本市场交易证券的投资风险(收益标准差的波动)。私募或还未上市交易的公募REITs可利用投资对象相同的上市房地产开发企业的贝塔值作为参考,因为其主要风险——投

---

① 唐旭君,周千越,何俊强. 不动产信托投资基金投资风险识别与价值影响量化研究——以招商局商业房托基金为例[J]. 中国房地产金融,2024(4):59-66。

资经营风险类似。进一步分析风险可知，相比房地产开发投资企业，REITs 投资人流动性风险会略高，同时存在 REITs 中因为权力分离而带来的控制权风险，即 REITs 投资人控制权风险也高。因此，我们认为采用这种方法需要考虑房地产公司股权投资与 REITs 投资的流动性风险和控制权风险，对其结果进行一定的上调（风险补偿）。具体而言，可以选择行业平均值，或者三家以上投资物业类型更为可比的公司来确定合理贝塔值。但利用上市公司贝塔值来计算的报酬率是权益报酬率，通常在营运现金流（FFO）折现法的估值中需要确定的是资产的整体价值。因此，还要考虑负债资本成本来计算加权平均资本成本，从而确定营运现金流折现率法中的折现率。

该方法的优点在于考虑了无风险收益率、风险的价格、风险的计量单位并将其有机结合在一起，可以根据对贝塔值的调整来反映不同风险下同一资产的不同预期回报率；缺点在于假设要求严格，需要一个完善的市场竞争状态，并且需要满足理性人假设和一致预期假设等条件，并且对贝塔值的确定也存在一定难度。

（二）物业资本化率平均调整法

美国 REITs 行业常用一种平均调整法，即获得 REITs 投资组合中的不同类型房产平均收益率，并考虑 REITs 的财务杠杆对平均收益率进行调整得到折现率。该方法是从物业风险角度考虑折现率的。首先，需要考虑 REITs 的标的资产的物业类型，分为写字楼、零售商业、工业、酒店等，由于每个物业类型的投资风险不同，投资者所要求的预期回报率也不同；其次，需要根据评估时点寻找各物业类型的平均资本化率，从而得到各个物业类型的折现率；再次，根据评估 REITs 的物业占比来进行加权得到基础资产池的综合折现率；最后通过调整财务杠杆得到合理的 REITs 折现率。由于 REITs 的大部分收入都来自租金收入，因此可以将各类型的租金收入占比作为各物业的近似权重。从 REITs 的四类风险看，该方法主要考虑房地产物业的投资经营风险；相比房地产实物投资，REITs 的变现率更好，风险更小、收益要求更低；但 REITs 存在控制权风险，相比实物投资风险更高。因此，我们认为其风险基本相当，可以作为 REITs 风险确定的参考。同时，考虑相对于单个房地产物业投资，REITs 可能存在投资组合效应以降低风险，但此问题需针对具体的 REITs 基础资产分布进行分析。该方法的优点在于考虑到了 REITs 的标的资产类型的不同风险；缺点在于过程比较复杂，需要考虑不同时点的资本化率，并需要对资产未来增长率进行合理估计。

（三）同类 REITs 收益率类比法

同类 REITs 收益率类比法从 REITs 整体收益率角度进行考虑，根据投资标的类型对 REITs 进行分类比较，得出同类基础资产的 REITs 的平均收益率，以此估计待评估 REITs 的折现率。该方法的基础在于需要在市场中寻找与待估 REITs 标的资产类型相同的同类 REITs 产品，需要 3 个以上的产品才能消除个别性的影响。该方法的优点在于可以从市场中直接得出折现率的大小，计算过程比较简单，能客观地反映出该物业类型的 REITs 产品的市场情况；缺点在于该方法的使用需要一个成熟的 REITs 市场，在寻找同类物业资产的产品过程中也有较高的要求，不仅需要考虑到物业的类型，同时也需要考虑投资物业的地理位置分布等。随着我国REITs市场的不断成熟,这种方法开始运用于实践中。

第三节 净资产价值法

一、净资产价值法概述

在美国REITs估值中,净资产价值法特别适用于持有大量物业的REITs估值。净资产价值法基于全部物业的租金收入,将公司的全部租金收入以一定的贴现率加以资本化,选取的资本化率一般为可比物业真实交易的租金收益率。比较典型的做法是美国专业的REITs评估机构格林大街咨询,通过资产类型和位置评价该REITs的资产类别,确定每一类资产近似收益率;将该收益率用于对净营运收入(NOI)的未来12个月预测估算值进行资本化,从而得到物业价值。然后加入估计的非租金收入业务收益,减去负债,对政府补贴融资及市场利率明显高于或低于REITs当前支付的利率状况进行调整。最后,减去未清偿优先股的金额。公式为:

NAV = NOI现值 + 非物业收益价值 − 公司净负债 − 调整项

本书认为净资产价值法的本质在于基于REITs基础资产物业的价值来估计基金的价值,即各物业的价值之和,扣除负债后的物业净价值,再考虑合理溢价或折价调整。本书认为净资产价值法有两个关键:一是对REITs底层资产组合内各物业价值的确认;二是调整项,这是NAV法的难点,其调整包括了市场预期的变化、行业政策、利率、汇率变动、GDP、房价收入比、人均居住面积等可能影响不动产价值的因素都会对NAV估值产生影响,也是我们在具体估值过程中需要考虑的调整因素。

二、对资产估值的分析和确认

NAV是REITs所有资产的价值减去债务(通常是因REITs购买物业而形成的债务)的净值。REIT的资产主要是其持有的物业,所以深入了解物业的价值对评估REITs的价值很重要。《公开募集基础设施证券投资基金指引(试行)》规定,上市交易的REITs必须聘请专业估价师对其物业进行每年至少一次的评估。年报或更新的招股说明书中有最新的资产估值,IPO的招股说明书亦是如此。但是,发行方聘请的估价师的估值是否被投资人认可?投资人需要自主分析对关键评估假设的理解,确定其认可的估值,即对底层资产估值的分析和确认。其中的关键评估假设包括市场租金、出租率、增长率、折现率等。观察大部分国内REITs的评估报告,最后会有一个部分是针对关键假设的敏感性分析,投资人可以利用这个分析,结合自己认为合理的关键假设值确定物业的投资估值。

目前，在REITs发行阶段，交易所会反馈机构投资人对发行定价的意见，有时REITs发行方会发布正式回复函，可能对其估值中的重要参数进行调整，进而调整REITs的发行估值。如2024年7月，中金重庆两江产业园REIT对上交所的反馈意见进行了回复。此次回复函对出租率、市场租金假设等评估参数进行了优化调整。调整后的标的资产估值由12.03亿元下调至10.20亿元，较首次申报时下降了1.83亿元（下调15.21%）。二级市场的投资人也可以根据自己的判断调整底层资产的物业估值，即NAV法的基础。

三、对净资产价值的调整

在任何特定时间，一只REITs股票的出售价格相对其NAV的溢价或折价可能会非常显著。这很大程度上取决于特定的REITs及某个时期，投资者对它增加收益和创造价值能力（或相反）以及持有该股票内在风险的认识。当然，另一个关键因素是市场对该REITs持有的物业的未来价值的认识。如果其资产市场价值有望上升，可能是因为该类不动产价值整体上升，该基金的价格及其相对NAV的溢价将会因预期更有利的环境而上升。比如，在2009年和2010年，国际REITs股票以明显的NAV溢价进行交易，很大程度上是由于大衰退后投资者对房产价格恢复的预期。

对不同的不动产类型，其调整项，即P/NAV会有显著差异。回溯美国REITs市场近五年的平均市净率情况，157只REITs中共有139只REITs的市净率超过1倍，仅有18只REITs的市净率是小于1倍的。整体来看，如图9-2所示，美国REITs市场平均P/NAV为2.19，折价现象并不多，其中仓储类REITs的P/NAV市净率最高，酒店类REITs表现最弱。

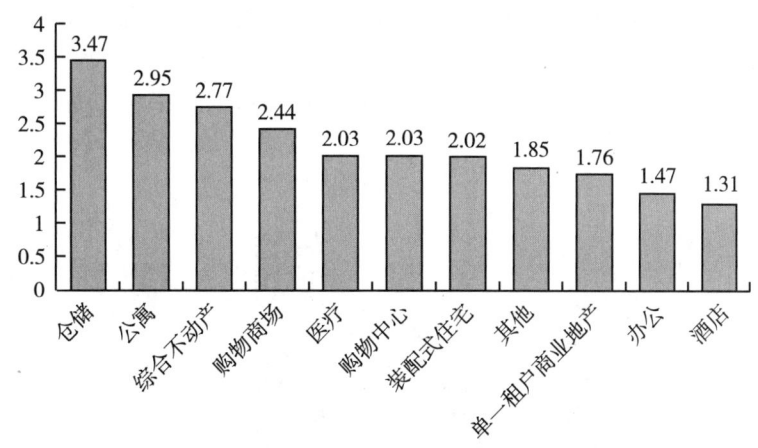

图9-2 美国市场不同类别REITs的P/NAV

资料来源：Bloomberg，光大证券研究所（统计周期：2017/07/10—2022/07/08）。

在不同国家或地区，P/NAV也会有显著差异。以2022年末亚洲REITs为例，中国香港、日本和新加坡三大亚洲REITs市场因受疫情影响，均呈现出折价的情况（见

图9-3）。香港市场长期存在折价，2022年状况尤甚。统计显示，香港REITs首次公开发行（IPO）时平均市净率为0.91，截至2022年12月31日，平均市净率下降至0.45，即REITs在二级市场的交易价格仅为其账面净资产的45%，较前一年的60%出现进一步下跌。新加坡REITs首发上市时平均市净率为1.01，2020年末小幅下跌至0.96，2021年末回升至1.0，2022年12月31日跌至0.78。日本平均市净率为0.98，其上下限较为集中，有20余支分布在1.0—1.2区间，其余大部分落在0.8—1.0区间。

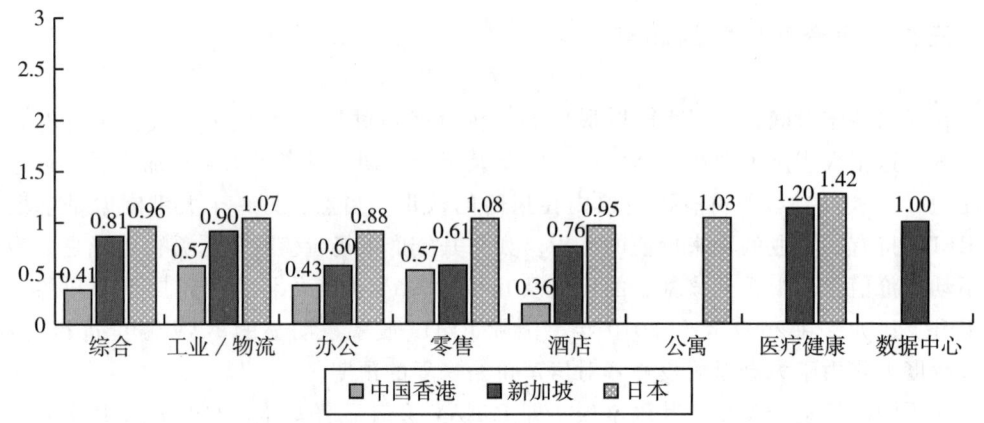

图9-3 亚洲主要市场各业态REITs的市净率P/NAV（2022年末）

资料来源：Bloomberg，戴德梁行北京估价及顾问服务部。

为与前述P/NAV的统计保持一致，本书以2022年的数据对中国内地REITs的P/NAV进行了统计测算（见图9-4）。其中，环保类（包括能源类）REITs的P/NAV最高，高速公路类REITs的P/NAV最低。整体上看，统计的13只REITs中仅有平安广州广河REIT出现折价。分析认为，出现该现象的主要原因在于受疫情防控的影响，交通流量的减少、免费通行政策的实施等极大地影响了高速公路REITs底层资产的收入。

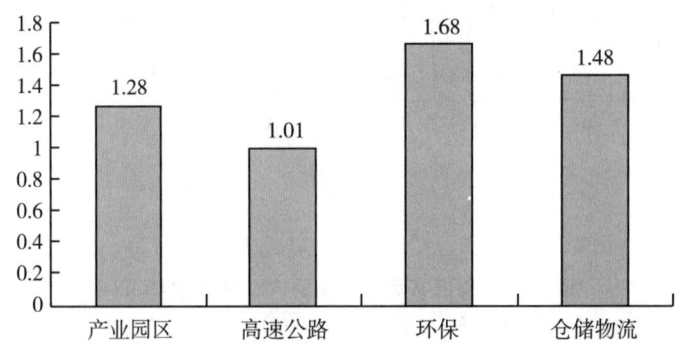

图9-4 中国内地不同类别REITs的P/NAV（2022年末）

资料来源：Ifind，各REITs招募说明书及年报。

利用 NAV 分析方法的投资者应该发展出自己的标准以确定对 NAV 大概的一个溢价或折价，不仅要考虑 REITs 的物业的 NOI 增长率，或相对于其同类及纯粹被动投资策略的调整后营运现金流（AFFO），还要考虑已在前面章节讨论过的所有其他影响 REITs 收益的特征。当然，风险认知也应在此过程中扮演重要角色。

第四节　评估案例

中金厦门安居 REIT 投资价值评估

2023 年 1 月 1 日，某投资机构希望通过公募 REITs 基金投资境内保障性租赁住房。截至 2022 年底，市场上已发行的保障性租赁住房 REITs 包括厦门安居、深圳安居和华润有巢。经过初步的市场分析与内部研讨，投资人希望重点分析中金厦门安居 REITs 的投资价值，故根据基金招募说明书和基金合同等资料重点进行了估值分析。具体利用 NAV 法和 FFO 折现法共同测算中金厦门安居 REITs 在 2022 年 12 月 31 日的价值。

一、评估对象分析

中金厦门安居保障性租赁住房封闭式基础设施证券投资基金（以下简称中金厦门安居 REITs）为基础设施公募 REITs，由厦门安居集团有限公司作为原始权益人，即基础设施基金持有的基础设施项目的原所有人，中金基金和兴业银行分别作为基金管理人和基金托管人共同成立（见图 9-5），于 2022 年 8 月 31 日正式上市，最终募集资金 13.0 亿元。

中金基金成立于 2014 年 2 月，是国内首家单一股东发起设立的基金管理公司，由中国国际金融股份有限公司全资持股。

厦门安居集团，前身为厦门保障性安居工程建设投资有限公司，公司类型为市属国有独资公司。其主要经营范围涵盖房地产开发经营、建设工程施工等许可项目，同时也在一般项目中开展住房租赁、非居住房地产租赁等业务。

二、基础设施资产分析

目标基础设施资产为位于福建省厦门市集美区的园博公寓和珩琦公寓，是厦门政府认定的保障性租赁住房项目。主要面向本市无房的新就业大学生、青年人、城市基本公共服务人员等新市民群体，解决阶段性住房困难问题。园博公寓和珩琦公寓于 2020 年 3 月竣工交房，于 2022 年 5 月 25 日与安居集团签署了《资产划转及债务转移协议》，约定安居集团将园博公寓项目、珩琦公寓项目按照双方确定的账面成本金额分别划转至

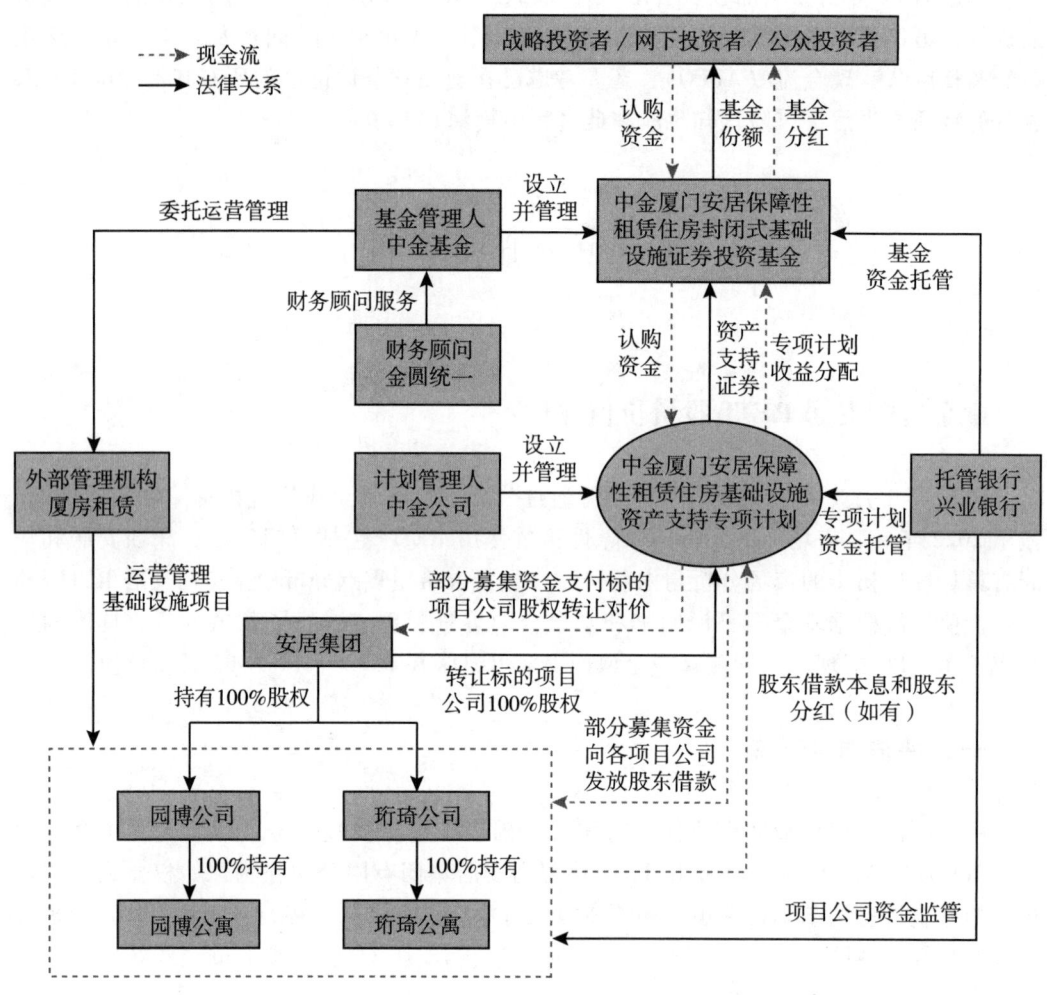

图 9-5 中金厦门安居 REIT 基金交易架构

资料来源：招募说明书。

园博公司、珩琦公司（见表 9-2）。

表 9-2　　　　　　　　　　底层资产运营状况

项目	园博公寓	珩琦公寓
建筑面积	112 875.18 平方米	85 678.79 平方米
房源数量	2 614 套	2 051 套
出租率	99.42%	99.11%
平均月租金	32.35 元/平方米·月	30.52 元/平方米·月
户型配比	以中小户型为主。合计 4 665 套公寓中，一室一厅套数占比约 61.3%，单身公寓套数占比约 33.3%，两室一厅套数占比约 5.4%。	

资料来源：招募说明书，数据截至 2022 年 3 月 31 日。

园博公寓处于集美区商业核心区，周边有 IOI 棕榈城、世贸璀璨天城、云城万科里、华侨大学。附近有公共交通 BRT1 号线产业研究院站，地铁六号线（在建），过杏林湾大桥就是杏林湾商务运营中心。珩琦公寓位于集美区珩琦二里，为地铁 1 号线上盖的租赁社区，紧邻软件园三期办公楼聚集地（见图 9-6）。

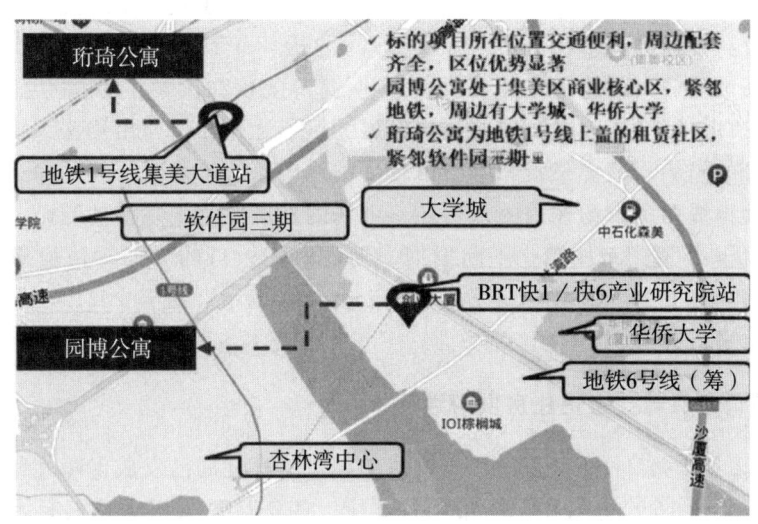

图 9-6 底层资产区位分布

资料来源：招募说明书。

园博公寓和珩琦公寓之间的距离约为 3 公里。两个公寓的基本户型、设施配套和物业管理等条件相似，但辐射人群略有不同。截至 2022 年 3 月 31 日，基础设施项目在履约期内个人租赁合同涉及房源 4 115 套，占比为 88.90%；企业租赁合同涉及房源 514 套，占比为 11.10%，租户以新市民群体个人为主。

三、厦门市保障性租赁住房市场分析

（一）厦门市经济发展状况

厦门市地区生产总值逐年提高。2021 年厦门市经济总量迈上新台阶，呈稳健发展态势，实现地区生产总值 7 033.89 亿元，同比增长 8.1%。其中，第一产业增加值 29.06 亿元，同比增长 5.3%；第二产业增加值 2 882.89 亿元，同比增长 6.7%；第三产业增加值 4 121.94 亿元，同比增长 9.0%。三次产业结构为 0.4 : 41.0 : 58.6。

近年来，厦门市以新产业、新业态、新商业模式为代表的新经济发展势头良好，着力发展 5G、人工智能、物联网、大数据、云计算、区块链等高新产业。2021 年，厦门市高技术产业投资额增长 19.4%，高于全市固定资产投资增幅 10.6 个百分点；规模以上高技术产业增加值增长 19.9%，高新技术产业的规模及增速均位列前列。高新技术产业的大力发展更符合现代年轻人和技术人才的就业需求，吸引人才就业的同时可以进一步推动厦门市住房租赁市场快速发展。

（二）厦门市保障性租赁住房需求端分析

租赁市场供需方面，厦门市作为外来人口净流入城市，居民住房需求不断攀升，住房租赁的需求也逐年上涨。除常住人口外，厦门地区住房租赁市场的需求主体包括新增就业人员以及高校在读生。厦门市统计局披露的历年统计公报显示，2017—2021年，厦门市每年新增就业人员数量逐年提高，16所高等院校在读学生数量也呈逐年上升趋势。伴随着人口持续净流入以及产业结构发展的不断优化，厦门市住房租赁市场的需求也呈稳步上升的趋势。综合来看，厦门市较高的住宅销售价格、持续的净人口流入，对于包括保障性租赁住房市场在内的租赁住房市场的发展奠定了坚实的基础。

2018年以来，厦门市城镇化不断发展，随着常住人口的增加，住房租赁市场租金整体呈现上涨趋势。基金招募说明书援引Wind数据显示，截至2021年末，厦门市住宅平均租金水平上升至51.93元/平方米·月，同比增长9.01%。

（三）厦门市保障性租赁住房供给端分析

截至2022年4月24日，厦门市住房保障和房屋管理局已发放保障性租赁住房项目认定书的项目共计16个，其中已入市项目8个，集美区已入市项目仅有园博公寓和珩琦公寓。保障性租赁住房租金价格接受政府指导，低于同地段同品质市场化租赁住房租金。

未来，厦门市将进一步优化住房租赁市场的相关政策。根据基金招募说明书援引厦门市住房保障和房屋管理局于2020年12月发布的《厦门市住房发展规划（2021—2025年）》，厦门市要有效增加保障性住房供给，加快公共租赁住房和保障性租赁住房等各类保障性住房建设，不断扩大保障覆盖面，力争到2025年各类保障性安居工程覆盖率达25%以上。厦门市住房市场预计新增住房供应总量约38万套，面积2 950万平方米（见表9-3）。其中，商品住房供应量约12万套，面积1 300万平方米，占比约45%；保障性住房供应量约10万套，面积600万平方米，占比约20%；市场化租赁房供应量约10万套（间），面积450万平方米，占比约15%；新建安置房供应量约6万套，面积600万平方米，占比约20%。住房供给结构较为均衡。

表9-3 "十四五"期间厦门住房新增供应总量

	单位	新建商品住房	保障性住房	市场化租赁房	安置房
年均	万套（间）	2.4	2	2	1.2
	万平方米	260	120	90	120
五年合计	万套（间）	12	10	10	6
	万平方米	1 300	600	450	600
总计	万套（间）	38			
	万平方米	2 950			

资料来源：厦门市住房发展规划（2021—2025年）。

四、净资产价值（NAV）法测算过程

通过 NAV 法测算 REITs 价值的起点在于对持有的底层资产的公允价值进行合理评估。在美国市场，REITs 基于 GAAP 准则对持有的投资性物业采用历史成本的价值进行计量，资产组合的账面价值和公允价值会出现较大程度的背离，投资者和分析师通常自主测算资产组合的公允价值。对于亚太市场，所适用的会计准则通常与 IFRS 趋同，即在财务报表中对资产组合采用公允价值进行计量，投资者可以直接将基金净资产的价值作为分析原点。

从技术方法看，中国目前应监管要求在基金层面对持有的投资性房地产采用历史成本进行计量，但仍会效仿亚太市场在年报和中报中披露最新的第三方资产估价报告。因此，即便最新的资产评估公允价值不直接反映在报表上，投资者也可借助估价师出具的评估报告自行判断价值，再进行净负债和其他项目调整后得到最终的 NAV。

根据基金招募说明书援引国融兴华出具的初始评估报告，截至 2022 年 3 月 31 日，园博公寓和珩琦公寓项目基础设施资产估值合计 12.14 亿元，平均估值单价 6 114.21 元/平方米。具体的评估结果及设定评估参数如表 9-4 所示。

表 9-4　　　　　　　　　　评估参数假设与评估结果

项目名称	出租率	租金单价（元/平方米·月）	预测 NOI（万元）	折现率	租金增长率	估值结果（万元）
园博公寓	99.42%	32.35	3 646.43	6.5%	2%	70 400
珩琦公寓	99.11%	30.52	2 643.71	6.5%	2%	51 000

资料来源：招募说明书。

根据禧泰数据库统计，如图 9-7 所示，2017—2022 年厦门市住宅平均租金呈波动上升走势，在 2021 年开始出现一定程度的下行。随着经济快速增长，在政策不断刺激下，其平均年增长率达到 3.6%。根据中指数据库统计的厦门市住房租赁价格指数，2022 年厦门市的整体租赁住房价格走势下降，租金指数从 1 月的 946 点下降到 11 月的 918 点，尤其在 2022 年四季度受新冠疫情影响较大。但中金厦门安居 REITs 持有的园博和珩琦公寓为保障性租赁住房，具有一定的逆周期属性。项目公寓当前租金水平远低于市场租金水平，在出租率上会有明显优势。故从长期来看，基金估值并不一定会随着市场下行而降低。

国融兴华作为受基金管理人委托的评估机构，在监管要求下采用了报酬资本化法（DCF）对底层资产的公允价值进行了评估。而投资人或者分析师，在一级市场中通常采用直接资本化法对物业估值，原因在于直接资本化法仅需预测未来 12 个月的 NOI，计算简单且要预测的变量较少，公式如下：

$$V = \frac{未来 12 个月 \text{NOI}}{资本化率}$$

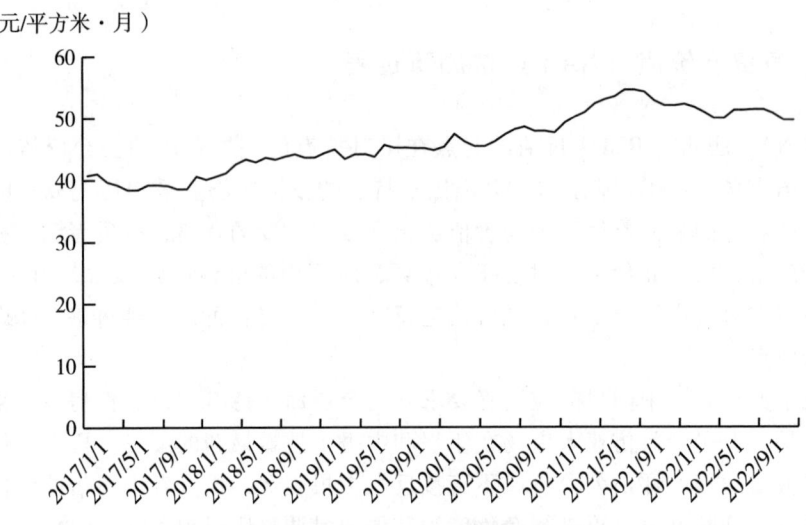

图 9-7　2017—2022 年厦门市住宅平均租金

资料来源：禧泰数据库。

资本化率可以简单地从物业交易中得到，体现了投资人对于特定区域及业态的资产风险的判断。根据戴德梁行等发布的《中国 REITs 指数之不动产资本化率调研报告》（第三期，2022 年 12 月 15 日），中国基础设施公募 REITs 所持有的底层资产资本化率普遍位于市场同类资本化率的合理区间上沿，说明我国 REITs 在上市定价时相对审慎。根据市场提取法所获得的厦门和主要二线城市长租公寓等的资本化率达到了 5.4%—6.3%，利用评估报告所给参数反推中金厦门安居 REITs 的资本化率约为 5.2%，即预测运营净收入除以物业估值（6 290 万元/121 400 万元）。考虑到园博公寓和珩琦公寓的保障属性（低租金水平和建造成本，见表 9-5）和厦门市保障性租赁住房的整体需求，本次投资将项目的资本化率下调为 4.8%。

表 9-5　　　　　　　　　　物业项目竞争力分析

项目名称	租金单价 （元/平方米·月）	周边竞争性物业租金水平 （元/平方米·月）	投资成本* （万元）	土地成本* （万元）
园博公寓	32.35	46—51	117 593.26	17 237.98
珩琦公寓	30.52	35—42		

注：* 通过募集说明书测算。

对未来 12 个月的 NOI 进行预测时，投资人可借助招募说明书或评估报告中披露的运营数据。根据招募说明书，园博公寓和珩琦公寓自 2020 年 11 月正式开始运营以来出租率迅速爬升，园博公寓 2020 年末和 2021 年末分别为 11.81%、99.06%，珩琦公寓 2020 年末和 2021 年末分别为 3.62%、99.14%，由此可以推断在 2021 年两个项目都经历了爬坡阶段。至 2022 年 3 月 31 日，两个项目的出租率分别为 99.42% 和 99.11%，已达到满租状态。因此，在对未来 12 个月 NOI 进行预测时可参考 2022 年 1—3 月的运营数据。2022年1—3月,园博公寓和珩琦公寓未考虑资本性支出的NOI分别为873.91万元和616.18万元;2023年预计的资本性支出分别为19.37万元和14.65万元。2021年的数据并不稳定,但2021年四季度至2022年一季度直接处于准满租状态,所以我们认为2023年后项目进入成熟期。评估时2023年全年数据尚未公布,故将2022年1—3月的NOI换算为全年数据进行预测并考虑增长率之后计算得出园博公寓和珩琦公寓2023年的NOI水平为3 581.14万元和2 524.01万元。基于历史运营情况判断两个项目2023年预计的NOI增长率为3%。因此,项目估值分别为74 607.07万元和52 583.58万元。

作为保租房项目,园博、珩琦在监管要求下应不高于市场租金的95%,但在2022年3月31日时点实际租金水平不如市场化项目的70%。在低租金水平下,中金厦门安居REITs所持有的底层资产的出租率能够得到有效保障。租赁市场供需方面,厦门市是外来人口净流入城市,居民住房需求不断攀升,住房租赁的需求也逐年上涨。

安居集团作为本项目的原始权益人,截至2022年3月31日,持有的租赁住房面积合计853 294.79平方米,在租面积735 733.26平方米,可扩募资产充足。投资人预计该只REITs后续仍有很大增长空间。作为首批保障性租赁住房REITs,该REITs底层资产质量较高且有一定的示范意义,投资人总体上对中金厦门安居REITs保持乐观。

对于NAV的调整项,可参考市场同类型REITs投资人的反馈进一步推算。根据发行时间和底层资产类型,选择红土深圳安居REITs作为参考标的。浙商证券研究所于2022年11月10日对红土深圳安居REITs的投资价值进行分析,在其收盘价为3.229元、基金份额为5亿份时,P/NAV倍数为1.39。2022年12月31日,红土深圳安居REITs基金收盘价为2.719元,故可推算其P/NAV倍数为1.17。红土深圳安居REITs共持有四个在一线城市(深圳)的保租房项目,面向的对象为符合深圳人才政策的配租个人,在租赁需求方面有强有力的保障。该项目具有明显的区位优势,故更受市场青睐。据此估计其合理P/NAV倍数约为1.1(见表9-6)。

表9-6　中金厦门安居REITs 2022年12月31日NAV预测计算表

科目	金额/比值/份额	备注
园博公寓(万元)	74 607.07	
珩琦公寓(万元)	52 583.58	
总资产(万元)	133 122.00	a
其中:投资性房地产(万元)	126 384.00	c
总负债(万元)	1 850.00	b
净资产(未调整NAV)(万元)	131 272.00	d = a - b
P/NAV估计值	1.1	e
调整后的NAV(万元)	144 399.2	f = d × e

续表

科目	金额/比值/份额	备注
发行份额（亿份）	5	g
每单位基金价值（NAV法）（元）	2.888	h = f/g
2022年12月31日收盘价（元）	2.901	
2022年12月31日市值（万元）	145 050	

五、营运现金流（FFO）折现法测算过程

参考中金厦门安居REITs招募说明书中的预测期合并利润表，其FFO预测值可根据以下公式得出。

FFO = 营业总收入 - 营业总成本 + 折旧及摊销

营业总收入 = 营业收入 + 利息收入 + 其他收益

营业总成本 = 营业成本 + 利息支出 + 税金及附加 + 管理费用 + 管理人报酬 + 托管费

FFO折现法估值的基本模型如下：

$$P = \sum_{i=1}^{t} \frac{FFO_i}{(1+r)^i} + \frac{FFO_t \times (1+g)}{(r-g)(1+r)^t}$$

式中：FFO_i——未来第 i 年的预计 FFO；

t——预测年期；

r——报酬率；

i——年序号；

n——总使用年限；

g——永续增长率。

根据前期假设与当前市场和运营情况分析，又依据《园博项目运营方案》和《珩琦项目运营方案》，收益期内陆续对房屋进行更新改造，预计2022年开始进行更新改造，之后更新改造的面积逐年递增，至2031年达到稳定状态，预计2022—2031年装修等支出逐年增长，因此采取两阶段的现金流预测模型：收益年期第1—10年的FFO逐年测算，第11年之后作为永续期进行测算。

（一）营业总收入

中金厦门安居REITs营业总收入可以分为营业收入、利息收入和其他收益三个部分。

1. 营业收入。该项目营业收入的唯一来源为租金收入。对租金收入的预测可以分解为对空置率的预测和对租金增长率的预测。

（1）空置率预测。2021年集美区常住人口占比20.42%，位居全市第一。集美区在交通、商业、配套设施等方面齐发力，吸引大量人口入住集美区。

截至2022年3月31日，园博公寓和珩琦公寓的出租率分别达到99.42%和99.11%，出租率极高，预计项目出租率将维持在较高水平。根据政策规定，保障性租赁住房的租

金低于同地段同品质房源的租金，而目前园博公寓和珩琦公寓的租金单价水平约为周边竞争性物业的60%—70%，较低的租金单价可以在很大程度上吸引租户入住和续租。根据公寓历史出租数据，剔除租户签约异常等因素，历史换租空置天数约为9.4天。又依据《园博项目运营方案》和《珩琦项目运营方案》，收益期内陆续对房屋进行更新改造，更新改造期间无法对外出租。预计2022年开始进行更新改造，2022年装修的面积占1%左右，之后每年递增1%，从2032年起每年约有10%的面积进行装修，每套房源改造时间约为3个月。

截至2022年3月底，园博公寓等待入住租户排号2 793号，占全部房源的106.85%；珩琦公寓等待入住租户排号1 794号，占全部房源的87.47%。续租方面，自两个项目开始运营至2022年6月，园博公寓及珩琦公寓续约率约为87.90%。综上，园博公寓及珩琦公寓在收益期内的空置率如表9-7所示。

（2）租金增长率预测。根据《厦门市保障性租赁住房项目认定和管理操作细则（试行）》（厦房租赁〔2022〕19号），保障性租赁住房租金价格应接受政府指导，租金按不高于同地段同品质市场化租赁住房租金95%的标准执行，年度租金涨幅不超过5%。两个项目经营历史较短，2023年租金增长率约为2.5%。

由于保租房REITs的底层资产保障性较为突出，投资人在预测租金增长率时可参考市场上其他保租房REITs的租金增长率。深圳安居REITs预测期内租赁住房租金调价调整幅度为：以租赁合同约定的三年为周期，三年到期后具备调价的可能性，价格调增幅度预计为2%，以三年每年2%然后暂停调整一次的增长状况计算其平均增长率为1.5%。华润有巢REITs的租赁住房部分租金标准调整幅度确定为2%—2.5%，配套商业部分预测期内后续年度租金增长率按3%测算。本REITs两个项目的租金明显低于市场水平，与深圳安居REITs的租赁项目更加相似，因此，预测期内租金按照三年每年2%然后暂停调整一次的状况变化。我们认为2024年项目已进入成熟期，对于预测期外的永续增长率，根据通货膨胀水平以及租赁合同调价条款的规定，确定为1.5%，即增长率不变。

目前圆博公寓和珩琦公寓平均单价为31.56元/平方米·月。2023—2032年预测期租金收入相关参数如表9-7所示。

表9-7　　　　　　　　　　2023—2032年预测期租金收入相关参数

	2023年	2024年	2025年	2026年	2027年
租金增长率（%）	2.50	2.00	2.00	0	2.00
空置率（%）	4.67	4	4	4.03	4.28
租金收入（万元）	7 165.03	7 378.88	7 505.74	7 486.24	7 616.08
	2028年	2029年	2030年	2031年	2032年
租金增长率（%）	2.00	2.00	0	2.00	2.00
空置率（%）	4.53	4.78	5.03	5.28	5.00
租金收入（万元）	7 748.11	7 882.37	7 861.68	7 997.80	8 258.51

2. 利息收入。根据厦门市住房保障和房屋管理局 2022 年 5 月 11 日发布的《厦门市保障性租赁住房项目认定和管理操作细则》"租赁保证金（押金）不得超过一个月租金"及评估对象的实际情况，押金按 1 个月含税租金执行，利率参考中国人民银行 2015 年 10 月 24 日公布的一年期定期存款利率 1.50%，则中金厦门安居 REITs 未来 10 年的利息收入如表 9-8 所示。

表 9-8　　　　　　　2023—2032 年预测利息收入　　　　　　　单位：万元

	2023 年	2024 年	2025 年	2026 年	2027 年
押金利息收入	8.96	9.22	9.38	9.36	9.52
	2028 年	2029 年	2030 年	2031 年	2032 年
押金利息收入	9.69	9.85	9.83	10.00	10.32

3. 其他收益。其他收益是采用简易计税方式产生的。依据《关于完善住房租赁有关税收政策的公告》，一般纳税人向个人出租住房取得的全部收入，可以选择简易计税方法，按照 5% 的征收率减按 1.50% 计算缴纳增值税，产生其他收益。根据历史经营数据简化判断，其他收益金额为租金收入的 3%（见表 9-9）。

表 9-9　　　　　　　2023—2032 年预测其他收益　　　　　　　单位：万元

	2023 年	2024 年	2025 年	2026 年	2027 年
其他收益	90.20	92.94	94.56	94.31	95.95
	2028 年	2029 年	2030 年	2031 年	2032 年
其他收益	97.61	99.30	99.04	100.75	105.79

（二）营业总成本

中金厦门安居 REITs 的营业总成本可根据标的物业层面和基金层面拆解为：运营成本及管理费用、利息支出、税金及附加、管理人报酬和托管费。其中，物业层面的运营成本及管理费用、利息支出和税金及附加可以简化采用历史经营周期中上述各项占营业收入的比重来确定。由于项目于 2020 年才投入运营，故前期的成本费用会占据较大比例；但随着运营的逐步稳定和经济周期的回正，各项费用会降低至平稳范围。投资者预测营业成本及管理费用占比 30%，财务费用占比 10%，税金及附加占比 6%。

根据《基金合同》，基金层面的管理人报酬和托管费计算方式较为复杂。管理人报酬又分为固定报酬和浮动报酬，预提托管费用为上一年度基金合并净资产的 0.01%。通过对历史数据测算，初步假设管理人报酬占营业收入的 3%，托管费占营业收入的 0.2%。据此，底层资产层面与基金层面产生的成本费用共占营业收入的 49.2%。

（三）折旧与摊销

根据监管文件及招募说明书，明确基金层面投资性房地产后续计量采取成本模式，即在合并层面不确认公允价值变动损益但计提折旧与摊销。假设折旧与摊销采用直线法计提，每年均匀产生折旧与摊销 3 004.01 万元。

折现率的确定是 REITs 估值中的关键步骤。根据前文所述，目前主要的折现率确定方法有累加法、平均调整法和同类 REITs 收益率类比法等。由于目前市场上保租房 REITs 数量较少，并考虑保障性租赁住房资产的收益和风险特性，此次估值选择物业资本化率平均调整法来确定折现率。适用公式如下：

折现率 = 物业资本化率 + 增长率

根据戴德梁行等 2022 年发布的《中国 REITs 指数之不动产资本化率调研报告》第三期，在价值时点附近，国内主要二线城市长租公寓类物业的资本化率位于 5.4%—6.3% 区间内（见表 9-10）。该项目底层资产位于厦门市集美区，原则上应参照二线城市对应的区间确定其资本化率。但考虑到厦门市的住房供需端状况以及政策情况更偏向于北上广深等一线城市的特点，故在最终确定资产资本化率水平时参考一线城市的分布。保障性租赁住房具有保障性特点，其租金水平明显低于市场平均水平，营运情况更稳健，所面临的经营风险和财务风险较小。根据红土深圳安居 REITs 和华润有巢 REITs 的招募说明书所披露的数据，我们可以反推出这两只 REITs 的资本化率分别为 3.44% 和 3.93%，明显低于所处区域市场长租公寓的资本化率水平。根据上述信息综合判断，最终确定中金厦门安居 REITs 底层资产的资本化率为 4.8%。结合上一节中我们判断的 1.5% 的平均增长率，按照公式得出折现率为 6.3%。

表 9-10　　　　　　各城市服务式公寓/长租公寓资本化率水平

北京	上海	广州	深圳	主要二线城市
4.6%—5.1%	4.5%—5.3%	4.8%—5.3%	4.6%—5.3%	5.4%—6.3%

资料来源：《中国 REITs 指数之不动产资本化率调研报告》第三期。

（四）收益期

根据不动产权证所载，土地使用权期限为 2016 年 9 月 10 日至 2086 年 9 月 9 日，土地剩余使用年限 63.75 年。根据《厦门市建设工程竣工验收备案证明书》，项目于 2020 年 3 月竣工，建筑物使用年限 60 年，已使用 3 年，剩余使用年限 57 年。根据土地剩余使用年限确定收益期为 63.75 年。在建筑物经济寿命结束后的 6.75 年里，需考虑对建筑结构的加固等支出。由于该支出的发生时间很远、现值较低，暂时忽略不做估计[①]。

根据 FFO 折现法估值基本模型，将预测期内的 FFO（见表 9-11）按照 6.3% 的折现率逐年折现可得出第一阶段的 FFO 现值为 499 623 606 元。对于第二阶段的 FFO 现值，采用永续增长假设，永续增长率为 1.5%，计算得出第二阶段 FFO 现值为 806 467 437.48 元。因此在收益期内根据 FFO 折现法得出中金厦门安居 REITs 的价值为 1 306 091 044.02 元。

---

① 这是租赁住房收益年限中的特殊问题，和其他收益性房地产，如商业、办公等不同。本书的处理只是一种尝试，实务界对此讨论较少，可参考戴德梁行评估报告对此问题的探讨。

表 9-11　　　　　　　　2023—2032 年预测 FFO　　　　　　　　单位：万元

项目	2023 年	2024 年	2025 年	2026 年	2027 年
营业收入	6 946.67	7 378.88	7 505.74	7 486.24	7 616.08
利息收入	9.32	9.22	9.38	9.36	9.52
其他收益	218.36	221.37	225.17	224.59	228.48
营业成本及管理费用	4 135.75	2 282.84	2 322.09	2 316.06	2 356.22
利息支出	167.93	760.95	774.03	772.02	785.41
税金及附加	439.75	380.47	387.01	386.01	392.70
管理人报酬	125.28	228.28	232.21	231.61	235.62
托管费	12.31	15.22	15.48	15.44	15.71
折旧及摊销	3 004.01	3 004.01	3 004.01	3 004.01	3 004.01
FFO	5 297.34	6 945.71	7 013.48	7 003.06	7 072.42
项目	2028 年	2029 年	2030 年	2031 年	2032 年
营业收入	6 946.67	7 378.88	7 505.74	7 486.24	7 616.08
利息收入	9.32	9.22	9.38	9.36	9.52
其他收益	218.36	221.37	225.17	224.59	228.48
营业成本及管理费用	4 135.75	2 282.84	2 322.09	2 316.06	2 356.22
利息支出	167.93	760.95	774.03	772.02	785.41
税金及附加	399.51	406.43	405.37	412.39	425.83
管理人报酬	125.28	228.28	232.21	231.61	235.62
托管费	12.31	15.22	15.48	15.44	15.71
折旧及摊销	3 004.01	3 004.01	3 004.01	3 004.01	3 004.01
FFO	7 142.95	7 214.67	7 203.62	7 276.33	7 415.60

六、估值结果分析

根据测算，我们得出中金厦门安居 REITs 在 NAV 法下 2022 年 12 月 31 日的价值为 144 399 万元，而在 FFO 折现法下 2022 年 12 月 31 日的价值为 130 609 万元。中金厦门安居 REITs 于 2022 年 12 月 31 日的市值为 145 050 万元，REITs 基金单位的收盘价为 2.901 元，可见目前的市价处于我们对其投资价值判断的上限。

进一步分析可得，基金在价值时点的 P/NAV 为 1.1，而 P/FFO 为 27.38。与市场同类型 REITs 进行横向比较分析，发现三只同类型的保租房 REITs 预计 2023 年的 P/FFO 相近（见表 9-12），表明市场对估值态度一致，而且市场投资人给予了较高的

P/FFO。中金厦门安居 REITs 预计年化分派率为 4.34%，处于同业偏高水平，能为投资人带来可观的红利收入。与华润有巢 REITs 相比，中金厦门安居 REITs 的保障性特征更强，投资风险更小，更值得投资。

表 9-12　2022 年 12 月 31 日保障性租赁住房 REITs 投资价值分析

REITs	收盘价（元）	P/FFO	预计现金分派率
华润有巢	2.578	27.69	4.36%
红土深圳安居	2.719	27.86	4.25%
中金厦门安居	2.901	27.38	4.34%

资料来源：浙商证券，招募说明书。

本 章 小 结

本章介绍了不动产信托基金这一以不动产为基础资产的重要金融产品的基本概念，梳理了我国公募基础设施证券投资基金的发展历程，分析了公募 REITs 的价值影响因素，详细讨论了公募 REITs 投资分析的两种估值方法——营运现金流（FFO）折现法和净资产价值法（NAV），并通过评估模型分析了公募 REITs 价值评估的实际案例。估价师需明白 REITs 的定价按照其目的可分为两大类：发行上市中的发行人定价和运作期间股东/投资人的定价。这两类估价采用的方法是不同的。依据证监会和交易所的相关规范，发行定价通常只采用现金流折现法，而机构投资人的投资分析估价则采用更多的评估方法对公募 REITs 合理价值进行综合分析。

思 考 题

1. 简述两种类型公募 REITs 的区别。
2. 简述 REITs 营运现金流（FFO）折现法与收益法企业现金流的区别。
3. REITs 营运现金流（FFO）折现法的折现率如何确定？
4. 简述净资产价值法（NAV）的使用情况以及需要的调整。

参 考 文 献

[1] 第十三届全国人民代表大会常务委员会. 城市房地产管理法（2019年修订）. http://www.npc.gov.cn/npc/c2/c30834/201909/t20190905_300665.html, 2019-9-5.

[2] 第十三届全国人民代表大会常务委员会. 土地管理法（2019年修订）. http://www.npc.gov.cn/c2/c30834/201909/t20190905_300663.html, 2019-9-5.

[3] 法律出版社. 中华人民共和国土地管理法实施条例（1998年制定）[M]. 北京：法律出版社，2004.

[4] 关于印发《上海市国有土地上房屋征收评估技术规范》的通知（沪房规范〔2018〕6号）.

[5] 国家土地管理局. 农用土地分等定级规程（试行）. 百度文库：http://wenku.baidu.com/view/e4d7c588d0d233d4b14e6946.html.

[6] 国家质量技术监督局，中华人民共和国建设部. 房地产估价规范（GB/T 50291—2015）. 北京：中国建筑工业出版社，2015.

[7] 国家质量技术监督局. 城镇土地定级规程. 百度文库：http://wenku.baidu.com/view/5ec49ac789eb172ded63b7ea.html.

[8] 国家质量技术监督局. 城镇土地估价规程（GB/T 18508—2014）. 百度文库：http://wenku.baidu.com/view/303c367d27284b73f2425010.html.

[9] 国土资源部. 土地登记办法（国土资源部令第40号）. https://www.gov.cn/flfg/2008-01/03/content_849402.htm, 2008-1-3.

[10] 国土资源部. 招标拍卖挂牌出让国有建设用地使用权规定（国土资源部令第39号）. http://www.gov.cn/ziliao/flfg/2007-10/09/content_771205.htm, 2007-10-9.

[11] 国土资源部. 不动产登记暂行条例实施细则（国土资源部令第63号）. https://www.gov.cn/gongbao/content/2016/content_5067926.htm, 2016-1-1.

[12] 国土资源部. 土地利用总体规划管理办法（国土资源部令第72号）. https://www.gov.cn/gongbao/content/2017/content_5232375.htm, 2017-5-8.

[13] 国土资源部. 协议出让国有土地使用权规定（国土资源部令第21号）. https://www.gov.cn/gongbao/content/2003/content_62406.htm, 2003-6-11.

[14] 国土资源部土地估价师资格考试委员会. 土地估价理论方法[M]. 北京：地质出版社，2000.

[15] 国务院. 城市房地产开发经营管理条例（国务院令第248号）. 人民日报，1998-7-27.

[16] 国务院. 城市房屋拆迁管理条例（国务院令第305号）. https://www.gov.cn/gongbao/content/2001/content_60912.htm, 2001-6-13.

[17] 国务院. 城镇国有土地使用权出让和转让暂行条例（国务院令第55号）. ht-

tps：//fgk. chinatax. gov. cn/zcfgk/c100010/c5192953/contnt. html，2020 - 11 - 29.

[18] 国务院. 物业管理条例（国务院令第 504 号），https：//www. gov. cn/flfg/ 2007 - 08/31/content_733267. htm，2007 - 8 - 31.

[19] 国务院. 不动产登记暂行条例（国务院令第 656 号）. https：//www. gov. cn/zhengce/2014 - 12/22/content_2795318. htm，2014 - 12 - 22.

[20] 国务院法制办公室. 中华人民共和国物权法（2007 年制定）[M]. 北京：中国法制出版社，2008.

[21] 国务院法制办公室. 中华人民共和国宪法（2004 年修订）[M]. 北京：中国法制出版社，2007.

[22] 建设部. 城市房地产抵押管理办法（建设部令第 98 号）. https：//www. gov. cn/gongbao/content/2002/content_61527. htm，2001 - 8 - 15.

[23] 建设部. 房屋登记办法（建设部令第 168 号）. http：//www. gov. cn/flfg/ 2008 - 03/21/content_925686. htm，2008 - 3 - 21.

[24] 建设部. 城市商品房预售管理办法（建设部令第 40 号）. https：//www. gov. cn/zhengce/2022 - 01/25/content_5712055. htm，2004 - 7 - 20.

[25] 建设部. 房地产开发企业资质管理规定（建设部令第 77 号）. https：//www. gov. cn/zhengce/2022 - 01/25/content_5712061. htm，2022 - 3 - 2.

[26] 财政部. 企业会计准则中国注册会计师执业准则. 北京：中国时代经济出版社，2006.

[27] 中国资产评估协会. 资产评估准则——不动产（中评协〔2007〕189 号）. http：//www. cas. org. cn/pgbz/pgzc/18488. htm，2007 - 11 - 30.

[28] 中国资产评估协会. 资产评估准则——评估报告（中评协〔2007〕189 号）. http：//www. cas. org. cn/pgbz/pgzc/18488. htm，2007 - 11 - 30.

[29] 住房和城乡建设部. 商品房屋租赁管理办法（住房和城乡建设部令第 6 号）. https：//www. gov. cn/gongbao/content/2011/content_1845070. htm，2010 - 12 - 1.

[30] [美] 拉尔夫 L. 布洛克. REITs 房地产投资信托基金（原书第 4 版）[M]. 宋光辉，田金华，屈子晖，译. 北京：机械工业出版社，2014.

[31] [美] 马克·瓦舒曼. 住宅比较法估价 [M]. 北京：中国人民大学出版社，2007.

[32] [美] 温茨巴奇，等. 现代不动产（第五版）[M]. 任淮秀，等，译. 北京：中国人民大学出版社，2002.

[33] 柴强. 房地产评估（第十版）[M]. 北京：首都经济贸易大学出版社，2021.

[34] 郭化林. 资产评估准则. 中国资产评估准则——阐释与应用 [M]. 上海：立信会计出版社，2007.

[35] 韩晶，付冠玮. 土地剩余使用年限对于房地产价格的影响 [R]. 仲量联行，2024.

[36] 韩艳丽. 上海城市更新中的大城善治与评估伴行 [J]. 中国不动产估价与登记，2024（9）.

[37] 姜楠. 资产评估（第六版）[M]. 大连：东北财经大学出版社，2023.

[38] 李德仁，黄萌. 不动产估价模式研究综述 [J]. 武汉大学学报（信息科学版），2008（7）：661-664.

[39] 刘德运. 工程造价咨询与审计 [M]. 济南：山东人民出版社，2006.

[40] 刘广宜，吴宁远，杨斌. 上海城市更新中责任评估师的角色和使命 [J]. 中国不动产估价与登记，2024（9）.

[41] 刘清海. REITs NAV 估值有哪些重要参数？[R]. 中邮证券，2022.

[42] 刘玉平，郭春娥. 不动产·机器设备·珠宝首饰·资源资产评估实务 [M]. 北京：中国财政经济出版社，2002.

[43] 刘玉平. 研究和制定资产评估报告准则若干问题的思考 [J]. 中国资产评估，2008（8）：15-17.

[44] 卢新海. 房地产估价——理论与实务（第2版）[M]. 上海：复旦大学出版社，2010.

[45] 乔志敏，贾宁凤. 资产评估学教程（第三版）[M]. 上海：立信会计出版社，2014.

[46] 曲卫东，叶剑平. 房地产估价（第三版）[M]. 北京：中国人民大学出版社，2020.

[47] 全国注册资产评估师考试用书编写组. 建筑工程评估基础 [M]. 北京：经济科学出版社，2010.

[48] 阮宗斌. 出让土地使用权续期及评估有关问题探讨 [J]. 中国房地产，2022（27）：37-42.

[49] 沈琦，吕发钦. 不动产·机器设备·珠宝首饰·资源资产评估案例 [M]. 北京：中国财政经济出版社，2004.

[50] 史啸，韩晴，李菁，刘姝君. 基础设施 REITs 会计处理重点问题解析 [R]. 德勤中国，2024.

[51] 世邦魏理仕研究部. 土地使用权续期：对商业地产投资和定价的影响 [R]. 世邦魏理仕，2021.

[52] 唐旭君，周千越，何俊强. 不动产信托投资基金投资风险识别与价值影响量化研究——以招商局商业房托基金为例 [J]. 中国房地产金融，2024（4）：59-66.

[53] 涂力磊，姜珮珊，张紫睿. 中金厦门安居保障性租赁住房 REITs——价值分析报告 [R]. 海通证券，2022.

[54] 吴开达，肖峰. REITs 估值方法论：REITs 研究笔记系列之三 [R]. 德邦证券，2023.

[55] 徐成彬，张荣，牛耘诗. 经营权类基础设施 REITs 估值研究 [J]. 证券市场导报，2022（12）：31-42.

[56] 杨凡. 房企保租房 REIT 首单体系化管理更具优势——华润有巢租赁住房 REITs 专题报告 [R]. 浙商证券，2022.

[57] 杨晓铃，王建宾. 房屋拆迁、征地补偿全程操作 [D]. 北京：法律出版

社，2007.

[58] 姚东. 城市经营性土地的拆迁补偿问题研究[D]. 重庆：重庆大学，2005.

[59] 叶忠英. 公募REITs投资指南[M]. 王刚，高茜，译. 北京：中信出版集团，2022.

[60] 张红日. 房地产估价（第2版）[M]. 北京：清华大学出版社，2016.

[61] 张露沁. 出让国有建设用地使用权届满续期政策及评估要点探讨[J]. 房地产世界，2023（18）：32-34.

[62] 章积森. 对《房地产估价规范》部分修订内容的理解——《房地产估价规范》学习心得[J]. 中国房地产估价与经纪，2015（6）：55-61.

[63] 中国法制出版社. 新编房屋拆迁补偿安置法律手册[M]. 北京：中国法制出版社，2004.

[64] 中国房地产估价师与房地产经纪人学会. 房地产估价案例与分析（2021）[M]. 北京：建筑工业出版社出版，2021.

[65] 中国房地产估价师与房地产经纪人学会. 房地产估价原理与方法[M]. 北京：中国建筑工业出版社，2022.

[66] 周俭，刘璇. 上海城市更新的分类解析与完善制度建设的若干思考[J]. 上海城市规划，2023（4）：40-44.

[67] 竺劲. REITs系列报告之一：深度解析REITs估值定价[R]. 中信建投证券，2022.

[68] 祝平衡，吴老二，袁彩云. 房地产估价理论与实务（第四版）[M]. 大连：东北财经大学出版社，2016.

[69] 左静. 房地产估价（第3版）[M]. 北京：机械工业出版社，2016.